Jakob Kroeker

Schöpfung – Noah

Jakob Kroeker/Hans Brandenburg

Das lebendige Wort

Eine Einführung in die göttlichen Gedankengänge und Lebensprinzipien des Alten Testaments

Insgesamt 3992 Seiten. Kartoniert

Band 1	Schöpfung – Noah (1. Mose 1–11)
Band 2	Abraham – Isaak – Jakob (1. Mose 12–50)
Band 3	Israel (2.–5. Mose / Josua / Richter / Samuel / Könige)
Band 4	Amos und Hosea
Band 5	Jesaja I (Jesaja 1–39)
Band 6	Jesaja II (Jesaja 40–66)
Band 7	Jeremia
Band 8	Hesekiel
Band 9	Daniel
Band 10	Die kleinen Propheten I (Joel / Obadja / Jona / Micha / Nahum / Habakuk / Zephanja)
Band 11	Die kleinen Propheten II (Haggai / Sacharja / Maleachi mit Esra und Nehemia)
Band 12	Das Buch Hiob
Band 13	Die Psalmen I (Psalm 1–72)
Band 14	Die Psalmen II (Psalm 73–150)
Band 15	Sprüche, Prediger und Hohelied

Jeder Band ist in sich abgeschlossen und kann auch einzeln bezogen werden.

Jakob Kroeker

Die Schöpfung

Ihr Fall und ihre Wiederherstellung

Noah

und das damalige Weltgericht

1. Mose 1–11

BRUNNEN VERLAG · GIESSEN/BASEL

Das lebendige Wort, Band 1

5. Auflage 1982

Herstellung: St.-Johannis-Druckerei, Lahr

ISBN 3-7655-5401-4 (Brunnen)
ISBN 3-88002-201-1 (VLM)

INHALTSVERZEICHNIS

Vorwort zur 1. und 2. Auflage

Der Versuch, meine Tritte in die Fußstapfen der göttlichen Offenbarung zu setzen, wie sie im alttestamentlichen Kanon festgehalten und sichtbar geworden sind — das ist der eigentliche Inhalt des vorliegenden Bandes über die ersten Kapitel der Genesis. Schon der Gesamttitel der Buchreihe *„Das lebendige Wort"* möchte zum Ausdruck bringen, daß es sich in diesen Arbeiten nicht nur um das Vergangene, sondern um das Bleibende, nicht um das historische Gefäß, sondern um den ewigen Inhalt, *nicht um den Buchstaben, sondern um den Geist der Bibel handeln soll.*

Wie dieses Unvergängliche sich als Gottes Offenbarung zunächst mir selbst erschlossen hat, mein Innenleben befruchtete, meine Weltanschauung, meine Heilserkenntnis und meine Zukunftsperspektiven bestimmte, das hat sich im Laufe der Jahre zu den Beiträgen in vorliegender Bearbeitung verdichtet. Diese möchten nun auch anderen zur Einführung in die göttlichen Gedankengänge und Lebensprinzipien des Alten Testaments dienen. Ob und inwieweit diese Beiträge ihre Mission zu erfüllen vermögen, auch andere bis zur Quelle aller Offenbarung selbst zu führen, darüber wage ich nichts zu sagen.

Der genannte Inhalt und das ersehnte Ziel geben der ganzen Arbeit mithin auch ihr ausgesprochenes Gepräge. Mancher wird dieses vielleicht als stark einseitig empfinden. Wer ein allseitiges Kommentarwerk über die ersten Kapitel der Genesis in diesem Bande sucht, kommt nicht auf seine Rechnung. Sein Inhalt befaßt sich nicht mit den schwebenden textkritischen, literarhistorischen und religionsgeschichtlichen Fragen, die man mit Recht oder Unrecht in der theologischen Wissenschaft so eng auch mit den ersten Kapiteln der Genesis verbunden hat. Wen diese Fragen bewegen, der findet das Pro und Kontra so ausführlich in den älteren und neueren Ausgaben unserer Genesis-Kommentare, wie ich es nicht zu bieten vermag.

Leider kann man sich oft auch beim unvoreingenommenen Durcharbeiten mancher Kommentare nicht des Eindrucks erwehren, als ob man sich in einer großen Leichenhalle befände, wo in großer Wissenschaftlichkeit Buch um Buch, Ausspruch um Ausspruch seziert und die anatomischen Teile und Zusammensetzungen längst erstorbener Körper auseinandergelegt werden.

Was jedoch der von Gott berufene Theologe und Mitarbeiter am Reiche Gottes in der Gegenwart sucht, *ist nicht in erster Linie eine Anatomie des historischen Körpers, sondern der bleibende Inhalt der göttlichen Offenbarung unseres biblischen Kanons.* Insoweit Sprachwissenschaft, Religionsgeschichte, literarhistorische Fragen mit dazu beitragen können, den göttlichen Offenbarungsinhalt vom rein Traditionellen und Vergänglichen zu lösen, haben sie ihr unbestrittenes Recht. Wo sie jedoch Selbstzweck sind oder sogar als Waffe wider die Offenbarung ausgenutzt werden, da entgeht auch solch eine theologische Wissenschaft dem Gericht nicht: *„Alles Fleisch ist Gras und all seine Anmut wie die Blume des Feldes. Es vertrocknet das Gras, es welkt die Blume, wenn der Hauch Gottes dagegenweht. — Allein es vertrocknet* *nur das Gras, es welket nur die Blume, aber das Wort unseres Gottes wird für die Ewigkeit bestehen*[1].“

Welche Anregungen gerade die wissenschaftlichen Kommentarwerke und die entsprechenden Wörterbücher vielfach auch dem Verfasser für seine Arbeit gegeben haben, wird jeder Fachkundige merken. Und doch hofft der Verfasser seinen eigenen Weg gegangen zu sein. Theologisch könnte die ganze Arbeit mehr als Versuch einer alttestamentlichen Theologie unter heils- und reichsgeschichtlichem Aspekt angesehen werden, wie sie sich mir auf Grund jahrelanger Beschäftigung mit dem Offenbarungsgehalt des Alten Testaments ergeben hat. Vielleicht trägt sie bei all ihrer Einseitigkeit und Unvollkommenheit doch mit dazu bei, daß auch andere, besonders jüngere Theologen und Reichsgottesarbeiter, im Alten Testament wieder eine unvergängliche Theologie zu finden suchen. Oder sollte der Gott der Offenbarung durch sein Licht, das der großen Vergangenheit zum Leben gereichte, nicht auch uns in unserem Dienen und Hoffen erleuchten, befruchten und bereichern wollen? Wer Gott in seiner Sprache der Gegenwart wieder verstehen lernen will, muß ihn verstanden haben auch in seiner Sprache der Vergangenheit.

Mit dem Wunsche, daß auch die vorliegende Arbeit sich als eine bleibende Frucht des Reiches Gottes für manche erweisen möchte, lege ich sie in die Hand derer, die sich mit mir danach sehnen, Freunde Gottes und seiner Offenbarung zu werden und zu sein. *Der Verfasser*

Vorwort zur 3. Auflage

In diesem Band des Bibelwerkes von Jakob Kroeker sind die beiden ersten Bände der 1. und 2. Auflage vereint. Sie sind im Rahmen des ganzen Werkes von besonderer Bedeutung. Im 1. Band („Die erste Schöpfung“) hat der verewigte Verfasser die Grundsätze niedergelegt, nach denen er seine Auslegung erarbeitete. Deshalb sind die einleitenden Kapitel für das Verständnis der übrigen Bände sehr wichtig. — Der ehemalige 2. Band („Noah und das damalige Weltgericht“) war seinerzeit als erste Probe von Kroekers alttestamentlicher Bibelauslegung erschienen. Dieser Band fand so viele Freunde, daß schon wenige Jahre später die zweite Auflage nötig wurde, die Kroeker gründlich überarbeitete. So zeigen die Auslegung der Sintflut, der Bericht über Nimrod und den Bau des babylonischen Turmes eine besondere Reife der Erkenntnis.

Auf Wunsch des Verlages hat der Herausgeber einige Streichungen vorgenommen, um den Gesamtband nicht zu umfangreich werden zu lassen. Es wurden jedoch nur längere Zitate aus anderen theologischen Werken, wissenschaftliche Fußnoten und einige Wiederholungen gestrichen. Der Stil Kroekers blieb voll erhalten. Es ist auch keine Zeile von anderer Hand hinzugefügt.

Der Herr wolle auch durch diesen Band die Kenntnis seines ewig gültigen Wortes und seiner Erlösungsgedanken in der Gemeinde fördern!

Korntal, Sommer 1958 *Lic. Hans Brandenburg*

[1] Jes. 40, 6—8.

Die erste Schöpfung, ihr Fall und ihre Wiederherstellung

I. Die Gottesoffenbarungen in den alttestamentlichen Zeitaltern

1. Was sind Gottesoffenbarungen?

„Der Herr, Jahve, redet; wer sollte nicht Prophet sein?"
Amos 3, 8

„Nachdem Gott vor Zeiten manchmal und auf mancherlei Weise zu den Vätern geredet hat durch die Propheten, hat er zuletzt in diesen Tagen zu uns geredet durch den Sohn ..."
Hebr. 1, 1 f.

Trotz ihrer Knechtsgestalt hat die Bibel ihre Sendung noch nicht verloren. Sie spricht und wird sprechen, bis sie ihre letzte Mission unter der Menschheit erfüllt haben wird. Gerade Menschen und Völker, die sich bewußt ihrem Geiste und ihrer Offenbarung zu entziehen suchten, haben gezeigt, daß der Mensch ohne ihre Erleuchtung weder eine lebendige Glaubensgemeinschaft mit Gott, noch ein richtiges Verhältnis zum Nächsten und zur Schöpfung zu gewinnen vermag.

Aber die Bibel will mit ihrer Gottesoffenbarung als das „lebendige Wort" und nicht als „heiliges Buch" bewertet werden. Sie will nicht nur gelesen sein, sie will gehört werden. Ihre Offenbarung will zu uns so sprechen, wie sie einst zu Aposteln und Propheten gesprochen hat. Gibt es doch heute selbst in der Kirche Christi weite Kreise, die das Alte Testament mit seinem Offenbarungswort verloren haben. Nicht als „heiliges Buch", sondern als „lebendiges Wort" haben sie es verloren. So stark man sich auch offiziell zum Buch noch bekennt, den Geist und die Kraft seiner Offenbarung verkennt man und setzt sich über sie hinweg. *Dem modernen Menschen soll das reflektierende Denken die göttliche Offenbarung* ersetzen.

Was alles mit dazu beigetragen hat, daß der Offenbarungsgehalt der alttestamentlichen Schriften der Gegenwart so verlorengegangen ist, soll hier nicht erörtert werden. Uns bewegt allein die Frage, wie jene Fülle von Gottesoffenbarung, die durch die Schriften des alttestamentlichen Kanons festgehalten worden ist, auch uns wieder zu solch einer Offenbarung wird, daß wir durch sie unser Innenleben befruchtet, unsere Weltanschauung bestimmt, unsere Lebenshaltung geordnet und unsere Heils- und Zukunftserwartungen belebt sehen.

Wer überhaupt noch an die Möglichkeit göttlicher Offenbarung in der Natur, in der Geschichte, im Weltgeschehen und im Leben Gott hingegebener Persönlichkeiten glaubt, dem steht fest, daß auch die Geschichtsperioden vor unserer christlichen Zeitrechnung nicht ohne Gottesoffenbarungen gewesen sind. *Gewiß, die größte und vollendetste wurde der Menschheit in der Person Jesu.* Was der „Sohn" uns brachte, konnten weder Mose noch die Propheten uns bringen. Erst der Sohn zeugte von der „Sohnschaft" und war in seinem Wort und Werk das verkörperte Evangelium des Vaters an die Welt. Aber insoweit Gesetz und Prophet, Welt und Geschichte bereits vor ihm das Göttliche und Ewige in sich aufzunehmen und es zu dolmetschen vermochten, sind auch sie der Welt zu Kündern der göttlichen Offenbarung geworden.

In unserem alttestamentlichen Kanon sind es nun besonders das Gesetz, die Propheten und die Geschichte, die zu uns als Offenbarung reden wollen. In ihnen wurde die Offenbarung als Wort Fleisch und schuf ein Neues in der Geschichte. Wer die Geschichtlichkeit der Patriarchen, die Überlieferung von der Entstehung Israels, die Vollmacht im Dienst der Propheten und den Glaubensinhalt der Psalmen gelten läßt, dem bleibt deren Entstehen, Sein und Erleuchtung ein Rätsel, wenn er sie nicht auf die Offenbarung Gottes zurückzuführen sucht. Alle Versuche, andere Quellen als das Geheimnis ihrer Geschichtlichkeit, ihrer Kraft und ihres Dienstes zu finden, werden immer wieder an ihrer Einzigartigkeit versagen.

Nur von Gott und seiner Offenbarung und nicht vom Menschen und seiner Reflexion her ist daher jenes Leben mit seinem Zeugnis zu verstehen, dem wir in den Schriften des alttestamentlichen Kanons begegnen. Einerseits ist dieses Leben so natürlich, so diesseitig, so menschlich — und doch wiederum so ganz anders als das Leben jener Personen und Völker, die in ihrem Geiste keinen Raum für die neu schaffenden Kräfte der göttlichen Offenbarung hatten. So wahr es auch ist, daß z. B. Israels Ursprung und Geschichte einerseits ganz das Antlitz der anderen semitischen Nachbarvölker trägt, so ist es andererseits doch nicht dasselbe Bild. Es liegt in seinen Glaubensvätern, in seiner Geschichte, in seinen Propheten so etwas Rätselhaftes, Unerklärbares, Prophetisches, das über das rein Menschliche, Geschichtliche und Völkische hinaus auf höhere Quellen hinweist. Es brach im Leben dieses Volkes so unendlich viel, zwar nur bruchstückartig, unvollkommen, zeitlich begrenzt und gebunden, aber doch als göttliche Offenbarung durch, die Israel in seinem Verhältnis zu Gott, in seiner Weltanschauung, in seinem religiösen und gesellschaftlichen Leben und in seinen Zukunftserwartungen weit über seine Nachbarvölker hinaushob.

Was aber einst das Leben einzelner und eines ganzen Volkes so reich gemacht hat an göttlichem Licht, an innerlicher Kraft, an hingegebenem Dienst, an weltüberwindender Glaubenszuversicht, das vermag auch uns zu dienen und zu jener Quelle zu führen, aus der Gesetz und Propheten ihr Licht schöpften. Denn jedes Bächlein in Gottes Schöpfung zeugt mit seinem Leben von jener Quelle, durch die es genährt wird. Wenn wir nun in den Schriften des Alten Testaments solch einen Strom höheren Lebens rauschen hören, wie er inhaltlich sonst nirgends auch nur annähernd in der alten Weltliteratur zu finden ist, so ist uns das ein Beweis für seine höhere Quelle.

Ewiges kann nur von Ewigem kommen. An sich stand, wie wir sagten, auch Israel-Juda als Volk nicht höher als die anderen semitischen Nachbarvölker. Wenn wir in diesem Volke nun auch die Vermittler dieses Stromes finden, so jedoch niemals seine Quelle. Die unsichtbaren Quellgebiete für den Offenbarungsinhalt des Alten Testaments lagen nicht in der entwickelten Religiosität des israelitisch-jüdischen Volkes und in den prophetischen Trägern seiner Geschichte. Diese Quellgebiete waren weit höherer Natur. *Wohl war die israelitische Nation mit ihren Propheten je und je Empfängerin, jedoch niemals Schöpferin ihrer Offenbarungen.* Soweit dieselben göttlich waren in ihrem Inhalt, waren sie göttlich auch in ihrem Ursprung. Gott war der Inspirierende, und Israel wurde sein Prophet.

Nicht Israels Glaube schuf sich Jahve als seinen Offenbarungsgott, sondern der Gott der Offenbarung schuf sich in Israels Glauben den menschlichen Träger und Vermittler für seine göttliche Offenbarung.

Was ist nun das Wesen aller Gottesoffenbarung? Göttliche Selbstmitteilung. Gottes urewiges Leben und Wesen ist Offenbarung, ist Selbstmitteilung. Was er in seiner unerschöpflichen Gottesfülle an Leben und Friede, an Trost und Energien, an Freude und Gerechtigkeit in sich trägt, möchte er in seiner Liebe denen mitteilen, die bereit sind, sich in ihrer Menschlichkeit und Vergänglichkeit mit Göttlichem und Ewigem segnen zu lassen. Daher geht auch seine ganze Sehnsucht auf einen ungetrübten Verkehr mit ihm geistesverwandter Wesen. Solche will er sich erlösen und in den Umgang mit sich selbst ziehen, damit sie die Empfangenden werden, für die er der Gebende sein kann. Gott sehnte sich daher zu allen Zeiten nach Persönlichkeiten, denen er anvertrauen könnte, was seine göttliche Seele bewegte und als Leben in sich trug. Seine Augen durchliefen je und je die Lande, um seine Kraft an denen zu erweisen, die aufrichtigen Herzens ihm zugetan sind[1].

Dieses Geben von Gott her und dieses Empfangen vom Menschen aus, ohne das keine Gemeinschaft des Menschen mit Gott denkbar ist, kann nur durch die Offenbarung vermittelt werden. In der Heilsgeschichte war nie am Anfang die Tat, sondern immer das Wort. Erst sprach die Offenbarung, alsdann antwortete der Glaube. Erst mußte die göttliche Barmherzigkeit in die Nacht und in den Jammer des Menschen hinabsteigen und durch ihre schöpferische Kraft in ihm den Glauben wecken, der den Menschen zu einem Empfangenden werden ließ. Denn der lebendige Glaube sah sich immer durch die Offenbarung als sein Subjekt bestimmt und blieb als Objekt dauernd abhängig von dem Inhalt und der Kraft der Offenbarung.

In allem heilsgeschichtlichen Geschehen, das aus der Erlösung floß und in die Erlösung führte, war mithin Gott in seiner Offenbarung das ursächliche Subjekt und der Mensch durch den Glauben das empfangende Objekt. Zuerst war Gottes Wort und alsdann die glaubende Gemeinde, zuerst die höhere Erleuchtung und alsdann

[1] 2. Chron. 16, 9.

der dolmetschende Prophet, zuerst die göttliche Berufung und alsdann das auserwählte Volk. Daher will je und je die Offenbarung als fleischgewordenes Wort durch ihre Weltmission dem Menschen zur Berufung werden, um ihn in Gottes Leben und Erwählung hineinzuziehen. Berufung ist das zeitliche Mittel, Erwählung die ewige Bestimmung und das höchste Ziel der göttlichen Offenbarung für den Menschen.

Gott schuf. Das war das erste, und der Mensch stand vor Gott als dessen Geschöpf. *Gott sprach.* Das war das zweite, und der Mensch stand vor seinem Schöpfer als Kind. Das Verhältnis zwischen Gott und dem Kinde ist aber ein ganz anderes, weit höheres als das zwischen dem Schöpfer und dem Geschöpf. Und nach diesem Verhältnis sehnte sich Gott. Denn Gott ist Geist und Leben. Leben aber ohne Möglichkeiten selbstloser Lebensmitteilungen ist immer innerliche Vereinsamung, und zwar nicht allein für den Menschen, sondern auch für Gott. Daher hat Gott auch nie dauernd geschwiegen. *Er war ewig ein Gott der Offenbarung.* Und sooft er redete, wurde es licht in der Schöpfung und im Leben der Menschheit, auch in ihrem gefallenen Zustande.

Ein dauerndes Schweigen Gottes würde die Menschheit in ewige Nacht und Tod hüllen. Gottes Welterhaltung ist daher nichts anderes als ein unausgesetzter Schöpfungsakt Gottes. Das Reich Gottes wirkt sich geschichtlich aus als eine fortschreitende Offenbarung Gottes. Es konnten daher auch die dunkelsten Zeiten der Geschichte Gott nie zum dauernden Schweigen bringen. Wenn er vorübergehend schwieg, so redeten die Gerichte und trugen Tod und Verderben in die Menschheit und in die Schöpfung hinein. Sein sich offenbarendes Licht war jedoch bisher noch immer stärker als die Finsternis, sein sich mitteilendes Leben war mächtiger als der Tod. Auch nach der dunkelsten Nacht kam daher je und je die Stunde, wo das göttliche Wort Fleisch wurde und als Offenbarung unter uns weilte. *Wenn erst die Zeit erfüllet war, sandte er noch immer seine Propheten.* Durch sie sollte kundwerden, was die Welt zunächst ohne Offenbarung nicht zu empfangen vermochte[1].

Als Jesus unter uns weilte, konnte der Vater zu ihm selbst durch

[1] Amos 3, 7; Dan. 2, 22. 30.

den Sperling auf dem Dache und durch die Blume auf dem Felde reden. So manche Beter des Alten Testaments empfingen die Inspiration für ihre Psalmen und Anbetungen vielfach aus dem wunderbaren Walten Gottes in der Natur und in dem Weltgeschehen ihrer Zeit. Paulus hörte mit seinem durch den Umgang mit Gott geschärften Ohr nicht nur sein Volk und die damalige alte Welt, sondern auch die ganze Schöpfung seufzen. Er sah ihre gegenwärtige Gebundenheit; er vernahm, wie sie, gleichsam in Geburtswehen schmachtend, sehnsuchtsvoll wartete auf das Freiwerden von dem Druck der Vergänglichkeit durch das Offenbarwerden der Söhne Gottes. *Denn ein auf Gottes Erlösungsbotschaft eingestelltes Ohr vernimmt in einer unerlösten Schöpfung den Schrei nach Erlösung auf jedem Gebiet.*

Selbst die Weltgeschichte will in ihrem tiefsten Wesen und in ihrem weitesten Umfang denen eine Geschichte der göttlichen Offenbarungen sein, die in ihr Gottes verborgenes und zielbewußtes Walten zu sehen vermögen. Sie sollen bei aller Nacht der Geschichte dennoch erkennen, daß hinter allen Erscheinungen, Kräften, Lebensformen, Naturgesetzen und Führungen letzthin doch Gott mit seinen unerforschlichen Heilsgedanken steht, um die ganze Schöpfung ihrer ewigen Erlösung und der kommenden Gottesherrschaft entgegenzuführen. Er sieht im ganzen Kosmos nicht blinde Naturnotwendigkeiten, im großen Weltgeschehen nicht zwecklose Zufälligkeiten, im bunten Völkerleben nicht ein unkontrollierbares Etwas und im gegenwärtigen Dasein des einzelnen nicht eine unberechenbare Unvernunft herrschen. Es stehen ihm vielmehr hinter allem die schöpferischen Lebenskräfte dessen, der durch sein lebendiges Wort die Schöpfung zu seinem Tempel und den Menschen zu seinem Ebenbilde erlösen will. *Denn Gott ist groß genug, auch eine gefallene Schöpfung wieder in seine Erlösung hineinzuziehen.*

Nun war aber das Empfangen der Gottesoffenbarungen immer mit einem bestimmten Erleben Gottes verbunden. Wohl waren die Mittel, die Gott wählte, sich seinen Knechten zu offenbaren, sehr verschieden und mannigfaltig. Einem Mose enthüllte sich der Herr zunächst durch einen Dornbusch. Aber diese Offenbarung führte zur Berufung Moses zum Propheten. Jesaja erlebte dieselbe Berufung auf Grund einer Vision. Ein Jeremia wurde offenbar rein innerlich von der unwiderstehlichen Gewißheit ergriffen, daß Gott ihm trotz seiner Jugend das Wort Gottes für sein Volk anvertrauen wolle. Aber welche äußerlichen Ereignisse oder pneumatische Seelenerlebnisse auch mitwirkten, um sich seinen Knechten zu offenbaren, alle Mittel, die Gott je und je erwählte, waren in sich von völlig untergeordneter Bedeutung. Er hat die Erwartungen seiner Propheten nie an solche Mittel gebunden. Als Mose seinen Gott auch ohne Dornbusch verstand, hat der Herr nie mehr auf diesem Wege mit seinem Knecht verkehrt. Später redete er mit ihm, wie ein Freund mit seinem Freunde redet. *Denn Freunde Gottes verstehen ihren Gott auch ohne Dornbusch.*

Man darf daher wohl sagen: je näher der Prophet innerlich seinem Gott stand und je zarter sein Ohr für die Sprache Gottes wurde, desto mehr trat das Mittelbare in der Theophanie zurück. Je reicher das Maß des Geistes war, mit dem der Prophet sich von Gott begnadet sah, desto unmittelbarer wurde auch sein Verkehr mit Gott und sein Verstehen Gottes. Jesaja läßt sich jeden Morgen sein Ohr öffnen und hört auf die Sprache Gottes wie ein Jünger[1]. Je ferner jedoch der Prophet zunächst Gott stand, desto grobsinnlicher mußten mithin auch die Mittel sein, durch die Gott sich ihm zu offenbaren vermochte. Daher finden sich auch heute noch bis tief ins Christentum hinein überall da viel Symbolik und Äußerlichkeit, wo zunächst wenig Pneuma und Innerlichkeit das Wesen der christlichen Frömmigkeit ausmachen.

Man wird mithin bei einer genauen Prüfung der Offenbarungsmittel finden, daß sie von Gott vielfach so gewählt wurden, wie sie zunächst der pneumatischen Einstellung und dem geistlichen Verständnis der einzelnen Gottespropheten am meisten entsprachen. Gott nahm das Offenbarungsgefäß in der Geschichte so, wie er es vorfand. Er fragte nicht, was der Prophet zunächst an sich war, sondern was seine Gnade und sein Geist aus ihm würden machen können. Ob nun so oder anders — das Entscheidende war jedoch immer, *daß der Prophet seinen Gott auf ganz bestimmten Gebieten als Offenbarung erlebte.* Wie Elia und Jeremia empfing er Aufträge,

[1] Jes. 50, 4.

denen er sich hinfort nicht mehr zu entziehen wagte. Wie Amos und Jesaja lernte er im göttlichen Lichte die großen Ereignisse der Weltgeschichte deuten, wie dies kein Tempelpriester noch Staatsmann zu tun vermochte. Wie Hesekiel und Joel gewann er Perspektiven für eine nahende Heilszukunft, die ihn befähigten, in der Seele seines Volkes Hoffnungen zu wecken, die hinfort durch kein Leid der Zeit geknickt oder vernichtet werden konnten. Und so konnten Israels größte Leidenszeiten zur Geburtsstunde für des Volkes höchste Erwartungen werden.

Die wahren Gottespropheten waren daher als Empfänger und Träger der göttlichen Offenbarungen keine Persönlichkeiten, die seelenlos empfingen und weitergaben, was ihnen aus der Ewigkeit anvertraut wurde. Jede Offenbarung wurde in ihnen vielfach unter großen Wehen geboren und hing hinfort aufs engste mit ihrem Leben zusammen. Entzog man sich bewußt der empfangenen Gottesoffenbarung und dem Auftrag, der mit ihr verbunden war, dann ging der Prophet selbst zugrunde[1]. Wie der Mensch genötigt ist, das natürliche Leben zu leben, in das er durch die Geburt hineingestellt worden ist, so sah sich auch der wahre Gottesprophet genötigt, sich in jenen göttlichen Wahrheiten zu bewegen und zu betätigen, in die ihn sein innerliches Gotterleben hineingestellt hatte.

Daher sprach er auch von dem Großen und Göttlichen, das er zu künden hatte, als von Erlebtem. Er redete nie von Offenbarungen, wenn ihm solche nicht direkt von Gott anvertraut worden waren. *Er war immer nur insoweit Prophet, als er sich durch eine direkte Offenbarung zum Propheten bevollmächtigt sah* und er dem göttlichen Auftrag zu gehorchen wagte. Der wahre Prophet hatte nie eine Gottesoffenbarung im Sinne des Verfügens, des Habitus. *Er besaß nicht, er empfing.* Das Geheimnis seines Dienstes und seiner Botschaft lag in seiner Abhängigkeit von Gott. Er war nicht an sich Prophet, sondern nur insoweit, als er sich durch Gottes Offenbarung von Fall zu Fall begnadigt sah.

Im Gegensatz dazu standen die falschen Propheten. Sie stahlen Gottes Wort, gaben weiter, was ihnen nie als Offenbarung anvertraut worden war. Sie redeten in der Vollmacht anderer Gottes-

[1] Jona 1, 12.

knechte. Anstatt daß sie auf die Sprache Gottes lauschten, hing ihr Ohr am Munde des Volkes. Daher richtete sich ihre Botschaft nach dem Willen des Volkes. Sie gingen hinter ihrem Volke her, anstatt wie Priester Gottes führend vor ihrem Volke zu wandeln. Sie hatten nicht vor Gott gestanden, bevor sie dem Volke weissagten. Daher fehlte ihrem Leben und ihrer Botschaft auch die innere Autorität und Legitimation der Gottgesandten.

Denn die einzige Legitimation der wahren Gottespropheten lag allein in deren dauernder Ordination, die sie in ihrer menschlichen Ohnmacht und Abhängigkeit auf Grund göttlicher Inspirationen empfingen. Sie hatten in ihrem Innenleben jene Prophetenwarte, wo der Mensch schwieg und Gott redete. So groß das Stimmengewirr ihrer Zeit auch war, so laut der politische und religiöse Mensch ihrer Tage auch redete, sie kannten jene Stille[1], wo das Ohr des Geistes nur Gott reden hört. Hier gewannen sie eine Orientierung, wie sie ihnen weder der kultische Tempeldienst noch die herrschende Staatspolitik zu geben vermochten. Im Lichte Gottes geschärft, gewann ihr Auge einen Weitblick, ihr Gewissen eine Zartheit, ihr Urteil eine Sachlichkeit, durch die sie sich weit über die allgemeine Orientierung ihrer Zeit hinausgehoben sahen. Gottes Offenbarung zog sie hinein auch in Gottes Urteil.

In dieser ihrer göttlichen Orientierung wurden die Propheten dann auch zu einem unbestechlichen Gewissen für die Welt. Denn obwohl sie als geistliche Persönlichkeiten mit ihrem Haupt in die Wolken ragten, standen sie als Menschen doch mit beiden Füßen auf der Erde. Obgleich sie mit ihrem erleuchteten Herzen in den Dingen der Ewigkeit lebten, bewegte sich ihre priesterliche Seele doch in dem sozialen und politischen Ergehen ihres Volkes und der Zeit. Obschon ihr auf Offenbarung eingestellter Geist Gottes ewigen Rat zu erforschen suchte, lebten sie mit ihrem Leibe doch in einem ganz bestimmten Augenblick der Geschichte. *Das von Gott empfangene Licht wurde der Inhalt ihrer Mission*[2]. Daher richtete ihre Wahrheit die Lüge ihrer Zeit. Ihre Botschaft legte dem Volke den Weg zum Leben und zum Tode vor. Ihr Urteil forderte vielfach eine

---

1 Hab. 2, 1; Ps. 73, 17; 85, 9.
2 Luk. 8, 16—18.

völlige Umstellung der herrschenden Gesinnung in Kultus und Staat. Was die Zeit für Rettung und Leben hielt, bedeutete für sie Verderben und Untergang. Sie waren hoffnungslos, wo ihre Zeitgenossen triumphierten. Sie weinten, wo andere jubelten. So *waren sie Männer ewiger innerlicher Konflikte.* Das Licht der Rettung, das sie sahen, wurde von den anderen als die Quelle alles Unheils verworfen[1]. Während sie irre wurden an ihrem Volke, wurde ihr Volk irre an seinen Propheten und an deren Lebensauffassung und Weltanschauung.

Das machte den Weg der Gottespropheten je und je unsagbar einsam. Wie ein Jeremia wurden sie nicht einmal von ihren Brüdern verstanden und von ihrer Zeit verworfen. *Prophetenwege waren immer einsame Wege, und Prophetendienste führten nicht selten zu den Leiden des Christus außerhalb des Lagers.* Was jedoch den Weg dieser Gottespropheten so einsam machte, war, daß sie in der Regel Jahrzehnte und mehr ihrem Volke voraus lebten. Erst spätere Generationen begriffen sie in ihrer Sendung und Botschaft. Sie schmückten vielfach die Gräber derer, die von ihren Vätern verworfen waren. Wie oft erlebte es ein Gottesprophet, daß ein ganzes Zeitalter sich dem verschloß, was ihm von Gott zum Heile seines Volkes enthüllt war!

Nun kann Gott in seiner vollen Offenbarung nur von Gott verstanden werden. Um jedoch von Menschen in ihrem Fall verstanden zu werden, mußte die Gottesoffenbarung zu allen Zeiten Fleisch werden. Der Mensch erhob sich trotz all seiner frommen Reflexionen doch nie bis zur göttlichen Offenbarung. Daher stieg diese jedesmal hinab in die Knechtsgestalt des Menschen.

Die Geschichte Jesu in seiner Knechtsgestalt als des Logos Gottes war auch zu allen Zeiten die Geschichte der Offenbarung. Von einigen wurde sie zu ihrem und der Welt Heil begriffen, von anderen zu ihrem Gericht verworfen. Sie sah sich immer wieder nur von denen verstanden, denen Gott einen Hauch von seinem Geist und Sinn schenken konnte. Am tiefsten erfaßten noch immer die den Geist der Schrift, die sie von Gott her zu lesen verstanden.

Um überhaupt von Menschen verstanden zu werden, *waren die*

---

[1] 1. Kön. 18, 17 ff.

zeitlichen Formen der göttlichen Offenbarungen immer eine gewisse Vermenschlichung des Göttlichen. Sobald die Ewigkeit in die Zeit tritt, muß sie die Formen des Zeitlichen annehmen. Der Logos Gottes muß Fleisch werden, um als das geoffenbarte Wort zu uns reden zu können. Alles Göttliche muß eine Vermenschlichung erleben, damit es als Offenbarung von uns verstanden werden kann.

Das hat dazu geführt, daß unsere ganze religiöse und metaphysische Begriffswelt sich so stark in Bildern und Gleichnissen bewegt, die der Diesseitigkeit angehören. Die Gegenwart Gottes verkörpert sich uns im Tempel. Eine restlose innere Hingabe an Gott bezeichnen wir als Opfer. Inspirationen des Heiligen Geistes nennen wir Feuer von oben. Die wahren Jünger Jesu sind uns in ihrer Gesamtheit der Leib des Auferstandenen und der Tempel des Heiligen Geistes. Selbst zur Bezeichnung Gottes des Vaters und seines Sohnes Jesu Christi benutzt die Heilige Schrift die verschiedensten Namen. Ob die Schrift Gott als Elohim oder El-Schaddai oder Adonai oder Jahve Zebaoth bezeichnet, *kein Begriff faßt das Wesen Gottes in seiner ganzen Gottesfülle.* Dasselbe gilt auch von den Namen Jesu. Johannes der Täufer nannte ihn das Gotteslamm — und doch war er unendlich mehr als das. Jesus nennt sich selbst das Licht der Welt, das Brot des Lebens, den wahren Weinstock, den Guten Hirten. Und doch war er unendlich mehr, als diese Begriffe und Gleichnisse auszudrücken vermochten. Einem Paulus ist er der Kyrios, der Erstgeborene der ganzen Schöpfung, der Erstgeborene aus den Toten, das Haupt der Gemeinde. Aber auch all diese Begriffe drücken nur ganz bestimmte Seiten seiner Christuspersönlichkeit und seines göttlichen Pleroma aus.

Dasselbe gilt auch von dem Volke Gottes und der Gemeinde Christi. In meinen jüngeren Jahren wurde ich einmal auf zwei Fragen geführt, die mein Leben entscheidend beeinflußt haben. Die eine lautete: *Was ist dir Christus?* Da wurde mir klar, warum in der Heiligen Schrift sowohl der Vater als der Sohn und auch der Heilige Geist so verschiedene Namen tragen. Kein einziger Begriff aus unserer Welt der Zeitlichkeit und Vergänglichkeit vermag das ganz auszudrücken, was uns der Vater, der Sohn und auch der Heilige Geist in ihrer Fülle sein wollen. An diese Frage schloß sich im Laufe der Zeit eine zweite: *Und was bist du Christo?* Da erfaßte ich, daß auch alle Begriffe zur Bezeichnung der Jünger Jesu nichts als zeitliche Gleichnisse sind, die uns unser wahres Verhältnis zu Christo und in ihm zum Vater dolmetschen sollen.

Daher waren auch die Formen, die Gott je und je zu seiner Theophanie wählte, unendlich mannigfaltig und wandelbar und bildeten nur den stofflichen Körper für den ewigen Geist. Um seine Gegenwart zu offenbaren, erschien Gott einem Mose im Dornbusch, antwortete er auf das Gebet eines Elia mit Feuer, erfüllte er den Tempel Salomos mit der Wolke. Nie hat er sich jedoch in der Offenbarung seiner Gegenwart auf diese Formen beschränkt. Sie sind unendlich, wie Gott unendlich ist, und er erwählte immer wieder die, in denen er sich im Lauf der Geschichte vom Menschen am tiefsten verstanden sah.

Daher trugen auch viele dieser Formen einen temporären und lokalen Charakter, und manche wurden später abgelöst durch reinere und höhere Formen, oder aber sie verschwanden ganz. Um den anbetenden Israeliten zu vergegenwärtigen, daß der Herr in der Mitte seines Volkes zelte und nahe sein will denen, die ihn anrufen, wurde der ganze Gottesdienst dieses Volkes an den Tempel, als die Wohnstätte Gottes auf Erden, gebunden. Als jedoch viel später die Samariterin am Jakobsbrunnen den „Sohn" fragte, wo denn eigentlich die wahre Stätte der Anbetung Gottes sei, in Samaria oder in Jerusalem, da antwortete ihr Jesus: *„Weib, glaube mir, es kommt die Stunde, da ihr weder auf diesem Berge noch in Jerusalem den Vater anbeten werdet ... Es naht die Stunde und ist schon da, wo die wahren Anbeter anbeten werden im Geist und in der Wahrheit[1]."*

Dieser vielfach lokale und temporäre Charakter der Form der Offenbarung ist leider allzuoft übersehen und vergessen worden. *Daher verewigte der Mensch je und je die Form und tötete den Geist.* So entstand in Israel eines Tages jener seelenlose Opferkultus, gegen den von Zeit zu Zeit die wahren Gottespropheten mit solch einer Schärfe in der Vollmacht des Geistes auftraten.

Denn die äußerlichen Formen der Offenbarung lassen sich letzthin auch von Menschen weiterpflegen, die ohne den Geist der Offen-

[1] Joh. 4, 24.

barung leben. Formen und Bekenntnisse können sehr alt werden auch ohne Geist. Wohl sprach man in den Tagen Jesu: „Wir haben Abraham zum Vater", aber man atmete nicht den Geist Abrahams. Wohl bekennt die neue Welt sich zum apostolischen Christentum, lebt aber in ihrer Masse nicht im Geiste der Apostel und Propheten. Man schuf das Heilige und verlor den Heiligenden. Man trug den Prophetenmantel ohne eine Prophetenseele. Man pflegte den „heiligen" Tempel und fühlte nicht den Verlust der heiligenden Gegenwart des lebendigen Gottes. Man beugte sich vor dem Kreuz anstatt vor dem Gekreuzigten. Es wurde die Religion, die uns lehrte, Gott zu finden und zu dienen, ohne uns jedoch jenen Umgang mit Gott zu bringen, wo Gott uns zu finden und zu dienen vermag. *Die äußere Geistesform sollte die innere Geisteskraft ersetzen.*

Daher ließ Gott auch im Lauf der Geschichte immer wieder durch Gerichte jene Formen zusammenbrechen, die sich eines Tages als ein dauerndes Hindernis zwischen Gott und Mensch gestellt hatten. Denn die Offenbarung ist unabhängig vom fleischlichen Willen eines Mannes, unabhängig auch von heiligen Orten und Zeiten, von geschichtlich gewordenen Kirchen und Konfessionen, wenn Gott sich aus Gnaden ihrer auch überall und immer bediente. Aber sie ist gebunden, unlöslich gebunden an den Geist Gottes, der ausgegossen werden soll über alles Fleisch. Gott mußte Tempel und Kultus vernichten, sobald sie dem Menschen den Zugang zu ihm raubten, wenn sein Volk ohne seine Gegenwart und ohne innere Hingabe an seinen Geist lebte.

An sich war Gott nie gegen die Form. Das erste, was der Geist in den Schöpfungstagen zu erreichen suchte, war, daß er mit jedem neuen Tage neue Lebensformen schuf und sie in organische Verbindung und Harmonie zueinander brachte. So schuf der über dem Chaos schwebende Odem Gottes sich im Kosmos seine Leiblichkeit. Ohne Leiblichkeit ist keine Lebensäußerung der Seele und des Geistes denkbar. Das tiefste Denken des Menschen bleibt unfruchtbar, wenn es sich durch die Sprache des Organismus dem Nächsten nicht mitteilen kann.

Wo mithin die Form in ihrer Mannigfaltigkeit entsprechend der unendlichen Mannigfaltigkeit des geistlichen Lebens nichts anderes war als die geistleibliche Verkörperung des Geistes, da war sie Gott immer wertvoll und stand unter seinem göttlichen Segen. Denn „Leiblichkeit", d. h. Verleiblichung des Geistes, ist und bleibt das Ziel aller Wege Gottes. In dieser Welt der Stofflichkeit und Zeitlichkeit, wo alles Leben an Raum und Zeit gebunden ist, vermag sich das Leben nur durch eine geist-leibliche Körperlichkeit zu äußern. Wo mithin Geist und Form eine organische, lebendige Einheit sind, darf der Körper nicht getötet werden. Sonst schwindet auch der Geist, der in diesem Organismus lebt und sich durch ihn auswirkt. Form ohne Geist war Gott immer ein Greuel. *„Ich mag eure Brand- und Festopfer nicht!"* — läßt er dem opfernden Israel durch seinen Propheten sagen[1].

Aber jede Vermenschlichung des Göttlichen ist wiederum auch eine bestimmte Verhüllung Gottes. Kein Wort, kein Bild, kein Gleichnis, kein Begriff aus der Zeit der Vergänglichkeit kann uns das Ewige und Göttliche ganz enthüllen. Jede Enthüllung des Göttlichen durch menschliche Formen war daher immer auch eine Verhüllung des Göttlichen durch das Menschliche. Obgleich der Tempel die Gegenwart Gottes in der Mitte seines Volkes symbolisierte, sah der anbetende Israelit, der seinem Gott begegnen wollte, wohl Tempel und Altäre, heilige Decken und Gefäße, aber die Schechina, die Herrlichkeit Gottes, sah er nicht. *Daher kann alles Stoffliche wohl Symbol, aber nie das Wesen des Göttlichen selbst sein.* Gott ist größer als jedes Symbol, sein Leben reicher als alle Formensprache der Menschheit.

Es gibt nur *ein* Gefäß, das ihn wesenhaft in seinem Geist und in seiner Offenbarung fassen wird: *der Geist des einst völlig erlösten Menschen.* Eingestellt auf Gott, wird er zu einem Tempel, wo Gott geschaut und angebetet wird in seinem wahren Wesen, in seiner Majestät und Herrlichkeit. Hier erlebt man Gott im Beginn seiner erneuernden und heiligenden Kraft und tritt in eine lebendige Gemeinschaft mit ihm, wie sie nur unter innerlich geistesverwandten Wesen gepflegt werden kann. Hier kommt es, wie einst bei einem Mose, zum Schauen der Gestalt Gottes, und man wird vertraut mit

---

[1] Jes. 1, 11—15.

dem ganzen Hause Gottes[1]. Denn nur der Mensch als Gottes Ebenbild ist groß genug, Gott in seiner Größe und Majestät, in seinem Heil und in seiner Kraft so zu fassen, daß er beginnt, in seiner Gesinnung und in seinem Charakter, in seinem Dienst und in seiner Hoffnung das wahre Bild seines Vaters zu tragen.

Nichts Geringeres ist *der eigentliche Zweck und das Ziel* der göttlichen Offenbarungen. Beide lassen sich vielleicht in die drei großen Hauptbegriffe zusammenfassen: *Erlösung* (Rechtfertigung), *Gemeinschaft und Dienst.* Jede Offenbarung Gottes will zur Erlösung für den Menschen werden. Wo das göttliche Selbst das Schweigen dem Menschen gegenüber bricht und zu einem Redenden wird, da steht der Mensch immer vor seiner Erlösung. In jeder Offenbarung öffnet sich dem Menschen das Tor zu Gott hin. Sie will dem Menschen bringen, was er nicht hat, ihm die schöpferische Kraft sein, die er vergeblich in sich selbst sucht. Denn die Offenbarung will immer erlösen, frei machen, herausheben aus der rein kreatürlichen Menschlichkeit mit ihrem Fall und uns in die göttliche Wesensart hineinziehen. *Gott ist schlechthin das Heil; daher kann auch nur Heil von ihm in seiner Offenbarung ausgehen.* Ob der Mensch sie als Vergebung oder als Erleuchtung, als Trost oder als Ruhe und Frieden erlebt, in jeder Gottesoffenbarung liegt für ihn etwas Erlösendes.

Selbst Gottes Gerichtsoffenbarungen sollen für den Menschen weit mehr Erlösung als Gericht bedeuten. Sie richteten sich je und je nur gegen das, was den Menschen hinderte, in Gott seine Erlösung zu finden. Sie waren das gewaltsame Eingreifen in den inneren Widerspruch des Menschen und der Zeit gegen Gott, ließen in göttlicher Barmherzigkeit zusammenbrechen, was der Mensch sich in seinem eigenen Geiste zu seinem vermeintlichen Heil geschaffen hatte.

Es gibt daher keine Schrift des alttestamentlichen Kanons, deren Botschaft nicht Erlösung wäre, die durch die Offenbarung in die Geschichte der Menschheit getreten ist. Denn insoweit in den einzelnen Büchern die vom Menschen festgehaltenen Gottesoffenbarungen wiedergegeben worden sind, künden sie uns auch irgendeine Seite der Erlösung, die der Mensch erlebte oder zu erleben berufen war.

[1] 4. Mos. 12, 7. 8.

Zwar wird uns der ganze dunkle Hintergrund des Falles, der Irrungen, der Gottesfeindschaft, der Sünde und des Todes in ihren geschichtlichen Entwicklungen und Auswirkungen gezeichnet. Die Offenbarung Gottes hat nie das wahre Bild verschwiegen, das der Mensch von Natur in seiner Gesinnung und in seinem Leben trägt. Sie hat nie ein Leben bejaht und gerechtfertigt, das in seinem Innern Tod und Verderben birgt. Denn wie Gott selbst, so ist auch jede Gottesoffenbarung in erster Linie Licht, das in der Finsternis scheint. Dies Licht leuchtet hinein bis in die tiefsten Geheimnisse des menschlichen Seins und legt rücksichtslos die verborgensten Quellen bloß, aus denen jedes einzelne Übel mit seinen Folgen in der Geschichte fließt. Ganz folgerichtig wirkt sich daher jede Offenbarung des Heils beim Menschen zunächst als eine Bloßlegung der menschlichen Sünde, Kraftlosigkeit und Armut aus.

So beginnt unser biblischer Kanon in seinen ersten Kapiteln der Genesis mit Erlösung und läßt diese in dem letzten Buch der Bibel ausklingen in die vollendete Gottesherrschaft zum Heil der Gesamtschöpfung. Das Halleluja der Johannes-Apokalypse ist nur denkbar auf Grund vorangegangener Offenbarung durch Apostel und Propheten. *Gottes Herrschaft wird nur sichtbar, wo Gottes Offenbarung zuvor reden und erlösen konnte.*

Daher reden die Bücher der Bibel auch weniger von jenem Wirken, das innerhalb der menschlichen Möglichkeiten liegt, sondern weit mehr von „einem göttlichen Werk, das alle menschlichen Möglichkeiten durchbricht". Nicht die Entwicklungsfähigkeit des Menschen zu Gott hin, sondern die Erlösungsmöglichkeit des Menschen durch Gott ist ihr dauerndes Evangelium, ihre Offenbarung. Die Voraussetzung dieser Offenbarung ist nicht, daß der Mensch an sich gut ist, sondern daß sie jeden, der schlecht ist, erlösen will und kann, sobald er sich ihrem Licht und ihrem Heil erschließt. Sie erwartet nicht Erlösung, sondern bringt Erlösung, wo bisher die zersetzenden Kräfte des Verderbens herrschten. *Das ist die Weltmission der Gottesoffenbarung.*

Diese Erlösung führt zur Gemeinschaft, und zwar mit dem, von dem sie ausgeht. Der Geliebte wird zum Liebenden. Seine Seele ist erwacht für den Einen, durch den er sich erlöst sieht. Das ist die große Wendung, die zu einem neuen Leben führt. Der erlöste Mensch „schläft nicht mehr den Starrschlaf des Selbst", sondern er ist „erweckt allein von dem Einen und für den Einen". *Das ist die heilige Einseitigkeit der Geliebten, der Separatismus der Begnadeten, die Weltfremdheit der Erlösten.* Ihr Mund hat sich geöffnet, aber nur Gott gegenüber; ihr Ohr beginnt zu hören, aber nur was Gott redet; ihre Seele beginnt zu fühlen, aber nur den Pulsschlag Gottes zu ihrem persönlichen Heil.

Denn wahre Erlösung ist nur denkbar im Rahmen der Gemeinschaft mit dem Erlösenden. Gottes Offenbarung erlöst nicht den Menschen und überläßt ihn wiederum sich selbst und den ihm von Gott gewordenen Gaben. Nicht im Empfangenen, sondern in dem dauernden Empfangen ruht sein Heil. Der von der Offenbarung in ihr Heil hineingezogene Mensch soll nicht in den einzelnen Gaben, sondern in Gott zur Ruhe kommen. Auf sich selbst und seine empfangenen Segnungen gestellt, ist auch der erlöste Mensch wiederum nur ein Gebundener an sich selbst. Wohl bringt jede Offenbarung Gott zunächst zum Menschen, aber dann zieht sie den Menschen zu Gott. Sie will nicht im Leben des Menschen eine vorübergehende Erscheinung sein, sondern zu einer dauernden Offenbarung werden. Wie der Mensch bisher von den Inspirationen seines eigenen Geistes lebte, so soll er sich hinfort bestimmen lassen von dem Lichte und den Energien, die für ihn im Umgang mit Gott liegen. Ohne je Gott zu werden oder in Gott aufzugehen, wie die Mystik es lehrt, soll er doch eins werden mit Gott und im Geiste der Kindschaft mit Gott als dem Vater verkehren und in dem leben, was des Vaters ist.

Es gibt daher kaum eine Seite des biblischen Kanons, die uns nicht mit jenen Personen und jenem Volke vertraut macht, die im Umgang mit Gott standen. Wohl ist die Bibel voll Geschichte, aber ihre Geschichten sind nur der Rahmen für das weit Höhere, das die Bibel uns zu künden hat. *Ihre Botschaft ist die Gottesgemeinschaft, in die der Mensch durch Offenbarung hineingezogen wird.* Daher hebt sich die Bibel mit ihrem Inhalt auch in so einzigartiger Weise ab von allen anderen Geschichtswerken und literarischen Erscheinungen der übrigen Weltliteratur.

Gottes Offenbarung wird zur Erlösung, Gottes Erlösung begnadigt zur Gemeinschaft, Gottes Gemeinschaft inspiriert alsdann zum Dienst. Das Sprechen der Erlösten muß nicht nur Antwort, sondern selbst wiederum Botschaft, das Leben der Erlösten nicht nur ein Warten vor Gott, sondern ein Zeugen vor dem Nächsten werden. In der Gemeinschaft öffnete sich ihr Mund, jedoch allein Gott gegenüber; hörte ihr Ohr, jedoch allein die Sprache Gottes; fühlte die Seele, jedoch allein das eigene Glück in der Nähe Gottes. *Wer sich jedoch dem Höchsten erschloß, muß sich eines Tages auch für das Höchste entschließen: zum Dolmetscher der Offenbarung für andere zu werden.* Wer im Umgang mit Gott steht, muß sich wiederum der Welt erschließen, indem er zu ihr spricht, und sich die Welt erschließen, indem er sie in seine Erlösung hineinzieht. So durchbricht die Gemeinschaft den Separatismus der Erlösten und sendet sie als Botschafter Gottes in die Welt. Die bisher nur Gott antworteten, sprechen hinfort zu Gehilfen ihres Glaubens und dienen ihnen mit dem, was sie von Gott empfangen haben. Die nur Gott reden hörten, hören plötzlich auch die Wehklage ihres Volkes und sind bereit, ein Opfer zu werden zur Erlösung für die Welt. Die bisher nur sich lieben ließen, beginnen den Nächsten zu lieben wie sich selbst und suchen ihn in jene Erlösung hineinzuziehen, die uns zunächst zu Geliebten und dann zu Liebenden erlöst.

So entsteht alles göttliche Heil durch Offenbarung, lebt von Offenbarung und wird zur Offenbarung. Denn nicht heiliger Genuß, sondern priesterlicher Dienst ist die reife Frucht, das höchste Ergebnis eines begnadeten Menschen in seinem Verkehr mit Gott. Wohl dient Gott zunächst dem Menschen, zieht ihn hinein in den Umgang mit sich selbst, macht ihn teilhaftig seines Geistes und seiner Art, führt ihn ein in die ganze Fülle einer höheren Welt — aber allein in der Absicht, daß der Mensch eines Tages dem Menschen diene. Gesegnet soll Abraham zum Segen werden für alle Völker der Erde. Als Freund Gottes muß Mose zum Retter und Führer seiner Brüder werden. Berufen zum auserwählten Gottesknecht, muß Israel sich als Prophet für die Welt erweisen. Als es Gott wohlgefiel, seinen Sohn auch einem Saulus von Tarsus zu offenbaren, wußte dieser, daß er nur noch ein Botschafter Jesu Christi unter den Nationen sein könne.

Auch in seinem schöpferischen und erlösenden Wirken ist Gott für uns Menschen Unendlichkeit. In dieses Wirken sieht sich daher auch der Mensch hineingezogen, der die Verbindung mit ihm gefunden hat. Gottes Wirken gibt dem Leben der Begnadeten die Richtung, und die Welt vermag eines Tages die schöpferische und weltüberwindende Kraft Gottes auf dem Boden menschlicher Schwachheit zu sehen. Gottes Kraft wandelt die Tat für Gott zu einer Tat für die Welt. Gottes Geist inspiriert den Geliebten, und dieser wird zum Propheten und Apostel des Evangeliums der Liebe. Die Gemeinschaft mit Gott macht den Begnadeten vertraut mit der Fülle seines Heils, und dieser trägt eine Kunde in die Welt, die sich größer erweist als alles Verderben der Welt. Das ist der Dienst derer, die durch die Offenbarung zur Erlösung und durch Erlösung zur Gemeinschaft gelangten. *Die Weltmission der Offenbarung ist daher das Dienstprogramm der Erlösten.*

Wer die großen Prinzipien der Bibel erst wieder als Offenbarung Gottes zu lesen vermag, dem ist die Heilige Schrift hinfort kein geisttötender Buchstabe mehr, sondern dem beginnt sie Geist und Leben zu werden. Wer in ihr wieder Gott sucht, wird auch in seinem Leben alsbald entdecken, daß Gott ihn sucht und ihm zu einem Gott der Offenbarung und des Heils werden will. Trotz des semitischen Einschlags wird der biblische Kanon ihm nicht nur eine israelitisch-jüdische Nationalliteratur sein, sondern jenes einzige Buch der Menschheit, in dem die größten und höchsten Gottesoffenbarungen der Geschichte gesammelt und festgehalten worden sind. Mag man auch, wie Samuel einst, zunächst angenommen haben, daß es nur die Stimme eines Menschen und eines Volkes war, die einen rief, eines Tages wird die Seele entdecken: es ist die Stimme eines weit Höheren, und, von Gott ergriffen, wird auch sie in tiefer Demut und heiliger Ehrfurcht antworten: *„Rede, Herr, dein Knecht höret!*[1]"

[1] 1. Sam. 3, 10.

2. Was sind alttestamentliche Zeitalter?

„Deren Diener bin ich geworden nach dem mir verliehenen göttlichen Amt, bei euch das Gotteswort zu verkünden, das Geheimnis, verborgen vor Äonen und Generationen — nun aber ward es seinen Heiligen offenbar." Kol. 1, 25. 26.

Ich nehme an, daß die prinzipielle Beleuchtung einer weiteren Frage manchem dienen wird, ein allgemeineres und tieferes Verständnis der alttestamentlichen Schriften zu gewinnen. Es ist die Frage:

Was sind alttestamentliche Zeitalter?

Jedem Geschichtskundigen ist bekannt, daß sowohl das allgemeine Geschehen als auch die göttliche Heilsökonomie in den Jahrtausenden der Geschichte keinen gradlinigen Verlauf genommen haben. Beide stellen vielmehr verschiedene parallel laufende Zeitperioden dar. Diese sind zwar in ihrem innersten Wesen grundverschieden, können aber doch nicht voneinander getrennt werden. Sie sind wie Fleisch und Geist aufs engste miteinander verbunden und bilden zusammen den großen historischen Geschichtsverlauf. Noah mit seinen Erlebnissen bliebe uns völlig unverständlich ohne das damalige Zeitalter einer kainitischen Kultur- und Geschichtsentwicklung. Israels Geschichte wäre noch weit mehr ein Geheimnis ohne den Rahmen seiner verschiedenen Nachbarvölker. Die Thoragemeinden der nachexilischen Zeit lassen sich erst begreifen aus den katastrophalen Geschichtsereignissen, welche die damalige ganze Kulturwelt erschütterten und auch vor Israels Heiligtum und seinem theokratischen Staat nicht haltmachten. *Das zeitliche Missionsfeld der göttlichen Heilsökonomie war stets die Welt in ihrem Fall und mit ihrer Geschichte.*

Die eine Linie mit ihren einzelnen einander sich ablösenden Perioden redet mithin *vom Menschen und seiner Entwicklung,* die andere jedoch von *Gott und seiner Offenbarung.* Dort ist es die Welt des Menschen mit seinem ersehnten Paradies und seiner erlebten Hölle, hier die Welt Gottes mit ihrer Erlösung aus dieser Hölle zu neuer Auferstehung. Denn gerade darin hebt sich die Geschichtswelt der Bibel so wesentlich von allen anderen Geschichtswerken der Weltliteratur ab, daß sie mit „einer gewissen unerbittlichen Logik ihres Zusammenhangs uns über uns selber hinaus=treibt"[1].

Diese Sammlung heiliger Schriften, die uns die letzten Ant=worten auf die tiefsten Fragen nach Gott und Mensch geben wollen, ist aber in ihrer geschichtlich=menschlichen Entstehung das Kind eines einzigen Volkes, nämlich des israelitisch=jüdischen. *Japhets Kleinod ist aus Sems Schoße geboren.* Es gibt kein Buch unserer Bibel, das ursprünglich nicht jenem Volke angehörte, das Abraham zu seinem Vater hatte. Jeder Psalm, jedes Geschichtsbuch, jede Propheten= und Gesetzessammlung sind ein Kind und Erbe dieses Hebräervolkes und atmen den Geist des Glaubens ihrer Väter.

Diese höchsten Güter aus dem Hause Sems sind das größte Erbe der Weltgeschichte geworden. Denn gerade jene Völker der Geschichte, welche die geistigen Prinzipien dieses Erbes zur letzten Grundlage ihres Wohles und Aufbaus machten, sind immer wieder die Schöpfer und Träger einer neuen Zukunft geworden. Das gesamte Altertum dagegen, das keine verwandte Offenbarungs=religion besaß und sich der aus den Hütten Sems nicht erschloß, ist in sich selbst rettungslos zugrunde gegangen. Ihre einzig leben=dige Sprache ist die ihrer unverwüstlichen Pyramiden und ihrer Grab= und Ruinenstätten, die den an sie vorüberziehenden Jahr=tausenden mit ihren Geschlechtern die ewig=junge Wahrheit künden: *„Der Mensch lebt nicht vom Brot allein." Ohne Offenbarung keine Zukunft, ohne Divinität nur eine mehr und mehr ausreifende Bestialität, jene untrügliche Vorstufe von jedem Anarchismus, der zu seiner Stunde skrupellos die letzte Auflösung einer bestehenden Weltordnung vollzieht.* Wo in der Geschichtsentwicklung alles Bestehende nicht immer wieder zu einer inneren Reformation wurde, die aus höherer Offenbarung ihre Inspirationen empfing, da endete sie eines Tages unbedingt in einer zersetzenden Revolution. Gerichte redeten alsdann da, wo höhere Einsicht hätte weissagen und dem ringenden Zeitalter das Programm einer neuen Zukunft geben sollen. Anarchismus und Revolution waren je und je nichts anderes als der letzte Zusammenbruch eines Volkes, das in sich nicht mehr die sittliche Kraft aufzubringen vermochte, von innen heraus das Ster=

[1] Nach Karl Barth: Das Wort Gottes und die Theologie.

bende seiner bisherigen Kultur und Politik abzustoßen und sie neu zu verjüngen.

Aller wirklich weltgeschichtlichen Bewegung lag daher immer ein religiöser Kern mit einem göttlichen Lebensprinzip zugrunde. Selbst da, wo dies in der Geschichte nicht ausgesprochen wird, muß angenommen werden, daß das eigentlich Treibende und Entscheidende in der Entwicklung das religiös-göttliche Element war. Die auf Grund höherer Offenbarung gepflegte Gottesverehrung, verbunden mit dem sittlichen Kampf gegen den herrschenden Egoismus, waren mithin noch immer die entscheidenden Grundlagen einer werdenden Weltgeschichte. Ja, man darf sagen, daß sozial und kulturell stets jene Völker am höchsten stiegen, die in ihrem Leben und Gemeinwesen dem Offenbarungsgehalt der Bibel am nächsten standen. Sie verfügten über jene sittlichen Kräfte, die sich stark genug erwiesen, die zersetzenden Zeitströmungen zu überwinden und eine neue Zukunft zum Heil der Geschichte einzuleiten. *Daher vermag auch unserer Zeit kein Evangelium eine Erlösung zu bringen, das allein in der Gewinnung der Erde, in der Rechtfertigung der Selbstsucht und in der Heiligsprechung der brutalen Gewalt des Volkes höchste Güter und einzige Zukunft sieht.*

Nach dieser Charakterisierung des inneren Verlaufs der allgemeinen Geschichte können wir nun auch etwas näher auf eine spezielle Beleuchtung der biblischen Zeitalter eingehen. Wir fragen zunächst:

Wie ist der Begriff von biblischen Zeitaltern entstanden?

Er ist aufs engste mit den Heilserwartungen des Spätjudentums verbunden und in seiner vollen Ausprägung ein Kind der jüdischen Eschatologie. Zwar ist auch dem alttestamentlichen Kanon der Begriff von Zeitaltern im Rahmen des großen Weltgeschehens nicht fremd. Dies bezeugt bereits die öfter wiederkehrende Formel: „von Ewigkeit zu Ewigkeit[1]". Sie findet sich allerdings nur in einzelnen Psalmen und in einigen jüngeren Schriften. Erst in der apokryphischen und pseudoepigraphischen Literatur der späteren nachexilischen Zeit und im Neuen Testament kommt die Formel zur vollen Geltung.

An sich will der hebräische Begriff Ewigkeit nichts Geringeres

[1] 1. Chron. 16, 36; Neh. 9, 5; Ps. 90, 2; 103, 17; 106, 48.

und anderes als die Unendlichkeit ausdrücken. Abgeleitet von „ver=hüllen" enthält das Wort einen Begriff, „der da anhebt, wo der Bereich unseres Wahrnehmungsvermögens aufhört". Er umfaßt für unsere Vorstellung alles Transzendente und Überzeitliche. Jedoch die Lehre von bestimmten und begrenzten Weltperioden, die einander im Verlauf des großen Weltgeschehens ablösen, gehört erst mehr der nachexilischen Zeit an und steht in engster Verbindung mit den israelitisch=jüdischen Zukunftserwartungen.

In den alttestamentlichen Schriften war die Heilserwartung zu=nächst mehr auf das Diesseits gerichtet. Auf Grund der prophetischen Schau sehnte man den Anbruch einer universellen Gottesherrschaft zunächst für Israel und alsdann auch für die ganze Welt herbei. Es stand den Wartenden fest, daß der engere Schauplatz dieser Theokratie mit ihrem universellen Heil nur Palästina mit Jerusalem als seinem geistigen Mittelpunkt sein könne. Diese Gottesherrschaft wird zuerst für die ganze Nation eine innere Reinigung und Wieder=geburt bedeuten und alsdann mit einer weitgehenden politischen Befreiung verbunden sein. Gottes Herrschaft wird jegliches Joch, das andere Nationen auf den Nacken des auserwählten Gottesknechtes gelegt haben, zerbrechen.

Voller Sehnsucht erwartete man daher einen waltenden Messias=könig aus dem Hause Davids, der zur Erfüllung bringen sollte, was Gott an Heil seinem Volke für die Zukunft verheißen hatte. Dieser Messiaskönig wird die Zerstreuten aus ihrem Exil sammeln und sie wie Tauben zu ihren Schlägen heimkehren lassen. Jerusalem wird alsdann zu einzigartigem Glanz erhoben werden, und es wird eine Erlösung des heiligen Landes vom Fluch der Unfruchtbarkeit begin=nen, durch die ein nie dagewesenes Wohlergehen der neuen Gottes=gemeinschaft auf der ganzen Erde erblühen wird.

Diese zentralen Gedanken der alttestamentlichen Heilserwartung wurden zwar vom späteren nachexilischen Judentum sämtlich über=nommen, alsdann jedoch mit Hoffnungen transzendenter Natur aufs engste verknüpft. Die Frage nach der Auferstehung aller Toten, die Erwägungen der gegenwärtigen Weltdauer und des Weltuntergangs, die Ausmalung des nahenden Weltgerichts und die Erscheinung des einzelnen vor dem ewigen Richterstuhl, die Möglichkeit einer zu=

künftigen Seligkeit und einer zukünftigen Verdammnis, das himmlische Jerusalem und der brennende Feuerpfuhl wurden mit in das Gesamtbild der lebendigen Zukunftserwartungen aufgenommen und beschäftigten die in Sehnsucht auf Erlösung wartende Seele der jüdischen Diasporagemeinden. Man rang sich zu der Erkenntnis durch, daß es sich in der großen Heilszukunft um weit mehr als nur um ein gegenwärtiges Gottesreich auf palästinensischem Boden handeln würde. Daher beschäftigte sich die Eschatologie seit dieser Zeit auch nicht mehr vorherrschend allein mit dem israelitisch-jüdischen Volk, sondern erweiterte sich mehr und mehr vom Nationalen zum Übernationalen und Kosmischen und umfaßte schließlich die ganze zukünftige Welt.

Mit diesem Weitblick gewann auch die Einsicht mehr und mehr Raum, daß die kommende Heilszeit nur auf „völlig neuem Boden und mit völlig neuem Material erbaut" werden könne. Dadurch trat jene scharfe Kluft in Sicht, die zwischen dem vergänglichen Jetzt und dem ewigen Einst, zwischen dem untergehenden Alten und dem kommenden Neuen besteht. Aus dieser Erkenntnis und den damit verbundenen Erwägungen entstand die Zwei-Äonenlehre mit den Ausdrücken: diese Weltzeit und die kommende Weltzeit.

Nun war die damalige allgemeine Weltlage mit ihren herrschenden Ungerechtigkeiten auf allen Gebieten des sozialen und politischen Lebens derart, daß man in jeder großen Geschichtskatastrophe mit äußerster Spannung das Ende des alten Äons und den Anbruch des neuen erwartete. Es kam jedoch anders. Wohl trugen alle Weltereignisse und innerlichen Spannungen der Seele der harrenden Völker mit dazu bei, daß jene Gottestat geschichtliches Ereignis werden konnte, die Paulus mit den Worten beschreibt: *„Als aber die Zeitfülle kam, da sandte Gott seinen Sohn, geboren vom Weibe, unter das Gesetz getan, auf daß er die unter dem Gesetz loskaufe, damit wir die Sohnschaft empfingen*[1]*."* So groß dieses Ereignis auch war, und so viel Heil sich auch mit dem Kommen Jesu für die Welt zunächst verband, das mit solcher Spannung erwartete Ende des alten Äons und der Anbruch eines völlig neuen kam nicht. Auch jene Zeit mußte wiederum das lernen, was die israelitische Frömmig-

[1] Gal. 4, 5.

keit in ihrer Heilserwartung schon so oft hatte lernen müssen, *daß nämlich die Exegese Gottes im Verlauf der Geschichte zu dem Wort seiner Propheten vielfach eine so ganz andere war, als man sie in seiner Sehnsucht aus dem prophetischen Wort herausgelesen hatte.*

Nun sind seit dem Kommen Jesu wieder bald zwei Jahrtausende verflossen, die immer noch dem ersten Äon angehören. So groß die geistlichen Segnungen auch waren, die mit der Person Jesu und seinem Evangelium für die Welt verbunden waren, die ersehnte Zeit jenes völlig neuen Äons ist immer noch nicht gekommen. Wir warten darauf noch in Geduld. Der große Geschichtsverlauf vollzieht sich noch immer im allgemeinen Rahmen des gegenwärtigen Äons. Allerdings ist dieser durch Christus in zwei große Offenbarungsperioden geschieden worden: *in die alttestamentliche* und *die neutestamentliche.* Das Charakteristische jener bezeichnet der Hebräerbrief als *das Reden Gottes durch die Propheten,* das Typische dieser als *das Reden Gottes durch den Sohn.* Paulus bezeichnet die Zeit seit dem Kommen Jesu einfach als „den Tag des Heils", als die Zeit jener Annahme, die die Propheten mit solcher Inbrunst herbeigesehnt hatten[1]. In den Rahmen unserer Erwägungen gehört jedoch allein die alttestamentliche Offenbarungsperiode. Kann man innerhalb dieser aber von einzelnen Zeitaltern sprechen? Darauf antwortet uns vielleicht eine zweite Frage. Diese lautet:

Wie kann der Zeitraum eines biblischen Zeitalters bestimmt werden?

In der Frage liegt bereits die Voraussetzung, daß man innerhalb der allgemeinen alttestamentlichen Offenbarungsperiode noch verschiedene Zeitalter unterscheiden kann. Ihre Anzahl hängt von dem Gesichtspunkt ab, von dem aus man das große heilsgeschichtliche Geschehen innerhalb der ersten vier Jahrtausende einzuteilen sucht. Wir gehen von der Voraussetzung aus, *daß die einzelnen Zeitalter in ihrem Entstehen, ihrem inneren Charakter und ihrem Untergang bei all ihrer Verschiedenheit doch etwas Gemeinsames haben.* Es müssen Gesetze und Prinzipien sein, die ein Neues beginnen lassen, indem sie eine ganze Periode eine Zeitlang inspirieren und befruchten, bis sich das Fleisch in der Geschichtsentwicklung wieder stärker

[1] 2. Kor. 6, 1. 2.

erweist als der Geist und diesem sein Golgatha bereitet. Denn Christus hat in seiner Person letzthin dasselbe erlebt, was bisher seit Anfang alle Gottesoffenbarung erlebte: *Der Prophet wurde zum Priester, der Priester zum Opfer, das Opfer zur Auferstehung.*

Es müssen mithin da, wo sich sichtlich der Zerfall des Alten vollzieht und die ersten Anfänge neuer Kräfte sich regen, die großen Querschnitte der Geschichte, die Übergänge aus einer absterbenden in eine neue Zeitperiode liegen. Wir nennen es die Zeitwende. Diese ist jedoch nie mit einem bestimmten Kalendertag anzugeben. Denn der Übergang von einem sterbenden Zeitalter zu einem auferstehenden war noch immer so fließend, daß vielfach bereits jede Zeitwende an sich eine Zeitspanne von Jahrzehnten und mehr umfaßte. Ein untergehendes Zeitalter trägt vielfach noch so viel Kraft und Schein des Lebens in sich, daß zunächst nur wenige den Stempel des Gerichts und des Todes sehen, den es verborgen auf seiner Stirn trägt. *Der plötzliche Zusammenbruch eines Zeitalters kam daher noch immer für die Mehrzahl seiner eigenen Zeitgenossen wie eine Überraschung.* Er kam „wie ein Dieb in der Nacht". Erst nachher erkannte man, in welchen Illusionen man gelebt und wie man selbst den Untergang durch eine falsche Lebenseinstellung vorbereitet hatte.

Andererseits waren alle großen Anfänge, die ein Neues einleiteten, wiederum zunächst so unklar, die sich regenden Prinzipien erschienen so embryoartig, daß die meisten nicht ahnen und voraussehen konnten, daß sie die geistigen und inspirierenden Kräfte einer kommenden Geschichte werden sollten.

Diese Tatsachen machen es schwer, die einzelnen Zeitalter fest zu umschreiben und zeitlich genau zu begrenzen. Soweit in der Bibel aber der Geschichtsverlauf der alttestamentlichen Heilsökonomie vor uns liegt, glauben wir doch gewisse innere und äußere Gesetze zu sehen, die uns die Möglichkeit geben, das Ganze in bestimmte Perioden einzuteilen. Vielleicht dienen uns dabei folgende Wahrnehmungen und Tatsachen.

Wir wagen die Analogie und sagen, daß *erstens jedes Zeitalter sehr viel innerliche Verwandtschaft mit den einzelnen Schöpfungstagen der Genesis trägt.* Diese begannen immer mit dem Abend und schlossen mit dem Morgen. Das ist Gottes Art. Sein Geist brütete über dem Chaos, und sein Wort ließ es licht werden in der Finsternis. *Schöpfung, Offenbarung, Erlösung: in dieser heiligen Dreieinigkeit vollzog sich noch immer das Walten Gottes auch im großen Weltgeschehen.* Sie sind das Entscheidende auch in den einzelnen Geschichtsperioden der alttestamentlichen Heilsökonomie, wie wir später noch sehen werden. Aus dem Chaos Harmonie und Schönheit, aus dem Fall Erlösung, aus dem Tode Auferstehung und Leben zu schaffen — das machte je und je das Gotteswirken aus Abend und Morgen zu einem Schöpfungstag. Nicht das bestimmte Gott in seinem Schöpfungswirken, was das Material an sich war, sondern was seine Gnade aus ihm für die Zukunft werde machen können. Schloß eine Zeitperiode eines Tages mit der dunklen Nacht eines Karfreitags, dann leitete er auf ihrem Grunde den Ostermorgen eines kommenden Tages ein und machte sie zum Anfang einer neuen Periode. Unser und der Welt Ende war noch immer Gottes Anfang.

Sodann läßt sich feststellen, *daß jedes Zeitalter mit etwas Neuem begann und nach seiner Entwicklung und seiner Reife im Laufe der Zeit wiederum im Gericht zusammenbrach.* Eine der schwersten Entdeckungen, die ich seinerzeit beim Studium des Alten Testaments machte, war die, daß ich auf Grund von Daniel, Kapitel 1 fand, *daß auch im Geschichtsverlauf bisher Jerusalem als Ganzes eines Tages noch immer in Babel endete.* Was in der Geschichte im Geist begonnen war, endete zu seiner Zeit wiederum im Fleisch und mußte dem Fleisch zum Gericht übergeben werden. Ein Jerusalem, das innerlich wieder zu einem Babel geworden war, mußte auch in Babel sein Gericht erleben.

Wohl begann jede neue Zeitperiode mit neuen Geistes- und Lebensprinzipien. Sie waren zunächst die befruchtende und treibende Kraft eines werdenden Zeitalters, inspirierten, formten und gestalteten jenes Neue, das sich anfänglich stärker erwies als die Zeit und der Tod. Jedoch eines Tages triumphierte wieder das Gewordene über das Schöpferische, das Fleisch über den Geist, die Form über den Inhalt, *die Orthodoxie über die Prophetie.* Auch im biblischen Geschichtsverlauf endete daher jedes Zeitalter, ebenso wie der einzelne Schöpfungstag, mit einem neuen Abend. Es schloß jede Periode mit den erschütternden Worten: „Kreuzige, kreuzige ihn!" Das war ihre letzte Entscheidung und die Einleitung jener Nacht, aus der alsdann nur Gott einen neuen Morgen zu machen vermochte.

Jedoch noch ein Drittes läßt sich im biblischen Geschichtsverlauf beobachten. *In jedem Zeitalter reifte ein heiliger Überrest aus, der im Gericht nicht mit unterging, sondern den Gott zu seiner Stunde zur Grundlage und zum Träger eines neuen Zeitalters machen konnte.* Was in der Entwicklung und in den Katastrophen für andere Untergang bedeutete, war für ihn Erlösung. Ein und derselbe Geschichtsvorgang begrub die Ägypter und erlöste Israel. Um eine weit größere Zukunft retten zu können, ließ Gott eine kainitische Kulturwelt in Gerichtsfluten untergehen und begann das Neue mit jener Noahfamilie, die ihm einen Brandopferaltar auf der neuen Erde erbaute. Der von der Vergangenheit Verworfene wurde zum Propheten für die Zukunft. Der von seinen Brüdern verkaufte Joseph wurde in der Zeit der Not zum Retter seines ganzen Geschlechts.

Diese großen Linien sollen auch uns leiten, wenn wir hernach den Versuch machen, den Gesamtverlauf der alttestamentlichen Geschichte in einzelne Perioden zu gliedern. Jedoch bevor wir den Versuch einer solchen Gliederung geben, soll uns zur klareren Erfassung der einzelnen Zeitalter noch eine weitere Frage beschäftigen. Sie lautet:

Welch einen inneren Charakter trug jedes biblische Zeitalter?

Der Anfang eines neuen Zeitalters bedeutete nie äußere Rückkehr zum Vergangenen. Nicht Reaktion und Restauration, sondern Reformation und Progression waren sein Evangelium und die schöpferischen Lebensprinzipien, von denen es sich getragen sah. Wo Gott Geschichte macht, kehrt er nie zum Gerichteten zurück. Wo der Mensch es dennoch tat, da brachte er nie ein Neues fertig, das sich größer erwiesen hätte als das Untergegangene. *Gottes Zukunft lag niemals in der Rückkehr zu einer gerichteten Vergangenheit.* Sie ruhte stets in dem Neuen, das er zu schaffen vermag. Daher waren auch seine Propheten immer Männer des ewig Neuen. Und je mehr ein Zeitalter sich seinem neu schaffenden Wirken erschloß, desto mehr wuchs es innerlich an Kraft und Leben, an Erkenntnis und Heil über das vorangegangene hinaus. Es hatte Neues aus der Ewig=

keit empfangen, daher trug es Ewiges in die neue Zukunft und deren Vergänglichkeit hinein.

Nur Zeitalter, die arm blieben an göttlichen Energien und schöpferischer Kraft, lebten von den Erinnerungen einer gerichteten Vergangenheit. Denn in sich allein fand nie ein Zeitalter die Kraft, Neues zu gebären. Nur insoweit Gott durch sein Licht Höheres den Propheten eines Zeitalters anvertrauen konnte, verfügte man auch über die Kräfte, eine neue Zukunft zu schaffen. Es waren daher immer Notzeiten in der Geschichte, wenn ihr diese von Gott erleuchteten und begnadigten Träger einer neuen Zukunft fehlten. *Denn wo Propheten schwiegen, da redeten die Schriftgelehrten; wo die Offenbarung fehlte, lebte man von der Tradition; wo nicht die schöpferische Kraft des göttlichen Lebens wirkte, da rieb man sich auf im fruchtlosen Dienst einer toten Orthodoxie und Gesetzlichkeit.*

Ein besonders klares Beispiel für diese ergreifende Wahrheit haben wir besonders in dem Zeitalter vor Christus. Seit Maleachi war jene große Zeit im jüdischen Volke mehr und mehr erloschen, wo der lebendige Verkehr Gottes mit dem Volke durch seine Dolmetscher zum Ausdruck gekommen war. Der Mund der Propheten war verstummt, und Schriftgelehrte hatten angefangen zu reden. Einst hatte dem Volke für sein Verhältnis zu Gott das gedient, was Gott verheißen und an Gnade und Segen im Volke gewirkt hatte. Nun bildeten Leistungen und gesetzliche Verpflichtungen die entscheidende Grundlage für die Gemeinschaft mit Gott. Darin drückte sich die ganze Armut jener prophetenlosen Zeit aus. Man pflegte zwar das Leben der Vergangenheit als Orthodoxie, aber nicht als eine Kraft gegenwärtiger Gemeinschaft mit Gott. *Solche Zeiten können zwar groß an Wissen, aber sehr arm an Leben sein.* Was andere einst in ihrem Umgang mit Gott erlebten, das erheben solche Zeiten zum Gesetz; was einst Kraftwirkungen Gottes waren, das machen sie zum Gegenstand religiöser Verpflichtungen.

Wir betonen daher noch einmal, daß es zum inneren Charakter der biblischen Zeitalter gehört, daß ihr Anfang nie äußere Rückkehr zum Gerichteten bedeutete. Wäre es nicht so gewesen, dann lebten wir in unserer Erkenntnis und Erlösung, in unserer Kultur und unserem Aufbau noch in der Antike. Aber jedes Zeitalter kündet uns noch eine weitere Wahrheit. *Sein Abschluß ließ im Gericht endgültig nur das zusammenbrechen, was sich als ein dauerndes Hindernis für das Kommen des Reiches Gottes in der Zukunft erwies.* Gott ist Unendlichkeit auch in seinem Wirken. Sein Reich ist das Sichtbarwerden seines göttlichen Wirkens in der Schöpfung. Alles, was sich in dieses sein Wirken hineinziehen und sich durch seinen Geist bestimmen und leiten läßt, gehört mit seinem Gehorsam und seinem Dienst hinfort der Lebenssphäre seines Reiches an. Was sich jedoch im Laufe der Zeit bewußt dem Einfluß von oben entzieht und sich allein auf sich selbst einstellt, geht eines Tages rettungslos an den Inspirationen des eigenen Geistes zugrunde. Gerichte können nur herrschen, wo sie im Leben, im Gemeinwesen und in der Kultur jenen Brennstoff finden, von dem ihre Flammen sich nähren können. Die Hölle vermag nur zu existieren, wo sie im Menschen und dessen Geistesrichtung etwas ihr innerlich Verwandtes findet.

Der Gesamtcharakter eines jeden Zeitalters brachte aber immer eine neue Gotteswahrheit zur Darstellung. Auch in der Offenbarung ging es von Klarheit zu Klarheit, von Erkenntnis zu Erkenntnis, bis jene Zeitenfülle kam, die uns den Sohn als vollendete Gottesoffenbarung brachte. Jedes Zeitalter mit seinem Licht war daher eine Vorbereitung für das kommende, das berufen war, vermehrtes Licht zu bringen.

Auch wurden immer weitere Kreise von dem Licht in sein eigenes Wesen hineingezogen. So waren z. B. im kainitischen Zeitalter Träger des göttlichen Lebens und göttlicher Offenbarung zunächst nur einzelne Personen der Sethschen Geschlechtslinie: Abel, Henoch, Noah. Seit der Berufung Abrahams wurden jedoch zum Träger derselben göttlichen Offenbarung hinfort Familien. Mit der Sendung eines Mose und der Erlösung Israels wurde schon ein ganzes Volk berufen, Prophet jener Offenbarung zu werden, die Gott der Welt zu ihrem Heil mitteilen wollte.

So dunkel es daher in den einzelnen Zeitaltern auch je und je wieder wurde, so stark manche sich auch wieder dem empfangenen Lichte entzogen und dadurch neues Verderben und neue Gerichte einleiteten — das kommende Reich Gottes ließ sich durch nichts dauernd aufhalten. Es kam — bis der erschien, der als Erbe dieses

Reiches in der Vollmacht seines Vaters sagen konnte: *„So ich aber die Dämonen durch den Geist Gottes austreibe, so ist ja das Reich Gottes zu euch gekommen[1].“*

Liegen mithin nicht da die Querschnitte der Geschichte, die erkennbaren Übergänge von einem sterbenden Zeitalter in ein auferstehendes, wo die Kultur der Vergangenheit in einer Geschichtskatastrophe zusammenbricht und neue Lebensprinzipien sich regen, die durch ihre Inspirationen sich stark genug erweisen, eine neue Zukunft zu schaffen? Und war der erlöste Mensch nach dem Fall nicht größer als der natürliche Mensch vor dem Fall? Erwies sich nicht das Glaubensleben Abrahams und seiner Nachkommen nach der babylonischen Verwirrung weit reicher als die noachitische Frömmigkeit vor Babels Fall? Waren nicht die Erfahrungen des israelitischen Volkslebens und seine Gesetzesökonomie nach dem Gericht der Söhne Jakobs in Ägypten viel umfassender als das Glaubensleben Abrahams, Isaaks, Jakobs und Josephs vor der Knechtschaft in Ägypten? Erwies sich nicht das Leben der jüdischen Gemeinde nach dem babylonischen Exil weit gelöster von aller Neigung zum Götzendienst, als das Leben des israelitischen Volkes vor dem Exil gewesen war? Und bereitete es nicht jene Stunde vor, wo der erscheinen konnte, der den Menschen in seinem Verkehr mit Gott von aller Gesetzlichkeit lösen und ihn allein auf den Boden der Gnade und der Kindschaft stellen konnte? Wahrlich, auch die Zeitalter der alten Weltgeschichte, insoweit sie im alttestamentlichen Kanon sichtbar sind, zeugen mit ihrem wechselvollen Geschehen, daß das Reich Gottes noch immer im Kommen war und der nächste Tag mit seinem Leben sich herrlicher erwies als das, was vom vorigen Tage in einer Katastrophe unterging.

Nach diesen allgemeinen Ausführungen wollen wir uns nun fragen:

Welche Zeitalter lassen sich in der alttestamentlichen Offenbarungsperiode unterscheiden?

Als Antwort soll ein Versuch gegeben sein, den geschichtlichen Verlauf der göttlichen Heilsökonomie, wie er uns im alttestamentlichen Kanon überliefert ist, in einzelne Zeitperioden einzuteilen.

[1] Matth. 12, 28.

Wir hoffen, daß dieser Versuch, der nur etwas Relatives sein kann, besonders denen zu Hilfe kommen wird, die ein leicht faßliches Bild von dem Gesamtinhalt des Alten Testaments gewinnen möchten.

I. Das Zeitalter der ersten Anfänge

Es begann mit der Wiederherstellung der ersten Schöpfung und endete mit dem Gericht, das der gefallene Mensch in seiner Austreibung aus dem Paradiese erlebte. Seine einzelnen Akte und Ereignisse schildern uns in geradezu klassischer Analogie all jene großen Prinzipien des Falls, der Erlösung und der Vollendung, die sich später in der Geschichte der Menschheit und der Erde auswirken sollen. In den ersten Kapiteln der Genesis spiegelt sich im Prinzip das große Geschehen einer kommenden Weltgeschichte wider.

II. Das Zeitalter der kainitischen Geschichtsentwicklung

Es begann mit den beiden Urtypen menschlicher Herzensgesinnung, mit Kain und Abel, umfaßte die ganze Entwicklungsperiode einer kainitischen Geschichtsentwicklung und endete mit dem Flutgericht. Auf seinem dunklen Hintergrunde wird jedoch jener Noah mit seinem Separatismus sichtbar, der nicht gerichtet wird, obgleich er das Gericht der Welt miterlebt, und über den nach dem Gericht der Bundesbogen des Lebens und der Verheißung in jenen Wolken erglänzt, die Tod und Verderben über alles Fleisch getragen hatten.

III. Das Zeitalter des Glaubens

Es umfaßte die Zeitspanne von der Berufung Abrahams bis zum Gericht, das Jakobs Söhne in Ägypten fanden. In dem Glaubensleben der Hauptträger dieses Zeitalters treten all die wesentlichen Charakterzüge in Sicht, die ein von Gott berufenes, Gott dienendes und der Welt zum Segen werdendes Leben zu offenbaren vermag. Es lag in Abrahams Gehorsam, in Isaaks Gemeinschaft, in Jakobs Dienst und in Josephs Leiden und Herrschaft begründet, daß Abraham für alle späteren Zeiten der Vater des Glaubens genannt werden konnte.

Denn das Bleibende im Leben dieser Patriarchen floß aus ihrem Glauben, aus ihrer richtigen Einstellung auf die ihnen gewordene Offenbarung Gottes.

IV. Das Zeitalter des Gesetzes

Es nahm seinen geschichtlichen Anfang mit Israels Auszug aus Ägypten und umfaßte die ganze reiche Entwicklung dieses Volkes bis zum Zusammenbruch des theokratischen Staates vor dem Ansturm Nebukadnezars. Dies ist eine selten reiche Periode mit ihren Schilderungen von Israels Knechtschaft und Erlösung, von Israels Wanderschaft und Heimat, Israels Opferkultus und Priesterdienst und Israels Staatswesen und Königtum. Die ganze Fülle von Gericht und Gnade tritt hier zunächst an einem Volke in Sicht, die die Welt erleben kann. Dieses tiefe Gotterleben hat Israel für immer zum Erstgeborenen unter den Nationen gemacht.

V. Das Zeitalter prophetischer Offenbarung

Dieses Zeitalter griff in seinen ersten Anfängen tief hinein in das vorangegangene und in seinem Abschluß in das nachfolgende. Es macht uns mit jenen eigenartigen Persönlichkeiten in Israel-Juda bekannt, welche die eigentlichen Träger seiner Geschichte und Zukunft waren. Denn die israelitisch-jüdische Geschichte und Zukunft ist nicht von Priestern und Königen bestimmt worden, sondern von Propheten. Sie witterten Untergang, wo andere nur Leben sahen, und warteten auf den Anbruch eines Neuen, wo andere nur noch mit Gericht und Verderben rechneten. So hoben sie die Seele ihres Volkes über alles Schwere und Weh der Gegenwart hinaus und lenkten den Blick auf das sich offenbarende Gottesreich, das sie hinter jedem Gericht kommen sahen.

VI. Das Zeitalter der jüdischen Gemeinde

Dieses ist uns am verhülltesten geblieben und hat doch mit die größte Mission erfüllt, indem es die Zeit und den Boden für das

Kommen des verheißenen Messias vorbereitete. Es umfaßte die Zeit vom Erlöschen der biblischen Prophetie in den Tagen Maleachis bis zu den Tagen Johannes des Täufers. So unbekannt es uns auch geblieben ist, so haben sich doch in ihm Dinge vorbereitet, die von entscheidender Bedeutung für die ganze spätere Heilsgeschichte geworden sind.

*

Als Mose einst in der Wüste den brennenden Dornbusch erblickte, trat er dieser seltsamen Erscheinung näher mit der Frage: „Warum verbrennt dieser Dornbusch nicht?" Als Gott das sah, rief er ihm aus der Mitte des brennenden Busches zu: *„Mose, Mose!"* Er sprach: *„Hier bin ich!"* Da löste sich für Mose das Geheimnis des brennenden Dornbusches.

Es gibt Dornbüsche in der Weltwüste: Kosmogonien, Geschichtswerke, Literaturerzeugnisse auf Papyrus und Pergament, auf Tontafeln und Marmor geschrieben, alle reich an Kunde untergegangener Zeitalter und Geschlechter, erloschener Kulturen und Religionen. Sie haben ihr einstiges Feuer verloren. Aber *ein* Dornbusch brennt. Er brennt und wird doch nicht verzehrt. Ist es ein Himmel oder eine Hölle, die ihn nährt, daß seine Flammen nicht erlöschen?

Auch wir wollen hinzutreten zu diesem Mysterium der Geschichte, zu diesem Altar, auf dem die Offenbarung von Zeitalter zu Zeitalter gelodert, bis der erschien, der da sagen konnte: *„Ich bin das Licht der Welt!"* Wir werden finden, daß das Geheimnis seines ewigen Feuers Gottes Sprache ist.

Wer hinzutritt wie Mose, wird auch in unserem zwanzigsten Jahrhundert plötzlich etwas so Direktes, so Persönliches aus der Ewigkeit vernehmen: Mose, Mose! Und mag man auch vierzig Jahre lang die Schafe in der Wüste gehütet haben, so ringt sich alsdann dennoch auch heute wieder aus der Seele aller Gottsucher die eine Antwort los: „Hier bin ich!" *Wer aber erst wieder Gott aus dem Buche als dem Dornbusch reden hörte und daselbst vor Gott gestanden hat, der kehrt eines Tages auch heute mit einer neuen Kunde zu seinen seufzenden Brüdern zurück.* Das Buch wird zur Offenbarung, und der durch Offenbarung Erleuchtete wird Prophet.

II. Die erste Schöpfung und ihr Fall

1. Ihre biblische Überlieferung

> „Durch Glauben erkennen wir, daß die Weltzeiten durch Gottes Wort eingerichtet sind, also daß das, was man sieht, aus Unsichtbarem entstanden ist.“ Hebr. 11, 3

Das Göttlich=Große will auch göttlich groß gesagt sein. Erst dann erfassen wir es in seiner überweltlichen Tiefe, in seiner ewigen Kraft, in seinem wahren Licht und in seinen zeitlichen Heilswirkungen. Das vermag jedoch der Mensch nur durch Erleuchtung. In sich und seinem Intellekt sucht er vergeblich nach jenem Bild und jener Form, durch die er Ewiges und Überweltliches in sich aufzunehmen und alsdann in solche zeitlichen Begriffe und Gleichnisse zu kleiden vermag, daß in ihnen das Göttlich=Große erkannt und gefunden wird.

Bisher hat es nur einen gegeben, der uns das Ewige und Göttliche ganz zu sagen wußte. Dies war Jesus, der Prophet von Nazareth. Er hatte den Geist des Vaters ohne Maß[1]. In ihm wurde alles Göttliche so Fleisch und Blut, daß man in all seinen Worten und Gleichnissen die Herrlichkeit des Vaters voller Gnade und Wahrheit sah. Er trug die Ewigkeit in sich, daher brachte er uns Ewiges. Er war die Offenbarung Gottes, daher gestaltete sich in seinem Evangelium alles zu einer göttlichen Enthüllung und Selbstmitteilung. Er bewegte sich in der Lebenssphäre des Gottesreiches, daher brach überall in seinen Handlungen die Königsherrschaft Gottes durch. Er war Erlösung, daher brachte er Erlösung in die Daseins= und Todessphäre der Unerlösten.

Insofern es aber vor und nach ihm Persönlichkeiten in der Geschichte gegeben hat, die sich von demselben Geist des Vaters erfüllen ließen, haben auch diese nach dem Maß und dem Charisma ihres Geistes uns das Ewige zu künden verstanden. *Erleuchtet von Gott, wurden sie zu Propheten in der Geschichte.* Und je näher ihnen Gott stand, je mehr ihr Leben fähig war, das Ewige zu fassen, desto größer wurde das Sehfeld ihres Geistes, desto tiefer das Erkennen der göttlichen Dinge, desto natürlicher und klarer, lichter und greif=

[1] Vgl. Joh. 3, 34 und Jes. 11, 2.

barer die Perspektiven für das zunächst Kommende und weit Zukünftige.

Auch die Genesis der Urschöpfung wäre dem Menschen ein Geheimnis geblieben, wenn sie ihm nicht enthüllt worden wäre durch göttliche Offenbarung. Bisher sind alle Versuche gescheitert, allein auf Grund menschlicher Spekulationen und sachlicher Forschungen den geheimen Schleier zu lüften, der von unsichtbarer Hand auch über das erste Weltentstehen gebreitet ist. Menschliche Geschichtswerke und Kosmogonien, ob sie aus dem vielfach so reichen und fortschreitenden Wissen der Gegenwart oder aus den spekulativen Mythologien der alten Welt flossen, *sind nie über die Annahme eines Urstoffes und einer dem Urstoffe immanenten Schöpferkraft hinausgekommen.* Welt: Himmel und Erde sind ihnen schöpferisches Subjekt und geschaffenes Objekt, Schöpferseele und Schöpfungsgegenstand zugleich.

Da durchleuchtet ein göttlicher Lichtstrahl dieses Dunkel und schreibt für ewige Zeiten jenen fundamentalen Satz in die Welt hinein: *„Im Uranfang schuf Elohim die Himmel und die Erde."*

Der Bericht will mehr als nur ein „Dogma" oder nur ein „Schöpfungs*gemälde*" sein, wie Herder es in seiner „ältesten Urkunde des Menschengeschlechts" darstellt. Letzterem ist nämlich der Schöpfungsbericht nicht Schöpfungsgeschichte in ihrem großen Umriß und mit ihren göttlichen Schöpfungsprinzipien, sondern nur eine malerische Versinnbildlichung der geheimnisvollen Entstehung der Schöpfung. Er sagt daher: „Der göttliche Kommentar über die ersten Kapitel der Genesis webt in der Morgenluft." Der Morgen jedes einzelnen Tages ist ihm das Gleichnis für den Morgen der Weltentstehung. Aber richtig antwortet ihm darauf bereits der greise Franz Delitzsch, daß „ein poetischer Morgenspaziergang nicht ausreicht", um das zu fassen, *was im Uranfange als eine Schöpfertat Gottes geschehen ist.* Denn so stark sich der Schöpfungsbericht auch in menschlichen Begriffen und Vorstellungen bewegt, um von uns verstanden zu werden, so will er doch auf Grund göttlicher Offenbarung nicht malen, sondern erzählen, nicht dichten, sondern berichten. Und er faßt den ersten Schöpfungsakt und die Geburtsstunde des ersten Weltgeschehens in den unvergleichlich schönen Satz zusammen: *„Im Uranfang schuf Gott die Himmel und die Erde."*

Mehr und Größeres können auch wir nicht über das Entstehen der Urschöpfung sagen. Sie ist da und *sie besteht für uns als der große vorzeitliche Schöpfungsakt Gottes.* Fast schwerer wird uns jedoch die Frage bleiben, *durch wen* uns die Offenbarung über die göttliche Genesis der Urschöpfung geworden ist. Es kann sich da kaum um eine Offenbarung handeln, die erst einem späteren Seher in Israel geworden wäre. Sie muß vom Verfasser des Schöpfungsberichts bereits als ein heiliges Erbe aus der großen Vergangenheit seines Volkes übernommen worden sein.

Denn der Inhalt des Berichts ist weit älter als das Hebräervolk, das in seinen besten Söhnen vielfach als ein Gottesprophet in der alten Geschichte dastand. Das zeigen uns die Kosmogonien der anderen Völker mit ihren vielfach völlig entstellten und mythologischen Schöpfungssagen. In diesen Sagen ist zwar die Reinheit und Erhabenheit der ursprünglichen Offenbarung über die Entstehung der Urschöpfung verlorengegangen und zu einem Mythos mit phantastischen Abenteuerlichkeiten geworden, aber in mancher dieser Schöpfungssagen leben doch einzelne Klänge und Vorstellungen fort, die mit dem biblischen Schöpfungsbericht sehr verwandt sind.

Eine babylonische Kosmogonie teilt uns mit, daß im Anfange alles *σκότος καὶ ὕδωρ* = Finsternis und Wasser war; und nach einer phönizischen wurde das erste Menschenpaar von *Κολπία* dem göttlichen Hauche, und seinem Weibe *Βάαυ*, das ist: die nächtliche Materie, gezeugt[1].

Diese und andere Anklänge der entstellten Schöpfungssagen der alten Völker an den biblischen Schöpfungsbericht lassen die Annahme zu, *daß alle einmal aus einer gemeinsamen Urüberlieferung geflossen sind.* Diese Urüberlieferung glauben wir in dem Umgang der ersten Menschheit mit Gott als ihrem Schöpfer und Vater finden zu sollen. Wenn der Mensch als Gottes Bild und Gleichnis vor dem Fall berufen war, die Herrschaft über die dastehende Schöpfung bis in ihre einzelnen Teile hinein zu übernehmen, so hat offenbar ein Geist der Kindschaft in ihm gelebt, der sich in seinen Vollmachten

---

1 Nach Franz Delitzsch, Genesis.

größer erwies als alles Geschaffene. Durch ihn muß der Mensch daher fähig gewesen sein, die Dinge nach ihrem Wesen und ihrer unendlichen Mannigfaltigkeit zu erkennen und zu benennen. *Äußerlich herrschen im göttlichen Sinne kann man nur auf jenen Gebieten, wo man innerlich Herr der bestehenden Dinge ist.* Der erste Mensch war mithin auf Grund seines Umgangs mit Gott und seiner inneren Geistesgröße begnadet und bevollmächtigt, die wahre Signatur, das eigentliche Wesen der einzelnen Dinge und den organischen Zusammenhang der Gesamtschöpfung zu lesen und zu deuten.

Dieses Charisma ist dem Menschen jedoch ebenfalls mit seinem Fall verlorengegangen. Die Sünde schloß ihm auch das Buch der Natur. Erst die Versöhnung und die damit verbundene Erlösung vermögen es ihm wieder zu entsiegeln. Der einst völlig erlöste Mensch wird nach einem Pauluswort[1] alsdann auch fähig sein, selbst die seufzende und harrende Schöpfung zu erlösen. Daher wartet sie mit Sehnsucht auf das Offenbarwerden dieser erlösten Söhne Gottes. Ihre Offenbarung in der Vollmacht und in der Herrlichkeit eines völlig erlösten Lebens wird Erlösung auch für die Schöpfung sein. *Erst Menschen, die selbst in Gott zur Ruhe gekommen sind und ihre Harmonie mit dem Schöpfer wiedergefunden haben, werden Vollmacht besitzen, das Ruhelose wieder in den ewigen Sabbat und den Frieden Gottes einzuführen.*

Zwischen dem Fall und der Vollendung liegt zwar der dauernde Fortschritt unserer Naturerkenntnis. Diese vermag aber die Scheidewand nicht zu beseitigen, welche die Sünde zwischen Natur und Menschen aufgerichtet hat.

Wenn nun schon die jetzige Geologie aus den Gebirgsbildungen und der aufgefundenen urweltlichen Tier- und Pflanzenwelt die Aufeinanderfolge der Schöpfungsperioden bestimmen zu können glaubt, innerhalb welcher erst die anorganische Welt, dann von den blumenlosen Gewächsen und knochenlosen Tieren an die organische bis zum Menschen hinauf ins Dasein trat, *„um wieviel mehr wird der erste Mensch mit seinem noch ungetrübten und unbeirrten Blick imstande gewesen sein, der Welt mit Einschluß seiner selbst ihre*

---

[1] Röm. 8, 19—22.

Entstehungsweise anzusehen und der Wahrheit des empfangenen Eindrucks einen entsprechenden Ausdruck zu geben[1]*"!*

Und wo eine solche Reflexion auf Grund der inneren Geistesvollmacht nicht genügte, um den Ursprung und das Wesen der Schöpfung zu erfassen, da lag ja nichts näher, als daß der dem Schöpfer geistesverwandte Mensch den Vater nach der Enthüllung der tiefsten Geheimnisse der Schöpfung fragte und diese ihm dann auf Grund unmittelbarer Offenbarung erschlossen wurden. Wie jeder wahre Vater und Pädagoge sich freut, wenn er seinen heranreifenden Sohn entsprechend dem geistigen Verständnis, das dieser gewinnt, in seine ganze Erkenntniswelt einführen kann, wieviel mehr der Gott der Offenbarung, der der Urquell aller Vaterschaft ist!

Solch eine Annahme ist uns nur so fern geworden, weil uns der wahre Begriff von einem vertrauten und ungetrübten Umgang mit Gott verlorengegangen ist. Selbst das, was uns auch in unserer christlichen Botschaft vielfach als die einzig mögliche Beziehung des Menschen zu Gott gedolmetscht worden ist, entbehrte ebenfalls so oft jenes zarten Hauches, der auf jeder wahren Gemeinschaft zwischen Vater und Kind ruht. *Erst Menschen, die durch den Sohn den Weg zur Sohnschaft in ihrem Verhältnis zu Gott zurückgefunden haben, wird der vertraute Umgang mit Gott wieder zu einer so realen Wirklichkeit, daß ihnen dieser fester steht und gewisser ist als alles, was im Leben auch immer durch abstrakte Theorien und wissenschaftliche Hypothesen festgestellt werden mag.*

So glauben wir, die Quelle der gemeinsamen Überlieferung in dem Umgang der ersten Menschheit mit Gott suchen zu sollen. Diese Urüberlieferung ist aber jedenfalls viel inhaltsreicher und umfassender gewesen als das, was uns im gegenwärtigen Schöpfungsbericht mitgeteilt wird. Gottes Offenbarung war je und je unendlich viel reicher, als eine noch so glaubensvolle mündliche und schriftliche Überlieferung sie festhalten konnte. Gott ist auch in seiner Offenbarung Unendlichkeit.

Der Mensch war immer nur fähig, kleine Ausschnitte dieser Unendlichkeit zu fassen und für die Zeit als Offenbarung in sich aufzunehmen. Auch im Blick auf die Urüberlieferung von Genesis 1

[1] Franz Delitzsch, Genesis.

muß an das Jüngerwort erinnert werden, mit dem das Johannes-Evangelium schließt: *„Es sind noch viele andere Dinge, die Jesus getan hat; und wenn sie eins nach dem anderen beschrieben würden, so glaube ich, die Welt würde die Bücher gar nicht fassen, die zu schreiben wären*[1]*."*

Muß doch angenommen werden, daß die Urüberlieferung durch die großen Geschichtsperioden vor der Flutgeschichte hindurchgegangen ist, bis sie dann — durch Noah, Abraham und Spätere innerlich bewahrt — von dem Verfasser des Schöpfungsberichts im gegenwärtigen Zustand und in der hebräischen Sprache festgelegt wurde. Denn es ist wohl kaum anzunehmen, daß sich der Verkehr der ersten Menschheit mit Gott in hebräischer Sprache vollzogen hätte. Mithin hatte der Schöpfungsbericht, der mit dem ersten Menschen aus dem Paradiese hinaus in die Welt trat, eine andere Sprachgestalt als die gegenwärtige, in der die Überlieferung in der Genesis vorliegt. Der ursprüngliche Text ist von Gott selbst durch die Sprachenverwirrung nach der Flut zerstört worden, und „die Substanz der zurückgebliebenen Erinnerung ging alsdann in einen neuen Prozeß des Denkens und Aussprechens" über.

Aber angesichts dieser Tatsachen fragt man nun mit Recht, ob nicht unendlich vieles von der reinen Objektivität des ursprünglichen Berichts für uns verlorengegangen ist, und ob nicht in ihm „das subjektive Element der Anschauung, der menschlichen Reflexion, der Dichtung" das Dominierende ist. Wir glauben auf diese Fragen mit einigen Sätzen Franz Delitzschs antworten zu sollen: *„Das in Genesis 1 Berichtete ist alles aus dem Urquell göttlicher Offenbarung geflossene Überlieferung des objektiven tatsächlichen Hergangs der Schöpfung.* Diese Überlieferung hat, bis sie zum Verfasser von Genesis 1, 1 ff. gelangt ist, freilich manche Metamorphosen durchlebt. Aber daß sie auf diesem langen Wege sich im wesentlichen gleichgeblieben ist, das verbürgt uns der wesentliche Zusammenklang der Schöpfungssagen von einem Ende der Erde bis zum anderen. Und wenn zu fürchten ist, daß sie auf dem langen Wege von der Reinheit, dem Reichtum und der Frische des Urquells eingebüßt habe, so verbürgt uns die Göttlichkeit der Thora, daß hier aus der Schöpfungs-

[1] Joh. 21, 25.

sage so viel des Wahren, als frommte, aufgenommen und aus demselben Geiste reproduziert ist, welcher die ersten Menschen das Geheimnis der Schöpfung lehrte. *Es ist alles objektive Wahrheit, obwohl nur die Strahlenbrechung ihrer ursprünglichen paradiesischen Gestaltung*[1].*"*

Mit der Annahme einer solchen Überlieferung ist für uns dann auch die Frage entschieden, ob der biblische Schöpfungsbericht in seiner Entstehung abhängig gewesen ist von den Schöpfungssagen und Mythen der semitischen und anderen Nachbarvölker. Es steht zwar außer Frage, daß jenes Hebräervolk, das uns den biblischen Text überliefert hat, in sehr engen Kulturzusammenhängen mit seinen unmittelbaren Nachbarvölkern, wie z. B. den Phöniziern, Ägyptern und Babyloniern, stand. Aber in dem, was Israel bereits in seiner Jugendgeschichte zu einem „auserwählten Volke" und zu einem Rätsel der alten Weltgeschichte machte: *in seinem bewußten Glaubensverhältnis zum lebendigen Gott war Israel auf Grund der ihm je und je gewordenen Gottesoffenbarung unabhängig von seiner religiösen Umgebung.*

Wer Religionsgeschichte nicht nur in der Theorie und aus einer vergleichenden Religionswissenschaft kennt, der weiß, *daß höhere Erkenntnisstufen und tiefere Gemeinschaft mit Gott nie das Ergebnis einer rein menschlichen Entwicklung waren.* Aus den primitiven Religionen haben sich nie höhere entwickelt. Alles Höhere und Göttliche entstand immer erst auf Grund einer Offenbarung. Aus sich selbst kommt auch der frömmste Mensch nie über sich selbst hinaus. Göttliches wird erst sichtbar, wenn zuvor Göttliches empfangen worden ist. So intellektuell, mystisch und ethisch eine Religion auch immer sein mag, sie kennt zwar eine gesetzliche Orthodoxie, aber nie eine lebendige, höhere Entwicklung. Die Mystik der Inder, der Fatalismus der Mohammedaner, die Lebenserstarrung mancher Kirchen sind heute noch dasselbe, was sie waren vor Hunderten von Jahren. Man kann in ihnen zwar Altes bis zum Tode fanatisch verteidigen, aber nicht schöpferisch wirken und aus dem Geiste ein Neues gebären.

Damit soll nicht gesagt sein, daß nicht auch das alte Israel vieles,

[1] Nach Franz Delitzsch, Genesis.

allzuvieles in seinem Verhältnis zu Gott besaß, was einem außergöttlichen Leben und seiner heidnischen Umwelt angehörte. *Aber Israels höchste Offenbarungsgüter waren nicht heidnischer Wein in israelitischen Schläuchen, sondern göttliches Leben in menschlichen Erkenntnisformen.*

Das gilt auch im Blick auf den biblischen Schöpfungsbericht. Dieser steht doch unter all den anderen Kosmogonien der Völker einzig da, und zwar in seiner großartigen Einfachheit, inneren Wahrhaftigkeit und sachlichen Nüchternheit. Wie frei ist im Vergleich zu den anderen Schöpfungsmythen die Erzählung der Genesis von jeglicher nationalen Beschränktheit und allen mythologischen Spekulationen und Einkleidungen!

Israels Gott ist nicht das Ergebnis einer Schöpfung, sondern Israels Schöpfung ist das Ergebnis eines lebendigen Gottes. Eine den Mythen der Babylonier, Phönizier und Ägypter analoge Theogonie sucht man daher vergeblich in dem biblischen Bericht. Denn wo Gott lebt, sterben die Götter. Wo sein Licht leuchtet, erlischt das Licht mythologischer Spekulationen. Gottes Schöpferwirken bringt nicht vermenschlichte Götter, sondern ihm ebenbildliche Menschen hervor, die entsprechend dem Adel ihrer Seele und dem Charakter ihrer Berufung göttlichen Geschlechts sind.

Wie fern liegen der Schöpfungserzählung der Genesis z. B. jene mythologischen Züge, nach denen die Entstehung der Welt nichts anderes ist als das Ergebnis „der wechselseitigen Beziehungen in Zeugung und Kampf“ der Götter untereinander! Israels Nachbarvölker sahen z. B. ihre Götter ausschließlich in den bestehenden Naturkräften und identifizieren sie mit den einzelnen Naturerscheinungen. Sie waren ihnen je nach ihren Wirkungen entweder segnende Gottheiten oder feindliche Drachen und schreckliche Ungeheuer und Dämonen. So war z. B. die babylonische Tiamat das Ungeheuer des chaotischen Urzustandes. Das Gesetzbuch Manus erzählt uns, daß sich der Same der Urgewässer zu einem goldigen Ei gestaltete. In diesem saß Brahma ruhevoll ein ganzes Jahr. Alsdann spaltete er es und formte aus den beiden Hälften Himmel und Erde.

Ein babylonischer Mythos berichtet, daß Bel oder Marduk das

Meerweib Tiamat mitten entzwei gespalten, d. h. bekämpft und getötet und alsdann aus den zwei Hälften ihres Leichnams Himmel und Erde gemacht habe. Nach dieser seiner Schöpfertat hat er sich dann selber den Kopf abgehauen. Die herabtriefenden Blutstropfen wurden alsdann von den Göttern aufgefangen und mit der Erde vermischt. Aus diesem Lehm kneteten und gestalteten sie darnach die Menschen. Die göttlichen Glieder des Osiris formte der Schöpfergott der Ägypter auf einer Töpferscheibe. Erebos und Nyx zeugten zusammen den Äther und die Hemera, was nichts anderes als eine mythologische Wiedergabe des Gedankens sein soll, daß Licht und Tag aus Finsternis und Nacht hervorgegangen sind.

In diesen Mythen und Sagen rauschen nicht die Urquellen unseres biblischen Schöpfungsberichts. Diese sind höherer Natur, daher auch weit höheren Inhalts. Sie liegen für uns in Gottes Offenbarung. Der Schöpfer redet über sein Schöpfungswerk in der Sprache jener Menschen, die in ihrer Geistesverwandtschaft mit ihm seine großen Schöpfungsakte zu erkennen und zu erfassen vermögen. Auch sein Schöpfungswerk soll ihnen wiederum zur Offenbarung werden: *zur Offenbarung seiner Macht und Majestät, seiner Weisheit und Lebensfülle, seiner Gerechtigkeit und Liebe, seiner Harmonie und Unendlichkeit.*

Wo es in der Geschichte nun je und je Menschen gab, die wagten, ihr inneres Ohr an den Mund Gottes zu legen, die lernten die gegenwärtige Gottesschöpfung in einer Weise verstehen, daß ihnen in deren kleinsten und größten Erscheinungen und Daseinsformen die Botschaft entgegenklang: *„Im Uranfang schuf Gott die Himmel und die Erde."* Ihr Auge entdeckte je länger desto schärfer, daß das ganze Weltall nichts anderes ist als *„der Abglanz der Majestät des Ewigen im irdischen Stoff"*. Die in Reinheit aus der Hand des Höchsten hervorgegangenen Schöpferwerke wurden ihnen der verstofflichte Ausdruck göttlicher Gedanken, die Urbilder des Wahren, Guten und Schönen in irdischer Hülle. Was andere nicht sahen, sie erkannten, wie alles Erschaffene das Gepräge von dem Urquell des unendlichen Stromes des Lebens trägt. „Die heilige Ordnung in dem schöpferischen Werden, die Einheit in der reichgegliederten Mannigfaltigkeit, die wunderbare Harmonie im Reiche der Blüten, wie in der Gestaltung der Kristalle und Sterne" — *alles wurde ihrem lauschenden Ohr zu einem tausendstimmigen Zeugnis von dem so zweckmäßigen und zielbewußten Walten des lebendigen Gottes nicht nur in der Weltschöpfung, sondern auch im gegenwärtigen Weltgeschehen.*

Wenn schon unsere Hochachtung vor dem Schöpfer eines menschlichen Kunstwerks in dem Maße steigt, je klarer wir dessen Grundgedanken in der Anlage und Ausführung seines Werkes zu erkennen vermögen, wieviel mehr wird unser schauender Glaube in ehrfurchtsvoller Anbetung und Freude erzittern, wenn ihm das gewaltigste Kunstwerk, das Universum, zu einem Gottestempel wird, in dem er in unvergleichlicher Harmonie und Schönheit den Psalm der Sphären hört: *„Heilig, heilig, heilig ist der Herr der Heerscharen, die Fülle der Erde seine Herrlichkeit[1]!"*

Denn ein Auge, das in Gottes Handlungen Gottes Herrlichkeit entdeckt, wird verklärt. Eine Seele, die im Glauben bewußt in der Geistessphäre ihres Gottes lebt und den Odem seiner Liebe spürt, löst sich von den Banden niedriger Knechtschaft, wird gottbefreundet und empfängt den Adel der Ewigkeit. Sie wächst in ihrer Gottähnlichkeit in dem Maße, je näher sie dem Wesen aller Wesen, Gott selbst, tritt und ihren Zusammenhang mit ihrer göttlichen Lebenswurzel findet.

Als der edle Naturforscher Isaak Newton den gegenwärtigen Gottestempel verließ und von seinem Schöpfer in den vollendeten versetzt wurde, da gab man seiner zurückgelassenen stofflichen Hülle einen Platz in der Westminsterabtei in London unter den Großen dieser Erde. Aber eine weit größere Ehrung wurde ihm, indem man seinem Grabmal die Worte gab: „Des allmächtigen Gottes Majestät verherrlichte er in seiner Philosophie; die Einfachheit des Evangeliums zeigte er in seinem Wandel." Das war der unauslöschbare Eindruck, den jenes Leben auf England und die Welt zurückgelassen hatte, das im Tempel Gottes zu Hause gewesen war und in ihm den Lobgesang der Schöpfung hörte.

„Die ganze weite Schöpfung ist eine überwältigende Harmonie zur Ehre des Herrn der Welten", sagt daher Dr. A. N. Böhner in

[1] Jes. 6, 3.

seinem „Kosmos“, „nur das Herz, welches der Liebe des Ewigen sich entfremdet, macht darin eine Pause.“ Einem solchen Herzen fehlen die Inspirationen für einen göttlichen Psalm — es singt das eigene Lied: *das Lied von der Herrlichkeit des Menschen.*

Sobald jedoch die Seele heimgefunden, fühlt sie, wie in ihr unvergleichlich alles widerklingt, was in der Bibel und in der Schöpfung, im Völkerleben und im Weltgeschehen, in Frömmigkeit und Forschung den ewigen Psalm der Anbetung dessen singt, der der Herr ist über alles. Mag Religion und Wissenschaft dann auch tausendmal die Genesis mit ihrer Gottesoffenbarung aus dem Leben der Gemeinden und der Völker verbannen und in den staubbedeckten Schränken der wissenschaftlichen Archive vergraben, der zu Gott und seiner Offenbarung Heimgefundene singt in ewig-neuer Auferstehungskraft den alten Offenbarungs- und Schöpferpsalm in die Welt hinein: *„Im Uranfang schuf Gott die Himmel und die Erde.“*

2. Ihre göttliche Genesis

„Im Uranfang schuf Elohim die Himmel und die Erde.“
1. Mose 1, 1

Nicht die Welt hat sich ihren Gott, sondern Gott hat sich seine Welt geschaffen und sie zum Schauplatz seines Wirkens und zur Offenbarung seiner ewigen Majestät und Erlösung gemacht. Im Uranfang — von Gott geschaffen — als Himmel und Erde: in diesen drei Welt und Äonen umspannenden Sätzen beschreibt die Uroffenbarung den Gesamtkosmos und führt damit alles Geschaffene auf Gott als den Ursprung aller Dinge zurück. Elohim (Gott) das erste Subjekt der Bibel, bara (schuf) ihr erstes Prädikat, Himmel und Erde ihr umfassendes Objekt — wahrlich eine Kosmogonie, wie sie nur von Gott her gesehen und verstanden werden kann. „Im Uranfang schuf ...“ Wir glauben annehmen zu dürfen, daß dieser Uranfang unendlich weit über den uns bekannten und geschichtlichen Anfang unserer jetzigen Erde hinausgeht. Welche Erwägungen uns zu dieser Annahme nötigen, wird im nächsten Kapitel eingehender beleuchtet werden. Hier wollen wir nur, insoweit es uns möglich ist, auf die *göttliche Genesis der Urschöpfung* aufmerksam machen.

Wenn hier die Schrift von einem Anfang spricht, so will sie damit nicht *die Urewigkeit des Stoffes,* sondern allein *den Uranfang der Zeit* bezeichnen. Durch den hebräischen Begriff „Anfang" wird nicht der kosmische Punkt angegeben, wo Gott zu schaffen und zu bilden begann, sondern allein jener Zeitpunkt genannt, *wann* mit seinem großen Schöpfungswirken begonnen wurde. Denn die Wortwurzel „Haupt", die dem Begriff „Anfang" im Hebräischen zugrunde liegt, bezeichnet „dasjenige Organ, von welchem alle äußere und innere Bewegung den Ausgang nimmt". In dem Begriff „Anfang" kommt daher allein der Beginn einer *„zeitlichen"* Bewegung, aber nie der *„räumlichen"* zum Ausdruck.

Die Feststellung dieses Faktums ist von weit größerer Tragweite, als es auf den ersten Augenblick erscheinen mag. *Es wird damit die Urewigkeit des Weltstoffs verneint und ein höchstes Prinzip nicht nur zum Bildner, sondern auch zum Urquell alles Geschaffenen erhoben.* Gott ist nicht nur Baumeister, sondern auch Schöpfer des Weltstoffs. Die Verneinung dieser Wahrheit würde konsequent zur Leugnung der sittlichen Freiheit in Gott und auch seines Ebenbildes, des Menschen, führen.

Ist Gott nicht der Urquell des Weltstoffs, dann liegt alles Heil des Menschen letzthin nicht in Gott, sondern in der Welt. Das Prinzip aller Erlösung würde dann nicht in der schöpferischen und heiligenden Vergeistigung und Verwandlung des Stoffes in eine höhere Daseinsform und innigere Lebensverwandtschaft mit Gott liegen, sondern in der Rückkehr aller höheren Lebensgebilde zum ursprünglichen Wesen des Weltstoffs. Die Erfahrungen der Jahrtausende lehren jedoch, daß alle Schöpfungswesen, je höher sie geistig stehen, desto weniger ihre letzte Befriedigung, d. h. die Erfüllung ihrer tiefsten Sehnsucht, in der Materie und in deren Lebensformen finden. Der Mensch kommt nicht einmal im Menschen zur Ruhe, geschweige denn im Stoff. Bei allem Reichtum, mit dem die Natur alles höhere Leben zwar zu segnen bereit ist, gewinnt der Mensch dennoch immer wieder erst dann seine wahre Heimat, *wenn er sie nicht im Geschaffenen, sondern in dem Schaffenden gefunden hat.*

Unmöglich kann daher das Endziel aller Erlösung sein, daß sich Gott und alle von ihm geschaffenen Geist- und Lebewesen im Laufe der Jahrtausende durch alle Irrungen, Kämpfe, Leiden und Anstrengungen hindurch in eine vollendete Harmonie mit der Urmaterie gebracht haben. Nein, Zweck und Ziel aller Erlösung liegt vielmehr auf der entgegengesetzten Linie, nämlich daß alles Geschaffene auf dem Weg der erlösenden und schöpferischen Gotteskraft in eine selige, d. h. in eine im Wirken Gottes ruhende Harmonie mit ihm als dem Schöpfer gelangt. *Natur und Kreatur, Mensch und Engelwelt fühlen daher instinktiv, daß die erlösenden Kräfte für sie nicht in einem Urstoff und seinem Reichtum, sondern in Gott und dessen Offenbarung liegen.*

Verwandtes sucht das Verwandte und kann allein in diesem zur Ruhe kommen. Unsere tiefste Verwandtschaft geht aber auf Gott und nicht auf einen Urstoff. Dieser hat selbst nur insoweit einen seligen Fortbestand, als er sich in den ewigen Gesetzen und Lebensformen bewegt, die Gott zu seiner Erhaltung und Erlösung in ihn hineingelegt hat. Jede Abweichung von ihnen führt zur Vernichtung oder zum Chaos: *dieser Hölle auch für die rein stoffliche Welt.*

Weil aber auch der Weltstoff in Gott seine Urquelle hat, so ist auch er erlösungsfähig. Je erlöster der Geist und die Gesetze sind, von denen er beherrscht wird, desto mehr läßt auch er sich hineinziehen in die Gesetze eines höheren Lebens. Unter diesen ist er dann fähig, ganz neuen Reichtum an Glanz und Formen zu entfalten. Christus hatte z. B. einen Leib ganz aus demselben Fleisch und Blut, wie auch wir ihn haben. Und doch wurde dieser eines Tages so von dem Lichte der oberen Welt verklärt, als ob er nicht mehr der Diesseitigkeit angehöre. Diese Verklärung erfolgte sowohl durch Kräfte von außen als auch durch den Geist von innen. In der Jesusleiblichkeit wirkte sich der Geist des „Sohnes" aus, der sich eins wußte mit dem „Vater". Im Geiste des Vaters lebend, konnte daher auch sein Leib eines Tages in die Lichtsphäre dessen hineingezogen werden, *„der in einem Lichte wohnt, da niemand zukommen kann[1]". Wo es erst Erlöste gibt, da gibt es auch Erlöstes.*

Denn was auf dem Verklärungsberge mit dem Leib Jesu geschah,

[1] 1. Tim. 6, 16.

kann im Prinzip mit allen stofflichen Lebensformen der Welt geschehen. Als Gott sich einem Mose offenbaren wollte und einen Dornbusch in der Wüste als sinnlich-wahrnehmbares Mittel erwählte, um mit Mose in Verbindung zu treten, da brannte dieser wie Feuer und wurde doch nicht verzehrt. Wäre nicht auch die stoffliche Welt erlösungsfähig, dann könnte die Schrift nie von einem „neuen" Himmel und einer „neuen" Erde reden. Denn wo uns in ihr der Schleier über die zukünftige Vollendung gelüftet ist, da zeigt sich, daß nicht nur der erlöste Mensch, sondern auch alle Kreatur und die stoffliche Welt in solch eine freiwillige Abhängigkeit und selige Harmonie mit Gott gekommen sein wird, daß alles ein Abglanz seiner Herrlichkeit geworden ist und er sein kann alles in allem. *Gottes Herrschaft in Gottes Reich — das wird der Schlußakt und der Endtriumph der Versöhnung und der mit ihr verbundenen Erlösung in der gegenwärtigen Schöpfung sein.*

Diese inneren Zusammenhänge sowohl im Fall als auch in der Erlösung zwischen Mensch und Schöpfung werden später noch weit klarer zum Ausdruck kommen. Hier sollte nur angedeutet werden, daß auch der Weltstoff seine letzten Quellen in Gott hat und daher mit dem höchsten Wesen der Schöpfung — dem Menschen — erlösungsfähig ist. Wie der sich innerlich von Gott lösende Mensch die Schöpfung mit in seinen Fall und in seinen Tod hineinziehen konnte, so wird der heimgefundene und erlöste Mensch sie auch in die ewige Versöhnung und in den Sabbat Gottes einführen. *Erlöst durch Christus, wird der Mensch erlösen, was einst durch ihn zum Fall gekommen ist.*

Denn die im Uranfang „von Gott erschaffene Welt ist nicht die möglichst beste, sondern die einzig gute". Sie konnte nicht besser gemacht werden, sondern sie war absolut gut. Wäre sie es nicht gewesen, dann wäre ihr Fall nicht ihre Schuld, sondern Schuld des Schöpfers, der sie nicht besser geschaffen hatte. Als die Allmacht des freien Schöpferwillens sie schuf, beseelte er sie zur Selbsterhaltung mit immanenten Kräften und befähigte sie zur Neubildung unendlich vieler höheren Formen und Lebensgestaltungen. Und doch schuf sich Gottes Machtwille in seiner einstigen Gesamtschöpfung nicht ein seufzendes, unterjochtes Sklavenreich. Was aus freiem

Schöpferwillen geschaffen ist, muß auch die Freiheit des Schöpfers in sich tragen. Gott legte daher in den ganzen Kosmos jenes Maß von Freiheit hinein, in dem alles Geschaffene hinfort die Fähigkeit in sich trägt, *unendlich viel besser, aber auch unendlich viel schlechter zu werden, als es aus der Schöpferhand Gottes hervorgegangen ist.*

Diese Freiheit steigert sich mit der Intelligenz der Schöpfungswesen. Je näher ein solches dem Schöpfer selbst steht, desto größer ist das Maß dieser Freiheit. Im anorganischen Leben trägt sie mehr den Charakter der Passivität. Im organischen Leben geht sie aber mehr und mehr über in eine instinktive und bewußte Aktivität. *Im Menschen wird sie daher zu einer der Seele bewußten Willensfreiheit, aus der dann jede Selbstentscheidung fließt.* Denn diese Freiheit ist nicht eine Wesensbeschaffenheit des Körpers und seines Stoffes, sondern des Geistes und der Seele, der eigentlichen Persönlichkeit des Menschen.

Der rein passiven Freiheit des Körpers eignet eine doppelte Fähigkeit. Entweder läßt der Körper sich von dem ihn bewohnenden Geiste heiligen und für segnende Handlungen bestimmen oder in all jene unendlichen Erniedrigungen mit ihrem Elend hineinziehen, in dem sich die Seele eines von Gott gelösten Menschen bewegt. *Ob der Leib ein Engel oder ein Teufel ist, hängt davon ab, ob ein Engel oder ein Teufel in ihm lebt.*

Denn die denkende Seele, die eigentliche Persönlichkeit des Menschen, ist in jeder Beziehung verschieden von ihrem Körper. Der Bestand aller Körper ist nur eine atomistische Vielheit und dementsprechend seine Freiheit auch nur passiver Natur. Jedoch das Wesen der Seele und aller ihrer Funktionen ist nicht eine stoffliche Vielheit, sondern eine geistige, unteilbare Einheit. In einem normalen menschlichen Körper allein sind bereits über sieben Millionen einzelner Blutzellen, und die Zahl seiner elementaren Zellen geht weit in die Billionen. Diese unermeßliche Vielheit eines Körpers steht unter der Leitung und den Bestimmungen des einzelnen Willens der Seele. *Sie ist eine unteilbare Wesenseinheit in sich selbst und daher auch unvernichtbar*[1].

Aber obgleich das Wesen der Seele eine unzerteilbare Einheit

[1] Nach Dr. A. N. Böhner: Kosmos.

ist, so ist sie doch allwirksam in ihrem Körper und zugleich auch zu einer Tätigkeit fähig, *die weit über den Leib hinausgeht.* Während alle leiblichen Organe nur eine bestimmte Grenze ihrer Erregbarkeit und Empfänglichkeit besitzen, hat die Seele in Beziehung auf ihre Empfänglichkeit keine Grenzen. Daher kann sie in dieser Fähigkeit zur bewußten Empfängerin sowohl des Göttlichen als auch des Widergöttlichen, des Ewigen und auch des Vergänglichen, des Himmels und auch der Hölle werden. *Die Entscheidung für das eine oder das andere ist ihre Freiheit.* Denn nicht Instinkt, nicht leiblicher Affekt, nicht Lust und Unlust, nicht animalischer Trieb machen den eigentlichen Grund und die Kraft des menschlichen Willens aus, sondern allein das sittliche Wollen der Seele: „Nur die Seele *will,* der Leib *begehrt.*"

Zu einem bewußten Eingehen auf den Willen Gottes gelangt der Mensch in der Regel erst nach den schmerzlichsten Erfahrungen. Erst die Entdeckung, daß die Inspirationen seines eigenen Willens und die seiner Umgebung ihn immer wieder zu Entschlüssen führten, die ihm jedesmal zu einem neuen Fall gereichten, weckt in seiner Seele die unwiderstehliche Sehnsucht nach Erlösung aus dem Fall. *Der Mensch erschließt sich freiwillig einem Erlöser erst dann, wenn er zum Bewußtsein kam, daß sein eigener Wille ihn nicht erlösen konnte.*

Daher kann Christus auch nur einem innerlich bankerotten Menschen zum Retter und Heiland werden. Er kann nur ein Arzt der Kranken, ein Erlöser der bewußt Unerlösten sein. Es mußte mithin auch die Möglichkeit eines Falls mit in den Rahmen der sittlichen Freiheit der Menschen gehören. *Daß Gott dann aus dem Fall durch Versöhnung und Erlösung ein Leben entstehen lassen kann, das viel reicher und höher ist als jenes, das zuvor in seiner sittlichen Freiheit zum Fall gelangte — das ist eins der tiefsten Geheimnisse jener göttlichen Gnade, die in ihrer erlösenden Kraft so unendlich ist wie Gott selbst.*

Wenn wir im Vorhergesagten so bewußt die Urewigkeit des Weltstoffs verneinten und alles Geschaffene auf Gott als den Urquell alles Seins zurückführten, so werden wir in dieser Annahme durch folgendes nur noch weiter bestärkt. Nach dem Urteil der gründ=

lichsten Sprachforscher kann auch das Verbum „schuf" nur eine „creatio ex nihilo[1]" ausdrücken. *Es wird damit nicht etwa eine dem Urstoff immanente Schöpferkraft bezeichnet, sondern allein das souveräne Handeln Gottes.* Daher kann auch immer nur Gott und nicht auch der Mensch Subjekt dieses Verbums sein. Denn dieses bezeichnet nicht nur Schöpfungsakte und Bildungskünste, wie sie der Künstler entfaltet, wenn er mit Hammer und Meißel aus seinem Marmorblock ein Kunstwerk seiner Seele schafft, sondern es setzt niemals — wie bei anderen Verben des Machens und Bildens — einen Stoff voraus, aus dem das Geschaffene entstanden wäre. Man hat daher den Begriff „schaffen" im Sprachgebrauch immer nur auf Gottes ureigentliche Tätigkeit, auf sein schöpferisches Wirken beschränkt.

Nun ist es aber für diese Gottestätigkeit überaus bezeichnend, daß im Hebräischen alle dem Begriff „schaffen" verwandten Wortwurzeln sämtlich „ein Hinausstreben und Heraustreten aus der Innerlichkeit und Gebundenheit" ausdrücken. Durch den Begriff „schuf" wird daher auch hier bestimmt, *daß es im Uranfang Gottes Schöpfergedanken waren, die zu einem Schöpfungsakt wurden.* Denn vor der Schöpfung des Weltganzen war alles zu Schaffende zunächst nur innerlich, nur in den Gedanken des Schöpfers vorhanden. Erst Gottes Schaffen setzte in die Wirklichkeit, was zuvor allein in seinen Gedanken ruhte.

Dieses sein Schaffen war jedoch stets ein frei tätiges göttliches Wollen. Nicht weil Gott Himmel und Erde, Licht und Leben dachte, sondern weil er sprach: „Es werde!", wurden die Himmel und die Erde: der gesamte Kosmos mit seinem unzähligen Heer von Kräften, Bildungen und Leben. Alles Bestehende und Webende ist daher das Ergebnis seines freiwilligen Handelns und die lebendige Bildersprache seiner ewigen Weisheit und Majestät. So verschieden an sich das Reich der Natur und das des Geistes begrifflich auch immer sein mögen, sie entspringen beide der gleichen Wurzel und haben in Gott ihre Daseinsquelle. Auch die Naturgebilde in ihrer unendlichen Fülle und in ihren mannigfaltigsten Formen zeugen daher von den ewigen Gesetzen jenes Reiches, in dem der Schöpfer einheitlich

[1] Schöpfung aus dem Nichts.

waltet und regiert. Ihr Dasein und ihre Kundgebungen sind die verstofflichten Gedanken und Worte seines Geistes.

Denn selbst das Fortbestehen des Gewordenen, das Dasein alles Seienden, ist ebenfalls nicht eine bloße notwendige Konsequenz des einmal Gewordenseins. Nach Paulus *„ist alles durch den Sohn und für den Sohn geschaffen. Er ist vor allem, und alles besteht in ihm*[1]*"*. Und der Hebräerbrief fügt hinzu, daß der Vater diesen Sohn eingesetzt hat zum Erben über alles, *„durch welchen er auch die Weltzeiten gemacht hat, der da ist die Ausstrahlung seiner Herrlichkeit und der Ausdruck seines Wesens, und der da alles trägt mit dem Wort seiner Kraft*[2]*"*. Nicht daß die Welt einmal geworden, ist letzthin die tragende Grundlage ihres dauernden Fortbestandes, sondern weil Gott einst das von ihm Geschaffene für „gut" befand und es für immer zum Erbe seines Sohnes bestimmte.

So zwingt uns die Schöpfungsgeschichte bereits mit ihrem ersten Satz: *„Im Anfang schuf Gott die Himmel und die Erde"*, in erster Linie Gott nicht aus der Schöpfung, sondern die Schöpfung aus Gott zu verstehen. Ihrem Dasein und Fortbestand ist durch das „schuf" und „sprach" für immer die freiwillige Gedankenverwirklichung ihres Schöpfers aufgeprägt. „Nicht Gott als Schöpfer Himmels und der Erde, sondern Himmel und Erde als Geschöpf Gottes mit allen Konsequenzen dieses Verhältnisses zu erkennen und zu beherzigen", das ist die große Offenbarung, mit der uns die Urgeschichte dienen will.

Aber bei aller scharfen Betonung der Entstehung des Geschöpfes vom Schöpfer läßt die Offenbarung doch nie den Schöpfer aufgehen in seinem Geschöpf. Sie stellt die geschaffene Welt in ihrem Dasein und Fortbestehen immer als selbständiges Objekt vor ihren Schöpfer und Meister, Erhalter und Regierer. *Gott bleibt für die Schöpfung ewig das göttliche Ich, sie ist für Gott ewig nur das geschöpfliche Du.*

Es fügt sich daher schön, daß die Uroffenbarung auch nicht den Menschen, sondern Gott zum ersten Subjekt am Anfang unserer Bibel erhebt. Der Begriff, den sie zur Bezeichnung Gottes verwendet, lautet Elohim. Es ist der Plural des ursemitischen Wortes El, dessen

[1] Kol. 1, 16. 17.
[2] Hebr. 1, 2.

etymologische Bedeutung schwankend ist. Von den meisten Sprachforschern wird die Wurzel auf den Begriff „stark", „mächtig" zurückgeführt, und Elohim bedeutet mithin: „der Starke", der „Allmächtige". Inwieweit durch den Plural des ersten Gottesbegriffs bereits die spätere Trinität ausgedrückt werden soll, wagen wir nicht zu entscheiden. Fest steht nur, daß dieser Name, obwohl er in der Mehrzahl steht, überall, wo er in Beziehung auf den einen, wahren Gott vorkommt, mit Verben und Adjektiven verbunden ist, die in der Einzahl stehen. Nur wo dasselbe Wort im untergeordneten Sinne auch zur Bezeichnung von den heidnischen „Göttern und Herren" gebraucht wird, stehen auch die durch das Subjekt bestimmten Satzteile im entsprechenden Plural.

Es ist zwar nicht zu übersehen, daß der Gott, der später sprach: *„Es ist kein Gott außer mir*[1]*"* und noch weit später: *„Ich bin Gott und sonst keiner*[2]*"*, in der Genesis öfter im Plural redet. Er spricht: *„Lasset uns Menschen machen, ein Bild, das uns gleich sei!*[3]*"* und wiederum: *„Adam ist geworden als unsereiner*[4]*"*. Bei dem Turmbau zu Babel sagte er: *„Auf, laßt uns herniederfahren und ihre Sprache daselbst verwirren!*[5]*"*. Jenen Propheten, den er durch eine Vision in seinen Dienst zu ziehen suchte, läßt er die Frage vernehmen: *„Wen soll ich senden, wer will unser Bote sein*[6]*?"*

Diese Wahrnehmung hat die christliche Theologie auch veranlaßt, bereits in diesem ersten Gottesbegriff verhüllt die Trinität Gottes zu suchen.

Jedoch neuere Forscher, wie O. Procksch u. a., sehen in diesen Redewendungen nur einen Pluralis majestatis. Procksch sagt, daß es viel wichtiger ist, zu beachten, daß der Begriff substantivisch und singularisch und daß El immer die Gottesmacht gegenüber Adam, der menschlichen[7], und Fleisch[8], der geschöpflichen Macht ist.

Aus dieser Gottesmacht gingen auch *„die Himmel und die Erde"* hervor. In diesen Worten ist dem menschlichen Fassungs- und Erkennungsvermögen eine Formel gegeben worden, durch die das unfaßbare Universum als Ganzes ausgedrückt wird. *Denn für uns*

---

[1] 5. Mose 32, 39.
[2] Jes. 45, 5. 22.
[3] 1. Mose 1, 26.
[4] 1. Mose 3, 22.
[5] 1. Mose 11, 7.
[6] Jes. 6, 8.
[7] Jes. 31, 3; Hos. 11, 9.
[8] 1. Mose 6, 3.

Menschen teilt auch das Weltall mit Gott die Unendlichkeit. Bei all unserer intellektuellen Überlegenheit über das Stoffliche und Kreatürliche, bei all dem Fortschritt unserer Naturerkenntnis und unserer technischen Weltbeherrschung bleibt für uns der Gesamtkosmos dennoch ein Mysterium. Unser bewaffnetes Auge mißt nicht seine Fernen, unser menschliches Maß umspannt nicht seinen Raum, unsere Zeit zählt nicht seine Ewigkeiten.

Unermeßlich sowohl nach Raum als auch nach Zeit ist daher für unsere menschliche Fassungskraft das kosmische Reich Gottes, das die Genesis mit der Formel „die Himmel und die Erde" umschreibt. Und doch will das ganze Weltall nichts anderes als Leben zum Ruhm der Weisheit und Liebe, als ein Abglanz der Majestät des Ewigen im irdischen Stoffe sein. *„Die Himmel erzählen die Ehre Gottes.*[1]*"* Nur ein Schritt auf dem Wege durch den Weltenraum, und unseren Augen begegnen Riesensonnen, die den Glanz und die Größe unserer Sonne um mehr als das Tausendfache übertreffen. Nicht nur einzelne Sterne, sondern Sternenhaufen ohne Zahl sind in linsenförmigen Gruppen wie Saatkörner der Ewigkeit in die grenzenlosen Gefilde des Weltraums ausgesät und leuchten aus ihren namenlosen Fernen in unser Sonnengebiet hinein.

Schon allein die Milchstraße, deren leuchtender Schimmer ihres Lichtstroms das Auge der Menschheit seit Jahrtausenden entzückte, umfaßt wie ein köstliches, mit leuchtenden Diamanten besetztes Stirnband das Gewölbe des Himmels. Ist sie in Wirklichkeit doch nichts anderes als ein Himmelsgürtel, dessen zahllose Sonnen ein inniges Band umschlingt. Und doch haben die Augen unserer neueren Fernrohre ganz neue Weltenscharen im Hintergrunde der Milchstraße mit ihrem unermeßlichen Sternenmeer entdeckt, weißglänzende Lichtnebel, die nichts anderes sind als der Abglanz jener Millionen Sonnen, die aus den unendlichen Tiefen des Weltraums zu uns hinüberleuchten wollen.

Kein Wunder, daß der große Newton, innerlich ergriffen und überwältigt von dem Anblick dieser himmlischen Welten, jedesmal sein Haupt entblößte, wenn er den Namen Gottes aussprach. Denn wer wie er auf den Schwingen des Lichts die Räume des Himmels

---

[1] Ps. 19, 1.

durchschreitet, um seine Reiche zu messen, seine Ordnung zu durchforschen, der Harmonie seiner Gesetze zu lauschen, den Takt seiner Kräfte und Bewegungen zu zählen, dem wird klar, daß dieser harmonische Bau der unendlichen Himmelswelten die schöpferischen Gedanken und den Reichtum des Geistes dessen rühmen will, der von Ewigkeit her sein Baumeister war. *„Hebet eure Augen in die Höhe und sehet! Wer hat diese Welten geschaffen und führet ihr Heer bei der Zahl heraus und nennt sie alle mit Namen?*[1]*"* ruft Jesaja seinem entmutigten Volke zu. *Wahrlich, die Himmel erzählen die Ehre Gottes, und ein Ozean des Lichts strömt vom Throne seiner Majestät!*

Wenn es Tatsache ist, daß die Forscher in unserer himmlischen Lichtwelt schon so manchen glänzenden Stern verlöschen sahen und entdeckten, wie andere plötzlich aufleuchteten, so ist damit nur festgestellt, wie ein unendlicher Strom ewigen Werdens den Weltenraum durchzieht und beherrscht. Wo ist nun der Ursprung dieses schöpferischen Lebensstromes, wo der Urquell dieses unerschöpflichen Lichtes? Wo suchen wir den Feuerherd, dem all diese Himmelsfunken entglommen sind und ewig neu entglimmen, wo ist die Kammer jener Urkraft, welche die Myriaden neuer Welten ins Dasein ruft? Darauf antwortet die Genesis für ewige Zeiten: *„Am Anfang schuf Gott die Himmel und die Erde."*

Wie die Raumgröße des Weltalls und die unnennbare Zahl ihrer Körper, so hat auch die Zeitdauer der Lichtwirkung, die wir von den entferntesten Weltgebieten vernehmen, eine Größe, die keine Zunge zu nennen, keine menschliche Vorstellung zu fassen vermag. Und wenn wir uns auch Myriaden Erdenjahre vor oder nach unserer Geburt denken könnten, so fänden wir dennoch nirgends eine Grenze von dem ewigen, schöpferischen und segnenden Walten des Gottes, den der biblische Schöpfungsbericht zum Subjekt der ganzen Schöpfung erhebt.

Und dennoch ist Endlichkeit und Begrenztheit auch das Wesen all dieser Himmels- und Lichtkörper. Wie das kleinste Wesen unserer Erdenwelt tragen auch sie nach Gestalt und Entwicklung das Gepräge der Endlichkeit. Denn alles Geschaffene ist endlich. Unendlich kann in Wirklichkeit nichts von dem sein, was wir im körperlichen Welt-

[1] Jes. 40, 26.

gebäude erblicken. Selbst der stärkste Lichtstrahl durchläuft in einer endlichen Zeit auch nur endliche Räume. Mag auch die Zahl, welche die Menge, Größe und den Abstand der entferntesten Welten ausdrückte, noch so viele Ziffern haben, jede bestimmte Zahl ist doch stets eine endliche Größe.

Neben dieser Endlichkeit tragen alle Weltenkörper als Glieder des Gesamtkosmos auch den Stempel der Bedingtheit und Abhängigkeit. Auch die entfernteste Lichtwelt ist nur ein Glied einer anderen, und all diese unnennbaren Himmelskörper sind zusammen nur Glieder der Gesamtheit. Wie jeder einzelne Körper und jede Gliederung von Körpern einen Schwerpunkt hat, der alle Glieder des Ganzen zusammenhält, so auch das Weltall. Auch seine entferntesten Sternengebiete und jedes Sonnenstäubchen werden durch einen einheitlichen und gemeinsamen Schwerpunkt beherrscht und durch das unsichtbare Band der Massenanziehung ans Ganze gefesselt.

Unumstößlich ist daher die Tatsache, *daß alle Glieder des Weltalls sich zu einem harmonischen Ganzen zusammenschließen.* Nach einem durchgreifenden Gesetz gestalten und gruppieren sich Myriaden Welten zu Millionen Systemen. Kein einziges von diesen einzelnen Gliedern kann unabhängig für sich selbst bestehen. Sämtliche haben nur ein bedingtes und beziehungsweises Dasein. Wie die Steine in einem riesigen Gewölbe wird eins vom anderen gehalten und getragen. Jedes bedarf des anderen zu seinem Dasein und ist abhängig von der Ordnung des Ganzen. Zwar sehen wir eine unendliche Fülle neuer Formen und Gestalten, aber für alle nur ein zentrales, oberstes Gesetz des Werdens und Bestehens.

So durchdringt und beherrscht ein einziger schöpferischer und segnender Wille alle Kraft- und Herzpunkte des Weltalls. Auch in jenen unermeßlichen Räumen, wo jeder irdische Maßstab seinen Dienst versagt, wo Riesenwelten für unseren Gesichtskreis zu Punkten zusammenschmelzen, herrscht der Wille des Einen, Ewigen, dessen Wirkung das Naturgesetz der gegenwärtigen Anziehung, dessen Ziel das Leben des Ganzen ist.

Diesen Lebensmittelpunkt des Weltalls, von dem alle Strömungen wie Pulsschläge vom Herzen ausgehen, auf den alles Werden und Vergehen sich bezieht, in dem der Geist seine ewige Wurzel und sein erhabenes Ziel hat, nennt die Bibel den Himmel der Himmel: *den Thron Gottes.* Er ist der gemeinsame Mittelpunkt aller Welten. In diesen Welten ist alles Leben mit seinen ewigen Gesetzen wie eine einheitliche Symphonie, die das große Halleluja im Tempel Gottes wiedergibt; *aber ihn, Gott selbst, vermag die endliche Schöpfung doch nicht zu fassen.*

Denn alles Geschaffene ist endlich, der Schöpfer jedoch unendlich. Alle Welten vermögen seine Majestät nicht zu umfassen. Er wandelt sie alle wie ein Gewand. Für seine schöpferische Allmacht gibt es keine Entfernung. Wie die Seele allgegenwärtig im Leibe, so ist Gottes Geist allgegenwärtig im Weltall. Sein heiliger Wille vollzieht sich in jedem Augenblick der Zeit, im engsten Winkel wie in den entferntesten Welten seiner Schöpfung. *„Kein Haar fällt von eurem Haupte, kein Sperling fällt vom Dache ohne den Willen eures Vaters im Himmel"*, sagte Jesus einst als Sohn und Erbe dieses Schöpfers. Obgleich Gott im Blick auf die Schöpfung der Ewig-Andere ist, so ist sein Geist doch allgegenwärtig im Weltall und bestimmt die Gesetze der Schöpfung. Er wacht über den Geschehnissen der Weltgeschichte und antwortet auf die Seufzer der Gebeugten und das Flehen der Gerechten. *„Der Erhabene, der ewig thront, dessen Name der Allmächtige, der Heilige ist, wohnt in der Höhe und im Heiligtum und bei denen, die demütigen Geistes sind, daß er den Geist der Demütigen und das Herz der Zerschlagenen erquicke[1]."*

Vor ihm gibt es auch kein Entrinnen der Gottlosen, selbst wenn man sich bewußt wie Kain vom Angesichte des Herrn zu entfernen sucht. Denn *„nähme ich Flügel der Morgenröte und bliebe am äußersten Meer, so würde mich doch deine Hand daselbst führen und deine Rechte mich halten[2]"*. Alles Tun der Menschheit trägt sich vor ihm ein wie in ein Buch, und kein Fluch vermag sich vor ihm in Segen, keine Schandtat in Unschuld und keine Finsternis in Licht zu hüllen. Ihm entgehen aber auch nicht der leiseste Psalm der Schöpfung, das kleinste Lobopfer der Liebe, der tiefste Angstschrei der Seele und der verborgenste Seufzer der Gerechten.

Und doch ist alles Geschaffene nur ein Gleichnis. Denn das sicht-

---

[1] Jes. 57, 15.
[2] Ps. 139, 9. 10.

bare Weltgebäude ist nur ein vergänglicher Schattenriß jenes überirdischen Gottesreiches, das jenseits alles Stofflichen liegt. Wie die eigentliche Persönlichkeit des Menschen weit größer ist als seine stoffliche Körperlichkeit, so ist das Gottesreich des Jenseits weit größer als der stoffliche Kosmos. Ein Glied dieses unvergänglichen Gottesreiches zu sein, ist auch unser Geist berufen. Seine Heimat und Zukunft liegt nicht im stofflichen Kosmos, sondern im ewigen Gottesreich. Als Hauch aus der Ewigkeit ersehnt er die Ewigkeit und bleibt ein bewußt suchender oder ein unbewußt irrender Fremdling, bis er Gott und mit Gott seine Heimat wiedergefunden hat. Erlöst durch Christus wird er mitzuerben vermögen, was der Sohn zur Rechten des Vaters in der Höhe bereits als Erbe empfangen hat.

Das wird unendlich mehr sein als nur ein zukünftiges Glücklichsein. Wenn bereits die Herrlichkeiten des gegenwärtigen Kosmos weder zu fassen noch in Worte zu kleiden sind, was wird das erst für eine neue Schöpfung sein, deren Tempel und Metropole keiner Sonne noch irgendeiner Leuchte bedürfen werden, weil Gott und das Lamm ihre Leuchte sein werden! Wie der Seraph am Thron Gottes mit bedecktem Antlitz steht, weil er den Glanz seiner Majestät nicht ertragen kann, so stehen daher auch wir staunend vor den Pforten der Ewigkeiten, und anbetend jauchzt auch unsere Seele dem Vater des Lichts entgegen: *„Heilig, heilig, heilig ist Gott Zebaoth, die Fülle der ganzen Erde seine Herrlichkeit!*[1]*“* So wenig wir gegenwärtig zunächst auch den vollen Inhalt und die Tragweite jenes Hallelujas der Vollendung zu fassen vermögen, das uns mit seinem Siegeston aus der Johannes-Apokalypse entgegenklingt, so ahnen wir doch etwas von der Kraft und Majestät jener Gottesherrschaft, die dann auf allen Gebieten volle Wirklichkeit geworden sein wird. Sie wird die letzte Gottesantwort auf die Seufzer aller sein, die je und je mit Christus beten lernten:

„Geheiligt werde dein Name!
Dein Reich komme!
Dein Wille geschehe auch auf Erden,
wie er geschieht in den Himmeln![2]*“*

---

[1] Jes. 6, 3.
[2] Matth. 6, 9. 10.

3. Ihr prähistorischer Fall[1]

„Und die Erde ward wüst und leer, und Finsternis bedeckte die Tiefe, und ein Gottes-Odem schwebte (brütete) über den Wassern."
1. Mose 1, 2

Wir bewegten uns im vorigen Kapitel in Gottes erhabenem Schöpfungstempel. In diesem universalen und lichten Heiligtum war einst auch unsere Erde ein entsprechender Lichtkörper, dessen Dasein mit zur Vollendung des ganzen Gottestempels und seiner Bestimmung beitrug. Zwar wird sie *„Erde"* genannt, welche Bezeichnung „nach dem Arabischen und Chaldäischen die Bedeutung hat des Niederen, Unteren, im Gegensatz zum Himmel als das Hohe, in der Höhe Seiende". Offenbar ist dieses Verhältnis jedoch kein ursprüngliches, da die Erde sich in der gleichen Region des Lichtes bewegte

[1] Meine Annahme von einem vorgeschichtlichen Fall unserer Erde ist am meisten von der Kritik beanstandet worden. So anerkennend sie sich zu manchen meiner Ausführungen auch äußerte, hier glaubte sie nur rein Spekulatives, mithin Unberechtigtes sehen zu müssen. Nun gebe ich unumwunden zu, daß wir in allen prä- wie auch posthistorischen Fragen äußerste Zurückhaltung walten lassen müssen. Vor allem darf man nie aus einer persönlichen Annahme, zu der man glaubt berechtigt zu sein, ein Dogma für andere machen. — Was mich aber doch, trotz der kritischen Bemerkungen, bestimmt, diese Annahme festzuhalten, das ist die Analogie. Wenn man so tief in das Leben einzelner und der Völker hineinschauen durfte, wie ich es ungesucht gelegentlich tun durfte, dann lernt man *das Geheimnis eines Chaos* verstehen. Nicht einmal die Natur in ihrem gefallenen Zustande schafft ohne weiteres chaotisches Leben. Keine normale Geburt liefert uns den Menschen als ein Chaos. Aber was kann dieser normale, gesunde Mensch, was kann ein ganzes Volk, ja was können Völker einer ganzen Zeitperiode werden, wenn sie sich dem Geiste der Zersetzung und Auflösung zu ihrem Fall und Untergang preisgeben! Wo das Evangelium der Anarchie zum Programm der Zukunft wurde, da war es nur eine Frage der Zeit, und die Menschheit schuf sich mit all ihrer Kultur und Zivilisation ein Irrenhaus, wo der Wahnsinn einzelner das ganze Leben in einen chaotischen Zustand versetzte.

Wenn ich nun diese Wahrnehmung im Leben der Völkerwelt als Analogie nehme und auch den chaotischen Zustand der Urerde auf einen vorangegangenen Fall zurückführe, so liegt solche Annahme doch nicht außerhalb aller Möglichkeiten. Insoweit man auch rein intellektuell Vorweltliches ins menschliche Verstehen hineinzuziehen berechtigt ist, löst sich mir bei der Annahme eines prähistorischen Falls noch am ersten das Gesamtbild, das wir in der Urschöpfung haben.

wie auch die anderen Lichtwelten der gesamten Schöpfung. Und doch fährt die Genesis, nachdem sie uns mit dem so fundamentalen Satz *„Am Anfang schuf Gott die Himmel und die Erde"* die gesamte Urschöpfung als ein Meisterwerk der ewigen Schöpferkraft Gottes geschildert hat, mit den Worten fort: *„Und die Erde war (ward) wüst und leer, und Finsternis bedeckte die Tiefe."*

Hier stehen wir vor einem neuen Geheimnis. Eine chaotische Erde kann ursprünglich unmöglich, wie wir anzunehmen wagen, ein entsprechendes Glied jener vollendeten Lichtwelt gewesen sein, die als *„die Himmel und die Erde"* aus der ewigen Schöpfer- und Künstlerhand Gottes in unvergleichbarer Schönheit und Harmonie hervorging. Wo Gott Schöpfer und Bildner ist, da spiegelt das Werk nicht nur in seinem äußeren Glanz und in seiner Fülle von Formen und Schönheit die Weisheit und Herrlichkeit seines Meisters wider, sondern diese offenbaren sich auch in des Werkes innerster Zweckmäßigkeit, Geschlossenheit und Harmonie. *Ein Gott, der nicht chaotisch denkt, schafft auch nichts Chaotisches.* Eine Erde, wüst und leer, deren Untiefen von der Finsternis beherrscht werden, kann unseres Erachtens unmöglich die stoffliche Verkörperung eines Gedankens jenes Schöpfers gewesen sein, den wir als den Vater des Lichts, den Gott alles Lebens und den Herrn der Herrlichkeit kennen. *Gott ist auch in seinem Wirken, was er in seinem Wesen ist: vollendete Zweckmäßigkeit, Geschlossenheit und Harmonie.*

Um mit F. Bettex zu reden, beginnt daher mit den Worten *„Und die Erde war wüst und leer"* das zweite Kapitel der Bibel. Das erste schloß mit dem Welten und Äonen umspannenden Satz: *„Am Anfang schuf Gott die Himmel und die Erde."* Es gab uns eine Kosmogonie, wie sie nur von der Offenbarung gegeben werden konnte. *Sie vermag das Göttlich-Große auch göttlich-groß auszudrücken.* Die Offenbarung beschreibt mit einem Satz, was Menschen auch durch Ewigkeiten hindurch nie schildern und darstellen könnten. Auch das Prähistorische, Transzendente, Himmlische kleidet sie in Begriffe und Vorstellungen, daß wir zu ahnen und zu fassen vermögen, wie Gott die Himmel der Himmel mit all ihrem Heer, mit ihren hierarchisch geordneten Gewalten, mit ihrer ungeheuren

Menge von Engeln und dienstbaren Geistern, samt deren Thronen, Fürstentümern, Machtbereichen und Lichtsphären erschuf.

Vom theozentrischen Standpunkt aus und bei einer biblischen Beleuchtung drängt sich uns daher die Annahme auf, daß der mit Tohuwabohu geschilderte Zustand der Erde im entschiedensten Gegensatz und Widerspruch zu dem Wesen Gottes und seinem Wirkens steht. Ohne uns im Spekulativen und Gnostischen verlieren zu wollen, glauben wir doch annehmen zu sollen, *daß daher der in Vers 2 geschilderte Zustand der Erde auf einen Fall zurückzuführen ist, der weit vor das gegenwärtige geschichtliche Bestehen unserer Erde hinausgeht.*

Auch der Fall in der Gesamtschöpfung hat mit jedem anderen Fall auf irgendeinem Gebiet so viel Verwandtes, daß wir von den Ursachen und den Erscheinungen der Einzelfälle auch auf das Wesen des ersten schließen dürfen. Am vertrautesten ist dem Menschen sein eigener Fall. Auch diejenigen, die sich bewußt nicht im biblischen Lichte zu orientieren suchen, müssen zugeben, daß kaum je eine treffendere Psychologie eines Falles gegeben werden könnte, als es hier von der Genesis mit den Worten geschieht: *„Und die Erde war wüst und leer, und die Finsternis bedeckte die Tiefe (oder das Gewoge).“*

Der Schöpfer, ein Gott alles Lebens und — die Erde eine Wüste: ein Bild des Todes und der Unfruchtbarkeit, weil ihr die wesentlichen Vorbedingungen für alles Leben und Wachstum, für alle Fruchtbarkeit und Schönheit fehlen. Man spricht von einem Weinen und einer Sehnsucht der Wüste, weil ihr die Quellen, die Kraft und der Schmuck des Lebens verlorengegangen sind. Die Wüste lebt nur von dem Eigenen. Sie empfängt nicht den Tau des Himmels, sie entbehrt Gemeinschaft und Befruchtung, daher auch ihre Unfruchtbarkeit und Leere. Das ist aber auch das Wesen eines jeden Falles. Im Fall vollzieht sich jene Separation zur Auflösung und zum Tode hin, wo der Mensch sich von allen höheren Bedingungen und Kräften trennt, durch die er allein fähig ist, die sittlichen und geistigen Aufgaben zu lösen, die zu seinem Heil in seiner Berufung liegen.

Dieser Zustand bedeutet nicht ein Aufhören des Seins, sondern jenes normalen Verhältnisses des Geschöpfes zum Schöpfer, des

Menschen zu Gott, in dem allein die Harmonie, die Kraft und die Zukunft alles Geschaffenen liegen kann. Wird das Geschöpf durch einen Fall in seiner ferneren Existenz auf sein Eigenleben isoliert, dann schafft es sich in seinem Getrenntsein von Gott und in seiner Selbstbehauptung allem Geschaffenen gegenüber seine eigene Hölle. Das ist der Tod, und zwar im Gegensatz zu dem Leben, zu dem der Schöpfer alles Geschaffene auf Grund seines Schöpfungsaktes berufen hat.

Denn wie arm, leer und öde wird das Leben des Menschen und der Menschheit, wenn es erst die Verbindung mit seinem Urquell, dem Vater des Lichts, und der schöpferischen Kraft seines Geistes verloren hat! Wie satt wird der Mensch an allem Eigenen, in welch einer Fülle von Schönheit die Welt sich ihm auch bietet! Zur Wüste geworden, schreit eines Tages seine Seele nach Gott, dem lebendigen Gott, da sie weder in sich noch im Geschaffenen das finden konnte, was ihr Leben in Wahrheit reich und glücklich zu machen vermöchte.

Und zu welchen Tiefen wurde immer wieder der Mensch fähig, der die göttliche Erleuchtung und Bestimmung verlor und sein Heil und seine Zukunft allein in sich selbst suchte! Und je tiefer der Fall ging, desto zerrissener wurde sein Leben, desto wogender die Sinnenwelt, desto finsterer die ganze Geistessphäre, die das haltlos gewordene Leben deckte und beherrschte. Rätselvoll wurde das ganze Dasein, zwecklos das Rennen und Wirken, ziel= und hoffnungslos die Zukunft: ein Spielball des dunklen Schicksals, dem es rettungslos preisgegeben war. *Ein chaotischer Zustand!*

Sind das typische Charakterzüge eines Falles im Leben der Menschheit, dann dürfen wir wohl den Tohuwabohu=Zustand der vorgeschichtlichen Erde ebenfalls auf einen verwandten Fall zurückführen. Gott, der ein Gott des Lichtes und der Ordnung ist, schafft kein Tohuwabohu, dessen Begriff und Bedeutung durch die Übersetzung *„wüste und leer"* bei weitem nicht erschöpft ist. Nicht einmal der Ausdruck Chaos drückt voll und ganz aus, was die Formel sagen will. Wir finden beide Begriffe auch an einigen anderen Stellen des biblischen Kanons, und sie bezeichnen meistens *einen Zustand ödester Verwüstung.* So beschreibt z. B. ganz ergreifend der Prophet Jesaja den eintretenden chaotischen Zustand, den Edom und sein

Großstaat als Gericht erleben sollen. Edom mit Bozra wird in der Schilderung des Propheten jedenfalls als Repräsentant jener Staaten genannt, die Esaus Schwert zum Schöpfer ihres nationalen Daseins machten, d. h. denen der fleischliche Arm wertvoller war als das sittliche Recht, die nicht den „Mund der Thora", sondern die Sprache der kalten Berechnungen hörten, denen der Angstschrei der Schwachen und das Flehen der Unterdrückten nichts mehr zu sagen hatten. Diese Staaten sollen mit ihren Kulturen und nationalen Schöpfungen ihr Gericht erleben, das der Prophet mit ergreifenden Worten schildert. Über ihre Kultur und Schöpfungen hält man *„die Meßschnur der Verwüstung und das Bleilot der Verödung". „Seine Freien, deren es dort nicht gibt, rufen nach der Regierung, aber deren Fürsten sind alle dahin. Jeder seiner Paläste geht in Dornen auf, Dorngestrüpp und Disteln in seinen Festungen, er wird zur Behausung der Schakale, Hofstätte für die Strauße*[1]*."*

Im 45. Kapitel desselben Propheten wird uns ein anderes Bild entworfen. Offenbar handelt es sich da um den gewaltigen Eindruck, den Israels Heimkehr aus dem Exil auf die anderen Völkerschaften machen wird. Um zu zeigen, *daß es Gottes Fügung in Zions Geschick ist,* welche diese Wendung in der Geschichte gebracht hat, läßt der Prophet Gott sprechen: *„Israel wird durch Gott errettet, eine Hilfe ist's auf ewig, ihr werdet nicht getäuscht, ihr werdet nicht zuschanden werden bis in alle Ewigkeit. Denn so hat Gott gesprochen: Der die Himmel schafft, er ist der waltende Richter, der die Erde bildet und sie gestaltet, er gibt ihr die Richtung, der sie nicht zur Öde geschaffen, sondern für ruhiges Wohnen gebildet hat; ich, Gott, bin es und keiner sonst. Nicht im Verborgenen habe ich gesprochen, an einer Stätte, wo die Erde finster ist: ich sagte nicht zu den Nachkommen Jakobs: Im Öden suchet mich! Ich, Gott, bin es, der das Recht ausspricht, die Geradheit vergegenwärtigt*[2]*."*

Hier bezeugt Gott selbst, daß er die Erde nicht zur „Öde" geschaffen und daß er nicht von Jakobs Nachkommen in *„der Öde"* zu finden sei. Denn er schafft nichts Ödes, Eitles, Leeres, sondern

---

[1] Jes. 34, 11—13.

[2] Jes. 45, 17—19. Man vergleiche auch die anderen Stellen: Kap. 24, 1; 41, 29; 44, 9; 49, 4; 59, 4; Jer. 4, 23.

nur Erfülltes, zum Dasein und zum Wohlergehen Bestimmtes. Und wenn in Jesaja 40, 17 gesagt wird, daß die Gesamtheit der Völker wie „nichts" ist, so geschieht dies nicht, weil Gott sie als solche geschaffen hat, sondern weil sie, anstatt den Zielen ihrer göttlichen Berufung und Bestimmung bewußt mit vereinten Kräften zuzustreben, sich in ihrer Macht unter die Leitung ihres eigenen Geistes gestellt haben. Was sie in diesem Zustand dann auch alles an Macht und Energie zum Aufbau ihrer Zukunft und ihres Glücks aufbieten mögen, ihm und seiner göttlichen Weltregierung gegenüber sind sie doch nur ein *„Tohu"*.

Sind es doch die drei bezeichnenden Merkmale, die den Tohu-wabohu-Zustand ausmachen: *„wüste und leer"*, *„Finsternis"* und *„Tiefe oder Gewoge"*: Bilden sie nicht den krassesten Gegensatz zu dem „Leben", dem „Licht" und der „Ordnung", in denen sich das göttliche Wirken verkörpert? In Gottes Schöpfung lassen sich diese drei Begriffe nicht voneinander trennen, sie sind organisch mit jedem einzelnen seiner Werke verwoben. Wo Licht waltet, da ist Leben, und umgekehrt, wo die Finsternis waltet, da herrscht der Tod. Sowohl in der anorganischen als auch in der organischen Welt ist das Licht verbunden mit Wärme.

Dasselbe gilt von den anderen beiden Begriffen. In dem Worte „thehom", das Luther mit dem Begriff Tiefe übersetzt hat, scheinen zwei Bedeutungen zu liegen. Die eine ist „Gewoge[1]" oder „Fluten[2]" oder auch „Meer, Ozean[3]". Die andere Bedeutung ist „Tiefe oder Abgrund". Zwischen diesen beiden Begriffen besteht mithin eine gewisse Verwandtschaft. Beide drücken in der Schrift öfter einen bestimmten Gegensatz zu dem Himmlischen, Lichten, dem Vollkommenen aus. Daher wird auch in der Bildersprache der Bibel gerade das Meer mit seinen ungestümen Wogen vielfach als Gleichnis des Widergöttlichen auf Erden gebraucht. Es ist Symbol der sich auflehnenden, gottfeindlichen Mächte, sein Brausen ein Bild der Empörung und des Kampfes gegen die Gerechten des Höchsten. In der Daniel-Apokalypse steigen z. B. die vier großen Tiere aus dem

[1] Ps. 42, 8.
[2] 5. Mose 8, 7; Ps. 78, 15.
[3] Hiob 28. 14; 38, 16.

Meere[1] empor — jene Ungeheuer, die nichts anderes als Sinnbilder der nacheinander folgenden Weltreiche sind, die die Welt mit ihren unruhigen Völkerschaften zu gebären vermag. *Denn aus der Welt mit ihren widergöttlichen Untiefen und dem wogenden Kampf ihrer miteinander ringenden Kräfte erwartete die prophetische Schau keine anderen geschichtlichen Gebilde als Weltmächte mit einer raubtierartigen Seele.*

Auch der Seher auf Patmos sieht *„das Tier aus dem Meere aufsteigen[2]"*, d. h. eine neue Weltmacht sich aus dem wogenden Völkerleben erheben. Auch der Prophet Jesaja vergleicht die Gesetzlosen, die machthabenden und skrupellosen Bürger der Weltreiche mit einem aufgewühlten Meer, das nicht zu ruhen vermag, und dessen Gewässer Schmutz und Schlamm aufwühlen[3].

Aus diesem inneren Wesen der Welt und ihrer Reiche ergibt sich dann auch folgerichtig ihr von Zeit zu Zeit auftretendes Toben gegen das bestehende Reich Gottes und dessen Kommen. *Denn göttliche Ordnung ist der Tod des Chaos, Lichtleben der Untergang der Finsternis, Gottesherrschaft der Zusammenbruch der Weltmacht.* Daher erwartet auch die Offenbarung Johannis, daß nach dem Endsieg Gottes und des Lammes über alle Machtgebiete der Finsternis die Erde vergangen und das Meer nicht mehr sein wird[4].

Wo Gottes Herrschaft erst das Leben und die Zeiten bestimmen, da bleiben für die Gier und das ungestüme Toben weltlicher Raubtiergebilde kein Raum und keine Zeit mehr. Im Reiche Gottes herrschen Leben und Friede. *Disharmonie ist das Wesen der Finsternis, der Todeszustand einer gottfeindlichen Entwicklung, der Macht- und Geisteskampf der Völker in ihrem Leben ohne Gott, das Tohuwabohu der Erde als gefallene Gottesschöpfung.*

Diese Annahme einer vorgeschichtlichen Gerichtskatastrophe unserer Erde scheint sich mir auch mit den Forschungen der Geologie und Paläontologie decken zu wollen. Beide verlangen sowohl für die Formation der Erdrinde als auch für die Gestaltung der Gebirge viel größere Zeitperioden, als sie uns im Sechstagewerk des Schöpfungsberichts angegeben werden. Selbst wenn man annehmen

---

[1] Dan. 7.
[2] Offb. 13, 1.
[3] Jes. 57, 20.
[4] Offb. 21, 1.

wollte, wie dies manche Ausleger tun, daß es sich bei jedem einzelnen Schöpfungstag um eine Schöpfungsperiode handle, da bei Gott tausend Jahre sind wie ein Tag und ein Tag wie tausend Jahre, so sind das doch nur Bezeichnungen einer Zeitspanne, die die Ergebnisse der Forschungen nicht erklären würden. Diese verlangen weit größere Zeitperioden.

Die Paläontologie liefert uns den unumstößlichen Beweis, daß vor dem Eintritt des Tohuwabohu=Zustandes auf der Urerde nicht nur eine Urart des vegetabilischen, sondern auch des animalischen Lebens bestanden hat.

Nun wollen manche Geologen zwar festgestellt haben, daß „viele jener versteinerten Tierüberreste, je nachdem sie einer späteren Zeit angehört zu haben scheinen, um so mehr Ähnlichkeit mit den gegenwärtig auf der Erde lebenden Tieren hätten". Theologische Forscher, die nicht eine vorgeschichtliche Erde annehmen, die erst durch eine Katastrophe zu einem Tohuwabohu geworden wäre, und welche die Schöpfungstage für Schöpfungsperioden halten, kommen auf Grund dieser paläontologischen Ermittlungen zu dem Schluß, daß „Gott während jener Schöpfungsperioden die Tiere erst allmählich zu immer größerer Vollkommenheit habe entstehen lassen, bis sie endlich zu ihrer gegenwärtigen Gestalt gelangt wären".

Unbeantwortet bleibt dann aber die Frage, „wie und wodurch jene Masse von Tieren, deren Überreste sich jetzt als Fossilien finden, so plötzlich und haufenweise ums Leben gekommen und demnächst in den Zustand der Versteinerung geraten sind". Denn die Annahme, daß es sich in diesen fossilen Überresten von Tierleichen um Funde aus dem noachitischen Flutgericht handle, wird wohl durch die Tatsache widerlegt, *daß sich noch nie auch fossile Menschengebeine in diesen versteinerten Leichenlagern gefunden haben.* Mithin muß die Katastrophe, durch welche die Erde mit ihrem von Gott erschaffenen Pflanzen= und Tierleben zu jenem grausigen Zustand wurde, den die Genesis mit den erschütternden Worten schildert: *„Und die Erde ward eine Wüste und Leere, und Finsternis bedeckte das Gewoge"*, weit vor der Geschichte des Menschengeschlechts gelegen haben.

Nun führte uns bereits das vorige Kapitel darauf, daß die Freiheit der stofflichen Welt nur passiv ist. Sie besitzt die Fähigkeit, das zu sein, was der sie beherrschende Geist aus ihr macht. Je höher das Geistwesen steht, von dem sie beseelt ist, desto höher erhebt sie sich und verkörpert den Reichtum der Gedanken und die Schönheit der Formen, durch die sie sich bestimmt und gestaltet sieht. Wenn wir nun glaubten, daß der Tohuwabohu-Zustand der Erde nicht ein ursprünglicher wäre, sondern auf eine Katastrophe zurückzuführen sei, *so kann diese nicht von ihr selbst ausgegangen sein.* Sie war offenbar nur der mitleidende Teil, indem sie durch den Fall der sie beherrschenden höheren Geistwesen mit in deren Fall hineingezogen wurde.

Bezeugt doch Paulus im 8. Kapitel seines Römerbriefes auch von der gegenwärtigen Kreatur und Schöpfung, daß sie sehnsuchtsvoll wartet auf die Offenbarung der Söhne Gottes. *„Denn der Nichtigkeit ist die Schöpfung unterstellt worden, nicht freiwillig, sondern durch den, der sie unterstellt hat: (aber diese Verdammung wurde verknüpft) mit (einer) Hoffnung; denn auch die Schöpfung selbst wird befreit werden von der Sklaverei des Vergänglichen (und wird gelangen) zur Freiheit der Herrlichkeit der Kinder Gottes[1].“*

Da der Mensch mit dem Zustand seines gegenwärtigen Falles auf jener vorgeschichtlichen Erde noch nicht da war, so entsteht von selbst die Frage, durch wen diese Katastrophe verursacht worden ist. Darauf hat man bisher nur immer wieder die eine Antwort gefunden: *durch den Fall Satans.* Er wird von Christus, dem Sohne des Vaters, durch den und für den alles geschaffen worden ist, als Menschenmörder *„von Anfang“* bezeichnet[2]. Er verkörpert in sich offenbar den vorgeschichtlichen Fall, den der Prophet den *„vom Himmel gefallenen Morgenstern“* nennt[3]. Zwar muß angenommen werden, daß diese Prophetenstelle sich zunächst auf den König von Babel bezieht. Aber man hat in der Theologie in dieser Schilderung von dem Fall des Königs von Babel zugleich jenes Urbild gesehen, das im Fall Satans besteht.

Groß ist Luzifer, den selbst die Erzengel nicht zu lästern wagten[4],

---

[1] Röm. 8, 20. 21.

[2] Joh. 8, 44.

[3] Jes. 14, 12. Hebräisch „Hälel ben schachar“, d. h. Lichtträger, also Luzifer.

[4] Judas 9.

der noch trotzig mit den Söhnen Gottes vor den Ewigen tritt und verlangt, den Gerechten fällen zu dürfen[1]. An den Überresten seiner Macht und seines Reiches erkennt man die Größe des „Gottes dieser Welt", der da hat die Gewalt des Todes, der stolz zum Sohne Gottes spricht: „Mir sind alle Reiche der Erde und ihre Herrlichkeit gegeben, und ich gebe sie, wem ich will!" — und Christus widerspricht ihm nicht.

Nicht nur beherrscht dieser gefallene Morgenstern in seinem Feuerzeichen die abgefallenen Engellegionen und ihre Fürsten: Beelzebub, Baal, Mammon, Moloch, „diese Gewaltigen und Fürsten, diese Herren der Welt, die in der Finsternis dieser Welt herrschen[2]", sondern er ist auch, soweit es ihm Gott gestattet, König der Millionen auf Erden. Er verklagt uns unaufhörlich vor Gott[3] ob unserer Sünde, die sein Werk ist. Er verlangt, uns „zu sichten, wie man Weizen sichtet[4]". Er raunt uns, selbst bei unserem Gebet, Gedanken des Bösen und der schwersten Versuchungen ein. — *„Wir haben nicht wider Fleisch und Blut zu kämpfen, sondern wider die Weltbeherrscher dieser Finsternis, wider die geistlichen Mächte der Bosheit an himmlischen Örtern[5]."* Er war vor seinem Fall jener hochbegnadigte Engelsfürst, der auch andere Engel mit in seine Empörung gegen die göttlichen Ordnungen hineinzog, infolgedessen dann auch diese ihr Fürstentum verloren und ihre Behausungen haben verlassen müssen[6].

Wir glauben daher uns ohne Bedenken jener großen Anzahl von Männern der theologischen Wissenschaft anschließen zu sollen, die der Überzeugung sind, „daß unsere Erde in ihrem Urzustande das Fürstentum war, das dem in der Heiligen Schrift vor seinem Fall als Luzifer, nach demselben als Satan oder Teufel bezeichneten Geiste anvertraut war, und daß infolge seiner Empörung die Urerde von der göttlichen Strafgerechtigkeit in ein Chaos, das Tohuwabohu, umgewandelt ward".

Diese Annahmen sind ohne Zweifel von höchster Wichtigkeit für unser Verständnis des biblischen Schöpfungsberichts. Sie lassen

---

[1] Hiob 1, 6 ff.
[2] Eph. 6, 12.
[3] Offb. 12, 10.
[4] Luk. 22, 31.
[5] Eph. 6, 12.
[6] Judas 6.

uns die wunderbare Heilsabsicht Gottes bei der Erschaffung des Menschen erkennen. Von Ewigkeit her in Christo zur Sohnschaft erwählt und verordnet[1], sollte der Mensch offenbar berufen sein, jene Harmonie des Weltalls wiederherzustellen, die durch den Fall eines Teils der Engelwelt zerrissen war. Aber nachdem der Mensch selbst fiel, konnte diese Erlösung nur noch durch den eingeborenen Sohn voller Gnade und Wahrheit selbst gebracht werden. Paulus schreibt daher auch im Blick auf die universale Heilstat, die im Tode Christi liegt: *„Er ist der Anfänger, der Erstgeborene unter den Toten, auf daß er bei allem der Erste würde; die (Gottes=) Fülle beschloß, in ihm Wohnung zu nehmen und durch ihn alles unter seiner Herrschaft zu versöhnen nach der Friedensstiftung durch sein Kreuzesblut — Irdisches wie Himmlisches durch ihn[2].“*

Mit obiger Darstellung haben wir versucht, ein zusammenhän=gendes Bild jener vorzeitlichen Dinge zu geben, über die wir immer nur unter großem Vorbehalt reden können. Wenn wir auch glauben, auf Grund des Gegenwärtigen manche Schlußfolgerungen auf das Prähistorische machen zu können, so bleibt doch unendlich viel dem Geheimnis der Ewigkeit vorbehalten. Alle Forscher, denen es letzt=hin allein um die Wahrheit zu tun ist, werden daher nur dankbar sein, wenn die Ewigkeit gar vieles ganz anders enthüllen wird, als sie mit ihrem Lichte zu tun vermochten. In diesem Geiste sind mithin auch obige Ausführungen über den chaotischen Zustand der vor=historischen Erde gemacht worden, und sie sollen allein in diesem Lichte bewertet werden.

Die meisten neueren Ausleger, wie O. Procksch, Ed. König u. a., nehmen nicht an, daß Vers 1 von einer vorgeschichtlichen Erde rede. Ihnen ist das in Vers 1 Gesagte nur eine Vorwegnahme des nach=folgenden Schöpfungswerkes, und Vers 2 ff. sind ihnen nicht die Fortsetzung, sondern allein die Auslegung des ersten Verses. Aber ob es sich bei dem chaotischen Zustand der Erde um einen vorzeit=lichen Fall und eine zeitliche Wiederherstellung oder nur um eine Beschreibung des ursprünglichen Zustandes der Erde handelt, *in beiden Fällen ist es Gott, der durch sein schöpferisches Wort aus*

[1] Eph. 1, 4. 5.
[2] Kol. 1, 18—20.

diesem Chaos ein Neues schuf, das als neue Erde wieder zum Schauplatz seines Wirkens und zur Offenbarung der ganzen Fülle seiner Barmherzigkeit und Erlösung für die Zukunft werden konnte. *Nicht etwa Entwicklung, sondern Offenbarung erlöste die chaotische Schöpfung zu einem harmonischen Gottestempel, in dem Gott und Mensch Gemeinschaft pflegen konnten.*

Wie war das möglich? Wir können dieses ganze so dunkle Kapitel über den vorgeschichtlichen Fall der Urerde nicht schließen, ohne jene Hoffnung zu nennen, die dennoch der ewigen Nacht der Erde geblieben war: *„Und der Geist Elohims brütete über den Wassern[1].“ Der Odem Gottes als inspirierendes Prinzip des Lebens brütend über dem chaotischen Zustand des Todes — darin lag die einzige Hoffnung einer gefallenen Erde.*

Wir haben gesehen, daß das Chaos die Hölle der natürlichen Schöpfung war. Denn da waltete die Unordnung und hob alle Gesetze des Lebens auf, durch welche die Dinge einander zu ergänzen, zu dienen und zu befruchten vermögen, um so eine organische Einheit und selige Harmonie zu bilden. *Da war ewige Todesgegenwart ohne Hoffnung und Zukunft.*

Und doch war der Erde beides geblieben: Hoffnung und Zukunft. Diese lagen jedoch nicht in ihr selbst und in ihren latenten Kräften. Nicht ihre Inspirationen und Entwicklungen schufen aus dem Chaos eine neue Erde mit jenem Eden, in dem die Gesamtschöpfung eines Tages das Ebenbild des Schöpfers, den Menschen, als Mann und Weib wandeln sah. *Daß der Geist Gottes trotz ihres chaotischen Zustandes sie mit seiner Liebe und Wärme umgab — das war das Geheimnis ihrer beginnenden Erlösung und Zukunft.*

Denn alles, was noch von dem Odem Gottes als schöpferisches Lebensprinzip umfangen wird, ist nie ohne Hoffnung. War der Fürst der Finsternis — nach unserer obigen Annahme — auch groß genug, eine geschaffene Lichtwelt zu zerstören, Gott erwies sich als noch größer und vermochte eine chaotische Erde für ihre eigentliche Bestimmung wiederherzustellen. Ja, mehr! Er schuf sich auf dem Boden des Falles Herrlichkeiten, die vor dem Fall in der Schöpfung nicht bestanden. *Offenbarte die Urschöpfung ihn als den ewigen und*

[1] 1. Mose 1, 2.

weisen Schöpfer, so wurde er in der Wiederherstellung sichtbar als der Gott der Erlösung und des Heils.

Denn wo immer Gott gegenwärtig sein und das Gefallene mit seiner Liebe umgeben kann, da erfolgte zu seiner Stunde jene Inspiration seines neu schaffenden Geistes, die auch über eine gefallene und chaotische Erde spricht: *„Es werde Licht!"* Keine Macht — auch der Fürst der Finsternis nicht — kann dann verhindern, daß auf dem Boden einer gefallenen Schöpfung wieder jener Mensch sichtbar wird, der das Ebenbild seines Gottes trägt und Vollmacht hat, die ganze Schöpfung mit in seine Erlösung hineinzuziehen.

Das Lebensprinzip des schöpferischen Gottesgeistes erwies sich noch immer stärker als der Tod. Wäre dem nicht so, dann gäbe es überhaupt für Mensch und Schöpfung keine Erlösung aus einem eingetretenen Fall. *Denn Fall bedeutet hier unendlich mehr als eine etwaige Verirrung oder zeitliche Verfehlung: es ist ein eingetretener Zustand, und zwar ein Zustand des Gelöstseins und der Unabhängigkeit von Gott.*

In diesem Zustand gibt es dann vom Geschöpf aus keinen Weg zurück zu Gott. Aber es gibt einen Weg von Gott aus zu dem Zustand des gefallenen Geschöpfes. Und diesen Weg ist Gott im Lauf der Geschichte immer wieder gegangen. Der Geist Gottes brütete je und je über dem chaotischen Gewässer einer gefallenen Erde. Er begnadete einen Noah zum Bau einer Rettungsarche, führte einen Abraham aus einer untergehenden Geisteswelt in Chaldäa, berief ein in Ägypten schmachtendes Hirtenvolk zum Propheten der Welt und ließ in der Fülle der Zeit den erscheinen, der da sagen konnte: *„Der Geist des Herrn ruht auf mir; denn er hat mich gesalbt. Den Armen soll ich frohe Botschaft bringen, dazu hat er mich ausgesandt; den Gefangenen soll ich Freiheit künden und den Blinden, daß sie sehend werden; den Bedrückten soll ich Erlösung schenken; ein Gnadenjahr des Herrn soll ich ausrufen*[1]*."*

Dieses göttliche Geheimnis aller Erlösung liegt bereits als ein Urevangelium im Schöpfungsbericht der Genesis.

[1] Luk. 4, 18. 19.

III. Die erste Wiederherstellung und ihre Prinzipien

1. Die Erlösungsprinzipien der ersten drei Schöpfungstage

1. Mose 1, 3—13

Gott lebt ewig der ersten Liebe. In ihr umgibt er mit seinem Lebensodem auch den chaotischen Todeszustand einer gefallenen Erde. So wird er ihr zu einer völlig neuen Offenbarung. Denn Gott ist unendlich mehr als Schöpfung mit der Sprache ihrer ewigen Gesetze. Er ist Offenbarung mit der Sprache seiner ewig gegenwärtigen Liebe. Denn Schöpfung ist Geschehenes, Offenbarung jedoch Geschehendes. Sie ist nicht historische Vergangenheit, sondern ewig lebendige Gegenwart.

Diese Offenbarung der Liebe ist stärker als der Tod, und daher verneint sie den Tod. Die Gottesoffenbarung der sechs Schöpfungstage steht mithin im Zeichen des göttlichen Nein. Sie spricht nein zur Finsternis, und es muß Licht werden. Sie spricht nein zum Chaos, und es müssen Scheidungen eintreten, die hinfort in sich geschlossene Bildungen und Lebensformen zulassen. Sie spricht nein zur Unfruchtbarkeit, und alles Geschaffene und Geschiedene erfüllt sich mit einer unendlichen Fülle von Leben, das fähig ist, Frucht zu tragen, ein jegliches nach seiner Art. Sie spricht nein zur herrschenden Disharmonie und vollendet ihr neues Werk mit jenem Sabbattag, der keinen Abend kennt[1].

Denn diese neue Gottesoffenbarung wurde zur Erlösung für das Geschöpf. In der ersten Offenbarung *„schuf"* Gott, und es entstanden *„die Himmel und die Erde"*. In der neuen *„sprach"* Gott, und die chaotische Erde wurde ein Gottestempel, in dem Gott und Mensch einander in einem ununterbrochenen Schöpfungssabbat begegneten. *Das war Erlösung der Erde durch Offenbarung der Liebe.*

Sollte sie ein Neues werden, so mußte ein Neues in sie hineingetragen werden. Dies tat die Liebe, die die Erde zum Gegenstand ihrer neuen Offenbarung machte und sie mit ihrem Geist als dem Prinzip des ewigen Lebens umgab. Und da die Erde in ihrer Passivität sich lieben ließ, wurde in ihr das geweckt, was sie nicht besaß.

[1] 1. Mose 2, 3.

Denn die Passivität, sich lieben zu lassen, ist nicht Eigenschaft der Geliebten, sondern Gewecktes durch die Aktivität des Liebenden.

Gott schuf. Das war die Kraft seines unendlichen Atems. Gott sprach. Das war die Offenbarung seiner unendlichen Liebe — das Evangelium der Erlösung für eine unerlöste Schöpfung. In dieser Offenbarung muß alles Wort werden: *ein Heraustreten des Geistes aus dem göttlichen Ich und ein Antrag der Liebe an das geschöpfliche Du.* Was hat nun Gott in den sechs Schöpfungstagen der Erde an Erlösung anzutragen? Welch eine Gegenliebe vermag er in ihr durch seine Offenbarung zu wecken? Das sollen die einzelnen Schöpfungstage mit ihren ewigen Erlösungsprinzipien uns künden.

a) Der erste Schöpfungstag wird beherrscht von dem Prinzip der Erleuchtung

Es ist die erste Kampfansage Gottes an den Tod und an dessen Herrschaftsgebiet: die Finsternis. *„Da sprach Elohim: Es werde Licht! Und da ward Licht."* Tritt Gott erst aus sich heraus, dann müssen auch Tod und Finsternis kapitulieren. Denn Gott ist Licht, daher führt jede seiner Offenbarungen zum Licht. Sein erstes Evangelium an eine durch Tod und durch Finsternis gefangengehaltene Schöpfung ist daher: *„Es werde Licht!"*

Denn Erleuchtung ist der erste Schritt zur Erlösung. Auf dieser Grundlage baut sich ein Wirken Gottes auf, das am Ende mit seinem Ebenbilde schließen kann. Sein Licht ist jenes weckende und erlösende Element, das alle Kräfte zur Entfaltung ruft und für eine Daseinsform erlöst, in der das Leben der Finsternis zu entrinnen sucht und dem Lichte entgegenjubelt. Daher kann Jahrtausende später auch der Prophet und Apostel der Neuschöpfung schreiben: *„Denn Gott, der da geboten hat: Aus der Finsternis leuchte Licht hervor!, der hat das Licht auch in unserem Herzen leuchten lassen, damit wir die Erkenntnis der Herrlichkeit Gottes im Angesichte Jesu Christi hell leuchten lassen sollten[1]."*

Solange der Mensch äußert, was seine eigenen Eigenschaften und Energien sind, bleibt er eine Welt für sich — ein unerlöstes Geschöpf.

[1] 2. Kor. 4, 6.

Daher kann er nicht zu Gott kommen, bevor nicht Gott zu ihm gekommen ist, nicht Gott lieben, wenn Gott nicht zuvor durch die Aktivität seiner Liebe eine Antwort der Liebe im Menschen geweckt hat. *Denn nicht in sich selbst, sondern allein in dem Liebenden kommt die Geliebte völlig zur Ruhe.* Erst in dem, was er ihr gibt und er ihr ist, findet sie die Erlösung, die sie sich selbst nie zu geben vermochte. Daher ist die Erlösung nicht nur eine Sittlichkeits= oder Heiligkeitsfrage, sondern in erster Linie eine *Gemeinschaftsfrage.* Nur insoweit Gott den Menschen durch seine Offenbarung hinein= ziehen kann in die Gemeinschaft mit sich selbst, erlebt er Gottes Erlösung.

Der erste Schritt dazu ist die Erleuchtung. Erst durch die Freiheit Gottes wird die Gebundenheit des Menschen sichtbar. Erst im Lichte Gottes erkennt der Mensch die eigene Welt der Finsternis. In seiner Seele erwacht jener Schrei nach Gott, dem der Psalmist für alle Zeiten den einzig schönen Ausdruck mit den Worten gegeben hat: *„Wie ein Hirsch, der lechzt an Wasserbächen, so lechzt die Seele mein nach dir, o Gott!"* Denn durch Erleuchtung wird der unüberbrückbare Abstand zwischen dem, was der Mensch in sich ist, und was Gott ihm sein will, offenbar. Dies führt jedoch zur Sinnesänderung über den eigenen Todeszustand. Ist Erleuchtung auch noch nicht Erlösung, so doch der erste Schritt zur Erlösung. Daher begann das Reich Gottes auch in jedem Zeitalter immer wieder mit der Botschaft: *„Ändert euren Sinn; denn das Königreich der Himmel ist nahe herbeigekom= men*[1]*."* Und so viele sich je und je sehnten, aus der Machtsphäre der Finsternis herauszukommen, und das erschienene Licht aufnahmen, denen gab er die „exusia", die Vollmacht, d. h. die Kraft, aus dem göttlichen Sein heraus, *„Gottes Kinder zu werden*[2]*".*

„Und Elohim sah das Licht an, daß es gut sei." Alle Erscheinun= gen, die aus einer Offenbarung Gottes hervorgehen, sind gut. Noch fehlten zwar die Lichtkörper des vierten Tages, die die ganze Schöp= fung beherrschen sollten. Aber der Eintritt des Lichts in die unge= bundene Finsternis war gut selbst in seinen ersten Anfängen. Und Gott ruhte bereits am ersten Tage in dem, was von ihm in die

[1] Matth. 4, 17.
[2] Joh. 1, 12.

Schöpfung ausgegangen war. Sein Kampf in den kommenden Tagen galt nicht dem Lichte, das seine Offenbarung hervorgerufen hatte, sondern allein der noch zurückgebliebenen Finsternis, dem noch herrschenden Chaos, der noch bestehenden Unfruchtbarkeit und dem noch allgewaltigen Tode. Daher rief das Fehlende jene neuen Offenbarungen hervor, die in den kommenden Schöpfungstagen sichtbar werden und neue Herrlichkeiten der Erlösung enthüllen sollten.

Dasselbe Gesetz gilt auch im Blick auf die Neuschöpfung. Gott freut sich über die allerersten Anfänge, die seine schöpferische Kraft in unserem Innenleben wecken konnte. Wie eine Mutter in dem gesunden Wachstum ihres Kindes ruht, so ruht auch Gott in dem inneren Wachstum seiner Begnadeten und Erleuchteten. Mag auch immer wieder ein Abend eintreten und eine neue Nacht einleiten, der erste Schöpfungstag mit seinem Lichte bereitet doch den zweiten mit einer neuen Offenbarung vor.

Und je mehr wir als Jünger das Bild unseres Meisters tragen, desto mehr offenbaren auch wir in dieser Hinsicht die Züge unseres Gottes. Unsere Augen lernen im Nächsten und in der Geschichte auch die geringsten Anfänge des Reiches Gottes sehen, und diese sind uns ein Gegenstand der Freude und Wonne. Denn wir wissen, sie sind „gut" in Gottes Augen. Mag auch immer noch unendlich viel bis zur Vollendung bei uns und bei anderen fehlen, wir lernen warten auf den zweiten Schöpfungstag der göttlichen Offenbarung.

Jedoch so *„gut"* die Offenbarung des Lichtes auch war, es war nicht Gott selbst. Wohl hatten durch das *„Es werde Licht! . . ."* „seine Gedanken körperliche Objektivität gewonnen, aber alles durch seine Offenbarung Erscheinende verhält sich zu ihm doch nicht wie der Leib zur Seele, nicht wie der Organismus zur Kraft und nicht wie das Werk zu seinem Meister". Er bleibt der ewig Andere allen geschöpflichen Erscheinungen gegenüber, so gut sie an sich auch immer sind.

Wie völlig Gott in seiner Erhabenheit auch über seiner Schöpfung steht, geht hinfort auch aus folgenden Worten hervor: *„Und es schied Elohim zwischen dem Licht und der Finsternis."* Mit dem Eintritt des Lichts erfolgte auch die erste Scheidung, und zwar zwischen dem, was von Gott, und dem, was nicht von Gott war.

Die hebräische Wortwurzel besagt, daß der Schöpfer durch die Scheidung sowohl dem Lichte als auch der Finsternis zunächst eine „besondere Existenz" und eine „besondere Bestimmung" gab. Beide sollen hinfort der werdenden Schöpfung dienen: das Licht, indem es neue Lebenserscheinungen ins Dasein ruft, und die Nacht, indem sie dem erwachten Leben und seinem Wachstum Zeit zur inneren Erstarkung und zur Sammlung neuer Kräfte gibt.

Solch ein Ineinanderwirken der größten Gegensätze zum Segen alles Werdenden kann nur von dem bestimmt werden, der in seiner Souveränität weit größer ist als seine Schöpfung. Gott war es, der diese Scheidung traf. Gehörte die Finsternis auch nach der Erscheinung des Lichts noch immer der Erde an, so wurde sie dennoch seit dem ersten Schöpfungstage so unter eine höhere Bestimmung gestellt, daß auch sie an einer werdenden Schöpfung mitwirken mußte. *Ihre absolute Herrschaft über die Erde war durch das eingetretene Licht für immer gebrochen.* Darin liegt das Urgewaltige jeder Gottesoffenbarung bis heute. Aber die Finsternis kann sich vorübergehend geltend machen. Sie erhält jedoch hinfort ihre bestimmte Grenze und muß nun in der Verbindung mit dem Lichte eine positive Mission zum Segen alles werdenden Lebens erfüllen.

Für alle, die dieses wunderbare Gesetz auch in der Geschichte und im Innenleben des einzelnen zu sehen vermögen, bedeutet es eine überaus kostbare Gottesoffenbarung. Sie wissen, daß auch den dunkelsten Zeiten der Geschichte von höherer Hand eine bestimmte Grenze gezogen worden ist, und daß wir niemals mehr einer absoluten Herrschaft der Finsternismächte preisgegeben sind[1]. *Sobald Gott mit seinem Licht in die Geschichte tritt, zieht er selbst die Finsternis mit hinein in seine für uns vielfach so dunkle und unverständliche Weltregierung.* Seitdem seine Herrschaft angebrochen ist auf Erden, ist das Reich Gottes nie mehr ein Spielball der Weltgeschichte gewesen. Jede Nacht mußte mitwirken, daß ein neuer Morgen mit reicherem Leben erscheinen konnte.

In seiner ganzen Tiefe hatte dies Paulus erfaßt, und daher konnte er im Blick auf diejenigen, die Gott liebhaben, sagen, daß alle

---

[1] Siehe Hiob 1, 12; Dan. 9, 2; **Offb. 2, 10.**

Dinge zu ihrem Guten mitwirken sollen[1]. Ob es sich um das Reich Gottes in der Geschichte oder in unserem persönlichen Innenleben handelt, die je und je noch eintretende Nacht nimmt ihm nichts, sondern muß ihren positiven Beitrag liefern, daß sich jener Sabbat vorbereitet, der einmal ohne Abend sein wird.

Zwar wird uns jede neu eintretende Nacht in neue innere Konflikte bringen. So manches, was sie in sich trägt und was sich in ihrem Dunkel noch regen darf, werden wir zunächst nicht begreifen, so daß wir mit dem Psalmisten klagen: „*Ach — umsonst hielt rein ich mein Herz und wusch ich in Unschuld meine Hände! Denn ich werde doch jeden Tag geschlagen und habe meine Züchtigung jeden Morgen*[2]." Aber in dieser zagenden Seele wurde ein Glaubenspsalm geboren, der mit zum Allergrößten gehört, das je in der Geschichte erfaßt worden ist: „*Wen habe ich im Himmel? Und außer dir begehre ich nichts auf Erden. . . . Mir ist Gottes Nähe köstlich, auf den Herrn Jahve habe ich meine Zuflucht gesetzt*[3]." Dieses Sängers Hohelied von der Gottesgemeinschaft überdauert die Zeitlichkeit, weil es aus der Ewigkeit geboren, und zwar in einer Stunde, wo es Nacht war in der Seele des Psalmisten.

Der Nacht gehört hinfort nicht für immer die Zukunft. Mit dem Eintritt des Lichts ist ihr Urteil gesprochen. Gott ist Erlösung auch in dem, daß er nicht in einem Tage sich vollenden läßt, was sich erst im Verlauf von sechs Tagen vollenden kann. Er zieht in seiner Gnade auch die Nacht in sein Wirken, solange er ihrer zur sittlichen Vollendung seiner Schöpfung bedarf. Es ist jedoch überaus fein und bezeichnend, daß Gott nur von dem Licht sagt, daß es gut sei. Das göttliche „*gut*" wohnt nur dem Licht inne, nicht aber auch der von ihm zunächst noch geduldeten Nacht. Einst wird sie auch ihre letzte Kraft und ihr letztes Gebiet an das Licht abtreten, wenn sich erfüllen wird, was der Prophet zu schauen wagte: „*Und das Licht des Mondes wird so hell sein wie das Sonnenlicht und das Licht der Sonne siebenmal so hell scheinen wie das Licht von sieben Tagen zu der Zeit, da der Herr den Schaden seines Volkes verbindet und die ihm geschlagenen Wunden heilt*[4]."

---

[1] Röm. 8, 28.
[2] Ps. 73, 13. 14.
[3] Ps. 73, 25—28.
[4] Jes. 30, 26.

Jeder Tag mit seinem Lichte ist uns daher ein ewiges Gottes-evangelium, das uns das Ende der jetzt noch je und je erscheinenden Nacht verkündet. Alsdann wird der Herr *„den Tod auf ewig vernichten, und die Tränen wird Gott, der Herr, von jedem Antlitz abwischen und die Schmach seines Volkes überall auf Erden tilgen*[1]*"*. Kann die Schöpfung erst einen ewigen Tag ertragen, ohne daß sie dadurch zur Wüste wird, dann schaut sie die Erfüllung jener Botschaft der Johannes-Apokalypse: *„Die Stadt braucht nicht Sonnenlicht, nicht Mondlicht; denn die Herrlichkeit Gottes strahlt in ihr, und ihre Leuchte ist das Lamm. In ihrem Lichte werden die Völker wandeln, und die Könige der Erde werden ihr die herrlichsten Geschenke bringen. Tagsüber — denn Nacht wird's dort nicht geben — sollen ihre Tore nie geschlossen werden, so daß man fort und fort die kostbarsten Schätze der Völker in ihre Mauern bringen kann*[2]*."*

„So ward Abend, so ward Morgen — ein erster Tag" und zeugte mit seinem Evangelium des Lichts von der Erlösung, die Gott durch seine erste Gabe, durch Erleuchtung, der Schöpfung zu bringen hat.

b) Der zweite Schöpfungstag trägt in sich das Prinzip der Scheidung

Er setzt durch eine neue Offenbarung in weit größerem Umfange fort, was bereits am ersten Tage durch die Erscheinung des Lichts begonnen wurde. *„Und Gott machte die Wölbung und schied zwischen den Wassern, die unter der Wölbung, und den Wassern, die über der Wölbung sind, und da ward es also."* Der zweite Tag brachte die Offenbarung einer himmlischen Ausdehnung, die an sich ebenso unabhängig von der Erde war wie das Licht des ersten Tages. *Alle Offenbarung, die von Gott ausgeht und mit ihrer Erlösung auf die Erde tritt, steht in ihrem Wesen doch weit über der Erde.* Sie trägt jedesmal etwas in die Schöpfung hinein, was diese nie in sich selbst besaß, aber ihr Heil werden mußte.

So auch die Himmelswölbung des zweiten Tages. Sie war etwas der Erde Fremdes und doch eine Botschaft zu ihrer Erlösung. Durch

---

[1] Jes. 25, 8.
[2] Offb. 21, 23—26.

sie trat nun ein Element auch in die ungefesselten Gewässer der Erde, das sich stärker erwies als diese. Hatten sie bisher mit ihren Kräften ungebunden herrschen und alles in ihren ewigen Kampf und Untergang hineinziehen können, so trat plötzlich eine Macht in Erscheinung, durch die sie geschieden wurden. So allgewaltig ihr Wesen bisher auch gewesen war, die neu entstandene Himmelswölbung konnten sie nicht in ihr Kampf- und Todeswesen mit hineinziehen. Sie wurden gezwungen, sich in Wasser unter der Wölbung und in Wasser über der Wölbung zu teilen. So wurde durch die neue Offenbarung hinfort eine neue Scheidung auch in das Geschöpf selbst hineingetragen.

Scheidung ist der nächste Schritt zur Erlösung. Sie folgt immer nach der Erleuchtung, nie vorher. Erst als Gott sprach: *„Baue dir eine Arche!"*, zog Noah jenen Strich zwischen der Kulturseligkeit seines Zeitalters und seinem Leben, der ihn zum Erben einer neuen Zukunft machte. Nachdem Gottes Offenbarung durch das entscheidende Wort *„Gehe für dich allein!*[1]*"* einen Abram für jenen Separatismus des Glauben berief, in dem er ein Segen für die ganze Welt werden sollte, sehen wir diesen Heimatland, Geburtsort und Vaterhaus verlassen, um in ein Land zu ziehen, das Gott ihm zeigen werde. Dieses Gesetz zieht sich durch die ganze Offenbarung der göttlichen Heilsökonomie. *Ob Prophet oder Apostel, sobald sie eine Gottesbotschaft zur Erlösung für die Welt empfingen, trugen sie eine neue Scheidung in die Welt hinein.* Denn nur auf diesem Wege kann eines Tages jenes neue Geschöpf in Sicht treten, für das Jesus mit der Bitte vor seinen Vater treten kann: *„Ich bitte dich nicht, sie aus der Welt hinwegzunehmen, sondern sie vor dem Bösen zu behüten. Sie gehören nicht zu der Welt, wie ich nicht zu der Welt gehöre. Heilige sie in deiner Wahrheit; dein Wort ist die Wahrheit*[2]*."*

Die Scheidung des zweiten Tages ist zwar noch nicht Erlösung, aber sie führt zur Erlösung. Zunächst tritt durch die Offenbarung des Gewölbes nur ein Element in Sicht, das sich stärker erweist als das Gewoge der Erde, und das von Gott *„Himmel"* genannt wird. Es ist damit die Himmelswelt bezeichnet, die über der Erde steht und

---

[1] 1. Mose 12, 1.
[2] Joh. 17, 15—17.

doch der Erde Unendliches zu geben hat. Ist doch der Himmel der große Faktor, der auf Wegen, die weit unser Denken übersteigen, auf Erden alles in Ordnung bringt. Wir vermögen kaum zu ahnen, welche Kräfte von da her überall auf Erden wirksam sind. Wir reden in unserer Naturerkenntnis in der Regel nur von drei Reichen: dem animalischen oder Tierreich, dem vegetabilischen oder Pflanzenreich und dem mineralischen oder Steinreich. Und doch gibt es noch ein viertes. Die Schöpfungsgeschichte zeigt uns, wie abhängig alle anderen von ihm sind. Denn wie das Tierreich von der Pflanzenwelt und diese vom Steinreich abhängig ist, so gründet sich das Steinreich wieder auf ein anderes, noch älteres Reich. Manche haben es das meteorische genannt. Von ihm ist das mineralische abhängig, wie die Namen mancher Metalle bezeugen.

Dieses meteorische Reich, das vor alters sich bildete über der Erde, d. h. vor dem mineralischen Reiche entstand, wurde von Gott Himmel, d. h. „Ordner", genannt. Er wurde dazu bestimmt, jene großen Wunder hervorzubringen, deren Kräfte wir jetzt „Anziehung und Abstoßung" nennen. Ebenso muß auch die durchs Wort uns erschlossene himmlische Welt zum Ordner unseres Innenlebens werden. Ohne sie und ihre Wirkungen sind wir unfähig, jene bleibenden Seelenwerte zu offenbaren, die den Charakter der Neuschöpfung tragen. Offenbarungen, Inspirationen, Kräfte des Heils, Früchte des Geistes können in uns erst sichtbar werden, wenn die Kräfte der himmlischen Welt ordnend und befruchtend in unser Leben eingreifen können.

Daher ist der Himmel auch das Symbol alles Göttlichen für uns Menschen geworden. Erst durch seinen Eintritt in unser Leben tritt jene Macht in Sicht, die in ihren Kräften und Segnungen sich stärker erweist als alle jene Gewässer, von denen unsere Seele gefangengehalten wird. Denn wer je mit göttlichem Lichte in Verbindung kam, den ersten Tag erlebte, der erkennt, daß unser wahres Wesen von Wünschen, Begierden und Leidenschaften umgeben ist, die sich weit stärker erweisen als die rein naturhafte sittliche Kraft des Menschen. Sind doch die Gewässer in der Schrift durchweg ein bekanntes Bild all jener ruhelosen Kräfte, die der unerlöste Mensch in sich trägt. Jesaja bezeugt aus tiefer Lebenserfahrung: *„Die Gott=*

losen sind wie ein ungestüm Meer, das nicht stille sein kann, und dessen Wellen Kot und Unflat auswerfen[1]." Bis tief in die Johannes-Apokalypse hinein sind daher die Gewässer durch die ganze alt- und neutestamentliche Offenbarung hindurch das Symbol des Widergöttlichen[2].

Die erste Kampfansage Gottes erlebten sie am zweiten Schöpfungstage. Und die ganze Heilsgeschichte war bisher nach ihrer negativen Seite hin nichts anderes als ein fortgesetzter Kampf mit jenen ungebundenen Todesmächten, die das wahre Geschöpf Gottes immer wieder in ihr Wesen und in ihren Kampfes- und Todeszustand hineinzogen. Seitdem jedoch das Reich der Himmel erschienen ist, haben auch die Gewässer ihre absolute Herrschaft in der Schöpfung verloren. Ob im Innenleben des einzelnen oder in der Geschichte, sie begegnen einem Gesetz des Himmels, das sich stärker erweist als sie.

Zwar bleiben sie noch bestehen auch nach dem zweiten Schöpfungstage. *Aber wie durch den Eintritt des Lichts die Finsternis mit hineingezogen wurde, eine werdende Schöpfung ins Dasein zu rufen, so zieht auch die am zweiten Tage sichtbar gewordene Himmelswölbung die Gewässer mit in einen positiven Dienst für das werdende Geschöpf.* Der Himmel zerreißt die Wasser hier unten, zieht sie empor zu sich, reinigt sie von ihren Salzen, bildet fruchtbare Wolken aus ihnen, die aus ihren unendlichen Schatzkammern alsdann Tau und Regen der Erde des dritten Tages zu spenden vermögen. Mag der Himmel mit seinem Licht dann durch das heraufziehende Gewölk auch noch unzählige Male verdunkelt werden, er wird doch dem Geschöpf nicht mehr genommen.

Jedoch nicht alle Gewässer zieht der Himmel nach oben. Manche bleiben unten und sind bis zum fünften Schöpfungstage weiter ein unfruchtbares Meer. Auch in unserem geistlichen Werden sind das wiederum wunderbare Gesetze. So manche unserer Wünsche und Begierden beginnen sich nach oben zu richten, werden gereinigt und geheiligt durch die Verbindung mit der oberen Welt und wirken sich dann später als ein Segen und als eine Frucht des Geistes aus. Die natürliche Begeisterung wird zur bewußten Hingabe, der ungestüme Mut zur Ausdauer, Leidenschaften werden zu geheiligten Fähig-

[1] Jes. 57, 20. [2] Siehe auch Seite 72 f.

keiten der Seele. Jedoch so manches in unserem Innenleben bleibt auch nach dem zweiten und dritten Schöpfungstage noch, wie es war: ruhelos, ungefesselt und ohne Leben. Und es werden diese Kräfte allein durch den Himmel in ihren Grenzen gehalten. Vollständig verschwinden sie erst in der vollendeten neuen Welt, wo das Meer nicht mehr sein wird[1]. Dies kann erst der Segen des siebenten Tages sein.

„So ward Abend, so ward Morgen — ein zweiter Tag." Mit seiner Offenbarung eines Himmelsgewölbes trug er eine neue Erlösung in das herrschende Chaos der Erde und bereitete den Weg für deren Auferstehung vor.

c) Der dritte Schöpfungstag war von dem Prinzip der Auferstehung beherrscht

Seine Offenbarung war das dritte Nein Gottes an die Herrschaft des Todes und daher die Botschaft der Freiheit für die ganze Erde. *„Und Elohim sprach: Es sammle sich das Wasser unterhalb des Himmels an einem besonderen Orte, damit das Trockene sichtbar werde, und so ward es. Und Elohim nannte das Trockene Erde, und die Sammlung der Wasser hieß er Meer. Und Elohim sah, daß es gut sei."*

In dieser schlichten Form beschreibt Gott die Geburtsstunde unserer historischen Erde. Sie ist seit ihrer Auferstehung aus den einstigen Todesfluten der Schauplatz für das Werden, das Wachstum und die Schönheit alles Lebens geworden. Wenn mit dieser Darstellung auch keine spezielle Naturgeschichte der Erde gegeben ist, so offenbart doch das Ganze *wie die göttlichen Prinzipien des Geistes und der Erlösung sich so zweckmäßig in immer neuen Schöpfungstaten zu äußern vermögen, daß durch sie das Geschöpf auf jeder Stufe seines Werdens und seiner Entwicklung freier und erlöster wird.* Jede Offenbarung löst neue Wirkungen aus, die sich als Energien Gottes stärker erweisen als der herrschende Zustand des Bestehenden. Durch diese Wirkungen wird jener rastlose Strom des Werdens wachgerufen, der höher und höher steigt und nicht eher

[1] Offb. 21, 1.

zur Ruhe kommt, bis sich in ihm ein ewiger Gedanke Gottes verkörpert und verklärt.

Der Geist des schöpferischen Lebens sprach auch am dritten Tage und enthüllte das Prinzip der Auferstehung, der Wiedergeburt, der Separation des Lebens vom Tode. Denn indem Gott sprach, wurden in der Erde Energien wirksam, durch die sie sich der ewigen Umarmung der salzigen Gewässer entwand und hinfort die Möglichkeit hatte, sich zu einer festen, ruhigen Wohnstätte für alles höhere Leben zu gestalten. Mit welchen kosmischen Weltwehen diese Geburtsstunde der Erde verbunden war, hat unsere Naturwissenschaft in etwas der Sprache der atmenden Vulkane, der inneren Formationen, der zerrissenen Schluchten und der himmelstürmenden Alpen unserer Erde abgelauscht. Übersteigt hier auch alles jenes Maß, mit dem der Mensch zu messen versteht, und jeden Begriff, mit dem wir alles kosmische Geschehen zu fassen suchen, *so kündet diese Geburtsstunde der Erde mit den Wehen ihrer Urgewalten uns dennoch jenes wunderbare Gottesevangelium, daß das Leben stärker ist als der Tod, die Freiheit mächtiger als die Knechtschaft, die Inspiration schöpferischer als die Orthodoxie.* Die Energien, die die Erde empfing, als Gott sprach, wurden die Kraft ihrer Bewegung; die Auferstehung wurde der Anbruch ihrer Freiheit; die Separation vom Tode wurde die Grundlage ihrer Zukunft.

Der biblische Schöpfungsbericht löst in dieser schlichten Form somit auch die letzte Ursache aller Erscheinungen. Er hebt den Schleier mit dem einfachen und doch so majestätischen Satze: *„Und Elohim sprach: Es werde . . . !“* Seine Offenbarung sprach nein zur Finsternis, und das Licht machte die Leere der bestehenden Schöpfung offenbar und trug seine lebenweckenden Energien in deren Todeszustand hinein. Sie sprach nein zu den herrschenden Gewässern, und die Offenbarung entwaffnete durch die Feste des Himmels diese in ihrer zerstörenden Allgewalt und zog sie mit hinein in den Dienst des Lebens. Nun spricht dieselbe Offenbarung zum dritten Male, und es feiert jene Erde ihre Auferstehung, welche die ewigen Gedanken und Gesetze Gottes am schönsten und vollendetsten in sich und auf sich zu verkörpern vermag.

Denn ob es heißt: *„Er schuf“* oder *„Er sprach“* oder *„Er sah“*

oder *„Er schied“* — in ihrem Schöpfungsbericht kennt die Genesis kein anderes Subjekt als das immer gleiche göttliche in der „Er“-Form. Dieses Subjekt verneint das im chaotischen Zustand der Erde Bestehende und bejaht allein jene Dinge, die auf sein Sprechen hin *„wurden“*. Nur von ihnen heißt es: *„Und Gott sah, daß es gut war.“ Dieses „gut“ ist das Schlußwort jedes Schöpfungstages, die göttliche Bejahung des Geschaffenen in seiner neuen, erlösten Daseinsform.*

In der Auferstehung der Erde haben wir mithin auch das Gleichnis für jenes weit größere Gotteswerk, das als Neuschöpfung in jedem begnadeten Menschen sichtbar wird. Erst in dieser kann sich bewußt jenes Leben aus Gott und mit Gott entfalten, das sich stärker erweist als der Tod. Die Seele, einst in ungebundenen Leidenschaften verloren und vom Todeszustand ihres eigenen Lebens gefangengehalten, sieht sich durch die Kraft einer höheren Offenbarung aus ihren sündlichen Tiefen herausgehoben und mit Christo in eine höhere Lebenssphäre versetzt. In Anbetung bekennt sie mit dem großen Apostel der Neuschöpfung: *„Er hat uns aus der Machtsphäre der Finsternis errettet und in das Reich des Sohnes seiner Liebe versetzt*[1].*“* In dieser Versetzung liegt das Geheimnis jener geistlichen Segnungen begründet, die wir nach Epheser 1 Erwählung zur Kindschaft, Erlösung durch sein Blut, Versiegelung des Geistes und Berufung zur Herrlichkeit nennen.

In diesem Lichte verstehen wir dann auch den Apostel, wenn er die Gemeinde Jesu Christi und deren Glieder als der ersten Schöpfung Gestorbene bezeichnet. Diese hat ihre Herrscherrechte auf sie verloren. Eingegangen in die Lebensverbindung mit Christo, sind sie eins geworden mit seinem Tode und so als Mitgekreuzigte durch sein Kreuz der Welt gestorben. Was sie nun hinfort leben, das leben sie Gott[2]. Für sie besteht dem Fleische, d. h. der ersten Schöpfung gegenüber, keine Rechtsverpflichtung mehr, fleischlich zu leben, nachdem sie den Geist der Sohnschaft empfangen haben, in welchem sie rufen: Abba, Vater![3] Denn das Gesetz des Geistes, der das Leben

---

[1] Kol. 1, 13.
[2] Röm. 6, 1—4. 11. 14.
[3] Röm. 8, 12—15.

verleiht, hat sie von dem Gesetz der Sünde und des Todes frei gemacht und sie dem Verdammungsurteil enthoben, *sie aus der Verneinung in die Bejahung, aus dem Tohuwabohu-Zustand in das „Wie gut!" des lebendigen Gottes versetzt.* Denn das dem Gesetz Unmögliche, weil es beim Widerstand des Fleisches seine Ohnmacht erwies, das tat Gott. Er sandte seinen eigenen Sohn in Gleichheit des Sündenfleisches als Opfer für die Sünde. So hat er die Sünde in ihrem eigenen Herrschaftsgebiet, im Fleisch, verurteilt. Hinfort sollen die Rechtsforderungen des Gesetzes in uns zustande kommen, wenn wir nicht auf Grund der Kraftwirkungen des Fleisches wandeln, sondern in den Kraftwirkungen des Geistes[1].

Zwar bleiben auch nach dieser Schöpfungstat des dritten Tages noch große Meere zurück, die gegen das sichtbar gewordene Land zu wüten vermögen. Aber ihre einstige unbeschränkte Herrschaft ist gebrochen. Der Eintritt der auferstandenen Erde in eine völlig neue Lebenssphäre hat sie den Rechtsforderungen ihres ursprünglichen Todeszustandes enthoben. Hinfort hat *„er dem Meer den Sand zum Ufer gesetzt, darin es allzeit bleiben muß, darüber es nicht gehen darf; und ob's schon wallet, so vermag's doch nicht, und ob seine Wellen schon toben, so dürfen sie dennoch nicht darüberfahren[2]"*. Wie stark wird gerade von Paulus diese prinzipielle Unabhängigkeit der Neuschöpfung von ihrem einstigen Todeszustand bezeugt, ohne in einen ungesunden Perfektionismus zu verfallen!

Aber diese Unabhängigkeit von der alten Schöpfung macht die Erlösten um so abhängiger von der Licht- und Lebenssphäre der neuen. Wie die auferstandene Erde in ihrem Reichtum an Leben und Wachstum völlig abhängig ist von den Segnungen der himmlischen Welt, zu der sie sich erhoben hat, so auch der neue Mensch in Christo. *Jesusjünger können nur in einem Jesusleben zu Hause sein.* Ihre Segensquellen, ihre Missionsaufgaben liegen in der Licht- und Lebenswelt Gottes. Nur was daher kommt, stärkt sie und begnadigt sie, in ihrem Werk und Wesen je länger desto mehr ein Ebenbild ihres Schöpfers zu werden.

---

[1] Nach Röm. 8, 3. 4.

[2] Jer. 5, 22.

Jedoch vom Schöpfer selbst werden auch die salzigen Meere mit in den segnenden Dienst für die neue Schöpfung hineingezogen. Denn nicht nur können die Meereswogen die Erde nicht zerstören, sondern ihr vielfach ganz unbändiges Wüten muß sich für diese sogar in Segen verwandeln. Die rauhen Stürme sind voller Gesundheit und Stärkung für das organische Leben der Erde und können von diesem in seiner Entwicklung nicht entbehrt werden. Ob nun die Stürme der Anfechtung und die Kämpfe der Leidenschaften aus der Welt um uns oder in uns kommen, sie stehen unter einer höheren Direktion. Diese läßt wohl zu, daß Satan uns sichten kann wie den Weizen, aber sie bittet zu gleicher Zeit für uns, daß unser Glaube nicht aufhöre. So kann sich erfüllen, was der Hebräerbrief an die leidende Kirche seiner Tage schreibt: *„Denkt doch zurück an die vergangenen Tage, wo ihr bald nach eurer Erleuchtung so manchen schweren Leidenskampf bestanden habt! Bald wurdet ihr selbst durch Schmach und Trübsal der Welt zum Schauspiel, bald halft ihr denen, die so leiden mußten. Denn den Gefangenen habt ihr Mitgefühl bewiesen und den Verlust eurer Güter mit Freuden aufgenommen in dem Bewußtsein, daß ihr ein höheres, unvergängliches Besitztum habt*[1]." Denn während die Stürme den Gerechten bewegen und schütteln, wird sein Glaube gewurzelt wie eine Zeder auf dem Libanon.

Der dritte Schöpfungstag trägt aber in sich ein doppeltes Evangelium. *Nachdem die Erde selbst als Ganzes zur Auferstehung gelangte, will jede in ihr wohnende Kraft wiederum zu einer Auferstehung und Offenbarung werden.* Trägt sie als Ganzes Auferstehungscharakter, so tragen denselben Charakter auch die kleinsten Teilchen ihrer Kraft und ihres Wesens. Dies kommt vielleicht schon im Wort „Erde" zum Ausdruck. Im Hebräischen wird mit Erde jene Substanz bezeichnet, die sich zu unendlichem Staub zerreiben läßt und daher geeignet ist, jede Form anzunehmen, die ein höheres Lebensprinzip zu seiner Verleiblichung nötig hat. Erde ist daher der zu unendlichen Formen fähige Ton, aus dem der Geist des organischen Lebens in zahllosen Gebilden die ganze Überfülle der mineralischen, vegetabilischen und animalischen Welt entstehen

[1] Hebr. 10, 32—34.

läßt. *Selbst auferstanden, feiert sie in ihrem organischen Leben eine nie ruhende Auferstehung.*

Zwar ist das Allernächste, was aus ihrem Schoß geboren wird, nur Gras und Kraut, dieses bekannte biblische Bild des Fleisches und der Vergänglichkeit. Danach folgen jedoch die fruchtbaren Bäume in ihrer unendlichen Mannigfaltigkeit. Und ein jedes trägt hinfort Frucht nach seiner Art. Das ist das Gesetz des organischen Wachstums, das der Schöpfer allen höheren Lebensformen zugrunde gelegt hat. Dieses kann durch keine Macht ohne Verlust des Lebens durchbrochen werden, auch auf dem Gebiete des Innenlebens nicht. Im Wirken Gottes erwächst alles aus Kleinem zum Größeren, aus Unvollkommenem zum Vollkommeneren. Es entsteht nie die Frucht des Weizenkorns ohne das Gras der Weizenstaude, deren Wesen als Fleisch bezeichnet wird, und die nach ihrer Reife auf der Tenne als Stroh und Spreu vom Winde weggefegt wird. So schmerzlich die Erkenntnis uns auch sein mag, aber auch die Neuschöpfung ist diesem Gesetz des organischen Wachstums unterworfen. *Es hat daher auch in ihr nie eine geistliche Frucht gegeben, dem nicht fleischliches Leben vorangegangen und in ihm zur Reife gelangt wäre.* Wehe, wer jenes Leben zerstört, das die geistliche Frucht zunächst zu ihrem Wachstum und ihrer Reife nötig hat!

So wurde mit dem dritten Tage und seiner doppelten Botschaft offenbar, was das Geschöpf, die Erde an sich ist. Was sie werden kann und einst sein wird, können erst die letzten Schöpfungstage offenbaren. Jedoch die gewaltigen und erschütternden Prozesse der Scheidung, die ihrem Werden vorangingen und mit ihrer Auferstehung verbunden waren, sind mit dem dritten Tage beendet. Was nun noch fehlt, ist die Ausschmückung und Vollendung des Geschiedenen. Beides ist der Offenbarung der folgenden Schöpfungstage vorbehalten und kann erst in diesen erlebt werden.

Aber mag auch die Vollendung des Geschiedenen und für Gottes Offenbarung Erwachten noch ausstehen, so ist doch alles Geschaffene bisher „gut" in Gottes Augen. *Ewige Kritik am Werdenden übt nur der Feind des Lebens.* Der Schöpfer jedoch bezeugt zweimal am dritten Tage: *„Und siehe, es war gut!"* Sein schöpferisches Wort rief Leben ins Dasein, das in seinen Augen auch in seiner werdenden und zunächst unvollendeten Form überaus wertvoll war. Ein siebenter Schöpfungstag mit dem Leben ohne Abend kann erst folgen nach den vorangegangenen sechs Schöpfungstagen der Scheidung und Vollendung.

„So ward Abend, so ward Morgen — ein dritter Tag." Er trug *für immer das Evangelium der Auferstehung in die auf Erlösung harrende Schöpfung hinein.*

2. Das Vollendungsevangelium der letzten drei Schöpfungstage

1. Mose 1, 14—31

Zwischen Schöpfung und Erlösung steht immer wieder die Offenbarung. Diese muß sprechen, muß Gottes Erlösung zu einem Evangelium für die Schöpfung machen. Die ersten Schöpfungstage waren ein Evangelium der Rechtfertigung, die letzten sind ein Evangelium der Heiligung. Das Erleuchtete, Geschiedene und Auferstandene soll sich in vollkommenem Leben, in gegenseitigem Dienst und in ewiger Harmonie vollenden. Wie Heiligung nichts anderes bedeutet als dauernde Vollendung des von Gott Gerechtfertigten, so waren auch die drei letzten Schöpfungstage nichts anderes als eine Vollendung der drei ersten. Denn die Schöpfungen der ersten drei Tage stehen in engster Beziehung zu denen der letzten drei Tage.

a) Der vierte Schöpfungstag trug in sich das Evangelium der Verleiblichung

Er brachte dem Wesen nach nichts Neues in die Schöpfung hinein, sondern vollendete nur den ewigen Strom des Lichts des ersten Tages. *„Und Elohim sprach: Es sollen Lichtträger an dem Himmelsgewölbe entstehen, zu unterscheiden zwischen dem Tage und der Nacht; und sie sollen auch dienen zu Zeichen und zu Festzeiten und für Tages- und Jahreskreise. An dem Himmelsgewölbe sollen sie zu Lichtträgern werden, Licht der Erde zu spenden. Und da ward es also."*

Ob diese Lichtträger: Sonne, Mond und Sterne in ihrer jetzigen Form erst am vierten Tage geschaffen wurden oder ob sie nur in ihrer wahren Gestalt, die sie als Lichtkörper längst besaßen, nun als solche der auferstandenen Erde erschienen, wissen wir nicht. Es ist nur gesagt, daß ein System von Lichtträgern am Himmelsgewölbe für die Erde erscheinen sollte, damit auf ihr dadurch hinfort alles Leben und Sein geregelt und in Ordnung gehalten werde. Wie im Leben des Menschen erst in sich geschlossene Persönlichkeiten wie ein ordnendes und bestimmendes Programm für weiteste Kreise wirken und diesen Orientierung und Zukunft geben, so auch die himmlischen Lichtkörper für alles Sein und Leben der Erde.

Unsere Naturwissenschaft hat mit großem Erfolg versucht, in diese unendliche Werkstatt Gottes zu treten, und hat Entdeckungen von so heiligen Ordnungen, so exakten Wirkungen, so präzisen Gesetzen, so unvergleichlichen Harmonien gemacht, wir wir es kaum zu fassen vermögen.

Dieser regelmäßige Pulsschlag der Erde, dieser präzise Lauf durch den Weltenraum wäre aber eine Unmöglichkeit, wenn sie sich in ihren ewigen Atemzügen und in ihrem geordneten Gang nicht durch Gesetze bestimmt sähe, die an Macht weit über sie hinausgehen. *Erst das Leben weit höherer Ordnung vermag auch das Leben niederer Ordnung in dieselbe Gesetzmäßigkeit hineinzuziehen, in der es zu seinem Heil und in seiner Vollendung selbst lebt.*

Niemals hätten von der Sonne, dem Mond und den Sternen auf die Erde solche entscheidende und bestimmende Wirkungen ausgehen können, wenn sie selbst zunächst nur fließendes Licht wären. Wären sie selbst noch dauernden Schwankungen unterworfen, lebten sie selbst nicht den Gesetzen ihres Himmelreiches, drängten sie selbst erst noch nach Form und Gestaltung, nie könnten sie diese erlösenden Wirkungen auf die Erde ausüben. *Erst Vollendetes kann dem Unvollendeten zur Erlösung werden und es in dieselben Gesetze des Lebens hineinziehen, in denen es sich selbst zu seinem Heil bewegt.*

Es war Leiblichkeit daher je und je das Endziel aller Wege Gottes mit dem Geschaffenen. Diese Leiblichkeit bringt das erlösende Werden jeglichen Geschöpfes zum Abschluß und macht es fähig, ein dienendes Glied im Organismus des Ganzen zu sein. Und je vollkommener dieser Abschluß ist, desto ausgeprägter ist die Individualität des Geschöpfes. Es ist hinfort das ewig Andere von allen anderen und doch ein unersetzliches Glied in dem Organismus des Ganzen. *Vollendung wird daher vollendete Individualität und Einseitigkeit des erlösten Geschöpfes sein.* Und erst wenn alle Glieder in diesen Sabbat ihrer Vollendung eingegangen sind, ist das göttliche Ziel der Erlösung durch Offenbarung erreicht. Dann ruht auch Gott in dem ewigen Dienst des Vollendeten.

Dieses Evangelium der Verpersönlichung ist die große Schöpfungsbotschaft des vierten Tages, und zwar nicht nur für die kosmische Welt, sondern auch für die ethisch-pneumatische, die Paulus die Neuschöpfung nennt. Was Gottes Wirken hier in der Schwachheit unseres Seins begonnen hat, soll sich vollenden in Kraft. Was hier von uns nur im Glauben erlebt wurde, soll einst ein ewiges Schauen werden. Johannes schreibt daher von dieser Neuschöpfung: *„Noch ist nicht erschienen, was wir sein werden; wir wissen aber, daß, wenn er erschienen ist, wir ihm ähnlich sein werden; denn wir werden ihn sehen, wie er ist*[1]*."*

Für uns Kinder des Werdens liegt mithin das völlig Vollendete zunächst jenseits des Irdischen und Diesseitigen. Nur die transzendente Welt Gottes erscheint für uns als eine bereits vollendete und übt daher eine entsprechende Wirkung auf uns aus. In ihr verkörpert sich für uns auch alles Licht, das uns durch seine Offenbarung zur Erlösung werden soll. *„Seid ihr mit Christo auferstanden, so suchet, was droben ist!*[2]*"* schreibt Paulus den neuen Menschen seiner Tage. Denn sie wissen, daß Christus *„das Licht der Welt"* schlechthin ist.

Aber entzündet von Christus scheint auch die Kirche, und zwar in der Wahrheit ihres Herrn und Hauptes. Wenn auch zunächst nur dem Monde gleich, so ist auch die Kirche ein Licht für die Welt und leuchtet mit ihrem Schein in deren Nacht hinein. Sie läßt mit ihrer höheren Einstellung, mit ihrem gereinigten Gewissen, mit ihrer Botschaft von Leben und Tod die Herrschaft der Finsternis auf Erden nie mehr zur Ruhe kommen. Im Lichte Gottes orientiert, redet sie

---

[1] 1. Joh. 3, 2.
[2] Kol. 3, 1.

auf Erden wie ein Prophet, leidet sie wie ein Priester und wandelt sie wie ein lebendiges Heiligtum, in dem die Herrlichkeit Gottes zu zelten sucht. *Christus und die Gemeinde sind die beiden großen, in sich geschlossenen Lichtkörper, die gegenwärtig der Welt und ihrem Leben mit höherem Lichte zu dienen vermögen.*

Beide sind jedoch umgeben von unzähligen Sternen. Auch sie tragen aus ewigen Fernen ihr Licht in die Nacht der Welt hinein. Schreibt doch der Hebräerbrief, daß wir *„von einer Wolke von Zeugen"* auf unserem Kampfplatz und unserer Rennbahn umgeben sind[1]. Wie viele von den vollendeten Gerechten reden noch, obgleich sie längst gestorben sind! Paulus wirkt mit seinen Briefen und deren Licht heute noch wie ein Programm für alles neue Leben, das aus Gott geboren wird. Die Propheten und die Offenbarung Johannis weiten uns auch heute noch immer wieder den Blick für das Kommende und Zukünftige. Die Psalmen mit ihren Seufzern, Klagen, Wehen und Lobgesängen geben heute noch unserer Seele den Ausdruck für das, was sie an Schmerz und Freude, an Sehnsucht und Hoffnung in sich trägt. *Es wölbt sich gleichsam die ganze Bibel mit der Fülle ihres Lichts, mit ihrer unzähligen ausgelebten und bezeugten Wahrheit über uns wie ein Firmament und leuchtet in unser dunkles Leben und in alle unsere Irrungen hinein.*

Kurz zusammengefaßt haben wir nämlich folgendes Bild: Im Mittelpunkt alles Lichtes — der Sonne gleich — steht Christus, und von seinem Feuer entzündet leuchtet — wie der Mond — auch die Gemeinde. Und beide sind umgeben von der Menge vollendeter Gerechter, deren Glanz kein Tod und keine Weltentwicklung bisher auslöschen konnten, sondern die in ungebrochener Kraft durch ihr Leben, das sie mit Gott lebten, und durch ihr Wort und Werk, das sie hinterließen, hineinleuchteten in die Nacht der Gegenwart. Denn *„die Verständigen werden leuchten wie des Himmels Glanz und die, welche vielen zur Gerechtigkeit verholfen haben, wie die Sterne immer und ewiglich[2]".*

Wer auch in seinem Innenleben bewußt den vierten Schöpfungs-

---

[1] Hebr. 12, 1.
[2] Dan. 12, 3.

tag erlebt, der entdeckt, wie gerade die Nacht es uns enthüllt, welch ein Gefolge von himmlischen, in sich geschlossenen Lichtkörpern die Erde auch auf ihrem Gang durch die Finsternis hat. Mag die Nacht in ihrem ewigen Wechsel sie auch immer wieder überfallen, so herrscht sie doch von nun an nie mehr dauernd und ungebrochen. Hinter aller Finsternis steht Christus als Sonne der Gerechtigkeit und läßt aus jedem Abend und jeder Nacht einen neuen Tag werden. Und während der dunkelsten Nacht leuchten die Geister der vollendeten Gerechten und die Menge vieler tausend Engel und singen ihren Psalm der Vollendung mit seinem Evangelium in unser vielfach so dunkles Leben hinein. Der Gang der streitenden Kirche und ihrer Glieder kann daher auch in der dunkelsten Nacht nicht mehr völlig einsam werden. Er ist umgeben von einer triumphierenden Kirche, die vollen Anteil nimmt an dem Werden und der Vollendung der noch kämpfenden Kirche auf Erden.

Jedoch diese Lichtträger am Himmelsgewölbe sollen ferner auch zur Feststellung von *„Tag und Nacht"* und zur Bestimmung *„der Zeiten, der Tage und Jahre"* dienen. In ihrem Lichte lernen wir uns über das Wesen der einzelnen Dinge und der mannigfaltigen Lebenserscheinungen der Erde richtig orientieren. Auch erfassen wir, daß für uns nur das Himmlische, das Vollendete feststeht, während wir zunächst mit dem, was auf Erden ist, wechselvoll sind. Gewordenes ist allein droben, hier ist zunächst nur Werdendes.

Einst in der Ruhe der kommenden Vollendung werden auch wir keinen Wechsel der Zeiten mehr nötig haben. Gegenwärtig bedürfen wir es noch, daß das richtige Maß von Sonnenschein und das erforderliche Maß von Kälte in unser Leben fällt. Noch sind wir unfähig, in ewiger Frühlingsblüte und im ununterbrochenen Fruchttragen zu stehen. In einem solchen Dienst würden wir zunächst mehr an Kraft ausgeben, als wir empfangen haben. Je mehr jedoch diese unsere Abhängigkeit von der oberen Welt auf allen Gebieten offenbar wird, desto tiefer erfassen wir, daß unsere Garantien und unsere Zukunft nicht in dem liegen, was wir bereits in uns selbst sind, sondern in dem, was wir dauernd aus höheren Quellen empfangen. *Nicht gepflegte Tradition, sondern erlebte Inspiration ist und bleibt das Geheimnis der werdenden Kirche.* Sie hat nur insoweit Ewiges, als sie Ewiges empfängt, bleibt nur insoweit Kirche, als sie dauernd neu und immer mehr Kirche wird.

Gesegneter Tag, dieser vierte, der uns mit seinen Gesetzen den ganzen Umfang jener Abhängigkeit von den vollendeten Lichtkörpern am Firmament des Himmels erschließt, in der die Erde zu ihrem Heil steht! Auf dieser Stufe wird in der Seele des erlösten Geschöpfes ein neuer Psalm geboren. In tiefer Ergriffenheit und Anbetung singt der von Christus Jesus ergriffene Mensch: *„Wen hätte ich im Himmel ohne dich? Und bist du mein, so begehre ich nichts Weiteres auf Erden*[1].*"*

„So ward Abend, so ward Morgen — ein vierter Tag." Er machte offenbar Vollendetes, damit dieses mit seinem Evangelium Werdendes zur Vollendung führe.

Denn Erlöstes zieht das Unerlöste mit in seine Erlösung. Das ist sein Kampf. Darin offenbart sich die Herrschaft des Lebens über den Tod. Der Kampf alles Unerlösten ist explodierende Leidenschaft, aber nicht Erlösung. *Nur Erlöstes vermag zu kämpfen, indem es erlösend dient.* Wo daher nicht auch jeder Kampf im Reiche Gottes in seinem tiefsten Wesen und Ziel Dienst am Nächsten war, rächte sich derselbe immer am stärksten an der Kirche selbst, die ihn führte. Die göttliche Art, die Welt zu bekämpfen, besteht allein in dem, daß man sie mit in die eigene Erlösung hineinzieht. *Nicht Weltvernichtung — Welterlösung ist das Kampfprogramm alles Vollendeten.*

b) Der fünfte Schöpfungstag trägt in sich das Evangelium der Belebung

Und zwar sollen jene Schöpfungsteile zunächst belebt werden, die durch die Erlösungsprinzipien der ersten drei Tage nur geschieden und gebunden worden waren. Diesen Teilen war durch die bisherige Offenbarung Gottes zwar unendlich viel von ihrer Freiheit und ihren ungebundenen Wirkungen genommen worden. Erlösung hatten sie aber bis dahin noch nicht empfangen. Erst nach der Offenbarung des vierten Tages, nach der Verleiblichung des Lichtes konnte die Offenbarung auch diese Teile der Schöpfung mit in das Pro-

[1] Ps. 73, 25.

gramm ihrer positiven Erlösung, d. h. in die Belebung, hineinziehen. Sie tat es, indem sie dem Wesen dieser Teile den ewigen Todes=zustand nahm und sie zu einer Basis für völlig neues Leben machte. Auch die ungeheuren Gebiete des Meeres und die unermeßlichen Lufträume sollten hinfort ein Schauplatz werden, wo sich eine Über=fülle neuer Lebensformen als Verkörperung der Gedanken Gottes offenbaren konnte.

„Und Elohim sprach: Die Wasser sollen wimmeln von wimmeln=den Lebewesen und der Vogel über der Erde fliegen angesichts der Wölbung des Himmels. So schuf Elohim die großen Thaninim (Fischgeschlechter) und auch alle die Wesen des kleinen wimmeln=den Lebens, von welchen die Wasser für ihre Gattungen wimmelnd geworden, und jeden beflügelten Vogel für seine Gattung. Und Elohim sah, daß es gut sei."

Das ist das Schöpfungswerk des fünften Tages. Es gilt der Her=vorbringung des Lebens, damit es da herrsche, wo bisher der Tod sich uneingeschränkt ausgewirkt hatte. Zwar hatte die Erde bereits am dritten Schöpfungstage eine Überfülle von organischem Leben vegetabilischer Natur hervorgebracht. Aber so gut dieses Leben auch war, es erschöpfte nicht die Weisheit und Kraft des Schöpfers. Seine Erlösung hatte noch weit mehr Leben aus der Umarmung des Todes zu lösen.

Die Offenbarung des fünften Tages war daher ein weiteres Gottes=Nein an den Todeszustand der Schöpfung. Diese Offenbarung mußte weiter sprechen; denn sie kennt kein Schweigen angesichts der Not des Geschöpfes, kein Vorübergehen am Nächsten, den sie am Wege blutend liegen sieht. Und nachdem sie gesprochen, regen sich selbst das Meer und die Luft mit lebenden Wundern einer neuen Schöpfung, alle eingekleidet in das Gewand der Leiblichkeit und begnadigt, durch ihre Mannigfaltigkeit und Zweckmäßigkeit der Belebung und Auferbauung des Ganzen zu dienen. *Je mehr Gottes Offenbarung die Schöpfung erlösen kann und je näher der siebente Tag rückt, desto mehr werden auch jene Teile mit in die Erlösung hineingezogen, die bisher von ihr unberührt geblieben sind.*

Dieses wunderbare Gesetz des Lebens und der Erlösung wirkt sich wiederum aus auch im Innenleben des einzelnen und im Reiche

Gottes als Ganzes. Wir haben gesehen, welch eine symbolische Bedeutung die Meere in der Gleichnissprache der Bibel haben. In ihren Gewässern erkannten wir die natürlichen Leidenschaften und Begierden, von denen sich die einzelnen und die Völker beherrscht sehen. Unter deren uneingeschränkter Herrschaft kann sich jedoch nichts Höheres und Göttliches entfalten und für einen Dienst zum Segen des Ganzen ausreifen.

Aber wer den zweiten und dritten Schöpfungstag erlebte, der durfte erfahren, wie dieses ungebundene Innenleben mit seiner Ideenwelt eine Fesselung und Begrenzung erlebte. *Unser natürliches Wollen hörte auf, unser moralisches Gesetz zu sein.* Wir gewannen ein höheres Gewissen. Das durch Gottes Offenbarung in uns gewirkte Geistes- und Heilsleben erwies sich auch bei uns stärker als unsere fleischliche Ideenwelt und unsere sündlichen Leidenschaften. Es drängte sie auf bestimmte Grenzen zurück. Aber darüber ging die Kraft der bisherigen Erlösung zunächst nicht hinaus.

Je mehr jedoch das Himmlische auch in unserer ganzen Weltanschauung und Lebensrichtung etwas Festes, Geschlossenes, in sich Vollendetes wird, wie die Lichter des vierten Tages, desto größer wird die Bestimmung und die Beeinflussung, die wir durch sie erleben. Eine so christozentrische Lebenseinstellung und ein dementsprechender Apostelдienst wäre bei Paulus nie denkbar gewesen ohne jenes majestätische, vollendete *Christusbild,* das er in seiner Seele trug. Kolosser 1 und Epheser 1 mit ihrem einzigartigen Christusgemälde konnten nur von einem Manne geschrieben werden, dessen Bekenntnis und Leben sich in dem zusammenfaßte: *„Nicht aber lebe ich, sondern Christus lebt in mir."* Auch hätte dieser Apostel und Prophet der Una Sancta in seinen Briefen nie ein *Gemeindebild* entwickeln können, das in seinem Wesen so weltfremd, in seinen Aufgaben so weltweit, in seinen Perspektiven so die Ewigkeiten umspannend war, wenn er nicht die Gemeinde als die fortgesetzte zeitliche Offenbarung des erhöhten überzeitlichen Christus erkannt hätte. *Christus, Gemeinde, vollendete Gerechte — diese Größen des Himmelreichs waren für ihn weder verschwommene, dogmatische Lehrsätze, noch subjektive, spekulative Begriffs-*

bestimmungen, sondern von Gott gegebene, überweltliche Realitäten, die ihn ganz mit in ihr Leben und ihre Erlösung hineinzogen.

Was wir aber bei Paulus wahrnehmen können, läßt sich auch in der ganzen christlichen Kirche feststellen. Je klarer ein Zeitalter der christlichen Kirche sich von einer ungebrochenen und abgeklärten Christuserkenntnis, von praktischen apostolischen Gemeindeprinzipien und von nüchternen eschatologischen Erwartungen getragen sah, desto mächtiger war sein Einfluß auf die Welt, desto mehr zog es auch das Unerlöste in die Lebenssphäre der eigenen Erlösung hinein. Schöpfungen wie die Reformation, Glaubenswerke, wie sie durch den Grafen Zinzendorf, Aug. Herm. Francke, v. Bodelschwingh u. a. hinterlassen worden sind, wären undenkbar, ohne daß Christus und die Kirche Gottes mit ihrem Offenbarungsinhalt diesen Männern das zuvor geworden wären, was sie durch ihr Zeugnis und durch ihren Dienst einer unerlösten Welt werden konnten.

Aber auch das Leben des fünften Schöpfungstages, das sich in Luft und Wasser bewegen darf, äußert sich wiederum in neuen, zahllosen Lebensformen. Gottes Gedanken sind so reich, daß nie ein einziges Bild oder eine Gattung von Lebewesen sie darstellen könnten. So mannigfaltig aber auch die neuen Lebensformen sind, so werden sie doch alle von einem Geiste beherrscht. Derselbe Gottesgedanke offenbart sich aber auch in der Neuschöpfung. *In Christus und seiner Kirche ist alles eine originale Schöpfung, und die Fülle ihrer Gaben und die Mannigfaltigkeit ihrer Lebenserscheinungen sollen nur den Reichtum und die Herrlichkeit dessen ausdrücken, der das Alpha und das Omega seiner Kirche ist.*

Denn weder die noch kämpfende, noch die bereits vollendete Kirche hat je die ganze Fülle der erlösenden Gottesoffenbarung in sich oder in ihrem Leben und Dienst in irgendeinem bisherigen Zeitalter zu verkörpern vermocht. Daher kann Paulus auch im Blick auf Christus, in dem die ganze Gottesfülle zu wohnen beschlossen hatte, an die Gemeinde in Ephesus schreiben: *„Alles hat Gott ihm unterworfen. Ihn aber, aller Dinge Haupt, hat er gesetzt zum Haupt der Kirche: sie ist sein Leib. Und so ergänzt sie ihn, der fort und fort in allem wird ergänzt*[1]." Eine volle Offenbarung der ganzen

[1] Eph. 1, 22. 23.

Gottesfülle wird mithin erst durch eine vollendete Gottesgemeinschaft möglich sein.

Aber wenn bisher auch nie die ganze Fülle der mit der Offenbarung Gottes verbundenen Erlösung als Leben der Kirche dargestellt werden konnte, so war doch alles Gottgewirkte in ihr bei aller Mannigfaltigkeit seiner Erscheinungen gut im Urteil des heiligen Werkmeisters. *„Und Elohim segnete sie also: Seid fruchtbar und vermehret euch und füllet die Wasser in den Meeren; aber der Vogel vermehre sich auf der Erde*[1]*!"* Das ist Gottes Antwort auf das Leben, das ihm mit seinem Dasein und seiner Bestimmung seit dem fünften Tage entgegenjauchzt.

„So ward Abend, so ward Morgen — ein fünfter Tag." Er trug mit seinem Evangelium der Belebung für alle Zeiten die Botschaft in die Welt hinein, *daß Gott nicht ein Gott der Toten, sondern der Lebendigen ist.*

c) Der sechste Schöpfungstag erwies sich mit seiner Offenbarung als ein Evangelium der Vollendung

Gottes Befehle erschöpfen sich nicht. Denn die Kraft der Offenbarung seiner Liebe ist weit größer auch als der fünfte Schöpfungstag. Sie ist ewig schlechthin — ohne Anfang und ohne Ende. Solange daher das erlösende Gottes-Ich einem unerlösten geschöpflichen Du gegenübersteht, wird es aus seinem göttlichen Selbst heraustreten und sich mit einer neuen Offenbarung der Liebe an das Geschöpf wenden. *Auch im Erlösen wird Gott sich wirklich als Gott erweisen.* Solange in seiner Schöpfung nicht alles seine ewigen Reichsgedanken verkörpert, muß immer wieder ein neuer Schöpfungstag mit seiner Offenbarung folgen. *Denn auch in seinen Schöpfungstagen lebt Gott zahllos, solange es die Erlösung seines Geschöpfes erfordert.*

Zwar hatten die göttlichen Imperativa der fünf Offenbarungstage mit ihrem schöpferischen: *„Es werde!"* bereits unendlich viel an Erlöstem geschaffen. Allein das Letzte und Höchste, was Gott an Erlösung zu offenbaren und aus sich herauszugeben hatte, konnte sich erst am sechsten Tage vollenden.

Zunächst bringt die Erde auch an diesem Tage eine neue Fülle

[1] 1. Mose 1, 22.

von mannigfaltigsten Lebensformen hervor, die alle unendlich höher stehen als die des dritten Tages. Jene waren ausschließlich vegetabilischer Natur, diese animalischer. Und die Flora des dritten Tages ist mit ihrem unendlichen Lebensreichtum berufen, der Fauna des sechsten Tages in ihrem Aufbau und in ihrer Bestimmung zu dienen.

Zuletzt jedoch erscheint der Mensch als Ebenbild Gottes. Er ist Gottes köstlichste und höchste Gabe, unendlich mehr nur als Geschöpf und doch unendlich weniger als er, der Schöpfer. Denn als alles Geschaffene in seiner unendlichen Fülle an Schönheit und Kraft, Zweckmäßigkeit und Harmonie vor ihm stand, da suchte Gott nach einem Gleichnis zur Erschaffung des Menschen. Aber er fand es nicht in etwas bisher *Geschaffenem*, sondern allein in sich selbst, dem *Schaffenden*. Daher hebt sich der Mensch trotz all seiner Verwandtschaft mit der Natur und Kreatur doch in seinem tiefsten Wesen so wesentlich ab von allem Leben, das die Welt zu offenbaren vermag.

„Und Elohim sprach: Die Erde bringe hervor lebendige Wesen nach ihrer Art: Säugetiere und Kriechtiere und Wild des Landes nach seiner Art! Und so geschah es ... Und Elohim sah, daß es gut war." So leitete Gott den sechsten Schöpfungstag ein. Ob es das Pflanzenleben des dritten oder das Tierleben des sechsten Schöpfungstages ist, ihre Auferstehung zum Leben erlebt die Erde erst auf Gottes erneutes Sprechen hin. Gottes Schöpfung entsteht allein durch Offenbarung, lebt allein von der Offenbarung und wird wiederum zu einer Offenbarung. *Nicht die der Erde immanente Kraft führte zur Auferstehung neuer Lebensformen, sondern erst die durch das Wort des Schöpfers inspirierte Kraft.* Erstere war wohl fähig, Empfängerin und Trägerin, aber nicht Schöpferin eines neuen Lebens zu sein.

Was sich je in der Geschichte als ein unvergänglicher Bestandteil des Reiches Gottes mitten in aller Vergänglichkeit des Fleisches erwies, sah sich von oben her bewirkt. Gott sprach, und der Mensch antwortete. Gott ging vorüber, und der Mensch setzte seine Tritte in die Fußspuren des lebendigen Gottes. Gott rief, und der Mensch sprach: *„Hier bin ich, sende mich!"* Gott offenbarte seinen Sohn, und der Mensch ward sein Apostel. *„Errettet und berufen mit heiliger Berufung[1]" — das ist die wahre Genesis alles Lebens, das je zu einer*

[1] 2. Tim. 1, 9.

bewußten Verbindung mit Gott erwachte. Alles sonstige Erwachen kam nie über die Kraft der eigenen Natur hinaus. Es lebte sein Eigenleben, aber nicht Gottes. *Was aber entstanden durch Inspiration, kann auch nur bestehen durch Inspiration.* Nur die sich vom Geiste Gottes leiten lassen, erweisen sich als Gottes Söhne[1]. *Inspiration ist daher die bewußte Unterordnung des eigenen Lebens unter die schöpferische Kraft der vom Geiste vermittelten Gottesoffenbarung.*

Der sechste Tag schuf zunächst die Möglichkeit, daß auf der Erde in noch weit größerer Vollkommenheit Gottes Gedanken sich in mannigfaltigen neuen Lebensformen verkörpern konnten. Zwar vermochte auch jetzt noch nicht irgendein Geschöpf trotz seiner kreatürlichen Intelligenz das Bild Gottes zu sein. Dies Höchste wird erst im Menschen sichtbar.

Weil diese kreatürlichen Lebensformen in ihrer Art aber Verkörperungen bestimmter Gedanken Gottes sind, waren sie auch je und je Gleichnisse der einzelnen Fähigkeiten, Gaben und Gemütsbewegungen des Menschen. Es ist überaus bezeichnend, wie dies von dem rein menschlichen Instinkt zu allen Zeiten und von allen Völkern mehr oder weniger richtig verstanden worden ist. Werden doch überall bis in unsere christliche Welt hinein die Leidenschaften des Menschen mit den Namen von Tieren gekennzeichnet. War es doch in der heidnischen Welt nur eine Verdrehung der göttlichen Wahrheit, wenn man in diesen Geschöpfen mehr als nur einen verkörperten Gedanken des Göttlichen sah und sie als das Göttliche selbst verehrte.

Aber was die heidnische Welt mit dem kreatürlichen Geschöpf getan, hat die sogenannte christliche Welt mit sich selbst getan. Anstatt den Schöpfer und Geber betet man sich in seinen Gaben, Leistungen und Kräften selber an. Irgendeine neue Erfindung, eine geniale Leistung, eine heldenmütige Tat, ein sensationeller Gewinn oder ein kühnes Opfer — und die Zeit bleibt in ihrer Bewunderung und höchsten Verehrung stehen vor dem Geschöpf und dessen Leistung. In der Ehrung des Helden, des Künstlers, des Gelehrten, des Erfinders — durch Monumente und Geschichte — ehrt man sich selbst.

[1] Siehe Röm. 8, 9—15.

Erst die wirkliche Neuschöpfung findet den Weg wieder von der Gabe zum Geber, von dem Geschöpf zum Schöpfer zurück. Sie weiß, daß auch die Lebensformen höchster Ordnung, wie sie am sechsten Tage sichtbar werden, nur Gaben sind, die uns befähigen sollen, Gott und dem Nächsten zu dienen. Daher führt hier auch jede Schöpfung des Geistes, jedes Opfer der Liebe, jede heldenmütige Kraft, jedes wahre Wissen nicht zu einer Vergötterung des Menschen, sondern zur Anbetung Gottes im Geist und in der Wahrheit. Niemand wußte sich je vorher und je nachher so abhängig vom Schöpfer als seinem Vater wie Jesus, der der „Sohn" war und Vollmacht empfangen hatte über das Fleisch[1]. Und er ist das Haupt der neuen Schöpfung.

Aber auch von dem Leben, das nur ein Symbol einer göttlichen Kraft oder einer göttlichen Eigenschaft oder eines göttlichen Gedankens sein konnte, heißt es: *„Und Elohim sah, daß es gut sei."* Denn nicht an sich ist das von Gott Geschaffene schlecht oder böse, solange es den vom Schöpfer ihm angewiesenen Platz im Ganzen einnimmt. Es wird erst schlecht durch den Mißbrauch, der durch höhere Kraft damit getrieben wird.

So leitete die schöpferische Entwicklung zu der letzten und höchsten Offenbarung über. *„Und Elohim sprach: Wir wollen einen Adam (Stellvertreter) machen in einer unser würdigen Hülle, wie es unserem Ebenbilde entspricht, und sie sollen ihre Herrschaft üben an dem Fische des Meeres und an dem Vogel des Himmels und an dem Vieh und an der ganzen Erde und an allem Gewürm, das dahinschreitet auf der Erde. Da schuf Elohim den Adam in einer seiner würdigen Hülle; in Elohims würdiger Hülle hat er ihn geschaffen; männlich und weiblich hat er sie geschaffen[2]."*

In dieser letzten und höchsten Offenbarung faßt Gott alles bisher Geschaffene wie in einem Zentralpunkt zusammen und vollendet es in der Erschaffung des Menschen. Welch grundlegendes Gottesevangelium damit für immer ausgesprochen ist, daß dieser „Adam" als Ebenbild Gottes, als Herr der Schöpfung und als Mann und Weib beschrieben wird, soll in einem nächsten Kapitel eingehender

[1] Joh. 17, 2.

[2] 1. Mose 1, 26. 27. Nach S. R. Hirschs Übersetzung.

beleuchtet werden. Hier wollen wir nur andeuten, *daß der Sabbat der Schöpfung nur im Menschen und der Sabbat des Menschen nur in Gott sein kann.* Erst in der Herrschaft des Ebenbildes kann die Schöpfung immer wieder ihre Vollendung und in der Herrschaft Gottes der Mensch seine Ruhe finden.

Denn durch den Menschen empfängt die Schöpfung das Höchste, was sie überhaupt von irgendeinem Geschöpf zu empfangen vermag: *die Inspiration und damit die Herrschaft seines Geistes.* Soll jedoch dieses Höchste für die Schöpfung und ihre mannigfaltigen Lebensformen nicht Knechtung, sondern vielmehr Erlösung aus der Knechtschaft, Freiheit aus der stofflichen Gebundenheit sein, so muß der inspirierende Geist des Menschen selbst erlöst und frei sein. Diese Erlösung und Freiheit findet er aber nicht, indem er sich auf sich selbst beschränkt, sondern das empfangende Prinzip eines Höheren bleibt. *Nur insoweit er Empfangender ist, vermag er ein Gebender zu sein.* Daher ruhen seine Quellen weder im Geschöpf noch in sich selbst, sondern allein in Gott. Nur als Beherrschter kann er herrschen, nur als Begnadigter begnadigen, nur als Erlöster erlösen.

Da jedoch seit dem Fall dem Menschen dieses Charisma verlorengegangen, indem er hinfort selbst ein Geknechteter ist, weil er sich durch das Geschöpf und nicht durch den Schöpfer inspirieren ließ, so wartet seitdem die ganze Schöpfung in Sehnsucht auf jenen neuen Tag, wo die Söhne Gottes wieder in ihrer vollen Herrlichkeit zum Heil der seufzenden Kreatur werden offenbar werden[1]. So reich das Erleben der Gemeinde Gottes im Laufe der bald zwei Jahrtausende auch war, in der Herrlichkeit einer vollendeten Erlösung für die harrende Schöpfung konnten ihre Glieder bisher nicht erscheinen. Denn solange die Glieder der Kirche Christi noch selbst nicht in ihrer Gesamtheit vollendet sind, können sie nicht den so ersehnten Sabbat für die Schöpfung herbeiführen. Christus als Haupt kann nicht herrschen ohne völlige Harmonie mit der Kirche als seinem Leibe. Erst muß auch in diesem der „Mensch" wieder sichtbar werden, bevor die Herrschaft des Menschen auch in der Schöpfung zu deren Heil sich offenbaren kann. Daher brannte auch der Apostel vor Verlangen, einen jeden einzelnen Christusjünger *„darzustellen*

---

[1] Röm. 8, 19—22.

vollkommen in Christo[1]". Er wußte, was dies *„volle Mannesalter in Christo"* nicht nur für das einzelne Glied und die ganze Kirche bedeutete, sondern was damit für die unter dem Druck der Vergänglichkeit seufzende und harrende Schöpfung verbunden sein würde.

Denn bevor auch der neue Mensch zur Erlösung leiten kann, muß in ihm selbst alles erst unter die Leitung der Erlösung gekommen sein. Weiß doch jeder, der weiland *„außer Christo"* war, nun aber auf Grund der Barmherzigkeit Gottes *„in Christo"* sein darf, wie sehr alles in ihm einer höheren Leitung bedarf. Wie oft zerarbeitet sich der Wille zum Dienst auch des neuen Menschen wiederum in der Menge seiner eigenen Wege, wenn er sich nicht in „den Gehorsam Christi" gestellt sieht! Anstatt Frucht zu wirken, die da bleibt, gibt er seine Kraft aus in unfruchtbaren Werken, baut Heu, Stroh, Stoppeln, die im Feuer der Gerichte verbrennen müssen, zerstört, wo er lösen und erheben sollte.

Das sind doch alltägliche Erscheinungen auch im Leben der Gesamtkirche. Je weniger in ihr zunächst „der Mensch" als Vollendung des Gotteswerkes in seiner Herrschaft sichtbar geworden ist, desto mehr erscheint sie nur in ihren Gaben, Segnungen und in ihrer eigenen Stärke. Anstatt daß diese Fülle von Leben und Kräften, von Erkenntnis und Vollmachten durch höhere Kraft zusammengefaßt und zum Segen des Ganzen zielbewußt geleitet wird, trägt der vorhandene Reichtum nur noch zur Vermehrung der inneren Verwirrung bei.

Dieser „Mensch" der ersten Schöpfung wurde nach der Bibel als *„Mann und Weib"* geschaffen. Denn in ihm vereinigt sich hinfort sowohl das *gebende* als auch *das empfangende Prinzip* des Lebens. Der siebente Tag wird uns jedoch über diese inneren Gesetze des Lebens noch mehr zu dolmetschen haben. Aber ob es erkannt wird oder nicht, so ist doch schon am sechsten Tag ein Werk vollendet, dessen tiefstes Wesen Mann und Weib ist und daher ein Abglanz Gottes sein kann. Heilige früherer Zeiten haben über all diese Gleichnisse und Gesetze viel nachgedacht und aus deren göttlichen Wahrheiten viel Licht und Trost geschöpft. Wir haben über

[1] Kol. 1, 28.

der Natur dieser Dinge vielfach die Offenbarung dieser Dinge verloren. *Das Wesen der Naturgesetze ist uns wertvoller geworden als ihr Evangelium der Liebe; ihre Gabe der Gegenwart ersetzte uns ihre Sprache der Ewigkeit.*

So vollendet sich im Ebenbilde Gottes der sechste Schöpfungstag und mit ihm alles Geschaffene der vorangegangenen Tage. Auf der Stufe des Schaffens, der Scheidung, der Ausschmückung und der Vollendung hört hinfort die Arbeit Gottes auf. *Nicht die Offenbarung Gottes;* denn sie hat sich auch mit den sechs Schöpfungstagen noch nicht erschöpft. Für sie war alles zunächst Vorbereitung des siebenten Tages, der in der Offenbarung seiner Gemeinschaft und seines Dienstes keinen Abend kennt.

Und nachdem Gott sah, was er insgesamt geschaffen hatte, *„siehe, da war es sehr gut"*. Der hebräische Ausdruck: „das Ganze, das er gemacht hatte" ist nicht nur ein „Vielheitsbegriff", durch den lediglich alles Geschaffene, Kleines und Großes, eingeschlossen wäre, sondern das Wort ist „ein Einheitsbegriff der Vielheit, ist die Vielheit als eine Einheit begriffen, es ist nicht sowohl alles, als das Ganze begriffen . . ." Denn den eigentlichen Wert der eigenen Vollendung gewinnt das einzelne Geschöpf erst durch den harmonischen und vollendeten Zusammenhang mit dem Ganzen.

„So ward Abend, so ward Morgen — der sechste Tag." Er vollendete durch seine Offenbarung die Erlösung einer unerlösten Schöpfung und hieß hinfort alles Erlöste auf das Geheimnis der Herrlichkeit des siebenten Schöpfungstages warten.

3. Die Sabbatverheißung des siebenten Schöpfungstages

1. Mose 2, 1—3

Der gefallene Mensch zieht zunächst auch alles Göttliche mit in den Bannkreis seines Falles hinein. Daher beurteilt er auch alles Göttliche allein vom Standpunkt seines Falles aus. Dasselbe hat er auch mit dem Sabbatbegriff Gottes getan. Er hat aus ihm eine Zeitfrage gemacht. *Gottes Sabbatbegriff ist aber nicht eine Frage der*

Zeit, sondern des Zustandes. Nicht weil der siebente Tag gekommen war, trat der große Schöpfungssabbat mit seiner Verheißung in die Welt. Dem Sabbatanbruch der Schöpfung lag etwas viel Tieferes und Wesentlicheres zugrunde. Gott hatte in den sechs Tagen des Schaffens, des Scheidens, der Belebung, der Ausschmückung und der Vollendung alles zu solch einer inneren Harmonie erlösen können, daß mit dem siebenten Tage für die Schöpfung ein völlig neuer Gesamtzustand eintrat und für Gott eine neue Art der Offenbarung beginnen konnte.

Hinfort wurde Gottes Wirken eine Offenbarung der Gemeinschaft, und der Zustand der Schöpfung wurde vollendete Hingabe in ruhendem Dienst. *Denn Sabbat ist Gottesherrschaft über den Menschen und Menschenherrschaft über die Schöpfung.* Erst der Eintritt dieses Erlösungszustandes machte den siebenten Tag zum Schöpfungssabbat für die Welt. Deshalb ist auch seitdem die Siebenzahl das Symbol der Vollendung und der Ruhe in der Sprache der göttlichen Offenbarung geworden. Das Geheimnis liegt jedoch nicht in der Zahl, sondern in Gott, der sie durch einen siebenten Schöpfungstag, d. h. durch seine Schöpfungsordnung, zum Symbol der Vollendung des Geschöpfes und seiner eigenen Ruhe erhoben hat.

„So waren die Himmel und die Erde und all ihr Heer (für ihre Bestimmung) vollendet.“ Das Schöpferwirken in den sechs Schöpfungstagen führte konsequent zum Schöpfungssabbat. Denn jede Gottestat löst das Geschöpf von seinem ursprünglichen Zustand und zieht es nach und nach in die Kraft des eigenen göttlichen Wesens hinein. Gottes Ziehen kann nie ein anderes als jenes zu sich selbst hin sein. Das ist aber für das Geschöpf Erlösung. Denn diese löst das Geschöpf in seinem innersten Wesen von sich selbst und bindet es für seinen neuen Fortbestand an das ausströmende und gestaltende Leben Gottes.

Diese erlösende Gottestat hatte sich in den sechs Schöpfungstagen nun so vollendet, daß kein Teil jener Erde, die einst wüst und leer war, in seinem ursprünglichen Todeszustand verblieb. Selbst das Meer war so in die Erlösung Gottes mit hineingezogen, daß es eine Überfülle neuer Lebensformen offenbarte und hinfort positiv zum Segen der Gesamtschöpfung mitwirkte. Daher konnte Gott auch zum

Schluß des sechsten Tages im Blick auf die Gesamtheit sagen: *„Und siehe, es war sehr gut."*

Gott hat zwar jedes einzelne Geschöpf in den einzelnen Schöpfungstagen als *„gut"* bezeichnet. Als aber erst alle diese in sich vollendeten Einzelerscheinungen in ihrem Leben und in ihrer Bestimmung im harmonischen Zusammenhang mit dem ganzen Schöpfungswerk standen, da war alles Seiende in seinem Totalzusammenhang *„sehr gut"*. Gelöst vom Ganzen mögen manche Formen und Lebenserscheinungen trotz ihrer innerlichen Vollendung als mangelhaft und als stark ergänzungsbedürftig erscheinen. Aber im Totalzusammenhang ist jedes Einzelwesen gerade in seiner Einseitigkeit ein unersetzliches Glied, das erst durch seine Mitwirkung das Gesamtwerk harmonisch vollendet. So erhöht auch das kleinste Glied der Schöpfung den Wert des Ganzen, so daß alles hinfort nicht nur *„gut"*, sondern *„sehr gut"* in dem Urteil Gottes ist.

Aber auch das Einzelwesen empfängt seine eigentliche Bestimmung und den Wert seines Sondercharakters erst durch die Vollendung der Gesamtschöpfung. Daher ersehnt jeder vollendete Einzelteil jene Stunde der Gemeinschaft und des gegenseitigen Dienens herbei, der erst mit dem Anbruch des Schöpfungssabbats fürs Ganze beginnen wird. *Alles Leben der sechs Schöpfungstage war daher erfüllt mit dem Gebet um das Kommen des Schöpfungssabbats.*

Welche Wandlungen im Reiche Gottes der Gegenwart würden eintreten, wenn wir als Träger der Neuschöpfung erkennen würden, daß sich auch in unserer Erlösung dieselben grundlegenden Gesetze auswirken, wie sie bereits in der ersten Schöpfung sichtbar wurden! Wie würde man trotz des eigenen Wachstums in Erkenntnis, Gnade und Wahrheit dennoch das kleinste Glied achten, das den Geist des Reiches Gottes atmet! Wie würde uns das *eine* Leben, das uns durch den Gekreuzigten und Auferstandenen geworden ist, ungleich höher stehen als alle konfessionellen Einstellungen und völkischen und nationalen Schranken! Es würde sich auf der ganzen Erde unter denen, die Gottes und unseres Herrn Jesu Christi sind, eine Bruderschaft offenbaren, die nicht von dieser Welt ist, und die sich daher auch nicht durch die Welt und ihre Geistesströmungen mit ihren vielfach diabolischen Forderungen erschüttern läßt. Welch ein gegenseitiges geistliches Verstehen, Tragen, Dienen und Lieben würde innerhalb der verschiedenen Kirchen beginnen, wenn man erfaßte, daß das von Gott gewirkte Leben weder im Katholizismus noch im Luthertum, weder im Calvinismus noch in den Freikirchen, weder im Darbysmus noch im Gemeinschaftsleben zu seiner Vollendung gelangen kann *ohne die Vollendung auch all der anderen Glieder Christi, die mit als lebendige Steine den neuen Gottestempel in sich verkörpern werden.* Wie würden wir gelöst werden von jeder subjektivistischen Einstellung und die Wirkungen des Heiligen Geistes im Rahmen des ganzen Reiches Gottes beurteilen lernen!

Denn mag auch das Einzelleben in der Neuschöpfung wiederum *„gut"* sein, *„sehr gut"* wird es erst im harmonischen Totalzusammenhang des neuen Gottessabbats sein. Was jedoch in diesem vollendet sein wird, hat sich in den sechs Schöpfungstagen des Werdens und der Erlösung für diesen Zustand der Ruhe und der Gemeinschaft bestimmen lassen. *Denn im Sabbat Gottes liegt nicht die Erlösung zur Vollendung, sondern die Offenbarung einer vollendeten Erlösung.* Er ist nicht mehr das Gebet um Besitz, sondern der Beginn der Feier des Besitzes. Mit dem Anbruch des Sabbats Gottes schweigt die schöpferische und erlösende Offenbarung. Es spricht hinfort allein die Offenbarung der vollendeten Gemeinschaft und des harmonischen und ruhenden Dienstes.

Welch eine Verkennung der Erlösung in ihrem inneren Totalzusammenhang offenbart sich daher darin, *daß man vielfach etwas von der Zukunft des Herrn erwartet, was uns zunächst allein das Kreuz und die Auferstehung des Herrn durch ihre Erlösung geben können!* In beiden liegt sowohl das Gericht als auch die Erlösung der sechs Schöpfungstage, die das Fundament und die organische Vorbereitung des Schöpfungssabbats sind. Ohne das Werk des Heiligen Geistes in den sechs Tagen bricht nie der Morgenglanz des siebenten an. Jeder Verzug im Kommen des Schöpfungssabbats ist daher Gnade für das noch unerlöste Geschöpf der sechs Schöpfungstage.

Erst mit der Vollendung des sechsten Tages ist jener innere Charakter des einzelnen Geschöpfs geschaffen, indem es fähig ist, den Anbruch des siebenten Schöpfungstages als Sabbat Gottes mit=

zuerleben. *Denn ohne daß das Geschöpf innerlich auf Grund der Erlösung in den Sabbat Gottes eingegangen ist, ist es trotz äußerlicher Sabbatbestimmung und Sabbatzeit unfähig, den Charakter der wahren Ruhe Gottes zu offenbaren.* Das zeigt die gefallene Schöpfung. Ist doch die Weltgeschichte bisher nichts anderes als eine ewige Abfallsgeschichte vom Sabbat Gottes. Selbst bei aller äußeren strengen Sabbatruhe findet der Mensch doch keine Ruhe, *weil sich in ihm nichts vollendet und er nichts vollendet.*

Und doch ist der Gottessabbat — trotz des Verlustes des ersten Schöpfungssabbats — mit seiner vollen Verheißung wieder unter die Menschheit getreten. In der Person Jesu ist ein Leben der Hingabe, der Gemeinschaft und der Ruhe sichtbar geworden, das nicht jener Lebenssphäre angehört, die Gottes Frieden und Gottes Ruhe verloren hat. Sein Reden und Dienen, sein Leiden und Sterben flossen aus dem Geiste eines innerlichen Gottessabbats. Daher ist sein Evangelium eine Sabbatverheißung und sucht alle, die nicht in sich selbst zur Ruhe kommen können, in den Sabbat Gottes hineinzuziehen. Und jede schöpferische Heilstat seines Evangeliums bereitet im Menschen jenen inneren Zustand vor, der ihn nach vollendetem Gotteswerk fähig macht, einst die Ruhe der Vollendung zu ererben. *Denn ein Evangelium, das aus der Sabbatruhe Gottes fließt, kann auch zum Sabbat Gottes führen.*

Nicht das, was der gefallene Mensch in sich ist, kann Gott zur Ruhe führen. Das würde nicht Erlösung, sondern eine Verewigung der inneren Hölle des Menschen sein. Schon die hebräische Wortwurzel, die dem Begriff „vollenden" hier zugrunde liegt, vereinigt in sich zwei scheinbar ganz verschiedene Bedeutungen. Einerseits heißt das Wort: „vernichtet werden, völlig aufhören zu sein". Man hört auf zu sein, aber nur in dem Sinne: was man bisher war. Ein Zustand hört auf zu sein, in dem das Geschöpf bisher lebte. Das Ende dieses Zustandes bedeutete aber unter dem schöpferischen Wirken des Geistes Gottes den Anbruch eines neuen. Daher ist der Grundbegriff des Wortes „vollenden" auch: „zu einem Ziel hinstreben".

Das ist aber das Wesen der Erlösung. Sie „vernichtet" und „führt". Sie vernichtet nicht das Geschöpf an sich, sondern nur jenen

Zustand, der nie Erbe des Sabbats Gottes werden kann. Das Geschöpf selbst erhebt sie in einen Wesenszustand, der selbst in seinen ersten Anfängen auf den siebenten Schöpfungstag angelegt ist. Daher „führt" sie mit jeder Gottestat und jedem Gottessegen das Geschöpf dem Sabbat der Vollendung entgegen. Und alles Leben des neuen Zustandes im Geschöpf ersehnt, erfleht und erstrebt die Vollendung von dem, was sich im Prinzip in ihm vom Sabbatcharakter Gottes auswirkt.

„So wurden vollendet ..." Das war der Schlußakt der sechs Schöpfungstage. *„Und ruhete ..."* Das war der Anbruch des Gottessabbats des siebenten Tages. Die Welt des Sechstagewerks mit ihrem ganzen *„Heer"* wird so vollendet, daß hinfort ein weiteres Fortentstehen völlig neuer Lebensbildungen für immer beendet ist. So tief der Mensch durch seinen Fall auch die Schöpfung mit in seinen Fall und in seine Unruhe hineingezogen hat, diese Seite des Sabbatcharakters hat er der Schöpfung nicht zu nehmen vermocht, obwohl uns eine materialistische Weltanschauung lehren will, daß die Welt in ihrem Entstehen und in ihren einzelnen Lebensgattungen und unendlichen Lebensformen allein aus physischen Kräften und Energien hervorgegangen sei.

So begann nach den sechs Tagen der Weltschöpfung mit dem siebenten eine vollendete Weltordnung. Denn dies ganze geschaffene Heer des Weltalls war hinfort sowohl in seinem Sein als Wirken Träger und Bote der neuen Offenbarung Gottes. *„Elohim vollendete mit dem siebenten Tage sein Werk, welches er gemacht hatte"*, heißt es ferner im biblischen Text. Der Begriff für Werk ist aber im Hebräischen nichts anderes als das Femininum von Bote. „Was als Bote persönlich ist, das ist als Werk sachlich." In den einzelnen Schöpfungstagen wurde mithin durch das Wirken Gottes das ganze Heer der sachlichen und persönlichen Boten erlöst, bevollmächtigt und vollendet, um mit dem siebenten Tage Träger der großen Sabbatbotschaft Gottes zu sein. *Das Werden der Schöpfung verkündete Gottes Erlösung, das Gewordensein die Offenbarung seiner ewigen Sabbatruhe.*

Das ist aber Sabbatcharakter auch in der Schöpfung, wenn in ihr erst ein jedes für sich und das Ganze in seiner Harmonie das Wollen und das Denken Gottes offenbart. Denn hinfort ist alles Engel, Bote oder Botschaft, Sendung, Auftrag und verkündet den Schöpfungspsalm der Anbetung: *„Heilig, heilig, heilig ist Jahve Zebaoth, alle Welt eine Fülle seiner Herrlichkeit!"*

„Und Elohim ruhete mit dem siebenten Tage von all seinem Werke, das er gemacht hatte[1]*."* Gottes Sabbatruhe drückt mithin einen anderen, viel tieferen Charakter aus als jener Zustand, den wir in unserem Sprachgebrauch mit dem Begriff Ruhe verbinden. Wir ruhen, wenn wir uns von jeglicher Arbeit zurückziehen, oder wenn wir uns nach des Tages Last und Hitze abends müde zur Ruhe niederlegen. Das ist jedoch nicht die Ruhe Gottes, die uns der siebente Schöpfungstag verheißt, und die das Erbe einer vollendeten Neuschöpfung einmal sein wird. *Gottes Ruhen ist ununterbrochene Gemeinschaft und nie ermüdender Dienst höchster und vollendeter Ordnung.*

Stand Gottes Wirken im Verlauf des Sechstagewerks im Zeichen des göttlichen Nein, so steht der siebente Tag mit seinem Sabbatcharakter im Zeichen des göttlichen Ja. Hinfort lebt und webt, wächst und dient, blüht und reift, segnet und erntet die ganze Schöpfung, wie sie dies in ihrem Totalzusammenhang bis zum Anbruch des Sabbats Gottes nicht zu tun vermochte. Hatte sie bereits im Zustand des Werdens, der immer wieder durch den Eintritt eines neuen Abends vorübergehend unterbrochen wurde, so eine Fülle von Kraft und Leben zu offenbaren vermocht, was mußte da erst der siebente Tag bringen, wo es hinfort keine Unterbrechungen gab und alles im Menschen als dem Ebenbilde Gottes unter die Herrschaft des Schöpfers gebracht war!

Denn mit dem Anbruch des Sabbats Gottes hatte in der Schöpfung Gottes der Kampf zwischen ihrem eigenen chaotischen Zustand und dem Leben und der Herrschaft Gottes aufgehört. In ihr atmete nun alles Liebe und Hingabe, Dienst und Anbetung, Gehorsam und Gemeinschaft, Erlösung und Herrlichkeit. *Was in ihr Gott verneinte, und was Gott in ihr verneinte,* war durch die Offenbarung der Erlösung im Laufe der sechs Tage für ein Leben und einen Dienst erlöst worden, wo alles hinfort bejahte, was Gottes ist, und alles

---

[1] 1. Mose 2, 2.

in ihr von Gott bejaht wurde, weil es in allem Träger seiner Gottesbotschaft geworden war.

Also nicht Untätigkeit, sondern Dienst ohne Ermüdung in vollendeter Ordnung — das ist die Ruhe des Schöpfungssabbats mit ihrer ewigen Gottesverheißung. Daher kann es auch von den Vollendeten vor dem Stuhle Gottes und des Lammes in der Johannes-Apokalypse heißen: *„Und seine Knechte werden ihm dienen; und sie werden sein Angesicht sehen, und sein Name (Wesen) wird auf ihren Stirnen sein. Und es wird keine Nacht mehr sein, und sie bedürfen nicht des Lichtes eines Leuchters, noch des Sonnenscheins; denn Gott der Herr erleuchtet sie, und sie werden herrschen von Ewigkeit zu Ewigkeit*[1]."

Bezeichnend für das innere Wesen des siebenten Schöpfungstages ist auch, *daß er keinen Abend kennt.* Er ist der ununterbrochene Tag des Lichts, der in der Fülle seines vollendeten Dienstes von keiner Ermüdung weiß. In seiner Abhängigkeit vom Schöpfer gibt das Geschöpf in seinem Dienst nicht mehr Energien aus, als es zuvor an solchen empfangen hat. Auch bedarf es zu seiner sittlichen Vollendung nicht mehr der wiederholten Unterbrechungen durch die Nacht. Denn mit dem siebenten Tage hat alles Erschaffene seine innerliche Vollendung und seine Bestimmung für die Gesamtschöpfung erreicht. *Gottes Sabbatcharakter war mit dem siebenten Tage in der Schöpfung zur Weltordnung geworden.*

Daher *„segnete Elohim den siebenten Tag und heiligte ihn".* Gott segnet, indem er mit dem Erlösten in Gemeinschaft tritt. Er heiligt, indem er das Gesegnete in seinen Dienst zieht. Durch die Gemeinschaft stattet er alles Empfangende mit ewig neuen Lebenskräften aus, so daß das erlöste Geschöpf sich bei allem Wirken nicht ausgibt, bei aller Offenbarung nicht verarmt, bei aller Hingabe nicht verliert. Daher konnte ein Jesaja von dieser Gemeinschaft bezeugen: *„Die auf Jahve Harrenden erneuen stets ihre Kraft; sie gewinnen Flügel gleich den Adlern, sie eilen und werden nicht müde, sie wandeln und ermatten nicht*[2]."

Denn Vollendung bedeutet nie Stillstand, Erstarrung. Letztere

---

[1] Offb. 22, 3—5.
[2] Jes. 40, 31.

sind Symptome des Todes, aber nicht des Lebens. Gottes Sabbat nahm der Schöpfung nicht den Schöpfer, sondern brachte ihn ihr, wie sie ihn bisher in ihrem Totalzusammenhang nicht empfangen hatte. Gottes Ruhe bedeutet daher nicht, daß er sich nun nach sechs Tagen in sich selbst zurückzieht, sondern daß seine Offenbarung hinfort den Charakter des Segnens und des Heiligens angenommen hat.

War die Schöpfung in den sechs Schöpfungstagen der Gegenstand fortschreitender Offenbarung gewesen, so wurde sie nun selbst unter dem Segen und der Heiligung Gottes zu einer ewig fortschreitenden Offenbarung. Einst sprach Gott nur zu ihr. Jetzt spricht auch sie zu Gott. Einst offenbarte sie nur ihr Chaos. Jetzt offenbart sie Gottes Sabbat, und zwar als die ihr eigene sittliche Weltordnung, zu der sie durch Gott erlöst worden ist.

Diesen Schöpfungssabbat besitzt die Welt und der Mensch in ihr nicht mehr. Mit dem Fall des höchsten Geschöpfes, des Menschen, ist auch der Sabbatcharakter der Schöpfung verlorengegangen. Als der Mensch erst im Geschöpf suchte, was er allein im Schöpfer finden konnte, verlor er nicht nur sein Eden. Er verlor auch den Sabbat Gottes und zog alles mit in seine innere Unruhe und in den Zwiespalt seiner Seele hinein.

Als aber der Mensch als Herr der Schöpfung erst seinen Sabbat verlor, da war auch für Eden und die Welt wieder der Abend gekommen. Sabbatlos zog der Mensch aus und trug nun seine eigene Heimatlosigkeit in die übrige Schöpfung hinein. Zwar wollte er vermöge der eigenen Energien hinfort die Erde gewinnen, doch siehe, sie knechtete ihn. Er wollte sich auf der Erde sein eigenes Eden schaffen, und sie wurde sein Exil. Er wollte sich Mensch und Kreatur gegenüber vermöge seiner Macht selbst behaupten, und er sah sich durch Mensch und Kreatur bekämpft. Nachdem sie selbst aufgehört, in der Sabbatruhe Gottes zu leben, konnte sie keinen Frieden mehr gebären und kein Eden mehr schaffen. Dynastien und Staaten setzten sich innerhalb der Nationen als höchsten Zweck und erniedrigten die Menschheit. Sie düngten die Erde und Geschichte mit Strömen von Blut, und ihr Staatsacker trug Dornen und Disteln. Erst wenn wieder da Sabbat geworden sein wird, wo jetzt der Kampf und die

Heimatlosigkeit der Menschheit herrschen, dann wird der Sabbatmensch selbst mit den Nattern ein Friedensbündnis schließen.

Denn ist auch der Schöpfungssabbat nebst seinem Eden verloren, die Sehnsucht danach ist dem Menschen dennoch geblieben. Sie verfolgt ihn in Palast und Hütte. Sie läßt ihn nicht, weder in seiner Macht noch in seiner Knechtschaft. Und ob er tausendmal ihre Stimme verleugnete, sein Ohr hörte dennoch durch die Jahrtausende wieder und wieder den Sabbat Gottes mit seiner Ruhe und Zukunft fragen: *„Adam, wo bist du?"*

Diesen Ruf haben einzelne in der Menschheit je und je vernommen. Je schwerer das Exil der Menschheit war, desto stärker wurde die Sehnsucht nach dem Verlorenen, desto lebendiger die Hoffnung auf einen neuen Gottessabbat. In Israels Sabbatfeier handelte es sich daher um weit mehr als nur um ein menschliches Sabbatgebot. Nicht die jüdische Wocheneinteilung, die jüdische Seele ersehnte diese Feier. Der Woche für Woche wiederkehrende Sabbat sollte in der Seele des einzelnen und des Volkes wieder zurechtbringen und aussöhnen, was durch den Verlauf der Woche auf allen Gebieten zerrüttet worden war.

Es ist daher ungemein bezeichnend, mit welchen Begründungen gerade das Sabbatgesetz im Dekalog verbunden wird. In 2. Mose heißt es: *„Gedenke des Sabbattages, ihn zu heiligen! Du sollst keine Arbeit verrichten, du und dein Sohn und deine Tochter, dein Knecht und deine Magd und dein Vieh und dein Fremdling, der in deinen Toren ist*[1]*."* Dieses Gesetz ergänzt alsdann das Deuteronomium mit den Worten: *„Damit ruhe dein Knecht und deine Magd, wie du selbst! Und sollst gedenken, daß ein Sklave du gewesen bist im Lande Ägypten, und daß herausgeführt dich hat der Ewige, dein Gott, von dort mit starker Hand und mit ausgestrecktem Arm. Darum hat befohlen der Ewige, dein Gott, dir, den Sabbat zu halten*[2]*."*

In diesen Geboten brach mithin wiederum der Schöpfungssabbat mit seiner Verheißung durch und zeigte der sehnsuchtsvollen Seele das Ziel der Erlösung, zu dem die Söhne Israels und mit ihnen die Welt berufen sind. Denn unmöglich kann der gegenwärtige Zustand der Menschheit das Normale und ewig Zukünftige sein. Unmöglich

---

[1] 2. Mose 28, 8. 10. [2] 5. Mose 5, 14.

kann das Exil mit seinem Kampf und seiner Knechtschaft, mit seinem Tränenbrot und seinem blutgetränkten Acker das Ziel der Geschichte sein. So sollte denn jeder Wochensabbat den wartenden Israeliten daran erinnern, daß es vom Standpunkt Gottes aus ein höheres Ziel für den Menschen gibt. *Wie Gott in sechs Tagen die Welt aus einem chaotischen Zustand für den Schöpfungssabbat erlöste, so soll durch seine neue Offenbarung auch der Mensch wieder für einen Sabbatzustand erlöst werden.*

Denn allein die Erlösung für einen neuen Sabbatzustand kann in Ordnung bringen, was der Mensch verloren hat. Er vermag es hinfort weder in seinem politischen, noch wirtschaftlichen, noch sozialen Leben wiederzufinden. Daher gab Gott bereits in seiner Verordnung der israelitischen Sabbatfeier solch einen Charakter, daß sie alles ausgleichen und aussöhnen sollte, was das gewöhnliche Leben ohne diesen inneren Sabbatcharakter auf allen Gebieten zerrüttet hatte. Selbst der Sklave und Fremdling in Israel sollte am Sabbat fühlen, daß es ein Leben und eine Zukunft gibt auch für ihn, die über seinen Sklavenstand und seinen Frondienst weit hinausweisen. Jeder Israelit sollte wissen, dem Schöpfer gilt der Mensch als Mensch und nicht als König oder Untertan, nicht als Freier oder Knecht, nicht als Einheimischer oder Fremdling. *Gottes Sabbatevangelium wendet sich an alle schlechthin.* Denn es ist groß und stark genug, alle durch Erlösung in den eigenen Sabbatcharakter hineinzuziehen.

In diesem Lichte mußten auch die anderen israelitischen Verordnungen gesehen werden, die alle mit dem Sabbatcharakter in Verbindung standen. Sah sich doch die ganze Sozialgesetzgebung in Israel aufs stärkste durch den Schwerpunkt des Sabbatcharakters bestimmt. Das Erlaßjahr für die Schulden, das Jobeljahr für den Grundbesitz, das Freiwerden der Knechte am Versöhnungstage des Jobeljahres — alles stand in diesem Zeichen des Sabbatevangeliums mit seiner inneren Versöhnung und sozialen Freiheit.

War doch Gottes Absicht mit seinen Sabbatverordnungen keine geringere, als daß im Gehorsam gegen seine Offenbarung wieder ein Leben sichtbar werde, in dem alle Seiten der Menschenkraft und Menschenherrlichkeit sich nur zur Verherrlichung Gottes vereinigen sollten. Ja, ein Leben sollte sich wieder betätigen, wo mit dem Pfluge und der Nadel, mit der Sichel und dem Amboß, mit der Feder und dem Spaten, zu jeder Zeit und mit jedem Gedanken, mit dem häuslichen und dem öffentlichen Leben Gott wieder im Geist und in der Wahrheit gedient werde.

Israel hat sich durch die Offenbarung Gottes mit seinem Evangelium nicht für diesen Zustand erlösen lassen. Je und je war es zwar Prophet dieser Sabbatbotschaft, aber den wahren Sabbatcharakter fand es selber nicht und vermochte ihn daher auch nicht als Erstgeborener unter die Völker zu tragen. Erst Jesus, der größer war als Israel und mehr als Prophet — er lebte in diesem Gottessabbat und trug ihn als das Evangelium der Erlösung in die Welt hinein. Seitdem schweigt diese Botschaft nicht. Sie wird auch nie schweigen, bis der neue Gottessabbat beginnen kann. *Solange es einen Gott der Erlösung und einen Menschen der Sehnsucht gibt, wird die Botschaft vernommen werden: „Also bleibt dem Volke Gottes noch eine andere Sabbatruhe vorbehalten.*[1]"

IV. Der erste Mensch und seine Berufung

1. Der Mensch als Ebenbild Gottes

1. Mose 1, 26. 27

Wir kennen den Menschen bereits als höchstes Geschöpf der sechs Schöpfungstage. Sein Wesen und seine Berufung kennen wir jedoch noch nicht. Wir wissen nur, daß er als Mensch weit mehr ist als die Geschöpfe unter ihm und doch wiederum weit weniger als der Schöpfer über ihm. *Weder Kreatur noch Gott — das ist sein Geheimnis.*

Was ist denn der Mensch? — Das ist die nie schweigende Frage in der Menschheitsgeschichte. Auf diese hat keine menschliche Wissenschaft je eine letzte Antwort zu geben vermocht. Diese wurde dem Menschen immer wieder allein durch jene göttliche Offenbarung:

[1] Hebr. 4, 9.

„Und so erschuf Elohim den Menschen nach seinem Bilde, nach Elohims Bilde schuf er ihn, als Mann und Weib schuf er sie."

Wir haben bereits gesehen, *daß in der Erschaffung des Menschen Gott am Schluß des sechsten Tages das Höchste aus sich als Offenbarung herausgab, was er als Schöpfer für die erste Schöpfung in sich trug.* Nicht das Letzte. Denn Gott hatte sich in seiner Offenbarung mit der Schöpfung noch lange nicht erschöpft. Seine Offenbarung ist unendlich, wie sein Leben und seine Liebe unendlich sind. War doch die Offenbarung der sechs Schöpfungstage nichts anderes als die Vorbereitung jener weit höheren Sabbatoffenbarung, die erst mit dem siebenten Tage beginnen konnte. Und die Heils= und Erlösungsoffenbarungen, die später mit dem Fall des Menschen begannen, sind wiederum weit höher, als sie in der ersten Schöpfung waren.

Jedoch der Mensch war die höchste Offenbarung der ersten Schöpfung. In ihm vollendete Gott sein ganzes Werk für den Anbruch des Schöpfungssabbats mit seiner beseligenden Gemeinschaft und seinem ruhenden Dienst. Als Elohim vor diesem seinem letzten Werke am Schluß des sechsten Tages stand, leitete er es mit den Worten ein:

„Wir wollen einen Adam (Stellvertreter) machen in einer unser würdigen Hülle, wie es unserem Ebenbilde entspricht, und sie sollen ihre Herrschaft üben an dem Fische des Meeres und an dem Vogel des Himmels und an dem Vieh und an der ganzen Erde und an allem Gewürm, das dahinschreitet auf der Erde."

Der Schöpfung fehlte der das ganze Schöpfungswerk beherrschende Vertreter vor dem Schöpfer; und dem Schöpfer fehlte der seine Gemeinschaft und seine höhere Offenbarung vermittelnde Dolmetscher und Träger. Mögen z. B. auch den Erbauer eines riesigen Maschinenwerkes das Stampfen der Maschinen, das Spielen Tausender von Rädern, das zweckmäßige und exakte Arbeiten der kleinsten Teile seiner Schöpfung noch so tief erfreuen, in geistige Gemeinschaft vermag er jedoch nicht mit seinem Werk zu treten. Diese ist ihm nur mit jenen Direktoren und Arbeitern möglich, mit denen er sich innerlich verwandt weiß, und die zu gleicher Zeit mit dem Werk bis in seine einzelnen Teile hinein vertraut sind.

Denn die Pflege der Geistesgemeinschaft ist nur möglich auf dem

Boden der Geistesverwandtschaft. Gewiß war alles gut, was Gott auch bis auf den Menschen hin geschaffen hatte. Aber sein Bild, ein ihm innerlich geistverwandtes Wesen fand er nicht in dem bisher Geschaffenen. So reich das Leben der Schöpfung auch bereits war, in welcher Zweckmäßigkeit und Schönheit, Mannigfaltigkeit und Harmonie es daher auch im Verlauf von sechs Schöpfungstagen vor seinem Schöpfer stand, als Gott nach einem Gleichnis für den Menschen suchte, fand er es nicht in etwas bereits Geschaffenem, sondern allein in sich selbst, dem Schaffenden. *Nicht das Tierbild — das Gottesbild sollte Ausdruck von dem inneren Wesen und der ewigen Berufung und Erwählung des Menschen sein.*

Daher ist alles im Menschen auch allein auf Gott hin angelegt. Vergeblich sucht der Mensch in der Welt der Erscheinungen nach einem Ersatz für Gott. Hat er erst Gott verloren, dann irrt er in der ganzen Überfülle von Leben dennoch umher und sucht vergeblich sowohl Ruhe als Frieden. Mag dann auch irgendein Geschöpf vorübergehend den Hunger seiner Seele stillen, eines Tages erwacht in ihm mit spontaner Kraft der nie schweigende Schrei nach Gott. Derselbe kann durch nichts Geschöpfliches zum Schweigen gebracht werden. Alles enttäuscht den Menschen, bis er nicht zur Ruhe gekommen ist in Gott selbst.

Daß wir auf Gott hin geschaffen sind — darin liegt entweder unser Himmel oder unsere Hölle. Unser Himmel, wenn wir als Gottes Ebenbild mit unserem Leben in Gott ruhen. Aber unsere Hölle, wenn wir als Gottes Ebenbild mit unserem Leben uns von Gott entfernen und im Geschöpf das Höchste unserer Sehnsucht suchen. Wird der Mensch zum Kain, der eines Tages weggeht vom Angesicht des Herrn, um sich eine Zukunft zu schaffen auch ohne Gott, dann ist bei aller Gemeinschaft innere Vereinsamung der Stempel und die Qual seiner Seele. Ruhelosigkeit und Unstetigkeit sind alsdann das Antlitz und das letzte Ergebnis seines Lebens und Wirkens.

Um diese unsere Geistesverwandtschaft mit Gott zum Ausdruck zu bringen, dienen in der Bibel die zwei Begriffe *„Bild"* und *„Gleichnis"*. Der erste Begriff bezeichnet eine konkrete, der zweite eine abstrakte Ähnlichkeit zwischen Mensch und Gott. Die Ebenbildlichkeit war mithin eine äußerliche und innerliche, eine der Erscheinung nach und eine dem Wesen nach.

Nun ist Gott Geist, und der hebräische Sprachgebrauch scheut sich, von der Persönlichkeit Gottes ein Bild zu geben und von einer Leiblichkeit Gottes zu reden. Und doch wandelte der Herr im Paradiese, *„da der Tag kühl geworden war"*, und verbarg sich Adam mit seinem Weibe nach ihrem Fall vor dem, der da rief: *„Adam, wo bist du?"* Kain *„entfernt sich vom Angesicht des Herrn"*, und von Mose bezeugt die Schrift, daß er den Herrn sah in seiner „Gestalt", und daß der Herr mit ihm redete *„von Angesicht zu Angesicht*[1]*"*. Jesaja sieht in seiner Vision den Herrn der Herrlichkeit sitzen auf hohem und erhabenem Thron, und wie die Säume vom Gewande Gottes den ganzen Tempel ausfüllen. Im 104. Psalm, diesem wunderbaren Schöpfungslied des Glaubens, bezeugt der Sänger: *„Jahve, mein Gott, unendlich groß bist du, mit Majestät und Machtherrlichkeit hast du dich umkleidet! Hüllst dich in Licht wie ein Gewand, spannst (die) Himmel wie einen Teppich*[2]*."* Und der Prophet Habakuk sah Gott von Teman her aus dem Edomiterlande kommen und spricht: *„Sein Glanz bedeckt den Himmel, und seines Lobes ist die Erde voll. Es wird ein Glanz entstehen wie Licht; Strahlen gehen ihm aus der Hand hervor, und daselbst ist eine Kraft verborgen*[3]*."*

Das sind alles Zeugnisse von dem konkreten Bilde Gottes, ohne daß die Schrift damit die Leiblichkeit Gottes beschreiben will. Und der Mensch ist in seiner Erscheinung dessen Abbild. *Auch der menschliche Organismus ist ein Abglanz der Majestät und des Lichtgewandes Gottes.* Zwar wird uns im 2. Kapitel der Genesis noch näher mitgeteilt, wie unser Körper von Gott geschaffen wurde: *„Da bildete Jahve, Elohim, den Adam, Staub von der Adamah, und hauchte in sein Antlitz den Odem des Lebens, und so ward der Mensch zu einer lebendigen Persönlichkeit."*

Wohl wurde vom Schöpfer der Körper des Menschen aus derselben Stofflichkeit gebildet, aus der die stoffliche Welt besteht. Aber die besondere Würde auch des menschlichen Leibes gegenüber

---

[1] 2. Mose 33, 11; 4. Mose 12, 7. 8.

[2] Ps. 104, 1. 2.

[3] Hab. 3, 3. 4.

dem Leben der übrigen Kreatur bekam er durch jene Tat Gottes, der ihn anhauchte mit seinem eigenen Lebensodem. Das Menschenleben, das Lebendige im Menschen entnahm Gott nicht der Adamah. Leblos lag als Staub der für den künftigen Menschen geformte Leib da, bis der Gotteshauch ihn verklärte und ihn so in sein eigenes Leben hineinzog, daß er zum Organismus der eigentlichen Persönlichkeit des Menschen wurde. Das war bisher mit keinem Geschöpf geschehen. Bei allen Tieren haftete die lebendige Individualität immer wieder doch an dem irdischen Stoff.

Daher ist auch die Leiblichkeit als Organismus der Persönlichkeit des Menschen fähig, über Vollmachten zu verfügen, Kräfte zu äußern und Herrlichkeiten zu offenbaren, wie es sonst keine Kreatur vermag. Wie Gottes äußere Erscheinung, seine Theophanie, ihm die Möglichkeit gibt, dem Menschen seine göttliche Majestät und innerliche Herrlichkeit, seine rettende Liebe und segnende Macht, seine erleuchtende Wahrheit und heiligende Heiligkeit zu offenbaren, so sollte auch die menschliche Leiblichkeit kein Hindernis, sondern der Organismus sein, durch den der wahre Mensch die ganze Fülle seines göttlichen Lebens zu äußern vermöchte.

Soviel durch den Fall und durch Entartung im Lauf der Geschichte auch von dem ursprünglichen Bilde des menschlichen Körpers verlorengegangen sein mag, so ist er dennoch bis heute das größte Kunstwerk der Schöpfung: *ein Mikrokosmos des Makrokosmos und ein Abglanz der äußeren Erscheinung Gottes.* Was seine Intelligenz zu denken, seine Hand zu formen, sein Herz zu fühlen, seine Lippen zu äußern, sein Fuß zu durchschreiten, seine Kraft zu überwinden, seine Gegenwart zu adeln vermag — das übersteigt alle unsere Begriffe und Vorstellungen. Eine Gotteswelt in sich zu tragen, eine Gotteswelt zu umfassen und zu regieren: alles liegt im Bereich der Möglichkeit des menschlichen Körpers. Denn er ist ein Bild der äußeren Hülle und Erscheinung Gottes. *Daher ist er auch fähig, einer geschöpflichen Persönlichkeit als Organismus zu dienen, dessen wahres inneres Wesen die Ebenbildlichkeit Gottes ist.*

Daß diese Fähigkeit auch nach dem Fall im gewissen Umfange geblieben ist, geht nicht nur aus so manchen Verordnungen der alttestamentlichen Gesetzesökonomie hervor, sondern besonders auch aus den mannigfaltigen Ausführungen eines Apostels Paulus. Beruhte doch das ganze alttestamentliche Gesetz nicht nur auf einer Heiligung des Geistes, sondern nicht weniger auch auf der des Leibes. Im Gesetz drückte sich bereits die tiefe Erkenntnis aus, daß es unmöglich ist, dem Geiste einerseits göttliche Würde zuzuerkennen, ihn zu Gott hin zu erheben und in der Lebenssphäre göttlicher Gesetze atmen zu lassen, während man zu gleicher Zeit den Leib zügelloser Willkür, tierischer Sinnlichkeit und den Gesetzen der stofflichen Welt preisgeben könne. Die Gesetzesoffenbarung bezeugte daher sehr klar, *daß die sittliche Bestimmung des Menschen nicht nur in der Heilighaltung der Seele, sondern auch in der des Leibes bestehe.* Ein Einblick in die zweckmäßigen und tief symbolischen Verordnungen des Gesetzes würde uns zeigen, wie alle Bestimmungen nichts anderes als eine Weihe auch des menschlichen Körpers an Gottes Leben und Heiligkeit sein sollte.

Von demselben Standpunkt aus, aber noch weit tiefer, erfaßt später Paulus dieselbe Würde des menschlichen Körpers aller anderen Leiblichkeit der Schöpfung gegenüber, wenn er den Gläubigen in Korinth schreibt: *„Wisset ihr nicht, daß euer Leib ein Tempel des in euch wohnenden Heiligen Geistes ist, welchen ihr von Gott empfangen habt, und daß ihr nicht euch selber angehört? Denn ihr seid teuer erkauft, darum so preiset Gott an eurem Leibe![1]" Ein geheiligtes Innenleben äußert sich auch in einer geheiligten Leiblichkeit.* Man kann nicht innerlich ein Engel und äußerlich ein Teufel sein, nicht die Seele himmlisch pflegen und den Körper der groben Sinnlichkeit preisgeben. Dämonen begnügen sich letzthin auch mit der Körperlichkeit der Säue[2], aber Gott wohnt mit seinem Geiste nur in einem Tempel, der seiner Heiligkeit entspricht.

Diese und manche andere Ausführungen des Apostels zeigen aber, daß unsere Leiblichkeit auch nach dem Fall die Fähigkeit behalten hat, von einem erlösten und geheiligten Geiste in dieselbe Heiligung hineingezogen zu werden, in dem er selbst als Gottgeweihter lebt. Zwar seufzen auch wir als Erlöste mit der ganzen Schöpfung unter dem Druck der Vergänglichkeit, da auch unser Leib

---

[1] 1. Kor. 6, 19.
[2] Matth. 8, 32.

ihr unterworfen ist. Und wir warten seufzend auf die Sohnesstellung, nämlich auf die Erlösung auch unseres Leibes[1]. Denn durch Sünden und Leiden geschwächt, ist er vielfach unfähig, den ganzen Reichtum des Innenlebens so zu offenbaren und zu betätigen, wie es „der Mensch in Christo" ersehnt. Wieviel reicher war z. B. gerade das innere Christusleben eines Paulus als der Christusdienst, den der Apostel durch seine Leiblichkeit betätigen konnte! Mußte er doch selbst seine Briefe um der Schwachheit seiner Augen willen von anderen schreiben lassen. Wie manches Glaubensleben ist durch eine gebrechliche Hülle zunächst so gebunden, daß es die Kraft und Herrlichkeit des Innenlebens nur durch einen leidenden Körper offenbaren kann!

Daher sehnt sich auch der erlöste Innenmensch nach einem entsprechenden erlösten Körper, durch den er sich in seiner ganzen Fülle wird mitteilen können. Aus dieser Sehnsucht heraus beschrieb Paulus auch seine Erwartung auf eine vollendete, pneumatische Leiblichkeit. *„Unser Staatswesen aber ist in den Himmeln, woher wir auch den Herrn Jesus Christus als Retter erwarten, welcher auch unseren Leib der Schwachheit verwandeln wird zur Gleichheit des Leibes seiner Herrlichkeit vermöge der Kraftwirkung, mit der er sich alles unterwerfen kann[2]."* Dieser pneumatische Herrlichkeitsleib wird fähig sein, ein durch Erlösung vollendetes Innenleben auch vollendet zu offenbaren. In der Vollendung wird der gegenwärtig sich vielfach so stark auswirkende Dualismus zwischen Körper und Geist aufgehoben sein. Ihr vollendetes Zusammenwirken wird die Herrlichkeit offenbaren, die Gott in die ganze Persönlichkeit eines erlösten Menschen hineinlegen konnte.

Jedoch was die eigentliche Persönlichkeit des Menschen sowohl gegenwärtig als zukünftig ausmacht, *ist nicht so sehr seine Leiblichkeit als vielmehr seine Seele, sein Geistes- und Innenleben.* Gott schuf den Menschen nicht nur als ein Bild seiner äußeren Erscheinung, sondern auch als ein Gleichnis seines Wesens. Denn drückt der Begriff *„Bild"* die konkrete Erscheinung Gottes aus, so bezeichnet der Ausdruck *„Ähnlichkeit"* die innere Wesensverwandtschaft mit

[1] 1. Röm. 8, 23.
[2] Phil. 3, 20. 21.

Gott. Durch beide Begriffe zusammen wird die Gottebenbildlichkeit betont. Durch seine stoffliche Leiblichkeit vermag der Mensch in Verbindung mit der Welt der stofflichen Erscheinungen zu treten. Durch seinen göttlichen Adel der Seele ist er begnadigt, in solch einen inneren Kontakt mit Gott zu gelangen, daß sein Leben ein Leben *„göttlichen Geschlechts"* ist.

Auf Gott hin geschaffen, ist alles im innersten Wesen des Menschen auch auf Gott hin angelegt. Er ist fähig, Gott zu fassen und Gottes Art zu leben, ohne jedoch je Gott zu werden. Aber er ist auch fähig, die Welt zu fassen und ihre Art zu leben, ohne je nur Welt zu werden. Lebt er seiner Ebenbildlichkeit entsprechend Gott, dann ist er „göttlichen Geschlechts", dann ist er der innerweltliche „Sohn Gottes", wie Christus als der präexistente Logos der innergöttliche „Sohn" ist.

Es ist somit die Sohnschaft, für die der Mensch sich in seiner Ebenbildlichkeit Gottes geschaffen sieht. Daher wagt auch der große Apostel und Prophet der Neuschöpfung im Epheserbrief zu bezeugen: *„Gepriesen sei Gott, der Vater unseres Herrn Jesu Christi, der uns in Christo mit allen Segnungen geistlicher Natur in dem Himmlischen gesegnet hat! In ihm hat er uns vor der Erschaffung der Welt ersehen, daß wir heilig und fehllos wären vor ihm, er, der uns in Liebe dazu ausersah, daß wir durch Jesus Christus zur Sohnschaft verordnet würden, entsprechend dem Heilsplan seines Willens, zum Lob der Herrlichkeitsoffenbarung seiner Gnade, mit dem er uns begnadigt hat in dem Geliebten[1]."*

Kann Gottes Ebenbildlichkeit sich innerhalb der Schöpfung doch nur als Sohnschaft vollenden, *sonst würde sie Gott selbst sein.* Im Sohne liegen die Anlagen einer neuen Vaterschaft und wirkt sich der Geist des Vaters als göttliches Leben aus, *ohne jedoch je der Vater selbst zu werden.* Ist der Mensch in seiner Gottähnlichkeit Gott wesensverwandt auch potentiell, so doch niemals graduell. Selbst *„der Erstgeborene unter vielen Brüdern[2]"*, der zur Rechten der Majestät Gottes erhöhte Christus bleibt bei all seiner Einheit mit dem Vater doch das Sohnes-Ich dem Vater-Du gegenüber.

---

[1] Eph. 1, 3—6.
[2] Röm. 8, 29.

Und dennoch kann sich gerade im Sohn das „Bild“ und „Gleichnis“ des Vaters widerspiegeln wie in keiner sonstigen Schöpfung. Auch das größte Kunstwerk eines Künstlers kann seinem Schöpfer nie das sein, was ihm sein geistesverwandter Sohn sein kann. Keine Schöpfung seiner Hand vermag so sein Innerstes und Heiligstes in sich zu verkörpern und zu dolmetschen wie sein Erbe, den er in den ganzen Reichtum seines künstlerischen Schauens und Könnens hineinziehen konnte.

Daher ist auch Christus als Sohn Gottes die höchste aller Gottesoffenbarungen. Erzählen auch die Himmel die Ehre Gottes und verkündigt auch die Feste seiner Hände Werk[1], so haben sie der Menschheit jedoch nie das gesagt, was ihr durch den „Sohn“ gesagt worden ist. In seiner Person verkörpert sich das ganze Evangelium Gottes schlechthin. Denn *„er ist der Abglanz seiner Herrlichkeit und das Ebenbild seines Wesens*[2]*“*. Wenn die Apostel das Höchste zusammenfassen wollen, was sie als Gottesbotschaft der Menschheit zu künden hatten, dann sprachen sie: *„Wir sahen seine Herrlichkeit*[3]*.“*

Dieses Sohnesbild sollte sichtbar werden bereits durch den ersten Menschen. *Er sollte der innerweltliche Sohn sein, wie Christus als präexistenter Logos der innergöttliche Sohn war.* Daher wird der erste Mensch auch *„Adam“, „Stellvertreter“* genannt. Durch den Fall ging diese ursprüngliche Stellung und Berufung dem Menschen verloren, und er mußte durch den „zweiten Adam“ zunächst für seine ursprüngliche Sohnesstellung wieder erlöst werden. Denn nach dem Fall offenbarte er nicht die Majestät und Herrlichkeit des Schöpfers, sondern des Geschöpfs, nicht die Geistesharmonie mit Gott, sondern die Zerrissenheit der eigenen Seele, nicht die Herrschaft über den Stoff, sondern die Knechtschaft durch den Stoff, nicht die Inspirationen des Lebens, sondern die Angst und die Schrecken des Todes.

Erst durch die Erlösung des „zweiten Adams“ ist es daher dem Menschen wieder möglich, Gottes *„Bild“* und *„Gleichnis“* zu sein. Wen Christus in seine eigene Lebenssphäre hineinziehen kann, der gehört mit zu denen, von denen der Apostel Paulus sagen kann:

---

[1] Ps. 19, 2.
[2] Hebr. 1, 3.
[3] Joh. 1, 14.

„Wir alle aber spiegeln mit unverhülltem Angesicht die Herrlichkeit des Herrn wieder und werden umgewandelt in dasselbe Bild, von Herrlichkeit zu Herrlichkeit, nämlich von des Herrn Geist[1]*.“* Wohl ist die Menschheit zu einem „verlorenen Sohn“ geworden. Aber die Möglichkeit, durch Erlösung ein „wiedergefundener Sohn“ zu werden, hat sie unverlierbar in die Fremde mitgenommen. *Erlösung ist daher das Wiederfinden des Verlorenen, wie Jesus es unvergleichlich schön in seinem Gleichnis dargestellt hat.*

Diese ursprüngliche Gottähnlichkeit des Menschen war jedoch zunächst keine vollendete. Es war nur eine potentielle und prinzipielle. *Wozu sie sich vollenden könne — das sollte der freiwillige Umgang des Menschen mit Gott ergeben.* Denn zum Wesen des Sohnes gehört auch, daß er vom Vater die Selbstbestimmung mitempfangen hat. Indem er auch den Willen vom Vater ererbte, sieht er sich eines Tages in die Möglichkeit versetzt, sein Wollen entweder auf den Willen des Vaters einzustellen oder aber unabhängig vom Vater zu handeln. Erst wenn der Mensch sich trotz dieses seines freien Willens freiwillig für die dauernde Abhängigkeit von Gott entscheidet, wird er erlöst auch von sich selbst. Er wird aus einem bloßen Natur-Sohn zu einem Geistes-Sohn. Was kein Vater ihm geben konnte, wurde er auf Grund seiner freiwilligen Liebe und Hingabe an den Vater. *Und erst in dieser bewußten Liebe und freien Hingabe vollendet sich das volle Sohnesbild und Sohneswesen.*

Vielleicht wird dies bereits durch die hebräische Wortwurzel „ähnlich sein“ angedeutet. Denn in ihr liegt auch der Begriff „schweigen“. Das Wort Ähnlichkeit will hier mithin auch sagen, „daß der ähnliche Gegenstand dem anderen gegenüber schweigt, d. h. ihm nichts entgegensetzt, buchstäblich: ihm nicht widerspricht, nichts ihm Widersprechendes enthält“. Als Gott den Menschen nach seinem Bilde und in seiner Ähnlichkeit schuf, da war er sowohl in seiner leiblichen Gestalt als auch nach seinem ganzen Innenleben so angelegt, wie es einem zur Gottesähnlichkeit bestimmten Wesen entspricht. *Was jedoch zunächst nur von Gott erschaffene Naturanlage war, sollte auf Grund freier Willensentscheidung Geistesbesitz*

[1] 2. Kor. 3, 18.

und Geisteszustand werden. Das objektiv Göttliche sollte in ihm zum subjektiv Gewollten und Erlebten werden. Die zunächst mehr negative Anlage, die nur bekundete, daß in dem ganzen Wesen des Menschen nichts war, was der göttlichen Wahrheit, Liebe, Gerechtigkeit und Heiligkeit widersprach, sollte zur positiven Geistesgemeinschaft und zur vollen Anteilnahme an Gottes Art werden.

Denn bisher war Gottes Offenbarung nur *Schöpfung* gewesen. Auch der Mensch war es zunächst, wenn auch als höchstes Geschöpf. Aber hinfort sollte mit dem Anbruch des Schöpfungssabbats Gottes Offenbarung *Geschichte* werden, und zwar auf Grund der gegenseitigen Gemeinschaft zwischen Gott und Mensch. In dieser Geschichte sollte sich im Menschen dauernd vollenden, wozu er im Prinzip von Gott erschaffen und berufen worden war. Aller Dienst und alle Ehrfurcht vor Gott, die sich in der übrigen Schöpfung auf Grund anerschaffener Gesetzlichkeit vollzieht, sollte im Menschen aus freier Liebe und bewußter Willenshingabe geboren werden. *Gottes Herrschaft im Menschen sollte mithin eine Hingabe und Anbetung auslösen, die für den Menschen nicht Knechtschaft, sondern das höchste Zusammenklingen geistesverwandter Seelen bedeutet.*

Die Grundlage aller wahren Anbetung ist die Bewunderung, das innerliche Ergriffensein von dem jeweiligen übernatürlichen Handeln Gottes. Für dieses innerliche Ergriffenwerden und diese das Geschöpf selbst aufs höchste beseligende Anbetung Gottes im Geist und in der Wahrheit war also im Menschen alles angelegt. Gottes transzendierendes Handeln auf dem Boden der Geschichte sollte den Menschen mehr und mehr in die göttliche Transzendenz erheben, *damit er der Schöpfung unter ihm als „Adam" das werde, was ihm der Schöpfer über ihm als Vater war.*

Diesen Weg der inneren Sohnesgemeinschaft und des hingebenden Sohnesgehorsams ist der erste Adam trotz der von Gott ihm gewordenen Anlagen nicht gegangen. Er stand eines Tages bewundernd vor dem Geschöpf und wurde innerlich ergriffen von dem Evangelium und der Frucht des Geschöpfs. Denn so wie Gottes übernatürliches Handeln die ergriffene Seele mit in seine Transzendenz hineinzieht, so zieht auch das Geschöpf alles in sein geschöpfliches Wesen hinein, sobald der Mensch bewundernd und innerlich ergriffen vor ihm stehenbleibt. *Anstatt vor dem Schöpfer kniet alsdann der Mensch in seiner Bewunderung und Anbetung vor dem Geschöpf.*

Die ganze Tiefe dieser Tragik enthüllt uns das dritte Kapitel der Genesis und der spätere Verlauf der Geschichte. Sobald der Mensch das innere Ergriffensein und die Bewunderung vor Gott verliert, wird er ergriffen von der Kreatur und Natur. Ist die Anbetung nicht mehr eine im Geiste und in der Wahrheit, dann wird sie ein Kult des Genius oder ein Kult des Heiligen. Diesem Geistesgesetz ist der Mensch nie entgangen. *Als das Ergriffensein von Gott verlorenging, da wurde die Anbetung zum Kultus, die Hingabe an den Heiligenden zur Pflege des Heiligen, das Erleben der Kraft des lebendigen Wortes zur verdienstlichen Pflege des „heiligen Gesetzes"*. Hinfort pflegte man fanatisch die Tradition und verschloß sich der Inspiration, hütete ängstlich die Orthodoxie und steinigte die Prophetie, baute Tempel und Altäre und erfüllte sie mit der Welt und Herrlichkeit des eigenen Geistes.

Erst als *Jesus* in die Geschichte trat, wurde wieder der Sohn in seiner Geistesgemeinschaft mit dem Vater und mit seinem vollen Sohnesgehorsam an den Vater sichtbar. Obgleich er als der innergöttliche Logos sich auf denselben Boden gestellt sah, auf den der Mensch gestellt worden war, ward er dennoch gehorsam *„bis zum Tode, ja bis zum Tode am Kreuz. Darum hat ihn auch Gott noch weit mehr erhöht und ihn mit dem Namen begnadigt, der über alle Namen ist, damit in dem Namen Jesu sich beugen sollen die Knie aller Himmlischen und Irdischen und Unterirdischen und alle Zungen anerkennen sollen, daß Herr (allein) Jesus Christus sei, zur Ehre Gottes, des Vaters[1]"*.

Erst im Geiste dieses „Sohnes" kann wieder die Erlösung auch für die anderen Söhne liegen. Daher ist er hinfort eine Ursache geworden zur Seligkeit für alle, die sich vom Vater in dieselbe Lebenssphäre hineinziehen lassen. Denn seinen Thron kann der Vater nur mit Geistessöhnen teilen, die ihre Sohnschaft in Liebe und Gehorsam gegen ihn als ihren Vater vollenden. *Daher ist Glaubensgehorsam auch die Fortsetzung der Heilsgewißheit in jedem neuen*

---

[1] Phil. 2, 7—11.

Menschen, der erlöst durch Christus aufs neue den Geist der Sohnschaft empfangen hat.

In dieser Neuschöpfung, wie sie von Paulus bezeichnet wird, bahnt sich nun der zweite Sabbat Gottes an, der *Sabbat der Erlösung.* Wie Gott erst eine mit dem Menschen vollendete Schöpfung in seinen Schöpfungssabbat führen konnte, so wird auch seine Neuschöpfung mit Christo erst in einer vollendeten Erlösung den Erlösungssabbat finden. Erst muß auch hier der Sabbatzustand eintreten, bevor die Sabbatzeit beginnen kann. *Auf das Kommen dieses Sabbats wartet die ganze Schöpfung, ihn ersehnt die wartende Gemeinde, um ihn betet der Heilige Geist.*

2. Der Mensch als Herr der Schöpfung

1. Mose 1, 27—30; 2, 15—25

In Adams Sohnesstellung vor Gott als seinem Vater lag seine Berufung für seine Herrscherstellung in der Welt. Wie in seiner Ebenbildlichkeit alles auf Gott angelegt war, so war alles kosmische Leben in der Welt auf ihn hin erschaffen[1]. Denn so wie in der wahren Persönlichkeit des Menschen alles mehr bewußt über das eigene Wesen hinaustreibt und seine Ruhe und sein Ziel in dem Höchsten sucht, das sich seinem Geiste erschlossen hat, so strebt instinktiv auch in der kosmischen Welt alles organische Leben einer höheren Daseinsform entgegen. Schon der dritte und sechste Schöpfungstag trugen mit der Entstehung einer Überfülle von mannigfaltigsten Lebensformen und Organismen das Evangelium in die Welt, *daß alles Erschaffene im Kosmos auf Auferstehung zu höherem Leben angelegt ist.* Nachdem die Erde selbst auf Gottes schöpferisches *„Es werde!"* hin zu neuem Dasein aus den Urfluten entstand, ringt in ihr hinfort alles dauernd nach einer neuen Auferstehung.

Auf dieser inneren Beschaffenheit beruht ursprünglich auch die Herrschaft des Menschen über die Schöpfung. Alles kosmische Leben

[1] Kol. 1, 16: Was hier von der Erschaffung des Weltganzen im Blick auf Christus als zweiten und vollendeten Adam gesagt werden konnte, gilt im untergeordneten Sinne auch vom ersten Adam.

ist aber auf Grund seiner inneren Anlage und Sehnsucht nach Auferstehung mehr passiver Natur. Gerade das empfangende Prinzip beherrscht so stark alles Leben, daß es sich mit Wonne jenen höheren Kräften hingibt, die es über sich selbst hinauszuführen vermögen. Unter dem Kuß der Liebe erwacht es zu höherem Dasein. Daß dieses Erwachen gegenwärtig mit den schwersten Wehen verbunden ist, ist nur mit eine Folge des menschlichen Falles, in den sich nach den Worten des Apostels Paulus die ganze Kreatur und Natur mit hineingezogen sieht. Wird doch hinfort kein Zweig eines Baumes geboren, der nicht dauernd im Stamme eine Wunde hinterläßt. Aber mögen auch hundert Wunden die Rinde seines Stammes zerreißen, der Baum schmückt sich dennoch mit dem Leben und der Entfaltung seiner Äste und Zweige, um Jahr für Jahr mit Blüte und Frucht seine Krone zu schmücken.

Diesem Sehnen sollte der Mensch als höchstes Geschöpf mit seinen höchsten Kräften entgegenkommen und der Natur durch seine Herrschaft da mithelfen, wo sie aus sich selbst nicht zu einer höheren Daseinsform gelangen konnte. Wie vermag nicht gegenwärtig noch, trotz des gefallenen Zustandes, der Mensch so manche Wüste in einen Garten Gottes umzuwandeln! Könnte die Natur reden, wie würde sie ihre Freude bekunden, daß der Mensch durch eine wahre Herrschaft ihr immer wieder zum Erlöser wurde! Ja, letzthin redet sie und bekundet durch ihr blühendes Leben und ihre unermüdliche Fruchtbarkeit ihren unauslöschlichen Dank, den sie dem Menschen schuldet. Netzt die Rebe auch in jedem Frühling ihren Boden mit vielen Tränen, wenn sie vom Gärtner beschnitten wird, so dankt sie dennoch im Herbst mit um so schönerer Traube dem Winzer, der mit seinem Winzermesser so tief in ihr Leben eingriff.

Wie gern beugt sich die Natur und Kreatur, wenn ihr der Mensch als „Statthalter Gottes" auf dieser Linie entgegenkommt und ihr mit seinen höchsten Vollmachten dient! Wird sie dadurch doch mit in den Kreis der göttlichen Zwecke und Ziele für das Weltganze hineingezogen. Sind doch unsere gegenwärtige Industrie und unser Verkehrsleben, unsere Kunst und Kultur, unsere Chemie und Elektrotechnik, unser Telephon und Radio nichts anderes als schwache Reste von jener Herrschaft, zu der der Mensch von Gott zum Heil des ganzen Kosmos berufen war. All diese Gebiete — und andere tiefere dazu — lassen uns ahnen, welche Vollmachten und Kompetenzen im ersten Adam lagen, als er erwachte nach Gottes Bild und Gleichnis, *um Sohn des Schöpfers und Herr der Welt zu sein.*

Daß es sich bei diesem Herrschen des Menschen nicht um eine Knechtung im Sinne einer despotischen Herrschaft handeln sollte, geht aus einem vorhergehenden Satz hervor, in dem es heißt: *„Der Adam war noch nicht da, die Adamah zu bearbeiten*[1]*."* Selbst im Dienste Gottes stehend, sollte der Mensch zugleich auch der Erde dienen und sie für jene göttlichen Zwecke in Anspruch nehmen und umwandeln, für die sie von Gott erschaffen worden war. So sollte auch sie eine noch höhere Bestimmung erreichen.

Ein Exempel für solch eine Herrschaft gab Gott dem Menschen in der Schaffung des Paradieses im Garten Eden. Hier zeigte der Schöpfer zunächst selbst, wozu die Erde auf der Grundlage des Schöpfungssabbats fähig ist, und welch ein Leben sie unter höherem Dienst zu offenbaren vermag. *Herrscht erst Gott und dessen Stellvertreter auf der Erde, dann wird sie zum Paradies.* Sie ist es nicht in sich selbst. Sie wird es aber unter höherer Leitung. Die Propheten Israels zogen mithin nur die innere Konsequenz aus diesen göttlichen Prinzipien, wenn sie für die Erde mit dem Kommen des Messiaskönigs auch den Anbruch einer Paradieseszeit erwarteten. Wo Gott und seine Söhne die Herrschaft antreten, da weidet der Löwe bei dem Lamm, und die Erde wird zum Gottes-Eden. *Ist doch das Paradies nichts anderes als die höchste Vollendung eines harmonischen Zustandes, zu dem die Erde mit der Fülle ihres Lebens, ihrer Kraft und ihrer Schönheit unter der Herrschaft Gottes und seines Gesalbten fähig ist.*

Solch einen Paradieseszustand schuf Gott durch einen Garten im Lande Eden. Er sollte die geschichtliche Basis sein für Adams künftige Herrschaft. Für den Menschen war's die Offenbarung: *Wer wie Gott ein Paradies in sich trägt, gestaltet auch die Welt, die ihn umgibt, zu einem Paradiese.* Daher die Sehnsucht alles Unerlösten und Unvollendeten nach einem dem Paradiese entsprechenden Zustand. Denn Mensch und Schöpfung sind für solch einen Zustand erschaffen

---

[1] 1. Mose 2, 5.

und berufen worden. *Eden ist als Sehnsucht von jeder Seele innerhalb der ganzen Schöpfung festgehalten worden.*

Trägt der Mensch erst auf Grund der Erlösung ein Stück Paradies wieder in seiner Seele, dann schafft er auch in seiner Umgebung seinem Innern entsprechende Zustände und Verhältnisse, d. h. inso= weit es gegenwärtig bereits möglich ist. Bestätigt doch die ganze Weltgeschichte, *daß die Kultur da immer am höchsten stand, wo die Menschen Gott innerlich am nächsten standen.* Wessen Seele Gottes Bild in sich trägt, der gestaltet die Erde zu einem Bilde seiner eigenen Seele. *Nicht die Kultur schafft den Menschen, sondern Menschen schaffen die Kultur.* Das Evangelium einer materialistischen Welt= anschauung, nach welchem bessere Zustände auch bessere Menschen schaffen sollen, ist bisher durch die Menschheitsgeschichte nicht gerechtfertigt worden. Erst bessere Menschen schufen auch gerechtere und menschenwürdigere Zustände.

Eine Welterlösung kann immer nur da beginnen, wo die Quellen ihres gegenwärtigen Elends liegen. Das ist der Mensch. Die wahren Bausteine für den Aufbau einer neuen Zukunft werden daher in der inneren Werkstatt der zu Gott heimgefundenen Seelen bereitet. Ihr Geistesauge studiert in der Kanzlei des obersten Werkmeisters jene Pläne der Erlösung, die ein Neues für die Welt in sich tragen.

Eine der ersten Tätigkeiten, die mit dieser Herrschaft des Men= schen über die Schöpfung verbunden sein sollte, war die Namen= gebung. Gott führte die einzelnen Geschöpfe dem Menschen zu, *„damit er sehe, wie er sie benennen werde. Und alles, wie der Mensch es als lebendiges Wesen benennen werde, das sollte sein Name sein. Und der Mensch nannte allem Vieh und aller Vogelart des Himmels und allem Tier des Feldes Namen; aber für den Men= schen fand er keine entsprechende Hilfe*[1]*“.*

In diesem Dienste mußte bereits offenbar werden, ob und inwie= weit der Mensch als Ebenbild Gottes über allem Geschaffenen stand. Nur was der Mensch begreift, kann ihm wirklich untertan sein. Name ist Ausdruck des tiefsten Wesens. Wenn Adam vermöge seiner Vollmachten fähig war, das Wesen der einzelnen Geschöpfe

---

[1] Mose 2, 19. 20.

zu erfassen, konnte er sie auch richtig benennen und beherrschen. Erkannte er sie in ihrem eigentlichen Wesen und in ihrer Bestimmung, so mußte ihm in jedem Geschöpf eine doppelte Wahrheit aufgehen: *einmal, daß alles als Geschöpf Gottes eine entsprechende Bestimmung für das Weltganze hat, und zweitens, daß alles als Geschöpf der Erde nie den Schöpfer und sein Ebenbild, den Menschen, zu ersetzen vermag.* Erstere Erkenntnis mußte den Menschen bewahren vor einer Versündigung gegen das Geschöpf, letztere vor einer Überschätzung des Geschöpfs. Nur wenn der Mensch jedem Gebilde den ihm von Gott bestimmten Platz im Weltganzen zu geben vermag, kann er es auch durch seine Herrschaft auf den allgemeinen Sabbatboden höheren Bestimmungen entgegenführen. Ist doch bis heute die ganze Naturwissenschaft nichts anderes als der menschliche Versuch, dem Wesen des von Gott Erschaffenen einen entsprechenden Namen zu geben.

Es lag mithin in der Namengebung für den Menschen selbst ein tief sittliches Moment. Denn indem er die Dinge in ihrem tiefsten Wesen erfaßte, wurde er fähig, jedem Dasein seinen entsprechenden Platz zum Dienst fürs Ganze anzuweisen. Die dunklen Blätter der späteren Menschheitsgeschichte bekunden, welche Folgen es hatte, als dem Menschen mit seinem Fall auch dieses Charisma seiner Ebenbildlichkeit nach und nach verlorenging. Entweder wurde er in seiner Bestialität zu einem Satan für das Geschöpf, oder aber er kniete anbetend in knechtischer Furcht vor dem Geschöpf als seinem Retter. Denn sobald der Mensch den Blick für den Schöpfer verlor, verlor er auch das richtige Urteil über das Geschöpf. *Naturvergötterung begann, wo die Gotteserkenntnis erlosch.*

Gott war mithin der erste Pädagoge einer wahren Naturwissenschaft. Er hat sie nicht zu fürchten. Der erste Mensch sah sich von Gott selbst in sie eingeführt. Denn Gott weiß, daß ohne metaphysische Einsicht in den Zusammenhang der kosmischen Dinge eine wahre Erkenntnis des Einzelnen in seiner inneren Gesetzlichkeit, seiner höheren Bestimmung und in seinem zweckmäßigen Geschehen unmöglich ist. Je tiefer vom Standpunkt des Schöpfers aus der Mensch Kenntnis über die kosmischen Dinge und Erscheinungen in ihren Beziehungen zum Menschen und zueinander gewinnt, desto tiefer erfaßt er auch seine persönliche Stellung vor Gott und seine Mission in der Schöpfung.

Leider kann das von der Naturwissenschaft, wie sie heute vielfach gepflegt wird, nicht gesagt werden. Nachdem sie den Schöpfer aus der Schöpfung gestrichen hat, ist ihr der Mensch das höchste Subjekt der Schöpfung und das eigene Ich das Höchste der Geschichte geworden. Jede Wissenschaft jedoch, die nicht zu Gott führt, erweist sich in ihren letzten Konsequenzen als Pseudowissenschaft. *Führt die Wissenschaft den Menschen erst nicht mehr zu Gott, dann führt sie ihn zu den Göttern. „Mich"*, klagte einst der Herr in den Tagen eines Jeremia, *„den ewig frischen Quell lebendiger Wasser, haben sie verlassen, um sich Gruben zu hauen, zerbrochene Gruben, die das Wasser nicht halten*[1]*."*

Das ist das Leben und die Kultur eines Volkes, dessen Leuchte eine Wissenschaft ohne Gott geworden ist. Was Wunder, wenn daher im Lichte einer von Gott gelösten naturwissenschaftlichen Weltanschauung der einzelne im Volk und die Staaten unter den Staaten sich ihre Existenz und ihre Zukunft auf dem Boden des ausgeprägten Egoismus und des gefühllosen Naturalismus erbauen: *diese beiden Götzen und Grabesdämonen der Gegenwart!*

Denn mit der Untreue des Menschen Gott gegenüber ging bisher immer auch die Treue der Schöpfung dem Menschen gegenüber verloren. Hinfort baute der Mensch ewig an seinem Eden, und siehe, es ward sein Fronhaus! Er suchte ein gesichertes Wohl und konnte es nur auf Kosten anderer finden. Er ersehnte Frieden und Freiheit und wußte sie nur auf den Spitzen seiner Bajonette und durch die Feuerschlünde seiner Kanonen zu begründen. Denn eine Wissenschaft mit ihrer Kultur, die Gott verlor, verlor auch immer den Nächsten und im Nächsten die Menschheit. Um die Erde und sich selbst zu gewinnen, opferte sie jeden Bruder. Daher lebt unsere gegenwärtige Kultur auch höchstens in der Liebe zur Nation, aber nicht mehr zur Menschheit und zu ihrem Gemeinwohl. *Die Menschheit ist ihr nicht das Subjekt ihres Dienstes, sondern das Objekt ihrer Knechtung und Ausbeutung.*

Bei solch einer materialistischen Kulturentwicklung traten jedoch

[1] Jer. 2, 13.

die großen Gerichtsstunden der Geschichte immer wieder mit der Frage auf: *„Wo sind nun deine Götter, die du dir gemacht? Laß sie doch aufstehen, ob sie dir helfen können zur Zeit deines Unglücks! Denn die Zahl deiner künstlichen Bauten, das waren deine Götter, Juda!*[1]*"* Wehe jedoch einem Zeitalter, wehe einer Kultur und wehe einer Wissenschaft, die solch eine große Stunde der Weltgeschichte dann erlebt ohne Gott! Dann fallen die Götter, und der Mensch bleibt einsam und verlassen in seiner seelischen Zerrissenheit und auf den Trümmern seiner Kulturstätten.

Wie tief der erste Mensch seine Aufgabe zu lösen vermochte, geht aus einer feinen Nebenbemerkung unseres biblischen Textes hervor. Es heißt da zum Schluß: *„aber für den Menschen* (d. h. für sich selbst) *fand er keine entsprechende Hilfe*[2]*"*. Damit sprach er die ewig wahre Erkenntnis aus, daß ihn das Erkennen der Natur niemals zur ersehnten Gemeinschaft führt. Ja, je tiefer und wahrer er sie erkennt, desto einsamer wird der Mensch in dem Höchsten, das er in sich trägt. *Dieses Höchste kann niemals dauernd zur Ruhe kommen im Geschöpf unter ihm, sondern nur im Menschen neben ihm.*

So bereitete Gott im ersten Menschen selbst den Boden für die Erschaffung seiner Gehilfin vor. Erst der Mensch als Mann und Weib konnte der *„Adam"* sein, der die Vollmachten zur Beherrschung des Ganzen in sich trug. Daher erschuf Gott zum Manne das Weib als die dem Menschen voll ebenbürtige Gehilfin. Und nur mit dem Weibe zusammen vermochte hinfort der Mensch seine hohe Menschenaufgabe als Ebenbild Gottes und Herr der Schöpfung in dem großen Schöpfungshaushalt Gottes und der Geschichte zu lösen.

„Und Jahve Elohim sprach: Es ist nicht gut, daß der Mensch allein sei, ich will ihm eine Hilfe schaffen, wie sie sich ihm gegenüber eignet[3]*."* Erst als der Mensch diese durch kein sonstiges Geschöpf zu ersetzende Lücke empfand, konnte Gott zur Erfüllung bringen, was er vorausgesehen hatte. Denn bevor der Mensch zur Erkenntnis gelangte, daß es für ihn keine entsprechende Hilfe gebe, sprach Gott bereits: „Es ist nicht gut, daß der Mensch allein sei." Diese Gehilfin

---

[1] Jer. 2, 28.
[2] 1. Mose 2, 20 b.
[3] 1. Mose 2, 18.

konnte entsprechend den tiefsten Bedürfnissen des Menschen nur eine ihm entsprechende, ebenbürtige sein, und zwar im Vollsinne des Wortes. Denn der Mensch kann auch neben einem Weibe einsam werden und bleiben, wenn dieses ihm innerlich nicht „seinesgleichen" ist.

Als der Mensch seine Einsamkeit erkannte, griff Gott „in göttlichem Schweigen" ein und warf auch über das Entstehen des Weibes den Schleier des Geheimnisses, wie er über allem ersten Werden des Lebens ruht. *Auch die Erschaffung des Weibes ist daher ein göttliches Geheimnis.* Der Mensch erkennt nur: *„Diese endlich ist es! Bein von meinem Bein und Fleisch von meinem Fleisch! Diese mag Männin genannt werden; denn von einem Manne ward diese genommen*[1]*."* Hier kommt die ganze innere Freude, das tiefste Glück der menschlichen Persönlichkeit in ihrer Reinheit zum Ausdruck, endlich gefunden zu haben, was bisher ihr Innerstes in der übrigen Schöpfung vergeblich suchte. Daher ist auch die wahre Ehe das Symbol der tiefsten und höchsten Gemeinschaft geworden, die sich dem Menschen erschließen kann. Sprachen doch später die Propheten von dem Verhältnis Gottes zu Israel und von der Stellung des Volkes zu Gott in diesem Bilde. Ja, noch später nennt Paulus Christus und die Kirche in Verbindung mit dem Wort: *„Um das wird ein Mensch seinen Vater und seine Mutter verlassen und seinem Weibe anhangen und werden die zwei ein Fleisch sein. Dieses Geheimnis ist groß; ich aber deute es auf Christus und die Gemeinde*[2]*."*

Ging dem Menschen die wahre Ehe verloren, dann verlor er die höchste Gemeinschaft, zu der das menschliche Leben geadelt werden kann. *In ihr löst sich daher nicht eine Rechtssitte, sondern erfüllt sich eine tiefste Seelensehnsucht, die sich noch weit stärker erweist als der natürliche Hang an Vater und Mutter.* Sie ist daher auch ungleich tiefer und reiner als das geschlechtliche Zusammenleben der übrigen Welt. Gerade unser Zeitalter ist ein erschütternder Beweis, welch eine Vereinsamung der Seele und welch eine Verwilderung der Sitten eintreten, wenn der Mann nicht mehr in seinem Weibe und das Weib nicht mehr in ihrem Manne völlig zur Ruhe kommt und beide zusammen als *„Adam"* die höchsten Aufgaben des Lebens

---

[1] 1. Mose 2, 23.
[2] Eph. 5. 31. 32.

zu lösen suchen. Dann erkennt zwar der Mann im Nächsten noch das andere Geschlecht, aber nicht mehr sein Weib. Und mit dem Weib geht alsdann die höchste Schöpfung des Menschen als Mann und Weib verloren, *die Familie: dieses Paradies der Menschheit mit der Wiege ihrer Zukunft*. Noch hat sich kein Volk vor seinem sittlichen und physischen Untergang zu retten vermocht, in dem der Mann das Weib nicht mehr erkannte und damit die Ehe und die aus ihr sich ergebende Familie verlor.

So erweist sich jede Abweichung des Menschen von seiner göttlichen Berufung und von dem Sabbatboden der Schöpfung als ein neuer Zustand, der nicht zum ewigen Leben, sondern zu jenem Tode führt, wo *man ewig stirbt und doch nicht sterben kann*. Man hört zwar auf zu sein, was man war, aber man hört nicht auf zu sein, was man ist und wird. Das Fundament der Hölle mit all ihrer Qual liegt in dem Zustand der Seele eines sterbenden Menschen. Nur eine Neuschöpfung Gottes kann den Menschen hinfort noch aus jenem Zustand erlösen, den er sich durch seinen Fall auf dem Boden der ersten Schöpfung schuf. *Diesen Weg der Erlösung ist Gott gegangen, solange es einen gefallenen Menschen mit seiner Geschichte gab.*

Es ist eins der gewaltigsten Geheimnisse der Offenbarung, daß sie in ihrem Hinabsteigen in die tiefsten Tiefen und Gebundenheiten der gefallenen Schöpfung ihren größten Reichtum offenbart. Da sich der Mensch in seinem Fall nicht zur göttlichen Offenbarung und ihrer Erlösung erhöhen kann, so erniedrigt sich die Offenbarung und steigt im Wort zum Menschen hinab. Sie macht den Zustand des Falles zur Gelegenheit der größten Manifestation der göttlichen Barmherzigkeit und trägt jene Erlösung in das Leben einer gefallenen Menschheit hinein, die von dieser in ihrem Todeszustand niemals gefunden werden konnte.

V. Die erste Versuchung und ihre Bedeutung

1. Der Versuchungsboden — ein Paradies

1. Mose 2, 8—10; 3, 1—3

Die Sehnsucht nach ihrem Eden hat die Menschheit auch in ihrem bald sechstausendjährigen Exil nicht verloren. Vergeblich hat sie es jedoch auf Erden gesucht, seitdem der Mensch es nicht mehr in seiner Seele trug. Immer wieder erwachte im Menschen die Frage: *Wo lag das Paradies?* Und man hat es im menschlichen Wissensdrang mit großem Kostenaufwand und großer Gelehrsamkeit bald hier bald dort auf unserer Weltkarte gesucht. Bald vermutete man es im armenischen Hochland, bald in Babylonien, wo die Heimat der beiden Ströme Euphrat und Tigris ist. Die Reste des ursprünglichen geographischen Eden sind jedoch so verschwunden, daß sich alle bisherigen Feststellungen über seine einstige Lage nur als Vermutungen erwiesen haben. Das Eden der Vergangenheit sucht die Menschheit daher vergeblich. Findet sie es nicht auf Grund der Offenbarung und der göttlichen Versöhnung in der Erlösung der Zukunft, dann hat sie trotz ihrer Sehnsucht ihr Eden für immer verloren.

Von viel tieferer Bedeutung ist jedoch die Feststellung, *daß der Mensch in Eden sein Eden verlor.* Denn er fand seinen ersten Versuchungsboden im Paradiese. Obzwar der Mensch außerhalb des Paradieses erschaffen wurde, so war er doch bestimmt, im Paradiese zu leben. Von dieser höchsten Zentralbasis aus sollte er als Herr der Schöpfung auch alle anderen Gebilde und Erscheinungen des Lebens beherrschen und höheren Bestimmungen entgegenführen. Das sollte sein ewiger Gottesdienst innerhalb der Geschöpfe auf dem Sabbatboden der Schöpfung sein.

In dieser Bestimmung des Menschen fürs Paradies liegt daher auch seine gegenwärtige Qual, nachdem er es verloren hat. Ewig sucht er es und findet es doch nicht. Und doch kann er ohne es nicht leben. So mancher, der es im Leben nicht finden konnte, suchte es letzthin im Tode. *Daß er vergeblich sucht, ohne was er nicht leben kann — darin liegt das unentrinnbare Gericht, dem der gefallene Mensch verfallen ist.*

Sein Fall hat ihm die ursprüngliche Bestimmung für jene Heimat nicht aus der Brust gerissen, die die Bibel mit den Worten beschreibt: *„Und es pflanzte Jahve Elohim einen Garten in Eden zu Osten und setzte dorthin den Menschen, den er gebildet hatte*[1]*."* Auch kein Gericht zerstörte in ihm später die Sehnsucht nach dem Verlorenen, so tief der Mensch in seiner Schuld auch sank, und so sehr er sich im Laufe der Jahrtausende auch von seiner Heimat entfernte. Das ist der gegenwärtige Mensch in seiner ganzen Tragik: *daß er für eine Heimat bestimmt ist, die er niemals mehr zu finden vermag.*

Aber in dieser seiner unzerstörbaren Sehnsucht liegt verhüllt auch die Verheißung seiner Erlösung. *Ohne Sehnsucht nach Erlösung wäre nie ein Erlöser geboren worden.* Könnte der Mensch endlich auch in seiner Qual zur Ruhe kommen, er würde sich niemals einer ihm angebotenen Erlösung erschließen. Er fände dann in seinem Gericht sein Leben und seinen ersehnten Sabbatzustand. Da ihm aber trotz allem Reichtum und Genuß des Lebens, trotz aller Entfaltung seiner Energien und Wünsche dennoch die Sehnsucht nach dem Verlorenen bleibt, so vermag Gott ihm eines Tages das als Erlösung in der Offenbarung Jesu Christi anzubieten, was der Mensch ohne Erlösung im Geschöpf und in sich selbst vergeblich suchte.

Wie konnte aber dem Menschen der ursprüngliche Boden seiner Bestimmung zum Versuchungsboden werden? Es heißt im biblischen Bericht: *„Und es legte Jahve Elohim dem Menschen das Gebot auf: Von jeglichem Baume des Gartens darfst du sehr wohl essen; aber von dem Baume der Erkenntnis dessen, was gut und böse ist, sollst du nicht essen; denn an dem Tage, an welchem du von ihm issest, mußt du gewißlich sterben*[2]*." Auch auf dem Paradiesesboden gibt es verbotene Frucht.* Obgleich es der Boden war, der ewig für den Menschen als Heimat bestimmt war, und es die Zentralbasis sein sollte, von der aus er seine mannigfaltigen Herrscherdienste in der Gesamtschöpfung entfalten sollte, so hatte das Paradies den Menschen niemals von dem Gehorsam gelöst, zu dem er in seinem Sohnesverhältnis zum Schöpfer verpflichtet war. Gottes Vater- und Schöpferwille reichte als Leben und Seligkeit bis ins innerste Heilig-

[1] 1. Mose 2, 8.
[2] 1. Mose 2, 16. 17.

tum des Paradieses hinab und band den Menschen für immer in seinem richtigen Verhältnis zu Gott an den kindlichen und freiwilligen Gehorsam. *Ein dauernder Kindeszustand war auch im Paradiese nur denkbar unter hingebendem Kindesgehorsam.*

Dieser bis ins Paradies hineinreichende Gotteswille sollte jedoch kein knechtender sein. *„Von jeglichem Baume des Gartens darfst du sehr wohl essen"*, lautete Gottes Evangelium für des Menschen Paradiesleben. Alles war auf den Menschen hin und für ihn geschaffen. Alles sollte es als ewige Wonne empfinden, ihm als Herrn der Schöpfung im Rahmen der göttlichen Bestimmung dienen zu dürfen. Nur einen Baum gab es, an dessen Frucht offenbar werden sollte, was der Mensch für *„gut"* und *„böse"* halten würde: ob das, was Gott ihm in Liebe im Verbot als seinen Vaterwillen enthüllte, oder das, was die Frucht des Baumes ihm biete. Mit dem freiwilligen Gehorsam dem Willen Gottes gegenüber war für den Menschen das Leben, mit dem Nehmen von der verbotenen Frucht des Baumes jedoch der unabwendbare Tod verbunden.

Es handelte sich mithin in diesem Verbot unverkennbar um die freiwillige Unterwerfung der sinnlichen Natur des Menschen unter den ihm geoffenbarten Gotteswillen. Diese Freiheit der innerlichen Entscheidung mußte den Menschen entweder in seinem Sohnesverhältnis sittlich vollenden oder ihn auf sein eigenes Wollen und auf die Pflege des Sinnlichen einstellen. Seine Sohnesfreiheit mußte ihm die Möglichkeit geben, entweder den Willen des Vaters über das Geschöpf oder aber die Frucht des Geschöpfes über den Willen Gottes zu stellen.

Es fragte sich somit, *ob der Mensch sich von Fall zu Fall für die Herrschaft der Offenbarung Gottes oder für den Genuß der Frucht des Baumes, d. h. des Geschöpfes, entscheiden wolle.* Sollte der Kindesgehorsam im Menschen in seiner Stellung zu Gott nicht nur instinktiv, nur rein naturhaft sein, sondern sich sittlich und geistig vollenden, so mußte ihm mithin auch das Paradies mit seinem Baum der Erkenntnis zu einem Versuchungsboden werden können. Die Fähigkeit zu sündigen, d. h. sich innerlich für etwas anderes als die Offenbarung Gottes zu entscheiden, schloß daher auch das Paradies für den Menschen nicht aus.

Denn als „Adam", als Mensch vor dem Fall, besaß er seine Gott=ebenbildlichkeit nur als eine anerschaffene naturhafte, aber nicht als eine selbsterwählte, geistige und sittlich vollendete. Diese Ebenbild=lichkeit oder Sohnesstellung konnte sich auf Grund der Freiheit des Geistes entweder für das Naturhafte und dessen Sinnlichkeit oder für das Geistige und dessen sittliche Vollendung entscheiden. Das Naturhafte seines Wesens sah sich angezogen, wie später der Fall zeigen wird, von dem Reiz und der Frucht der Adamah, von deren Staub der Körper des Menschen, wenn auch als Bild Gottes, gebildet war. Das Geistige, der Hauch Gottes in ihm, zog jedoch zur Offen=barung und zu deren Quelle, zu Gott selbst, hin.

Am Baume der Erkenntnis und an dem mit ihm verbundenen Verbot als Gottesoffenbarung sollte nun offenbar werden, was der Mensch in seiner Freiheit erwählen würde. *Wird ihm die Offen=barung Gottes das „Gute" schlechthin und eine von Gott verbotene Frucht, auch wenn sie im Paradiese wächst, das „Böse" sein, oder wird er eine andere Entscheidung treffen?* Diese Entscheidung für die Offenbarung als sein Leben und seine Zukunft konnte allein von seinem Geiste, als dem Hauche Gottes, getroffen werden. Zu einer Entscheidung für die verbotene Frucht der Erde sah sich der Mensch durch das Naturhafte seiner Leiblichkeit, durch seine kreatürlich=seelische Beschaffenheit genötigt. In diesem inneren Zwiespalt befand sich der Mensch vor dem Fall: auf der einen Seite die Offenbarung mit ihrem Verbot als Leben, auf der anderen die Frucht des Baumes mit ihrem Reiz und dem damit verbundenen Tod.

Jeder weiß, daß das letzthin die psychologische Grundlage für jede sittliche Persönlichkeit auch heute noch ist. Wo im Leben — auch in dem eines Christen — nicht die Offenbarung Gottes im Geist und in der Wahrheit das Bestimmende und das Erstrebte wird, da sieht sich der Mensch bestimmt durch den Reiz der Sinnenwelt, durch die Frucht der Erde und ihrer Kultur. Seine Ethik bildet sich alsdann nicht am Herzen Gottes, sondern am Busen der Natur. Leben in Gottes Augen hält der Mensch alsdann für einen Verlust, und das, was verborgen den Tod für ihn enthält, sieht er als seinen Gewinn und seine Zukunft an.

Dieser Selbstentscheidung kann Gott den Menschen, der sein

Bild trägt, niemals entheben. Denn darin vollendet sich entweder seine Gottebenbildlichkeit oder seine reine Kreatürlichkeit. Daher erwies der Mensch sich nach dem Fall in seiner Entwicklung ohne Offenbarung auch nur als eine intelligente Kreatur. *Im Tierbilde fand er das Symbol seiner sittlichen Kraft und das Idol seiner inneren Verehrung und Anbetung.* In der Frucht der Erde suchte er die Stillung seiner Sehnsucht; ihrem Gewinn opferte er sich selbst und seinen Bruder. Die Sünde wurde ihm zur sittlichen Grundlage seiner Existenz, seiner Gesellschaft, seines Staates und seiner Zukunft. Hinfort hatte für ihn nicht mehr die Stimme Gottes mit ihrem Evangelium des Gebotes oder Verbotes zu entscheiden, was „gut" und „böse" für ihn ist, sondern der Genuß der Frucht der Adamah.

Welche Perspektiven eröffnen sich von diesen biblischen Tatsachen aus unserem inneren Geistesauge! Auf Grund der göttlichen Offenbarung in der Schrift wissen wir, daß Satans Fall sich in prähistorischen Zeiten bereits in Gottes ewigen Lichtwelten vollzog. Nun sah sich der erste Mensch, als Gottes Ebenbild und als Mann und Weib, innerlich in seinem Seelenleben völlig unabhängig von der Natur und ihrer Frucht. Er war allein auf die Geistesgemeinschaft mit Gott hin erschaffen. Die Basis seines Dienstes kannte keine Mängel und Hindernisse; denn sie ward das Paradies Gottes. Die Vollmachten seiner Intelligenz erhoben ihn als Krone der Schöpfung über jedes Geschöpf und eröffneten ihm ein unbegrenztes Betätigungsfeld und Herrschaftsgebiet. Und doch fiel der Mensch in diesem Paradiese.

Später suchte die Menschheit nach ihrem Fall zwar zu Gott und dem verlorenen Paradiese auf dem Wege des Opferdienstes zurückzufinden. Denn mit ihrer Verirrung wuchs ihre innere Entfernung von Gott, aber damit auch ihre Qual und Sehnsucht. Sie hoffte, *durch Gaben der Schöpfung zu finden, was ihr nur eine Tat des Schöpfers geben konnte.* In ihrer inneren Not opferte sie gelegentlich alles, nur nicht sich selbst, d. h. ihren von Gott gelösten Geisteszustand. Und doch erschlug selbst auf diesem Wege des Gottsuchens einer der ersten Söhne bereits seinen Bruder am Opferaltar. Denn auch Altäre konnten den Menschen in seinem von Gott gelösten Zustand nicht mehr bewahren vor sich selbst. Sind doch die schauerlichen Religions=

kämpfe und die fanatischen Ketzergerichte eines der allerdunkelsten Kapitel in der Geschichte der Menschheit. Als der gefallene Mensch erst anfing, im eigenen Geiste zu opfern, da konnten keine Altäre verhüten, daß Kain bei all seinem Suchen nach Gottes Angesicht dennoch seelenlos das Angesicht seines Bruders erschlug.

Alles kann dem Menschen zur Versuchung und zur Verführung gereichen. Ich erinnere z. B. an den ersten von Gott berufenen König in Israel. Saul sah sich durch einen Gottespropheten zum König über das ganze Volk gesalbt. Als er jedoch später in seinem königlichen Dienst der göttlichen Salbung untreu wurde, verlor er seine Krone bei einem der heiligsten Dienste der Salbung: beim Opfer. Er hoffte, *durch äußere Gaben den inneren Gehorsam der Salbung vor Gott ersetzen zu können,* eine Handlung, die noch immer da eintrat, wo äußerliche Religion die innere Gemeinschaft mit Gott ersetzen sollte. Hatte der Mensch erst seine innere Geistesverbindung mit Gott verloren, dann suchte er immer durch dargebrachte Opfer den inneren Bruch der Seele zu heilen, da sollte das Blut der Lämmer und Stiere den sittlichen Verlust der Persönlichkeit wiederherstellen.

Als viel später der zweite Adam erschien und als Prophet Gottes auftreten wollte, sah er sich eines Tages auf die Zinne des damaligen Heiligtums in Jerusalem gestellt. Diese wurde der Boden, wo der Teufel mit einer völlig neuen Versuchung vor die Gottebenbildlichkeit seiner Seele trat. Denn trotz aller seiner Feindschaft wider Gott hat Gott dem Teufel nie den Eintritt in sein Heiligtum verwehrt. Er erscheint in den Tagen Hiobs mit unter den Söhnen Gottes vor dem Angesicht des Höchsten[1]. Während der Statthalterschaft Serubabels und in den so bewegten Tagen des jüdischen Volkes nach dem Exil verklagte der Satan den Hohenpriester Josua selbst vor dem Engel des Herrn. Denn der Hohepriester trug nicht die dem Heiligtum und seiner Stellung unter dem Volke entsprechende Kleidung[2].

Jenes Moment der Barmherzigkeit und der Vergebung, in dem die göttliche Liebe durch ihr Eingreifen Josua wie einen Brand aus dem Feuer errettet und zum Priester seines Volkes berufen hatte, wurde von Satan völlig übersehen. Wo er sich unter den Heiligen

---

[1] Hiob 2, 1.

[2] Sach. 3, 1.

und im Heiligtum Gottes bewegt, hat er nur noch einen Blick für das Fehlende, aber keinen für das durch Gnade Berufene, Werdende und Seiende. Nachdem er selbst in seinem Wesen zur Negation des Göttlichen geworden ist, sieht er auch nur, was das Göttliche negiert. *Den Menschen vor Satan und dessen Versuchung zu bewahren, vermögen mithin selbst Gottes Heiligtümer nicht.*

In den Tagen der ersten Liebe der jungen Christenheit brachten manche in ihrer inneren Hingabe an Gott und an das Kommen seiner Königsherrschaft all ihre Habe als ein Opfer zu den Füßen der Apostel. Es war das nicht eine gesetzliche Lebensäußerung der Gemeinde, sondern nur der spontane Ausdruck der hingebenden Liebe so mancher ihrer Glieder. Als jedoch Ananias und Saphira denselben Weg der Hingabe betraten, unterlagen sie der Versuchung. Sie fanden da ihr Gericht, wo andere ihre Hingabe an Gott auslebten. *Ihnen genügte das Glück des äußeren Scheines, wo andere das verborgene Glück eines heiligen Zustandes und innerlichen Wesens genossen.* Mithin kann auch der heiligste Weg an sich den Menschen nicht heiligen und vor der Versuchung bewahren. *Niemals machten heilige Wege und Handlungen den Menschen heilig, sondern heilige Menschen heiligten auch ihren Weg und ihre Handlungen.* Nur Menschen, die durch Gott und dessen neu schaffende Geisteswirkungen sich geheiligt sehen, heiligen durch ihr Leben als eine von Gott in ihnen gewirkte Frucht auch alles, was ihr Leben wirkt und empfängt.

Mit seltenem Eifer suchte einst ein Pharisäer mit Namen Saulus von Tarsus dem Gott seiner Väter zu dienen. Er berichtet uns selbst, daß er in diesem seinem Eifer alle seine Altersgenossen übertroffen hätte. Aber gerade in diesem seinem Eifer wurde er ein Verfolger Christi und der Gemeinde. Gott dienend zerstörte er dennoch das Kommen des Reiches Gottes. Seine Weihe zum strengsten Rigorismus der damaligen offiziellen Frömmigkeit bewahrte ihn nicht, *aus seinem Gottesdienst einen Frevel gegen das Gottesreich zu machen.* Die Versuchung schrak auch vor dem Eifer der pharisäischen Frömmigkeit des jüdischen Volkes nicht zurück.

Und doch sind all diese Erscheinungen auf den heiligsten Gebieten der Menschheitsgeschichte nur eine Bestätigung von dem, was auch in Eden auf paradiesischem Boden geschah. Jeder Boden, auch der heiligste und geweihteste, kann an sich dem Menschen zum Versuchungsboden werden. *Seine Rettung vor sich selbst und der jeweiligen Versuchung fand daher der Mensch niemals in etwas Heiligem an sich, sondern allein in dem Heiligenden.* Weder Tempel noch Altäre, weder Prophetenmantel noch Pharisäersekte, weder Kloster noch Einöde schützten ihn vor sich selbst und vor der Versuchung der Geschöpfe und der Verführung aller Geistesmächte außer ihm.

Vergeblich suchte daher der Mensch auch sein Allertiefstes und Heiligstes im Geschöpf und in dessen Gabe, was ihm nur der Schöpfer und dessen Offenbarung geben und sein konnten. Selbst seine Bewahrung fand er nicht in der Welt um ihn, sondern allein in der Welt über ihm. Denn ist die Ebenbildlichkeit des Menschen in ihrem Wesen allein auf Gott hin angelegt, dann ist sie in allem auch allein von Gott abhängig. Jede Zuflucht zum Geschöpf und zu seinen Gaben und Kräften mußte sich hier als eine der schmerzlichsten Irrtümer und als eine Enttäuschung erweisen. *Trug der Mensch sich erst selbst in den Tempel, um durch den Tempel von sich selbst und seiner Versuchung gelöst zu werden, dann hörte auch der Tempel eines Tages auf, ein Bethaus zu sein, und wurde zur Mördergrube*[1]. Als ein Entweihter zieht der Mensch auch das Heiligste mit in seine Entweihung hinein.

Es gibt daher keinen gesicherten Boden vor der Versuchung als den in Gott selbst. Daher reden auch später Propheten und Apostel so viel von der bewahrenden Gottesmacht zum ewigen Leben. In dieser allein lagen und liegen die Garantien der Bewahrung auch in den dunkelsten Stunden der Versuchung. Wer in diesen Stunden siegte, dem wurden sie zur Basis völlig neuer Gotteserlebnisse, die den Menschen in seiner Bewährung ungeahnt bereicherten und dem Bilde Gottes ähnlicher machten.

Von diesem Standpunkt aus konnte auch der Apostel Jakobus an seine Kampf- und Glaubensgenossen schreiben: *„Ja, seid hocherfreut, meine Brüder, wenn ihr in allerlei Anfechtungen fallet! Ihr wißt, daß die Prüfung eures Glaubens Beharrlichkeit zur Folge hat.*

[1] Matth. 21, 13.

Und diese Beharrlichkeit sollt ihr in all eurem Handeln betätigen, damit ihr zur vollen geistlichen Reife kommt und es euch an keiner Tugend mangele[1]." Eine im Glauben bestandene Versuchung erwies sich daher immer als Stärkung und Bereicherung derer, die sich in ihr für Gott und dessen Offenbarung zu entscheiden wagten.

Wie oft glaubte der Mensch, bald hier bald dort, bald in dieser bald in jener Sache einen Boden zu finden, auf den er sich vor jeder Versuchung zurückziehen könne! Und doch mußte er eines Tages die schmerzliche Erfahrung machen, daß er sie selbst auf den heiligsten Boden mitnimmt. *Denn das Geheimnis der Versuchung liegt nicht in den Dingen der Welt um uns, sondern an der Versuchungsmöglichkeit unseres Wesens in uns.* Der Mensch vergißt daher beim Versuchungsproblem, daß es sich in ihm wesentlich um rein geistige Vorgänge handelt. Die Dinge, die den Menschen umgeben, tragen nicht die Versuchung in sich. Wie könnte das, was in Gottes Augen in seinem Totalzusammenhang sehr gut war, plötzlich in seinen Einzelerscheinungen ein Ärgernis für den Menschen bedeuten?

Auch der Baum der Erkenntnis trug die Versuchung für den Menschen nicht in sich. Als ein Glied der vollendeten Gottesschöpfung war auch er „gut" und verkündete mit seiner Schönheit und seiner lieblichen Frucht die Schöpfermacht und Weisheit Gottes. Aber er konnte mit seiner Frucht, wie alles in der geschöpflichen Welt, zu jenem Gefäß werden, in dem das inspirierte Evangelium der Versuchung Fleisch wurde. Wir werden diese Wahrheit im nächsten Kapitel noch klarer erkennen. Hier geht es uns nur um die große Feststellung, *daß es auch für unser Kampfesleben nirgends in der Welt an sich einen gesicherten Boden gibt.* Daher ist es so verständlich, wenn Jesus zu seinen Jüngern sagte: *„In der Welt habt ihr Angst."* Denn in ihr vermag alles eines Tages zu einem Skandalon, d. h. zu einem Ärgernis, für den Menschen zu werden. Selbst der Jünger wurde es bei einer Gelegenheit seinem Meister. Jesus fügte damals aber gleich hinzu: *„Seid getrost, ich habe die Welt überwunden!"*

Das Entscheidende in jeder Versuchungsfrage ist mithin, *ob unser Innenleben für die Sprache der Versuchung offen ist oder nicht.* Jesus

[1] Jak. 1, 2—4.

hatte sich allein auf die Sprache seines Vaters eingestellt. Die Versuchung nahte sich auch ihm. Wie verwandt ist im Prinzip seine Versuchung in der Wüste mit der des ersten Menschen im Paradiese! Aber jede neue Versuchung wurde ihm zur Gelegenheit, sich bewußt und einseitig immer wieder auf die Stimme der Offenbarung seines Vaters einzustellen. So wurde die Welt von ihm überwunden.

Das ist allein auch unser Weg. *Sobald unser Innenleben offen ist für ein Evangelium der Schlange, vermag dieses sich in jedem Geschöpf und in jeder Gabe in der Welt zu verleiblichen und uns zur Versuchung zu werden.* Anstatt daß es uns dient, wird es zur Verführung. Erst wenn die Versuchung innerlich überwunden wird, hören alsdann die Dinge um uns auch auf, uns zur Versuchung zu werden. Für Abraham hatte es keinen Reiz, sich bei seiner Trennung von Lot die Jordanaue zu erwählen, wenn sie auch wie ein Garten Gottes, wie Ägyptenland war. Nachdem der Herr zu ihm gesprochen hatte: *„Hebe deine Augen auf: alles Land, das du siehst, will ich dir und deinem Samen nach dir geben ewiglich"*, wußte Abraham, daß die Garantie eines Segens nicht in einer Örtlichkeit liege, sondern allein an Gottes Segen gebunden sei. Lots spätere Erlebnisse in der Jordanaue zeigten, wie richtig Abrahams innere Stellung gewesen war.

Wer gelöst ist in seinem Innenleben, weil er in der Abhängigkeit von Gott steht, bleibt gelöst auch inmitten der Welt. Wer sich jedoch von der Offenbarung Gottes innerlich entfernt und sein Ohr dem Evangelium des Tieres öffnet, fällt selbst im Paradiese. Jesus saß unter Zöllnern und Sündern und blieb dennoch der Prophet und Retter auch für Zöllner und Sünder. Judas wandelte in engster Gemeinschaft mit seinem Meister und dessen Jüngern, und er wurde dennoch zum Verräter. Abraham fiel in Ägypten, als er in schwacher Stunde auf Ägypten seine Hoffnung setzte. Joseph wurde später gerade in diesem Lande zum Retter seiner Brüder und des ganzen Landes.

Es soll und kann mithin zu unserer Erlösung und sittlichen Vollendung dienen, wenn alles in der Welt uns zu einem Versuchungsboden und zu einer Verführung werden kann. Je tiefer wir das erkennen, desto bewußter lösen wir uns von unserem Vertrauen auf die geschöpfliche Welt und suchen die Garantie unserer Bewahrung allein in Gott und in unserer Abhängigkeit von dessen Offenbarung. Nur von dieser inneren Basis aus wird es verständlich, wie Menschen gleich Luther im Blick auf die bewahrende Gottesmacht immer wieder sagen konnten: „Und ob die Welt voll Teufel wär' . . ." Von diesem Standpunkt aus konnte auch Paulus für die kämpfende Gemeinde aller Zeiten die köstliche Botschaft bezeugen: *„In allen diesen Kämpfen siegen wir aufs herrlichste; denn uns hilft er, der uns geliebt*[1]*."*

2. Die Versuchungsorgane — das Geschöpf und seine Gaben

1. Mose 3, 1—6

Alles in der Schöpfung segnet oder verführt uns. Wir haben gesehen, daß die Willensfreiheit des Menschen die Versuchungsmöglichkeit auf jedem Boden in sich schloß. So schmerzlich der Gedanke uns auch sein mag, aber selbst das Paradies blieb davon nicht ausgeschlossen. *Der erste Mensch erlebte seinen Fall nicht außer, sondern in dem Paradiese.*

Nun eröffnet uns der weitere Bericht die andere bittere Wahrheit, daß jede Gabe der Schöpfung uns zum Versuchungsorgan werden kann. Die Schlange verführte das Weib, das Weib den Mann, die Frucht des Baumes Mann und Weib. *Nur die ganze Tragik einer späteren Menschheits- und Weltgeschichte hat die Exegese zu diesem schlichten Bericht zu geben vermocht.*

Zunächst geht hier aus dem ganzen Zusammenhang des Problems der Versuchung und des späteren Falles hervor, *daß durch jede Versuchung und ihre Organe etwas in den Menschen hineingetragen werden soll, was an sich bisher dem Zustand des Menschen fremd war.* Bestände das Wesen des menschlichen Falles in der Tatsache, daß der Mensch sich allein auf Grund seiner eigenen Inspiration wider Gott entschieden hätte, „dann wäre der Mensch zum Teufel geworden[2]". Dann hätte er ja als Geschöpf die Urquelle

---

[1] Röm. 8, 37.
[2] Nach Franz Delitzsch.

seines Falles in sich selbst getragen. Mit seltener Klarheit betont jedoch die ganze Versuchungsgeschichte, daß der Mensch als Mann und Weib seinen Fall auf Grund einer Versuchung außer ihm erlebte.

Der Bericht hebt damit an, daß er uns zunächst mit dem ersten Versuchungsorgan vertraut macht. *Es ist die Schlange.* Sie erweist sich listiger als alles sonstige Getier des Feldes. Haben wir den Bericht hier wörtlich und nicht symbolisch zu fassen, dann war die damalige Schlange jedenfalls die höchste Repräsentantin in der ganzen damaligen Tierwelt. Wir sehen überall das Gesetz in der Gottesschöpfung, daß sich die organischen Lebensformen bestimmter Gattungen und Geschlechter schließlich in einem höchsten Geschöpf ihrer Art verkörpern.

Jedenfalls war die Schlange nicht nur das listigste, sondern auch das intelligenteste Tier unter allen tierischen Schöpfungsgattungen jener Urschöpfung. Sie stand offenbar auch auf rein kreatürlicher Linie dem Menschen am nächsten. Verfügte sie doch über dessen Sprache, so daß sie sich mit ihm geistig unterhalten und ein ihm fremdes Prinzip als Versuchung vermitteln konnte. Voraussetzung in dem ganzen Vorgang ist hier jedoch, *daß sie selbst bereits eine Verführte war* und sich von einem höheren Geiste außer ihr als Versuchungsorgan für den Menschen gebrauchen ließ. Satan in seiner wahren Gestalt als offener Verführer wäre gleich vom Menschen als etwas ihm völlig Fremdes erkannt worden. Wird doch bis heute von ihm jede erdenkliche Metamorphose angewandt, um sich unerkannt dem Menschen mit seiner Versuchung und Verführung nahen zu können. Er war je und je der Wolf in Lammesgestalt, der Dämon, der sich als Engel des Lichts zu verkleiden verstand.

Diese Schlange sprach eines Tages während ihres Verkehrs mit dem Menschen: *„Wenngleich Gott es gesagt — solltet ihr von all den Bäumen des Gartens nicht essen?" Das war Tierphilosophie, die durch einen fremden Geist inspiriert worden war.* Dies ist aber immer die Taktik des Feindes Gottes und der Menschheit gewesen. Er hüllte seine satanischen Fragen und sein verführerisches Evangelium immer zunächst in das rein Natürliche und Kreatürliche. Das Tierische und Sinnliche hat jeder Sünde bisher als Hebamme gedient.

Als Tier spricht sie auch hier, appelliert zunächst an das rein Naturhafte im Menschen und fragt: *„Wie, wenngleich Gott es gesagt hat, solltet ihr von allen Bäumen des Gartens nicht essen?"*

Das Tier vermag alles nur von seiner individuellen Natur aus zu prüfen. Daher erscheint es ihm unbegreiflich, daß die Früchte des Gartens in ihrem Reiz und mit ihrem Genuß dem Menschen verboten sein könnten. Selbst wenn sie von einer Macht außer dem Menschen aus irgendeinem Grunde verboten sein sollten, sagt nicht die ganze Naturanlage des Menschen und der Reiz der Frucht, daß der Mensch als Herr über alles trotzdem berechtigt ist, von den Gaben der Natur zu nehmen und zu essen, und zwar nach seinem eigenen Gutdünken und nicht nach der Stimme eines anderen? *Ist denn nicht die Gottesstimme in seinem Naturtrieb in ihm eine viel sicherere als die Gottesstimme im Verbot außer ihm?* Hier erkennen wir das Satanische, wenn man die Transzendenz der göttlichen Offenbarung und deren inspirierende Kraft verneint und sie als dem Menschen immanent erklärt. Hier sehen wir, zu welch einem Fehlschluß es führen muß, wenn der Gottesprophet aufhört, nur Träger und Dolmetscher der göttlichen Offenbarung zu sein, und zum Schöpfer der Offenbarung gemacht wird. Hier offenbart sich, zu welchen Konsequenzen es führen muß, wenn Israel in seiner Geschichte uns nicht mehr eine Frucht der göttlichen Offenbarung ist, sondern die Offenbarung als eine Frucht der religiösen Reflexion des israelitisch-jüdischen Volkes erklärt wird.

Das Tier mußte von seinem rein kreatürlichen Standpunkt aus so sprechen. Dem Tier ist der angeborene Instinkt mit seinem Begehren und seiner Abneigung das sittliche Gewissen und der sichere Führer im Leben. „Böse" ist nur, was es nicht mag, und „gut", was das Verlangen seiner Sinne stillt. Daher konnte auch das Tier dem Feinde zur Basis einer Versuchung für den Menschen dienen, damit auch dieser sich für das rein Tierische in seiner Lebensethik entscheide. *Nicht die objektive Gottesoffenbarung außer dem Menschen, sondern die subjektive Naturanlage im Menschen soll die letzte, die entscheidende Stimme in der Ethik seines Lebens werden.*

So urteilte das Tier, aber zunächst nicht der Mensch. Denn die Antwort des Weibes lautete: *„Von der Frucht der Bäume des Gartens* *dürfen wir wohl essen. Aber von der Frucht des Baumes, der in der Mitte des Gartens sich befindet, hat Gott gesprochen: von dem sollt ihr nicht essen und ihn nicht anrühren, sonst werdet ihr sterben."* Das war die Antwort des reinen Menschen, der das empfangene Gottesverbot bisher als alleiniges Normativ des Lebens in seiner Seele trug. Was jedoch bisher außer allem Zweifel in seiner Seele gelebt hatte, wurde plötzlich durch die Tierfrage in Zweifel gezogen. Die Versuchung mit ihrer Frage stellte den Menschen plötzlich vor eine bewußte Entscheidung. *Entweder göttliche Offenbarung oder natürlicher Instinkt sollte hinfort die sittliche Kraft und Inspiration des Lebens werden.*

Die Antwort der Schlange auf die eindeutige Antwort des Menschen war daher: *„Ihr werdet nicht alsobald sterben. Gott weiß es recht wohl: an dem Tage, an welchem ihr davon esset, werden euch die Augen aufgehen, werdet ihr gleich Gott sein, wissend, was gut und böse ist."* Vergebens hatte die Schlange an den rein menschlichen Instinkt appelliert. Der Mensch hielt fest an dem objektiven Offenbarungswort, das ihm von Gott geworden war. Auch sein Sinnenleben mußte sich dem unterordnen. Daher mied er, was ihm Gottes Wort zu seinem Heil entzog. *Die Orientierung von oben siegte über die Versuchung von unten.* Hinfort suchte jedoch die Schlange Zweifel zu erwecken an dem Ernst der Offenbarung selbst. Kam sie zuerst von der Natur her, so kam sie jetzt von Gott her. Sie wurde *zum Interpreten, zum Deuter der Offenbarung, zum Exegeten der ewigen Lebensgesetze,* wie sie von Gott als Offenbarung für den Menschen ausgehen.

Zunächst bestreitet die Schlange das Gericht, das mit der Übertretung des Verbots verbunden sein wird. Sie kennt nicht den Geist und das Wort des zweiten Adams, der Jahrtausende später sprach: *„Das aber ist meine Speise, daß ich tue den Willen meines Vaters im Himmel[1]."* Sie kennt nicht jene Glaubensstellung des Sohnes, der in der Stunde der Versuchung dem Versucher antwortete: *„Der Mensch lebt nicht von Brot allein, sondern von einem jeglichen Wort, das aus dem Munde Gottes geht[2]."*

---

[1] Joh. 4, 34.
[2] Luk. 4, 4.

Da Gott das Leben ist, kann seine Offenbarung, ob sie die Form eines Verbots oder Gebots annimmt, nur Leben enthalten. Allein auf dieses Leben hin war das höchste Selbst des Menschen erschaffen. Nur in der Abhängigkeit von diesem Gottesleben konnte es daher auch existieren, sich sittlich auswirken und vollenden. Jede prinzipielle Lösung von dieser Quelle mußte den Menschen im Blick auf dieses Leben in einen Todeszustand versetzen. Was der Mensch noch weiter leben würde, konnte er nur noch sich selbst und seinem eigenen Geiste leben. *Erlosch in ihm erst die Ewigkeit mit ihrer Inspiration, dann blieb ihm als Leben nur noch die Natur mit ihrem Instinkt zurück.* Sobald erst die Natur die alleinige Quelle seines Lebens war, mußte er mit der Gabe der Natur hinfort auch deren Sterben teilen.

Aber die Schlange zieht schließlich auch Gottes Absichten in Zweifel. Sie bezeichnet die Quelle als unrein, aus der das Verbot floß; daher muß auch das Wasser dieser Quelle unrein sein. Das göttliche Wort und die Abhängigkeit des Menschen von ihm entrechtet nach ihrer Philosophie den Menschen in seiner wahren Persönlichkeit und nimmt ihm die natürlichen Mittel zur Vollendung seiner Gottgleichheit. *„Gott weiß es recht wohl: an dem Tage, an welchem ihr von ihm esset, werden euch die Augen aufgehen, werdet ihr Gott gleich sein, wissend, was gut und böse ist"* — so lautete das Urteil der Schlange.

Das war Schlangentheologie auf Grund satanischer Inspiration. Sie läßt durch menschliche Handlung auf natürlichem Wege und mit der Gabe der Natur das werden, was nur durch göttliche Geistesinspiration im Menschen in seinem Kindesverhältnis zum Schöpfer gewirkt werden kann. Gottes Verbot ist im Lichte dieser Theologie nicht Evangelium für die Menschheit, sondern egoistische Selbstbewahrung des Geheimnisses der Gottheit. In ihm schützt sie sich vor dem Gottwerden des Menschen. Das wahre Evangelium liegt also nicht im Verbot, sondern in dem bewußten Hinausgehen des Menschen über das Verbot. Ein dreifacher Segen wird der positive Gewinn sein, der damit für den Menschen verbunden sein wird. *Erleuchtete Augen, menschliches Gottgleichsein und höchste Erkenntnis des Wesens aller Dinge* wird die positive Frucht sein, die dem Menschen durch den Genuß des Verbotenen werden wird.

In dieser Verheißung des satanischen Evangeliums lag der ganze Zauber der Versuchung. Sie verhieß, was Gott im Prinzip geben wollte, und woraufhin der Mensch als Gottes Ebenbild in seinem ganzen Wesen und in seiner Sehnsucht angelegt war. *Erleuchtete Augen!* Ist doch das Auge jenes natürliche Organ, wodurch die Außenwelt in den Geist des Menschen einströmt. Der Genuß der von Gott verbotenen Frucht wird Erleuchtung des Auges sein. Gottesmenschen wissen, welch ein wesentlicher Faktor es im Leben ist, ob das ganze Auge und mit ihm die ganze innere Aufnahmefähigkeit des Menschen ohne Falsch ist. Wenn dies der Fall ist, dann sieht der Mensch Zusammenhänge der Dinge im alltäglichen Leben und in den Vorgängen der Geschichte, die Unerleuchtete niemals sehen. Dann entdeckt eine Hagar für ihren sterbenden Knaben eine Quelle auch mitten in der Wüste. Dann betet ein Prophet für einen Gehasi, der über den äußeren Gang der Zeitereignisse in Angst und Schrecken gekommen war: *„Ach Herr, öffne ihm doch die Augen, daß er sehe!*[1]*"* Und hinfort sieht der Knecht des Propheten ein gewaltiges Heerlager Gottes zum Schutze Israels hinter den zusammengezogenen Truppen der Syrer stehen.

Daher flehte viel später der Apostel Jesu Christi so stark um erleuchtete Augen für die Gemeinde[2]. Paulus wußte, was Erleuchtung auf Grund der Inspiration des Geistes praktisch für das Wachstum des Innenlebens und für den Dienst am Evangelium Gottes bedeutet.

Wie stark dürstet doch jede auf Gott hin angelegte Persönlichkeit des Menschen nach Erleuchtung, und zwar nach einer Erleuchtung, die den Menschen über sich selbst hinausführt! Diese kann ihm jedoch nie von jenem Geschöpf und dessen Gaben werden, das unter ihm steht. Sie kann ihm nur werden von dem Schöpfer, der weit über ihm steht. Nur die Inspiration des Geistes Gottes kann dem Menschen diese erleuchteten Augen geben, entweder unmittelbar oder durchs Wort.

Nach dem Evangelium der Schlange soll jedoch die Inspiration von oben ersetzt werden durch die Frucht von unten. Was Wunder,

---

[1] 2. Kön. 6, 17.
[2] Eph. 1, 17—20.

daß auf Grund solch einer Erleuchtung der Mensch sich in seiner Erkenntnis hinfort auch nur in dem bewegte, was im Bereiche der Natur und deren Reichtum, Kraft und Gaben lag! Die Natur erschloß wohl dem Menschen ihre Gaben, Quellen und Kräfte, aber niemals die geistigen und sittlichen Energien und Lebensgebiete der ewigen Welt. *Naturinspirationen führten stets nur zu einer Naturphilosophie mit dem vergänglichen Genuß und Gehalt eines vergänglichen Naturlebens.*

Menschliches Gottgleichsein sollte die zweite positive Frucht sein, die dem Menschen durch den Genuß der verbotenen Frucht werden würde. *Sohnesnatur strebt nach dem Vaterbild.* Als Bild und Gleichnis Gottes war die ganze Persönlichkeit des Menschen für die Ebenbildlichkeit Gottes berufen. Was dem Menschen jedoch wiederum nur im Gehorsam gegen die göttliche Offenbarung als innerlicher Wesenszustand werden konnte, soll ihm nach dem Wort der Schlange allein auf dem Wege natürlicher Erkenntnis werden. Das Erkennen der Natur soll ihn bereits über die Natur hinausheben. Und dieses *„Sein wie Gott“* empfängt der Mensch nicht als eine Wirkung Gottes und dessen Offenbarung, sondern als eine Folge des Genusses einer verbotenen Frucht der Natur. Man kann Gott gleich werden, ohne von dem Wirken und der Erleuchtung Gottes abhängig zu sein. Eine Frucht des Baumes und eine bewußte Willensentscheidung des Menschen, von verbotener Frucht zu nehmen und zu essen — *das ist der natürliche Weg zur menschlichen Gottgleichheit.* Das ist aber die Lebensphilosophie, wie sie je und je in der Geschichte der Menschheit ihre dämonischen Orgien feierte.

Bisher führte dieser Weg den Menschen, sooft und solange er ihn ging, nur zur Naturähnlichkeit. *Der Mensch fand nicht das Gottesbild über ihm, sondern das Tierbild unter ihm.* Dieses bereicherte wohl sein natürliches Wissen, aber nicht sein innerliches Gewissen. Es erschloß ihm wohl die Kraft der Natur, aber nicht seine Unabhängigkeit von der Natur. Je mehr er sie auf Grund ihrer Erkenntnis zu beherrschen suchte, desto mehr sah er sich durch sie geknechtet.

Kein Zeitalter der Geschichte war wohl so versklavt durch die Kräfte der Natur wie der Kulturmensch unseres 20. Jahrhunderts.

Umsonst ringt heute der Mensch im Lichte eines Tierevangeliums nach den Kräften einer Gottesherrschaft. Was er auch baut in Stadt und Land, was er auch einigt in Gesellschaft und Reich, was er auch gewinnt an Besitz und Leben, was er auch predigt in Politik und Wissenschaft — *alles trägt nicht das Gottesbild über ihm, sondern das Tierbild unter ihm, ist nicht Gottesherrschaft über die Welt, sondern Weltherrschaft über den Menschen.*

Dasselbe gilt auch von dem dritten Segen, den die Schlange verheißt: *das Wissen um „gut" und „böse"*. Der hebräische Ausdruck bedeutet mehr als nur ein Wissen. In ihm liegt vielmehr der Begriff des Empfindens. *Das ganze Wonnegefühl der Gottheit zu haben, ohne den inneren Gesetzen der Gottheit zu leben — das lag in diesem Schlangen=Evangelium.*

Auch für solch eine göttliche „Empfindung" sah sich der Mensch auf Grund seines Ebenbildes berufen. Auf Grund der göttlichen Erleuchtung sollte er den Wert und Unwert aller Dinge, ihre übergeordnete und untergeordnete Stellung erkennen. Und jede tiefere Erkenntnis der Natur und jede neugewonnene Herrschaft über die Natur sollte eine neue Freude und ein neues Glück in seiner Seele auslösen. Jeder ideelle Künstler in seinem Schaffen, jeder wahre Gelehrte in seiner Forschung, jeder treue Beamte in seinem Dienst, jede reine Familie in ihrer Erziehung wissen etwas von solch einer inneren Freude und verborgenen Wonne. Denn Gott ist das Heil, die Wonne, das Glück schlechthin; mithin muß alles Leben, das von ihm ausgeht und zu ihm hinführt, mit einem Abglanz auch dieser Seite seines Wesens verbunden sein.

Aber auch dies tiefste und innerlichste Glück soll der Mensch unabhängig von Gott, und zwar im Genuß der Frucht finden. *Die Naturgabe soll bewirken, was nur ein Geisteszustand zu gewähren vermag.* Solch ein „mythisches Gottesgefühl war, wie die Religionsgeschichte lehrt, immer mit der Sinnlichkeit verbunden" (Procksch). Sind das doch mit die dunkelsten Seiten der Kirchengeschichte, *daß eine naturhaft=mystische Geistlichkeit vielfach in einer groben Sinnlichkeit endete.* Künstlich gesteigertes Glücksgefühl ohne einen von Gott gewirkten Glückszustand mußte noch immer im sinnlichen Genuß seine konkrete Befriedigung finden. Dies erklärt auch, wie vielfach Menschen, die im nüchternen Seelenzustand der Sinnlichkeit prinzipiell völlig fernstanden, in einem ihrem inneren Zustand fremden Seelenrausch ihr dennoch erliegen konnten.

Gottes Wonne läßt sich nicht durch die Frucht des Baumes und durch menschliches Handeln erkaufen. Sie ist ewig gebunden an ein Gotteswirken. *Wer mit Gott dessen Freude teilen will, muß auch bereit sein, mit ihm seinen Geist und sein Wirken zu teilen.* Und nur insoweit hatte der Mensch je und je Anteil auch an der wahren Freude Gottes, insoweit er sich hineinziehen ließ in die Aktivität und Art Gottes. Ein rein naturhaft und seelisch eingestelltes Innenleben kann nie Organ und Seele einer übernatürlichen Gotteswonne sein. *Gott wohnt auch in seiner Freude nicht in Tempeln mit Händen gemacht.* Wer nicht ein Bethaus des Geistes ist, vermag Gottes Herrlichkeit nie zu erfassen.

Von hier aus ist auch entscheidend, was der Mensch als *„gut und böse"* bezeichnet. Ich vermute, daß, so wie die Schlange das höchste Geschöpf der animalischen Welt repräsentierte, der Baum der Erkenntnis neben dem Baum des Lebens das höchste organische Leben der ganzen Pflanzenwelt verkörperte. In den Früchten dieser beiden Bäume bot die Erde das Höchste, was sie als Genuß zu geben vermochte. Aber war die Frucht vom Baum der Erkenntnis auch mit die höchste Frucht des Pflanzenlebens, so blieb sie dennoch immer nur eine Frucht der Erde. Als der Mensch von ihr aß, erkannte er wohl, was für ihn in der Natur und ihrer Gabe *„gut"* und was *„böse"*, was nützlich und was schädlich sein kann. *Aber auf Grund der Erkenntnis der Natur gelangt der Mensch zwar zu einem Naturgesetz, aber nicht zu einer Geistesethik.*

Seitdem der Mensch von der Frucht des Baumes dennoch aß und immer wieder aß, weil der Baum *„Lust den Augen bot"* und *„gar lieblich zu betrachten war"*, ist er aus sich selbst nie mehr in seiner Geschichte und Entwicklung über eine Natur- und Tierethik hinausgekommen. Das Höhere, das sich in ihm dennoch dann und wann als Erkenntnis auswirkte, *war nicht die Frucht dieser Ethik, sondern das Licht der von ihm verleugneten Offenbarung.*

Wozu aber diese Ethik geführt hat, die für „gut" nur das erklärt, was dem Menschen in seinem unersättlichen Egoismus Gewinn bringt, und „böse" nur das nennt, was sich nicht seinen Begierden und Wünschen erschließt — das zeigt unsere mit Blut und Tränen geschriebene Weltgeschichte. *In ihr dokumentiert die Menschheit mit unlöschbarer Schrift ihre Erkenntnis über „gut" und „böse"*. Nicht wie die Menschheit sich in ihren Gliedern und Völkern zu ergänzen, zu dienen und zu heben hat, ist die Grundlage ihrer Kultur und ihrer Entwicklung geworden, sondern wie sich Volk vor Volk in seiner Raubtiernatur zu schützen, wie sich der Mensch vor dem Menschen zu retten vermag. *Dient es dem eigenen Volk, dann wird das größte Verbrechen eine Staatsmoral; stärkt es das eigene Kapital, dann gehört auch ein offener Betrug zum Geschäftsprinzip; befriedigt es die sinnlichen Gelüste, dann wird auch die Zertretung der Unschuld zur berechtigten Pflege der menschlichen Sinnenlust.* Entspricht es dem atheistischen Evangelium, dann wird man zum Dämon für den Nächsten und schreitet über Millionen hinweg, um die Zukunft zu gewinnen auch ohne Gott.

Unser biblischer Bericht erzählt uns, daß das Weib von der Frucht des Baumes *„nahm und aß"* und *„ihrem Manne auch gab und er aß"*. Eva als Männin war die höchste Gabe des Schöpfers für den Menschen. Und gerade sie wird für den Mann zum Versuchungsorgan. Nachdem sie selbst dem satanischen Evangelium ihr Herz erschloß, feierte sie alsbald auch „ein satanisches Abendmahl" und bewog ihren Mann, mitzufeiern.

Wer erst durch Übertretung Verbotenes genossen hat, sucht alsbald auch Genossen der Übertretung. Verführte werden zu Verführern. Es liegt im Wesen jeder Sünde, daß „sie fortzeugend Böses muß gebären". Und je näher dem Menschen der Nächste steht, zu desto schwererer Versuchung kann dieser ihm werden. *„Gehe hinter mich, Satan!"* sprach selbst Jesus einst zu seinem Jünger, als dieser ihm auf dem Wege seines Gehorsams dem Vater gegenüber zum Ärgernis werden wollte. Je größer mithin die Gabe ist, desto schwerer muß sie dem Menschen zur Versuchung werden, sobald sie ihm zur letzten Offenbarung über „gut" und „böse" wird.

Es ist eine erschütternde Erkenntnis, die wir aus der ersten Versuchungsgeschichte gewinnen. In der Schöpfung Gottes kann alles, ob es das eigene Weib, ob es ein Freund und Jünger, oder ob es ein

Geschöpf und eine Frucht und Gabe der Natur ist, dem Menschen zur Versuchung und zur Verführung werden. Die Schlange verführte das Weib, das Weib den Mann, so daß der Mensch sich der Stimme Gottes außer ihm entzog und die Lust in sich zum sittlichen Normativ seines Lebens machte. Hinfort wurde durch ihn ein neues Gesetz in das Leben und in die Geschichte getragen: ein Gesetz, das seine Inspirationen nicht vom Schöpfer, sondern vom Geschöpf empfing. *Die Schlangen=Offenbarung im Paradiese wurde zum Evangelium der Menschheit in ihrer Gewinnung der Erde und in ihrem Aufbau der Zukunft.*

VI. Der erste Fall und seine Folgen

1. Der menschliche Fall und das Wesen der Sünde

1. Mose 3, 6

Der Geisteszustand ist das Geheimnis der Gemeinschaft. Auch Mensch und Mensch bleiben einander völlig fremd, wenn sie nicht ein verwandter Seelenzustand miteinander verbindet. So mancher lebt in schwerster seelischer Vereinsamung trotz seiner reichen Umgebung, weil er im Nächsten nicht eine seinem Geist verwandte Seele zu finden vermag. Denn erst mit dieser ist die Pflege der inneren Geistesgemeinschaft: der Austausch der Seele, das gegenseitige Geben und Empfangen, möglich. *Daher ringt in Gottes Schöpfung alles Geistesleben nach Gemeinschaft mit verwandtem Geistesleben.*

Am stärksten war diese Anlage wiederum im Menschen als dem Ebenbilde Gottes vorhanden. Als „Sohn" war seine Seele fähig, die ganze Lebensfülle des Schöpfers zu ererben. Sie trug Möglichkeiten der Vollendung in sich wie kein anderes Geschöpf. In ihr hatte nicht nur eine ganze Welt, *in ihr hatte Gott Raum,* ohne Gott je ganz fassen zu können. Denn dann würde sie Gott sein. Daher konnte Gott durch seinen Geist sie so in seinen Umgang und in seine göttliche Art hineinziehen wie kein anderes Wesen. Hat eine spätere Offenbarung recht, dann stand nach dieser der Mensch auch über allen Engelmächten und Fürstentümern in den übrigen Lichtwelten der Gottesschöpfung. Nach Paulus ist es der erlöste Mensch und in diesem die Gemeinde, die allein zur Sohnschaft und damit zur Ebenbildlichkeit des zweiten Adams berufen ist. Boten und Diener ihres Schöpferkönigs sind auch die Engelfürsten. Sohn ist jedoch allein der vor Grundlegung der Welt in Christo zur Sohnschaft berufene und erwählte Mensch[1].

In diesem Geisteszustand des Sohnes lebte der Mensch als Gottes Ebenbild vor seinem Fall. Hier lag auch der Grund, warum er keine *„Männin"* in den anderen Geschöpfen Gottes fand. Obgleich sein Körper wie der der anderen irdischen Lebewesen von der Adamah genommen war, so ging der innere Zustand seiner Persönlichkeit doch weit über die Natur und Art jeder anderen geschöpflichen Kreatur hinaus. Daher erschloß sich ihm hier auch nirgends eine wahre Seelengemeinschaft, da die ersehnte Geistesverwandtschaft fehlte. Diese fand er immer wieder allein in Gott.

Die Vollendung seiner Gemeinschaft konnte für den Menschen mithin allein auf der Linie zu Gott hin liegen, niemals auf der Linie zur Natur und Kreatur hin. *Im wachsenden Umgang mit Gott sollte die Sohnesnatur in das Vaterbild verklärt werden.* Alles in ihm, was zunächst nur von Gott erschaffene Natur- und Geistesanlage war, sollte bewußter Geistesbesitz und vollendeter Geisteszustand werden.

Der Mensch entschied sich in einer bestimmten Stunde jedoch nicht für diese Verklärung seiner ganzen Persönlichkeit. Was sich alles für ihn und die Welt mit dieser verhängnisvollen Entscheidung verband, nennen wir *den Sündenfall.* Er ist der sichtbare Vorgang eines innerlichen Erlebnisses. In ihm vollzieht sich der Übergang des Menschen aus seinem bisherigen Zustand in einen völlig neuen. Es ist der prinzipielle Anbruch zur bewußten Entwicklung nach unten anstatt nach oben. *Die geweckte Lust im Menschen siegte über die göttliche Offenbarung, die Gabe der Natur über das ewige Leben.* So begann die Geschichte eines seelischen Naturmenschen anstatt eines geistlichen Gottesmenschen.

Auch der menschliche Fall verdankt seine Entstehung einer Inspiration, aber nicht der durch Gottes Offenbarung. Auch der gefallene Mensch ist ein Inspirierter, aber nicht durch Gottes Geist. *Inspiratio-*

[1] Eph. 1, 5. 6; Röm. 8, 29. 30; 2. Kor. 3, 18.

nen führen jedoch immer zu ihrem eigenen Ursprung hin. Sie werden das Prinzip, das hinfort dem Leben Inhalt und Richtung gibt. Sie verleugnen in ihrer Kraft und Wirkung nie ihren Ursprung und ihren Charakter. Sie ziehen das Geistesleben des Menschen in die Gesinnung und in das Bild ihres eigenen Ausgangs.

Wir sind daher absichtlich auf die Organe der Versuchung näher eingegangen. Versuchung ist das Werben einer jeden Geisteskraft mit ihrer Inspiration um das Geistesleben des Menschen. Wir haben ja gesehen, daß alles in der Schöpfung uns entweder segnen oder verführen kann. Adam sah sich durch das höchste Geschöpf neben ihm, durch die „Männin", verführt. Das Erleben einer Versuchung ist aber noch nicht das Erleben eines Falles. Die Versuchung mußte zwar mit ihrem Evangelium und ihrer Inspiration kommen, damit sich im Menschen angesichts des Widerstandes das in Kraft vollende, wozu er im Prinzip berufen und begnadigt war. Hätten Adam und Eva sich gegen das Tierevangelium im Paradiese entschieden, es wäre ein unberechenbarer Schritt zu ihrer sittlichen Vollendung geworden.

Auf diesem Wege des Kampfes und Sieges wären sie alsdann zu einer Erkenntnis der in ihnen wohnenden Gotteskräfte gelangt, wie sie solche zunächst nicht gekannt hatten. Überraschung um Überraschung und Freude über Freude hätte jede Überwindung in ihrer Seele ausgelöst und ihr Leben Zug um Zug in das Bild Gottes verklärt. Denn obgleich sie in ihrer Gottebenbildlichkeit vollkommen waren, so waren sie in ihr jedoch noch lange nicht vollendet.

Es konnte sich nur um eine Entwicklung auf Grund dauernder göttlicher Inspirationen handeln, die dem Menschen in seinem Umgang mit Gott wurden. *Denn auch der Mensch vor dem Fall fand nur insoweit den Weg zu Gott, als er sich der Offenbarung als dem Kommen Gottes zu ihm freiwillig erschloß.* Wir verstehen ihn daher immer wieder nur im Licht des zweiten Adams, als dieser als das fleischgewordene Wort unter uns wandelte. Auch Jesus vollendete seinen Messiasberuf allein in der Kraft dauernder Abhängigkeit vom Vater.

Der erste Adam jedoch verließ diesen Weg der Abhängigkeit und erschloß sich den Inspirationen, die sich ihm im Paradiese in der Versuchung nahten. Das war sein Fall. *Denn diese Inspirationen zogen ihn nun in ihr eigenes Lebensgebiet hinein und machten ihn teilhaftig des eigenen Geisteslebens.* So wurde im Menschen durch den Geist des Tierevangeliums jener neue Geisteszustand geboren, den wir mit dem Begriff *Sünde* bezeichnen. Der innerliche Fall verleiblichte sich hinfort in Handlungen, die der Lebenssphäre Gottes völlig entgegengesetzt waren. Es begann ein Zustand, der der Machtsphäre eines Lebens angehörte, das sich Gott und dessen Offenbarung gegenüber als tot verhielt. Der Mensch lebte hinfort von der Erleuchtung und den Kräften einer Welt, die sich nicht von Gott her bestimmen ließ. Die Schrift nennt das einen Todeszustand.

Was die Menschen nun später auch alles über den Sündenbegriff geschrieben haben, über eine Psychologie der Sünde, wie sie durch die Offenbarung im dritten Kapitel der Genesis gegeben wird, ist man noch nie hinausgekommen. An der ersten Sünde lernen wir das Wesen aller Sünde kennen. *Sie erweist sich immer als das Kind der inneren Empfängnis des Menschen durch eine fremde Geistesinspiration.* Ihre Vaterschaft ist Geistesinspiration, aber nicht die des Geistes Gottes, ihr Mutterboden menschliche Naturanlage. Das Tierevangelium mit seiner Inspiration knüpfte im Menschen da an, wozu der Mensch sich in seiner Natur veranlagt sah, und wozu er vom Schöpfer berufen war.

Wir haben bereits gesehen, wie einerseits an sich auch das Schlangen-Evangelium in seiner Verheißung nicht von dem Programm abwich, das Gott für den Menschen bestimmt hatte. Wahre Erkenntnis der Dinge, innere Teilnahme an der ewigen Gotteswonne und höchste Lebensethik, die dem Lichte Gottes entspricht — alles war auch aufs engste mit der göttlichen Berufung und Bestimmung des Menschen verbunden. *Aber nach der Botschaft der Schlange soll vom Menschen alles empfangen werden nicht durch die Inspirationen des Schöpfers, sondern durch die des Geschöpfs. Es handelte sich in der Versuchung also nicht in erster Linie um eine Verschiebung des Programms, sondern um einen Wechsel der Inspiration.* Gottes Stimme sollte ersetzt werden durch die Naturstimme, Gottes Lebensprinzip durch das Naturprinzip, Gottes Geist durch den Geist der Schöpfung.

Die Inspiration von oben führte zur Entfaltung göttlichen Lebens, die Inspiration von unten zur Geburt der Sünde. Diese Gesetze werden sichtbar an der Wiege der ersten Sünde im Paradiese. *Denn die Sünde ist nicht ein Ding an sich, sondern immer ein geistiges Kind des Menschen, ein Leben, das nur vom Menschen geboren werden kann.*

Man könnte fast von einer Stufenleiter der Entwicklung der Sünde reden. *„Anschauen", „nehmen", „genießen"* und *„weitergeben"* — das machte von der menschlichen Seite das Entstehen der ersten Sünde aus. An sich sind diese Funktionen des Menschen nicht Sünde. Denn sie können auch die Stufenleiter zur Entfaltung göttlichen Lebens sein. Jedoch in den Dienst eines antigöttlichen Evangeliums gestellt, wurden sie die menschlichen Kräfte für das Entstehen antigöttlichen Lebens. Dieses Leben ist Sünde.

„Als nun die Männin sah, daß der Baum gut zur Speise und daß er eine Lust sei für die Augen und köstlich der Baum für die Betrachtung, da nahm sie von seiner Frucht und aß." — Die antigöttliche Offenbarung mit ihrer Inspiration war als ein Evangelium an das Weib herangetreten. Dieses verhieß einen Genuß und einen Zustand, den der Mensch noch nicht hatte. Er hatte nie von der Frucht des Baumes der Erkenntnis genossen. Nach dem Besitz der Gottgleichheit sehnte er sich wohl, erkannte aber zunächst seinen tiefen Abstand von Gott. Das Evangelium der Schlange zeigte nun dem Menschen einen einfachen und natürlichen Weg, wie seine Sehnsucht geschichtliche Erfüllung werden könne.

An sich bot auch die verbotene Frucht offenbar nichts Sündhaftes. Wir wagen die Vermutung auszusprechen, daß der Mensch in seiner Entwicklung zu Gott hin einmal einen Zustand erreicht hätte, wo er als Herr der Schöpfung auch Abendmahl unter diesem Baume hätte halten können. Vielleicht wäre dann das Genießen seiner Frucht eine Gedächtnisfeier gewesen, *wie im Menschen die Inspiration von oben gesiegt hätte über die Inspiration von unten, die Offenbarung Gottes über das Evangelium des Tieres.* Wenn der Mensch sich erst einseitig dafür entschieden hätte, seine Erkenntnis über „gut" und „böse" nur im Lichte der Offenbarung Gottes zu suchen, dann hätte er sich auch als Herr dieses Baumes erwiesen, und Gott hätte offenbar dann selbst das Verbot aufgehoben. Denn das Verbot hätte als Offenbarung Gottes in Verbindung mit dem Baume alsdann bewirkt, was es zur sittlichen Vollendung des Menschen bewirken sollte. Wird doch einst im Blick auf den zweiten Adam, im Blick auf Christus und die Gemeinde, das Pauluswort im vollen Umfange wahr werden: *„Alles ist euer!*[1]*"*

Die Sünde ist zunächst also nicht etwas zu Genießendes, sie ist in ihrem Wesen etwas Geborenes, das Kind des Menschen und nicht die Frucht des Baumes. Die Frucht des Baumes verkörperte in sich nur ein klares Verbot Gottes zum Heil des Menschen. *Denn auch im Verbot wollte Gott weit mehr geben als nehmen.*

Von Gottes Seite ist alles eine Gabe zum Leben. Wie der Baum des Lebens Gottes Gabe vermittelte, indem der Mensch von ihm aß, so sollte der Baum der Erkenntnis Gottes Gabe vermitteln, indem er nicht von ihm aß. Das Entscheidende auch im Blick auf diese beiden Bäume und deren Frucht, die in sich die höchsten Gaben der Natur für den Menschen verkörperten, war mithin die Offenbarung, die Gott mit ihnen verbunden hatte. *Die Sünde war und ist daher in ihrem ureigentlichen Wesen auch unendlich mehr als eine menschliche Versündigung gegen die Natur und ihre Gesetze.* Sie erweist sich als eine Frucht innerer Entscheidung des Menschen gegen Gottes Offenbarung und damit auch gegen des Menschen göttliche Bestimmung.

Als das Weib *„sah"*, kam es zur Beschäftigung mit dem Baum und seiner Frucht. Die Frucht war *„gut zur Speise"* wie auch die der anderen Bäume. Sie war eine *„Lust der Augen"*, und der ganze Baum war in seiner Art vollendete Schönheit. Auch er gehörte mit in das Urteil Gottes über die Gesamtschöpfung: *„Und siehe, es war sehr gut!"* Denn er war wie auch alle anderen eine Pflanzung Gottes im Paradiese und atmete die Luft des Schöpfungssabbats.

Aus dieser Beschäftigung mit dem Baum und seiner Frucht wurde die Lust zur Übertretung der Offenbarung geboren. Und der zweite Schritt des Weibes war, daß sie *„nahm"*. *Nehmen ist jedoch bereits Ausdruck der inneren Willensentscheidung.* Es ist der Übergang von der Versuchung zum Fall. Ohne solch eine innige Willensentscheidung kommt es nie zur Geburt der Sünde. Es ist das bewußte

[1] 1. Kor. 3, 22.

Handeln des Menschen, unabhängig von Gottes Offenbarung, das Sicheinstellen auf die Stimme der Versuchung. Denn jede Sünde steht an sich dem Menschen machtlos gegenüber. Sie kann nur durch freiwillige Willensentscheidung des inneren Menschen zur Geburt und damit zum Bestandteil des menschlichen Lebens werden.

In dieser Ohnmacht der Sünde dem Menschen gegenüber liegt für diesen einerseits *eine weitgehende Bewahrung,* aber auch *die tiefste Verantwortung.* Wenn der Mensch innerlich den Lockungen der Versuchung widersteht, dann vermag keine Macht der Welt ihn zur inneren Empfängnis der Sünde zu zwingen. Zwar vermag die Versuchung gelegentlich Formen anzunehmen, wo sie zur Erreichung ihres Zieles zu den Mitteln der Gewalt greift. In Verfolgungszeiten hat man durch grausamste Machtmittel den Menschen zum innerlichen Eingehen auf das Evangelium des Tieres zwingen wollen. Aber Menschen, die sich bewußt in ihrer Hingabe und in ihrem Glaubensgehorsam allein auf die Offenbarung Gottes eingestellt hatten, brachen lieber unter diesen Machtmitteln in ihrem Widerstand äußerlich zusammen, als daß sie sich durch das Evangelium der Schlange inspirieren ließen.

Um so verantwortlicher ist aber auch der Mensch, wenn er sich trotzdem den Inspirationen von unten erschließt. Dann entscheidet er sich für einen neuen Zustand, und zwar in der Richtung hin, woher die Inspiration kommt. Man glaubt zur Ruhe zu kommen, indem man von der verbotenen Frucht genießt. So nahm auch das Weib und aß. Und doch hatte Gott gesagt: *„Welches Tages ihr davon essen werdet, werdet ihr gewißlich sterben."*

Essen ist aber eine Funktion des Lebens und nicht eine Funktion des Sterbens. Auch das Weib *„aß"*, ohne zu sterben. Und doch starb sie, obgleich sie aß. Sie starb dem Zustand, der ihr zum ewigen Leben und zu dessen Vollendung werden sollte. Sie gewann mit dem Essen jenen Todeszustand, der mit dem Essen für sie ewiges Sterben bedeutete.

Das Weib starb, und zwar der göttlichen Offenbarung, und lebte hinfort der Inspiration des Tieres. Darin lag die ganze Tiefe ihres Falles. Das ist jedoch in Gottes Augen Todesleben mit all seiner mitfolgenden Qual. Auf diesem Boden wird eines Tages jede Paradies=

schöpfung dem Menschen zur Hölle. Worin er sein Leben und seine Zukunft zu finden hofft, das gereicht ihm zum Gericht. In dieser Tragik schreibt die Welt ihre Geschichte und baut sie an ihrem Kulturparadiese.

Denn damit, daß der Mensch des natürlichen Todes stirbt, hört er noch nicht auf zu sein. Auch der Gerechte stirbt und stirbt dennoch nicht. Er weiß sich dem Tode entrückt, auch wenn er stirbt. Der Tod erweist sich ihm nicht als ein Sterben, sondern als ein Übergang aus einer niederen Daseinsstufe des Lebens in eine höhere. *Eva starb also nicht, indem sie aufhörte zu sein; aber sie starb, indem sie aufhörte zu sein, was sie war, und indem sie niemals hinfort mehr werden konnte, was sie sein wollte.*

Wie verständlich wird von diesem Standpunkt aus auch die ganze spätere Erlösungsfrage! *Wer den Boden des Todeszustandes als sein Leben betrat, der konnte selbst von hier aus niemals mehr den Boden des göttlichen Lebens gewinnen.* Kein Zustand führt über sich selbst hinaus. Insoweit man in ihm lebt, lebt man von dessen Inspirationen. Auf diesem Boden Erlöser sein und Erlöser werden kann allein, wer unabhängig und höher steht als dieser Lebenszustand. Daher sandte Gott auch seinen Sohn in das eigene Herrschaftsgebiet der Sünde und des Todes, damit er da als Herr des Lebens zum Erlöser denen werde, die durch ihren Zustand ewig gefangengehalten wurden. So viele ihn hier aber aufnahmen, denen gab er die Macht, aus einem neuen Sein heraus Kinder Gottes zu werden[1].

Daher trug Jesus die Lebensbotschaft wieder in die menschliche Todesschöpfung hinein. Wie das Schlangen-Evangelium seine Inspirationen in das Paradies trug, so trug Jesus als Heiland der Welt das Lebensevangelium in das Todesexil der Menschheit. *„Es sei denn, daß der Mensch von neuem geboren werde, sonst kann er das Reich Gottes nicht sehen[2]." Der Weg aus dem Zustand des Todes ins Reich und in die Herrschaft des Lebens ist allein der der Geburt auf Grund göttlicher Inspirationen.*

Wer in das Himmelreich hineinwill, muß einwilligen, sich in den

[1] Joh. 1, 12.
[2] Joh. 3, 3.

Himmelreichszustand versetzen zu lassen. Derselbe innerliche Vorgang, der zum Fall führte, muß aus dem Fall zum Leben führen. Es ist dieselbe Stufenleiter des Werdens zum Leben wie die vom Leben zum Tode. Nur die Inspiration und die Entscheidung sind in diesen beiden Übergängen in ihrem Wesen völlig verschieden. Das Evangelium des Tieres führte zum Tode, da es vom Tode inspiriert ist. Das Evangelium Jesu führte jedoch noch immer zum Leben, weil es vom Leben inspiriert ist.

Als Sterbende zog das Weib den Mann mit in ihr Sterben. Als Verführte verführte sie, und zwar den, der ihr am nächsten stand. Da sie das empfangende Prinzip im Menschen verkörpert, so war sie es, die zunächst der Versuchung erlag und fiel. Und ihr Fall wurde zum Fall des Mannes und ihres ganzen Geschlechts.

Aber in diesem ihrem Todeszustand war auch sie wieder die zunächst Erlöste. Der Heiland der Welt wurde vom Weibe empfangen und geboren. Die Geburtsstunde der Gemeinde Jesu Christi ist aufs engste mit Frauen verbunden. Und die Kraft des Reiches Gottes in der Gegenwart sieht sich vielfach wesentlich bestimmt durch das starke und selbstlose Mitwirken der Frau. War sie die erste Verführerin der Menschheit, so erwies sie sich erlöst vielfach auch als die erste Botin und Trägerin des Lebens.

In diesem Lichte werden auch alle Formen verständlich, die die Sünde in der Geschichte immer wieder angenommen hat. Sie waren so mannigfaltig und häßlich, wie das Leben ohne Gott mannigfaltig und häßlich sein kann. Auch das Todesleben der Sünde ist unendlich, aber in der Richtung von Gott hinweg. Sie lebt, weil der Mensch lebt und sie ewig neu gebiert. Aber sie stirbt, wo der Mensch ihr stirbt und auf Grund der Erlösung das Reich des Lebens in ihre Todesgebiete hineinträgt. *Diese Weltmission der Erlösung war je und je das Lebensprogramm der Erlösten.*

2. Der neue Zustand und das menschliche Schuldbewußtsein

1. Mose 3, 7—10

Der Mensch hatte in seinem Fall ein Leben geboren, von dem er sich selbst hinfort nie mehr zu lösen vermochte. Jede seiner Handlungen verriet diesen neuen Zustand. Dieser war zwar wiederum kein vollendeter, sondern auch zunächst nur ein prinzipieller. *Auch das Leben innerhalb des Todeszustandes hat eine Entwicklung zu seiner Vollendung hin.*

Den vollendeten Menschen der Sünde nennt die Schrift den Antichristen. Er wird in sich am vollkommensten alle Kräfte der Todeswelt als Feindschaft wider Gott und dessen Herrschaft vereinigen. In ihm werden sie vollendetes Leben sein. Er wird der vollendete Kain sein, der auch ohne Gott seine Zukunft und sein Ziel zu gewinnen vermag. Er wird seines Bruders nicht bedürfen, wenn er sich durch dessen Glaubensopfer in seiner Religion gerichtet sieht. Gottes Urteil über ihn wird er zum Urteil über seinen Bruder machen. Der Nächste gilt ihm nur insoweit, als dieser ihm dient. *Kain als vollendeter Mensch der Sünde hat nur noch sich selbst.* Er wird fertig auch ohne Gott, ohne den Bruder und ohne das Opfer der Hingabe.

Am Anfang zu dieser Entwicklung stand hinfort der gefallene Mensch. Denn jede Sünde führt in ihrer letzten Entwicklung zum Antichristen hin. Daher ist mit ihr auch immer gleich ein neuer Zustand verbunden, aus dem der Mensch nur durch eine höhere Handlung, durch ein Eingreifen Gottes erlöst werden kann. *Der Mensch hätte nie mehr in diesem Zustand die Stimme Gottes vernommen, wenn nicht die Stimme Gottes zu ihm gekommen wäre.* Aber sie kam. Denn Gott ist die ewige Verneinung der Sünde, weil sie die ewige Verneinung des Lebens für sein Geschöpf ist.

Daß dieser neue Zustand mit der Geburt der ersten Sünde auch beim ersten Menschen sichtbar wurde, erzählt uns nun dessen fernere Fallgeschichte. *„Da gingen ihnen beiden die Augen auf; sie erkannten, daß sie nackt waren."* Das Schlangen-Evangelium hatte recht behalten. Der Mensch gewann erleuchtete Augen. Und doch war es eine Lüge. *Der Mensch erkannte nicht seine Gottgleichheit, sondern plötzlich seinen inneren Abstand von Gott.* Diese Entdeckung konnte wohl im Menschen die innere Qual, aber nicht die ersehnte Gotteswonne erwecken. Denn je tiefer seither der Mensch erkannte, was er ist, und was er eigentlich sein sollte, desto unglückseliger wurde sein innerlicher Zustand.

In seiner Sehnsucht nach der Gottgleichheit hatte der Mensch sich innerlich der Botschaft des Tierevangeliums erschlossen. Er hatte gehofft, die Erfüllung seiner Sehnsucht auf dem geoffenbarten Wege der Unabhängigkeit von der göttlichen Offenbarung und im Genuß der Frucht der Erde finden zu können. Was er jedoch fand, *war er selbst und nicht Gott.* Er erkannte sich in seinem eigenen Bilde, aber nicht im Bilde Gottes. *Denn Inspirationen von unten können dem Menschen auch nur die untere Welt erschließen.* Ihr Licht erleuchtet die Augen nur für die Welt des eigenen Seins. Würden sie Licht auch über die Welt Gottes vermitteln, dann wären sie ja ein positiver Faktor in der Heilsgeschichte Gottes, um den Menschen in sein göttliches Heil hineinzuziehen.

Nun sind ihre Wirkungen aber allein negativer Natur. Daher bewegte sich der Mensch auch in seiner späteren Geschichte nur im eigenen Lichte. Göttliches Licht empfing er nur, wenn die Offenbarung Gottes einen Weg fand, sich mit ihrer Botschaft dem Menschen mitteilen zu können. Wo der Mensch in seiner Sehnsucht nach dem Transzendenten und in seiner Ahnung vom Ewigen sich im eigenen Lichte dennoch ein Bild des Ewigen und Göttlichen zu machen suchte, *da wurden die Götter Tyrannen und deren Himmelreich eine Lasterhölle.*

Um sich vor diesen Gottheiten zu schützen und ihrem ewigen Zorn zu entgehen, unterzog der Mensch sich später den schwersten Opfern. Die Furcht vor der Gottheit und ihrer Ewigkeit wurde zum Inhalt seiner Religion. *Die Mythologie der Völker ist die Theologie der Menschheit, die ohne Gottesoffenbarung das Angesicht des Ewigen sucht.* Die Menschheit suchte Gott, fand aber nur ein ins Entsetzliche gesteigertes Menschenbild. Die Völker ersehnten das Himmelreich, schauten es aber nur im eigenen Lasterleben. Sie erflehten Erlösung, aber nicht von ihrer Sünde und Schuld, sondern allein die Befriedigung ihrer ungestillten Begierden und Leidenschaften.

Was daher je und je vom wahren Gottesbilde und vom Wesen der transzendenten Welt in die Völker hineinleuchtete, war nicht das Licht ihrer entwickelten Religiosität, sondern das Licht der göttlichen Offenbarung. Auch Israel, als erster Empfänger und Träger einer höheren Offenbarungsgeschichte, empfing die Grundzüge seines

Gottesbildes nicht aus der Mythologie seiner semitischen Nachbarvölker. Es gewann seine ethische Weltanschauung nicht aus dem lasterhaften Kultleben seiner Zeitgenossen, sondern aus seiner Thora, die ihm durch seine Propheten wurde. Ohne Gottespropheten mit ihren Inspirationen besäße Israel keine Gottesoffenbarung. *Sie war nicht das Ergebnis der religiösen Entwicklung des israelitischen Volkes, sondern des Volkes höhere Entwicklung war das Ergebnis der empfangenen Offenbarung.* Daher ist dieses Volk mit seiner ihm von Gott gewordenen Offenbarung auch in der Weltgeschichte zum Propheten der Völkerwelt geworden. Können wir uns doch die Weltgeschichte nicht mehr denken ohne jene Gottesoffenbarung, die durch Israel der Welt zu ihrem Heil geworden ist.

Aber der Mensch erkannte im Lichte seines neuen Zustandes nicht nur seinen Abstand von Gott, sondern auch, daß er *„nackt"* sei. *Jede Sünde nimmt uns unsere Unschuld vor Gott und enthüllt uns unsere Blöße vor dem Nächsten.* Denn die Unschuld war verloren und die Blöße der neue Zustand geworden. Sie wurde hinfort die Außenseite des Innenlebens, die sichtbare Verwirklichung der Gesinnung durch das Leben. *Diese Blöße ist seitdem das Angesicht der Weltgeschichte geworden.* Hinfort kann der Mensch auch in seiner Geschichte sein wahres Sein niemals mehr verbergen, auch nicht durch seine Erziehung und seine Zivilisation. Völker und Staaten wandeln daher auf der Bühne der Geschichte in der Nacktheit ihres wahren Innenzustandes und bekunden ungewollt, daß sie ihre Unschuld vor dem Nächsten verloren haben.

Wenn dies dem Menschen und den Völkern zum Bewußtsein kam, dann suchten sie zwar je und je, ihre Häßlichkeit mit dem Schein der Heiligkeit und Gerechtigkeit, des Naturrechts und der Daseinsberechtigung zu verhüllen. Nimrod gab sich aus als ein Jäger „vor dem Herrn" und knechtete doch seine Umgebung. Jeder Staat erweiterte seine Machtsphäre unter dem Schein der Gerechtigkeit und des Wohles schwächerer Völker.

Dasselbe haben im Verlauf der Geschichte auch Religionen und „Heilige" getan. Im Eifer fürs Gesetz verfolgte Saulus die Jüngergemeinde Christi in Jerusalem und Umgebung bis nach Damaskus hin. Im Namen der Kirche schuf man Schafott und Scheiterhaufen.

Im Namen des Kreuzes rief man auf zu heiligen Kreuzzügen. Im Namen der Wahrheit beschimpften sich gegenseitig Prophet und Prophet. Im Namen der Bibel bekämpften sich Gemeinde und Gemeinde. Und doch war trotz dieses frommen Scheins immer wieder nur der nackte Mensch zu sehen, aber nicht das Ebenbild Gottes.

Es ist Gnade für den gefallenen Menschen, daß keine religiöse, moralische, staatliche und völkische Schminke die Nacktheit seines wahren Seins verdecken kann, auch die im allerheiligsten Gewande nicht. *Würde nicht die Nacktheit immer wieder durchbrechen, der Mensch würde an die Wesenheit seiner Schminke, an die Wahrhaftigkeit seiner Heuchelei, an die Gerechtigkeit seines politischen Betrugs glauben und sich niemals einer höheren Offenbarung mit der Botschaft ihrer Erlösung öffnen.*

Aber eine Gnade, die über dem Menschen steht, läßt ihn immer wieder erkennen, daß er nackt ist. Sie weiß, daß dies eines Tages zu jenem Gang in den Tempel führen kann, wo der Zöllner vor Gott im Heiligtum stehen und an seine nackte Brust schlagen wird: *„Gott sei mir Sünder gnädig!"* Solange jedoch der Mensch diesen Weg nicht findet, handelt er in der Erkenntnis seiner Nacktheit, wie der erste Mensch handelte: *„Da flochten sie Feigenblätter und machten sich Schürzen."*

Hier haben wir die Genesis aller rein menschlichen Religionen. Der Mensch ohne Gott sucht auch seine Schuld ohne Gott zu lösen, sobald sie ihm zum Bewußtsein kommt. Auf dem Boden seines Naturzustandes gibt es für ihn keine anderen Mittel als die der Natur und der eigenen Kraft. Ob er sie an einem Feigenbaum oder sonstwo findet — *natürliche Mittel sollen hinfort seine sittliche Blöße decken.* Der Verlust eines innerlichen Zustandes soll geheilt werden durch die Natur und deren Gabe. Jedoch Feigenblätter können vielleicht natürliche Wunden heilen, aber nicht Verluste der Seele. Was von der Natur ist, kann auch nur der Natur dienen.

Das wahre Wesen der Nacktheit des Menschen lag jedoch weit über die Natur hinaus. *Es war der Verlust der wahren Gottähnlichkeit.* Diese hatte der Mensch als seinen inneren Zustand verloren. In seiner Gottähnlichkeit war der Mensch unschuldig auch ohne Feigenblatt. Ohne diese blieb er schuldig trotz des Feigenblatts.

Und doch hat die Mehrheit der Menschheit bis heute nie mehr aufgehört, ihre sittlichen Wunden durch natürliche Mittel zu heilen. Daher sind im Laufe der Jahrtausende Religionen um Religionen entstanden.

Trotzdem sind es alles nur Feigenblätter vom Baume der Natur, vom Menschen selbst gepflückt und als Schürze zubereitet. Was ist denn eigentlich das Wesen aller rein menschlicher Religionen? *Selbsterlösung*. Daher auch ihre ausgesprochene Kreuzesfeindschaft. Haben doch alle Religionen ihr Heimatrecht auf dem Boden des natürlichen Zustandes des Menschen. Was dem gefallenen Menschen zur Verfügung stand, seine Nacktheit zu decken, war eine Gabe der Natur und seine eigene Handlung. *Aber niemals konnte Menschliches Göttliches wirken, ein Feigenblatt der Schöpfung die Unschuld des göttlichen Ebenbildes wiederherstellen.* Vom Fleisch konnte immer nur Fleisch geboren werden.

Daher gab es auch vom Menschen aus niemals einen Weg zurück zu Gott. Auch in aller seiner Religion blieb der Mensch in seinem inneren Zustand das, was er war. In ihrer Stärke erwies sich gerade jede rein menschliche Religion als Feindin Gottes und seines Lebens. Der Herr der Herrlichkeit ist von der Religion gekreuzigt worden. Denn sie lebt ja gerade von jener Kraft, die Gott richtet. Sie verneint den Weg der Erlösung, den Gott geht.

Gott kann aber nur in einen neuen Zustand des Lebens führen, indem er den Zustand des Todes richtet. Gottes Heil führt über Golgatha nach Ostern, über das Gericht des Sündenzustandes zu einem Geisteszustand. Diesen Weg muß jedoch jede Religion verneinen, da er ihr die Basis ihres Wirkens entzieht. Sie will den Zustand, wie er ist, heiligen, aber nicht richten, ihn entwickeln, aber nicht kreuzigen. Daher auch ihre ewige Kreuzesfeindschaft und Verneinung der Wege Gottes.

Ferner erschöpfen sich alle rein menschlichen Religionen in rein natürlichen Leistungen vor Gott. Sie verneinen die höhere Kraft. Ihre ersehnte Gerechtigkeit (Rechtszustand) vor Gott ist nicht eine Glaubensgerechtigkeit, sondern eine Werkgerechtigkeit. Sie kennen den wahren Glauben nicht — *dieses empfangende Prinzip im Menschen der Sehnsucht und der Ohnmacht.* Ihnen ist das ewige Leben nicht eine Gabe Gottes, die durch Glauben empfangen wird, sondern eine Entwicklung, die durch Leistung vom Menschen erwirkt werden soll.

Denn Religionen suchen nur eine Befreiung von den Hemmungen, die den gegenwärtigen Zustand so unerträglich machen. Was sie suchen, sind heilige Orte, aber nicht heilige Menschen. Nicht der Mensch, der Tempel ist ihnen die Stätte ihrer Gottesverehrung. Nicht die Hingabe des Herzens, das Opfer ist ihnen der Ausdruck der höchsten Weihe. Nicht das innerliche Eingehen auf den Willen Gottes, sondern die Erhörung ihrer unzähligen Wünsche ist ihnen das Wesen des Gebets.

So pflegen rein menschliche Religionen Heiliges ohne den Heiligenden. Sie verehren das Kreuz und hassen das Leben des Gekreuzigten. Sie bauen Tempel und füllen sie mit ihren Opfern und mit der Herrlichkeit ihres Dienstes. Sie heiligen Tage und Monde und verleugnen das heilige Leben in seinem täglichen Beruf und in seinem Dienst am Nächsten. Sie ruhen in dem, was der Mensch vor Gott leistet, und nicht in dem, was Gott im Menschen wirkt.

Daher können auch alle diese Religionen niemals ohne Satzungen und Vorschriften existieren. Gerade diese sollen den Menschen heiligen und ihn angenehm machen vor der Gottheit, nicht das neu schaffende Wirken Gottes. Ohne Tempel vermag der Mensch nicht zu beten, ohne Opfer nicht vor Gott zu treten, ohne Waschungen keine Reinheit zu erwarten, ohne Kasteiungen keine Göttergunst zu erflehen.

Daher sind die Religionen auch alle streng gesetzlicher Natur. Sie kennen keine Abweichung von der Tradition, kein Wachstum einer lebendigen Erkenntnis, keine freie Gestaltung der äußerlichen Formen, in denen der Glaube seine Liebe und Hingabe an Gott auslebt. Für sie liegt ja das Wesen der Frömmigkeit gerade in der korrekten Befolgung der äußerlichen Gebote und Satzungen *und nicht im Erleben der Inspirationen des Geistes durch die Offenbarung Gottes.* Nimmt man den Religionen das Symbol, dann sind sie ohne Gott. Zerstört man ihre Tempel, dann sind sie ohne eine Gottesnähe. Denn ihre Stärke liegt in ihrer toten Orthodoxie, ihre Zukunft in der Pflege des längst Überlieferten, ihr Zauber im Hüten des dauernd Geheimnisvollen.

Und insoweit man auch das Christentum wieder im Laufe der Geschichte auf den Boden der menschlichen Kraft verpflanzte, ist auch dieses nicht dem inneren Wesen dieser Religionen entgangen. *Wo man ihm die schöpferische Aktivität des Geistes nahm und sie durch die äußere Pflege der Frömmigkeit ersetzte, da entstand alsbald ein Christentum ohne Christus, ein Kirchendienst ohne Glaubensgehorsam, eine christliche Frömmigkeit ohne die Kraftwirkung des Heiligen Geistes, eine feierliche Gottesweihe ohne ein Leben wahrer Liebe und Hingabe an Gott.*

Daher versagte auch solch ein Christentum wie alle anderen rein menschlichen Religionen je und je in den Stunden des Gerichts. Es vermochte dem Menschen weder den wahren Trost des Glaubens noch den inneren Halt der Seele in jenen Stürmen des Lebens zu geben, wo alles Unwahre in den Katastrophen der Geschichte zusammenbrach. *Es erlag mit in dem Gericht der Welt, weil seine Kraft nicht über das Wesen der Welt hinausging.* Es gab nichts für die Ewigkeit, da es keine Ewigkeit in sich trug. Es schuf nicht neue Menschen, weil es von den Kräften des natürlichen Menschen lebte.

Göttliche Verluste können mithin nur durch göttliche Mittel geheilt werden. Eine empfangene Ebenbildlichkeit Gottes kann allein von Gott auch wiederhergestellt werden. Der Mensch kann sich religiös und sittlich betätigen, aber nicht seine verlorene Gottebenbildlichkeit schaffen. Sie bleibt allein die geistliche Frucht der Aktivität Gottes und wird niemals das Werk des Menschen. Wie oft begegnet man Persönlichkeiten, die vorgeben, außerhalb jeder Religion und jeden Christentums zu stehen, und die doch überaus human, menschlich edel und sittlich korrekt sein können! Ihrem Bilde fehlt jedoch eine Verklärung aller Zeitlichkeit und ein Glanz der Ewigkeit, wie sie dem wahren Ebenbilde Gottes eigentümlich sind. *Ohne Gottes Art ist Gottes Bild im gefallenen Menschen niemals wiederherzustellen.*

Gottes Art kann aber nur von Gott selbst ausgehen. Daher auch die innere Armut und Kraftlosigkeit aller rein menschlichen Religionen. Von niemandem ist dies tiefer erfaßt worden als von dem großen Apostel der Gemeinde Jesu Christi. Ihm war selbst die Offenbarungsreligion seiner Väter zu einem Feigenblatt geworden.

Zwar suchte er in seinem Ekel vor sich selber seine menschliche Blöße zu decken durch dies Feigenblatt. Aber er fand das ersehnte Ebenbild dennoch nicht. Da rief er: *„Ich elender Mensch! Wer wird mich erlösen von diesem Todesleibe?*[1]" Das war der Schrei eines Menschen, der an seiner Religion verzweifelte und sich doch nicht von seiner Sehnsucht nach einer wahren Gottesgerechtigkeit lösen konnte. Was aber er nicht konnte, *das tat Gott.* Römer 7 konnte nur von einem Mensch geschrieben werden, der trotz seiner Religion dennoch in seinem Suchen nach der verlorenen Gottebenbildlichkeit (Gerechtigkeit) verzweifelte. Aber während er verzweifelte, erschloß sich ihm Gott, und zwar in seiner Gabe und in dem schöpferischen Können seines Geistes. Daher will Paulus sich später auch niemals mehr seiner Gerechtigkeit nach dem Gesetz rühmen, sondern allein *„der von Gott geschenkten auf Grund des Glaubens an Christum*[2]".

Auf diesem Boden einer verlorenen Gottebenbildlichkeit bewegte sich der Mensch in seiner Geschichte, bis er Gottes Stimme hörte. Solange er die nicht vernahm, hörte er trotz aller seiner Religionen dennoch nur sich selber reden. Denn wie könnte die Natur und ihre Kraft göttliche Erlösung wirken, damit der Mensch durch sie ohne Gott gewinne, was er einst nur mit Gott besaß? Die mit dem Fall beginnende Finsternis leitete eine Menschheitsgeschichte ein, die sich nur in ihrem eigenen Bilde sah. Für diese Nacht kam kein Morgen, bis Gott wieder sprach: *„Es werde Licht!"*

Denn Gottes Offenbarung schweigt nicht. Sie schweigt auch nicht in der Nacht einer gefallenen Menschheit. Auf das Nein der menschlichen Finsternis antwortete sie mit dem Ja des göttlichen Lichts, damit die Nacht wieder zum Tage werde. Und da ihre Kraft stärker ist als die Macht der Finsternis, überwand sie die Nacht und leitete den Anbruch eines neuen Tages ein. Dieser Anbruch kam auch für den Menschen nach seinem Fall. *Er kam mit dem Herabsteigen der Barmherzigkeit Gottes in den Fall des Menschen, um diesem durch ihre neue Offenbarung zur Erlösung zu werden.*

---

[1] Röm. 7, 25.
[2] Phil. 3, 8. 9.

3. Die ewige Gottesstimme und das gnädige Gerichtsurteil

1. Mose 3, 8—19

Nicht der Mensch rief in seinem Fall nach Gott, sondern Gott rief in seiner Offenbarung den Menschen. Dies wurde hinfort das Gepräge der Geschichte mit der in ihr sich offenbarenden Erlösung. Der Mensch schwieg bei all seiner Schuld. Gott redete trotz des Falles des Menschen. In seinem Schweigen gab sich der Mensch in seiner ganzen Ohnmacht. In seinem Reden gab Gott sich in seiner ganzen Offenbarung. Die Offenbarung muß reden und das an Leben und Erlösung an das Geschöpf abgeben, was Gott in seiner Liebe zu dessen Rettung in sich trägt.

Die Schöpfung kennt zwar eine historische Vergangenheit, die Offenbarung dagegen will eine unwandelbare Gegenwart sein. Bei ihr ist weder Vergangenheit noch Zukunft, sondern ein ewiges Geben aus ihrer Fülle. Gott selbst ist ihre ewige Quelle. Gottes Gabe ans gefallene Geschöpf ist jedoch in jeder Form Erlösung. Daher sagt Johannes, wenn er einmal in seiner Seele zusammenfassen will, was der Mensch mit Gott in seiner Offenbarung zu erleben vermag: *„Und aus seiner Fülle haben wir alle genommen Gnade um Gnade*[1]*."*

Diese Offenbarung konnte für das Geschöpf nie etwas anderes als Erlösung sein, auch für das Geschöpf in seinem gefallenen Zustand nicht. *Denn Gott in seiner Erlösung ist größer als der Mensch in seinem Fall.* Wäre der Fall größer als Gott, dann zöge der Mensch auch Gott mit in seinen Fall hinein. Wir haben bereits bei der Wiederherstellung der chaotischen Erde zu einer neuen harmonischen Weltordnung das ganze Wirken Gottes in die Trinität zusammengefaßt: *Schöpfung, Offenbarung und Erlösung.* Denn jede einzelne Offenbarung ist für den gefallenen Menschen gleichsam eine ihm erschlossene Pforte, die ihm den Weg zur Heimkehr in die verlorene Erlösung erschließt. So auch die erste Gottesstimme, die als Offenbarung in den neuen Todeszustand des Menschen mit der nie schweigenden Frage drang: *„Adam, wo bist du?"* Das war Gottes Hinabsteigen in den Fall des Menschen. Seitdem kennt die Menschheit eine

---

[1] Joh. 1, 16.

Geschichte, über die in jedem Zeitalter immer wieder geschrieben stand: *„Und sie hörten seine Stimme."*

Auch der erste Mensch in seinem neuen Zustand hörte sie. Es heißt: *„Sie hörten die Stimme des Gottes Jahve, als er sich beim Abendwind im Garten erging. Da versteckten sich der Mensch und sein Weib vor Elohim Jahve inmitten der Bäume des Gartens."*

Die Offenbarung Gottes hat auch dem gefallenen Menschen etwas zu sagen. Gott hat sich nicht verändert dem Menschen gegenüber. Der Mensch hat sich jedoch verändert seinem Schöpfer und Vater gegenüber. Daher suchte die Offenbarung den Menschen auch in seiner Flucht vor Gott. Das war und das ist aber für den Menschen die erste Heilstat Gottes zu dessen Rettung und Erlösung. *Hätte sich Gott dem Menschen entzogen, wie der Mensch sich Gott entzog, er wäre ewig seinem Todeszustand verfallen.* Wir haben gesehen, daß ihn weder seine eigene Kraft noch seine Religion daraus hätte erlösen können. Aber Gottes Allgegenwart und dessen suchender Offenbarungsstimme vermag auch der fliehende Mensch sich nicht zu entziehen. Eines Tages erreicht ihn die Frage: *„Wo bist du?"*

So fand die Offenbarung die erste Verbindung mit dem Menschen nach seinem Fall. Und Gottes Frage weckt in der Seele des Menschen eine Antwort. Bisher hatte der Mensch in seinem Fall Gott gegenüber geschwiegen. Denn die neue Todeswelt nimmt dem Menschen nicht nur seine ursprüngliche Sohnesstellung vor Gott, sondern auch seinen kindlichen Verkehr mit Gott. An Stelle der Vertrautheit im Umgang mit Gott tritt die knechtische Furcht vor Gott. Daher antwortete der Mensch auch zunächst: *„Deine Stimme habe ich im Garten gehört, da fürchtete ich mich, weil ich nackt bin, und darum verbarg ich mich."*

Ein wunderbares Gesetz des Geistes, das auch eine bald sechstausendjährige Menschheitsgeschichte mit all ihrer Aufklärung und ihrer fortschreitenden Kultur nicht in seiner ursprünglichen Kraft hat abschwächen können. Erst mit dem Nahen Gottes kam dem Menschen sein neuer Abstand von Gott zum Bewußtsein. *Denn Gottes Nähe mit ihrem Licht enthüllt.* Sie ist wie ein verzehrendes Feuer für alles Leben, das nicht von der Art seiner Lichtnatur ist. Sie will, sie muß aufdecken, was der Mensch von seiner ursprünglichen Sohnesnatur verloren hat. *Erleuchtung ist mithin auch für den Menschen der erste Schritt zur Erlösung.*

So wurde im Lichte Gottes die Finsternis offenbar, in der der Mensch lebte. Es kam in der Gegenwart Gottes dem Menschen sein innerlicher Abstand zum Bewußtsein, in dem er sich hinfort vor Gott befand. Die Stimme Gottes erweckte im Menschen die Furcht, die seinen Zustand beherrschte und ihm den freimütigen Verkehr mit Gott raubte. Nun trat der ganze Gegensatz ins Licht, was der Mensch einst war, und was er gegenwärtig ist. Jedoch ohne diese Erkenntnis seiner selbst kam es beim Menschen nie zur Erlösung. Daher ging Gott auch in der Heilsgeschichte je und je diesen Weg. *Obgleich das Licht zunächst richtete, was der Mensch besaß, so lag in diesem Gericht doch Erlösung.* Denn die Offenbarung blieb nie stehen bei der Enthüllung dessen, was der Mensch ist, sondern brachte auch die Botschaft, was der Mensch werden soll. Wohl zeigt sie in unerbittlicher Wahrhaftigkeit, was der Mensch durch den Fall verloren hat. Wird aber durch die Begegnung mit Gott das ganze Unheil des Menschen offenbar, so enthüllt sich durch sie dem Menschen auch Gottes ganze Heilsfülle. Sie öffnet von Gottes Seite aus dem Menschen den Weg zurück zu Gott.

Denn als das Ebenbild Gottes kommt der Mensch nie mehr ganz los von Gott. Darin liegt seine Qual, aber auch sein Heil. Wenn dem nicht so wäre, dann käme der Mensch schließlich doch in seiner Sünde und in deren Machtbereich zur Ruhe und feierte alsdann ewig in diesem seinen widergöttlichen Sündensabbat. Dann hätte er letzthin ohne Gott gefunden, was er mit Gott nicht gefunden hatte. Solange es jedoch einen Gott des Lichts gibt, wird ewig die Unruhe in die Herrschaftsgebiete der Finsternis hineingetragen werden. Solange Gott ein Gott der Wahrheit ist, wird er alle Ungerechtigkeit im Reich der Lüge aufdecken. Solange nur auf der Grundlage seiner ewigen Gerechtigkeit ein wahrer Sabbat zu finden ist, wird jedes Reich der Ungerechtigkeit immer wieder in sich selbst zusammenbrechen. Es wird je und je in der Erfüllung seiner Hoffnung und in der Vollendung seines Aufbaus den Anbruch seiner Gerichte finden. *Daher baut die Welt ohne Gott ewig an ihrem Exil.* Wenn sie glaubte, den Sabbat ihrer Kultur und das Paradies ihres Friedens gefunden zu haben, dann stand sie noch immer vor dem Vorabend ihres Gerichts.

Und doch ist das auf dem Boden der Weltgeschichte nichts anderes, als daß durch alle Katastrophen und Gerichte eines Tages offenbar wurde: *„Ich bin nackt, und darum verbarg ich mich."* Denn ob der Mensch sich zurückzog in sein Wissen oder in seine Kultur, in sein Genußleben oder in seine Religion, mit jedem Nahen Gottes in der Geschichte erkannte er immer wieder seine Nacktheit und erzitterte innerlich in seinem Schuldbewußtsein vor dem Kommenden. *Sein Wissen wurde zum Gewissen, seine Kultur zum Gericht, sein Genußleben zum Ekel, seine Religion zur Knechtung.*

„Wer hat dir zum Bewußtsein gebracht", sprach der Herr zum Menschen, *„daß du nackt bist? Hast du etwa von dem Baum, von dem ich dir geboten, nicht zu essen, dennoch gegessen?"* Das ist die große Gottesfrage an den ersten Menschen. Sie ist es auch heute noch. Sie wendet sich an das Gewissen der Völker und Staaten, der Kirchen und Kulturen auch der Gegenwart. Wir haben im vorigen Kapitel gesehen, welch eine innerliche Entscheidung für den Menschen mit dem Baum der Erkenntnis verbunden war. Er war mit seiner Frucht eine der höchsten Gaben, die die Schöpfung in ihrer Natur für den Menschen hatte. Gott hatte jedoch mit dieser Gabe ein bestimmtes Wort des Lebens verbunden. Da kam die Schlange mit ihrem Evangelium und verband mit der Frucht des Baumes eine der Pseudoverheißungen. Nach Gottes Verbot sollte der Mensch nicht im Genießen, sondern im Meiden der Frucht sein Leben und seine tiefste Erkenntnis über „gut" und „böse" finden. Nach dem Evangelium der Schlange sollte jedoch gerade im Genuß der Frucht die Erfüllung der Sehnsucht des Menschen liegen. Da mußte nun offenbar werden, *ob der Mensch sich für das mit dem Baum verbundene Wort der Offenbarung entscheiden werde oder aber für die Frucht des Baumes und die damit verbundene Verheißung.*

Der Mensch entschied sich für die Stimme der Schlange. Und hat nicht die Welt, die Menschheit, haben nicht auch wir uns in unserem christlichen Zeitalter immer wieder entschieden, *unsere höchste Erkenntnis über „gut" und „böse" nicht in der Offenbarung Gottes, sondern in der Gabe der Schöpfung zu finden?* Ist uns denn nicht auf unseren Kanzeln und Kathedern die Naturwissenschaft vielfach ein viel höheres Evangelium als die von den Propheten der Menschheit empfangene und erlebte Gottesoffenbarung? Lassen wir nicht in unserem gesellschaftlichen, staatlichen und politischen Leben anstatt das Licht Gottes das selbstische Begehren, das irregeleitete Nationalbewußtsein darüber entscheiden, was „gut" und „böse", recht und unrecht, Wahrheit und Lüge ist?

Sooft der Mensch aß von diesem Baume, fand er immer den Tod anstatt das Leben. Seine Erkenntnis in der Beurteilung der Werte des Lebens wurde so verfinstert, daß er in seiner Sprache vielfach die Finsternis Licht hieß, die Lüge Wahrheit nannte, im Untergang das Leben suchte und vom Tode die Zukunft erhoffte.

Gottes Stimme fand jedoch nicht nur die Schuldigen, sondern auch ihre Schuld. Sie enthüllte mit ihrer Wahrheit den Menschen nicht nur als Sünder, sondern deckte auch die Wurzel auf, die ihn zum Sünder werden ließ. Denn die Offenbarung ist immer total und sucht stets ein ganzes Werk zu tun. Sie sucht den Sünder nicht, um ihn nur um seiner Sünde willen anzuklagen, sondern um ihn von ihr zu erlösen. In ihrem Gericht über die Sünde liegt daher immer Gnade für den Sünder. *Wie oft ließ Gott in seiner Barmherzigkeit im Leben des einzelnen, der Völker und der Geschichte das rettungslos im Gericht zusammenbrechen, was sich dauernd als eine Ursache des Untergangs und als ein Hindernis für das Heil der Menschheit erwies!* Und ob der Mensch tausendmal gehofft hatte, gerade darin das Leben und die Zukunft zu finden, so nahm Gott es ihm dennoch durch Gericht, weil er besser weiß, was dem Menschen zu seinem wahren Heil und Frieden dient.

Gerade in diesem vielfach so hart scheinenden Vorgehen Gottes im Leben des einzelnen und der Geschichte lag daher immer weit mehr Gnade als Gericht für die Schuldigen. So war auch einst Golgatha zwar das größte Gericht über die Sünde, aber zugleich auch die größte Gnade für den Sünder.

Mit dem Fall des Menschen und seiner Schuld wurde auch die ganze Versuchung bis zu ihrer Wurzel offenbar. Adams Antwort auf Gottes schwere Gewissensfrage: *„Hast du nicht etwa gegessen?"* lautete: *„Die Männin, die du mir ja zur Seite gegeben, gab mir von* *dem Baume, und ich aß."* Und als Gott sich dann an das Weib wandte und an sie die nicht weniger schwere Frage richtete: *„Was hast du getan?"*, da antwortete sie: *„Die Schlange hat mich betrogen, und da aß ich."* Verführte werden eines Tages unbedingt zu Anklägern ihrer Verführer. *Assoziationen auf Grund satanischer Inspirationen endeten noch immer vor dem Angesichte Gottes und vor dem Forum der Geschichte mit der Anklage der Verführten gegen ihre Verführer: „Die Schlange betrog mich, und da aß ich."* Wenn Gottes Stimme sich erst auf den Boden des gefallenen Menschen begibt, dann entgeht ihrem Licht keine Finsternis. Sie zerstört alle Illusionen, sie enthüllt jede Unwahrhaftigkeit. Jede Versuchung und jede Verführung müssen als das offenbar werden, was sie in ihrem innersten Wesen sind.

Da sprach Gott zunächst zur Schlange: *„Da du dies getan, trifft dich der Fluch mehr als alles Vieh und alles Tier des Feldes. Auf deinem Bauche sollst du kriechen und Staub fressen, solange du lebst. Und Feindschaft setze ich zwischen dir und dem Weibe und zwischen deinem Samen und ihrem Samen. Dieser wird dich auf das Haupt treten, und du wirst ihn auf die Ferse treffen."* So lautete Gottes Gerichtsurteil über die erste Verführerin, die sich für das Evangelium der Versuchung hatte inspirieren lassen. Wir haben schon vorher die Vermutung ausgesprochen, daß auch die Schlange als Gottes Geschöpf und Vertreterin der animalischen Welt *nicht die letzte Quelle der satanischen Inspiration sei.* Auch sie erwies sich nur als Empfängerin und Trägerin eines verführerischen Evangeliums, das aus tieferem Quell seine Inspirationen empfangen hatte. Sonst wäre das Tier der Satan der Menschheit. Das will jedoch die Bibel nicht sagen. Was in der geschöpflichen Welt lag, in der der Mensch der Herr der Schöpfung war, und wo alles zunächst den Sabbatmorgen der geschöpflichen Vollendung atmete — das konnte zwar alles Empfänger und Träger, aber nicht die Quelle eines satanischen Evangeliums sein. Diese Quelle lag außerhalb jener Schöpfung, die *„sehr gut"* war.

Aber die Schlange trifft da das Gericht, wo ihre Schuld lag. Wir glauben annehmen zu dürfen, daß sie das intelligenteste unter den Tieren war, und daß sie in ihrer Begabung sogar durch die Sprache mit den Menschen geistig verkehren konnte. Sie durfte einen Geistesaustausch mit dem Herrn der Schöpfung pflegen, wie es sonst keinem kreatürlichen Geschöpf möglich war. Ihr Gericht trifft sie nun gerade da, wo sie am schwersten gesündigt hatte. Sie hatte ihre höchste Begabung, die Fähigkeit zum geistigen Verkehr, zur Versuchung für den Menschen mißbraucht. Hinfort wird sie auf Grund des Gerichts das einsamste Tier vor allen anderen Geschöpfen. Mit dieser ihrer Einsamkeit trägt sie nun für alle Zeiten die ewige Gotteswahrheit in die Welt, *daß alle Gerichte sich immer da am schwersten auswirken, wo die Gaben des Geschöpfs am meisten zum Fluch anderer mißbraucht worden sind.* Ein empfangener Segen, der andere verführt, wird zum Gericht seines Trägers.

Ferner war ihr Evangelium auf den Genuß von Verbotenem gerichtet. *„Hinfort sollst du Erde fressen dein Leben lang"*, lautet jetzt ihr Urteil.

Am tiefsten trifft sie das Urteil der Feindschaft zwischen dem Weibessamen und ihrem Samen. Mit ihrem Samen gilt sie hier als Kollektivbegriff für alles Gottfeindliche, das sich im Lauf der ferneren Geschichte offenbaren wird. Dieses Gottfeindliche wird zwar den Weibessamen, die Menschheit in ihrem Gesamtbegriff, in die Ferse stechen, aber dennoch wird es vom Weibessamen zertreten werden. So wurde die Schlange hier zum Symbol des ewigen Widersachers gegen Gottes Stellvertreter auf Erden, gegen den Menschen. Aber in diesem ihrem Kampf wird nicht sie als Schlange mit dem Bilde des Tieres, sondern der Weibessame als Mensch mit der Ebenbildlichkeit Gottes siegen.

Die christliche Theologie hat daher in dieser Stelle immer das *Erst-Evangelium der Heilsoffenbarung* gesehen. Nach diesem Evangelium im Gerichtsurteil Gottes über die Schlange wird einst der Kampf der Erlösung mit dem Samen der Versuchung nicht mit dem Tier, sondern mit dem Menschen enden. Das ist wahrlich erstes Morgenrot für jene dunkle Nacht der Geschichte, die der Mensch durch seinen Fall einleitete, und in die er als erster Adam den ganzen Weibessamen mit hineinzog. Denn seit dem ersten Fall des Menschen lebt die Menschheit im Zustand des ersten Falles.

Als die Nächstschuldige im Verlauf des Falles hatte sich das Weib erwiesen. Ihr Gericht lautet: *„Deine Entsagung und Empfängnis werde ich noch größer sein lassen; in Entsagung wirst du Kinder gebären, zu deinem Manne hin wird deine Sehnsucht sein, und er wird über dich herrschen."* Dieses Urteil trifft das Weib in ihrem höchsten Beruf: *in ihrer Fähigkeit zur Mutterschaft*, in ihrer höchsten Sehnsucht: *in ihrem Verlangen, Weib zu sein*, und in ihrer höchsten Stellung: *nämlich als Männin an der Seite ihres Mannes zu stehen.* Kürzer und wahrer können auch wir in unserer Zeit nicht das Wesen des Weibes in seiner Stellung in der Ehe und auf dem Boden der Menschheit schildern.

Für das Weib gibt es auf Grund ihrer ganzen Naturanlage keine höhere Freude als *das Kind.* Sie kann es jedoch nur auf dem Wege höchster Entsagung und Selbstaufopferung gewinnen. Jede Geburt, die dem ersehnten Kinde das Leben schenkt, kann für die Mutter den Tod bedeuten. *Sie kennt daher kein Leben, das ein Teil ihres Seins geworden, das nicht mit den Opfern ihrer Wehen erkauft werden muß.*

Dem entspricht auch ihre höchste Sehnsucht. Es bleibt im Weibe etwas Ungestilltes, wenn es nicht Weib sein kann. Mag Beruf und Stellung ihr im Leben auch alles einräumen, sie kann nicht anders als lieben, wenn sie einem Manne begegnet, zu dem sie mit Ehrfurcht aufschauen kann. Antwortet ihr der Mann mit seiner Liebe, dann ist ihr kein Opfer zu groß, *um Weib und Mutter an der Seite des Mannes zu werden.* Und doch, wie groß ist vielfach ihre Enttäuschung, wenn sie Weib geworden ist! Sie kann hinfort nur Weib sein in der Abhängigkeit vom Manne. Sie muß ihre Stellung an der Seite des Mannes erkaufen durch ihre dauernde Abhängigkeit vom Manne. Jede Verschiebung dieser Gesetze im Gottesurteil führt zum Entgegengesetzten von dem, was auch das Weib in der Ehe ersehnt.

Auf dem Boden des natürlichen Menschen kann daher allein unter Beachtung dieser Gottesoffenbarung das Wesen einer wahren Ehe aufrechterhalten werden. Sonst ist die Ehe nicht mehr Ehe, sondern nur ein geschlechtliches Zusammenleben, wie auch das Tier es kennt. *Zur wahren Ehe ist allein der Mensch fähig.* Ihr Schmelz und ihre göttliche Weihe gehen aber verloren, sobald der Mensch

Gottes Offenbarung zu seinem Heil wiederum ersetzen will durch das Evangelium des Tieres.

Nach dem Weibe empfängt auch der Mann sein Urteil. Auch dieses trifft den Menschen da, wo seine Verschuldung liegt. Man nimmt an, daß Adam noch vor der Erschaffung des Weibes das Verbot, von dem Baume der Erkenntnis zu essen, empfangen habe. Sein Weib habe dieses Verbot nur aus dem Munde des Mannes gekannt. Als nun die Versuchung mit ihrem Evangelium kam und das Weib sich täuschen ließ durch seine Verheißung, hätte Adam als Herr der Schöpfung und als Empfänger des Gottesverbots dementsprechend auch seinem Weibe dienen sollen. Aber auch er unterlag der Verführung der Natur und ihrer Frucht. Nachdem er jedoch seine ursprüngliche Stellung verlassen hat, enthüllt ihm nun das Gericht die Stellung, die er seinem inneren Wesen nach hinfort einnimmt.

„Und zu Adam sprach er: Weil du der Stimme des Weibes gehorcht und von dem Baume gegessen hast, von dem ich dir geboten und gesagt hatte, du sollst nicht von ihm essen, trifft die Adamah um deinetwillen Fluch; in Entsagung sollst du sie genießen, solange du lebst. Dornen und Disteln wird sie dir wachsen lassen, und du mußt das Gras des Feldes essen. Im Schweiße deines Angesichts wirst du Brot essen, bis du zu der Adamah zurückkehrst; denn ihr bist du entnommen; denn Staub bist du, und zum Staube kehrst du wieder."

So lautete das Gericht des Mannes. Sein Herrschaftsgebiet, die Erde, wird dem Fluch unterworfen. Ihre höchsten Früchte wurden zum Anlaß der Verführung für den Menschen. Nun verliert sie den Menschen als ihren Herrscher und der Mensch sie als sein Herrschaftsgebiet. Erst zog sie durch ihre Frucht den Menschen von seinem ursprünglichen Zustand auf ihren Naturboden, nun zieht der Mensch sie mit in seinen gefallenen Zustand hinein. *Ein Paradies kann auch die Erde nur so lange bleiben und immer wieder neu werden, wie der Mensch als Gottes Ebenbild Herr der Schöpfung und nicht Knecht ihrer Versuchung ist.* Als das Ebenbild Gottes im Menschen erst verlorenging, verlor die Erde auch ihr Paradiesesangesicht und ihren Schöpfungssabbat.

Das ist ihr Fluch, den sie bisher trägt, und unter dem sie leidet. Daher sehnt die ganze Schöpfung wieder die Offenbarung der Söhne Gottes in ihrer Herrlichkeit herbei. Sie fühlt instinktiv, daß erst durch „Söhne" auch sie wieder in jene ursprüngliche Stellung als Herrschaftsgebiet des Menschen erhoben werden kann, wo auch für sie wieder der verlorene Schöpfungssabbat beginnen wird.

Gegenwärtig trägt fort und fort ihr Acker Dornen und Disteln. Und jede Kraft des Menschen muß eingesetzt werden, ihr die Frucht abzugewinnen, die ihn nährt. Anstatt sein ganzes Sein der Herrschaft über die Erde zu widmen, ist er ein Sklave seines Erwerbslebens geworden. Im Schweiße seines Angesichts ißt er sein Brot. *Und ißt er es nicht im Schweiße des eigenen Angesichts, dann ißt er es auf Grund des Schweißes seines Nächsten.*

Aber in diesem Versagen der Erde, dauernd ein ursprüngliches Paradies zu sein, liegt wiederum der verhüllte Segen für den Menschen in seinem gegenwärtigen Zustand. Die Enttäuschung, die sie ihm bereitet, löst ihn in seinen Erwartungen von ihr und zwingt ihn, in seiner inneren Sehnsucht nach der verlorenen Sohnesstellung zu suchen. Wäre die Erde ein Paradies und ein Schöpfungssabbat geblieben, sie hätte mit ihrer Fülle von Leben und Frucht den gefallenen Zustand des Menschen ewig erhöht und nicht gehemmt. Auch beim Manne war daher die Grundlage seines Gerichts die Liebe Gottes, die selbst die Natur dem Fluch unterwarf, damit der Mensch den Weg zu seiner Erlösung suche.

So zog der Mensch, als er sich von der Offenbarung Gottes im Paradiese löste und dem Evangelium der Schlange folgte, alles mit in seinen Fall und in sein Sterben hinein: *selbst sein Herrschaftsgebiet, die Erde, und seinen eigensten Organismus, den Leib.* Hinfort konnte keine Macht der Schöpfung ihm das mehr zurückgeben, was er auf Grund der Stimme ihrer Geschöpfe und ihrer Gaben verloren hatte. Es gab nur einen Weg, das verlorene Übernatürliche und Göttliche wiederzufinden: *eine neue Schöpfertat Gottes auf dem Boden des menschlichen Falles.* Und während der Mensch zunächst im Geiste seines gefallenen Zustandes eine eigene Geschichte schrieb, begann Gott im Geiste der Erlösung seine neue Offenbarungstätigkeit zum Heil der Menschheit.

4. Das verlorene Paradies und der Beginn der Erlösungsgeschichte

1. Mose 3, 20—24

Gottes Offenbarung ist immer positiv, auch dort, wo sie verbietet. Denn sie will immer geben, was der Art ihrer Quelle entspricht: *Licht von Gottes Licht, Kraft von Gottes Kraft und Leben von Gottes Leben.* Wir haben gesehen, welche Folgen es für den Menschen und seinen Zustand hatte, daß er sich der Offenbarung in ihrem Verbot entzog und sein Ohr dem Evangelium des Geschöpfes öffnete. Nicht nur verlor er selbst sein inneres Sohnesbild und seinen Sabbatfrieden, er zog auch die ganze Erde als sein Herrschaftsgebiet mit in seinen Fall hinein. *Sein Verlust wurde ihr Fluch, ihr Fluch sein Segen.* Ihre Entwicklung war hinfort die eines verlorenen Paradieses. Während all ihre latenten Auferstehungskräfte darauf warteten, durch die Herrschaft des Menschen für den Ausbau und die Vollendung eines paradiesischen Gesamtzustandes ausgelöst zu werden, müssen sie hinfort in ihrer Gebundenheit vielfach untätig ruhen, bis wieder jener Mensch erscheint, der sie zu wecken und zum Heil der Welt zu beherrschen vermag.

Mit dem gefallenen Menschen und seiner Geschichte begann daher der Weltzustand eines verlorenen Paradieses. *Alles auf Erden will werden, was es zunächst nicht werden kann, weil der Mensch sein Paradies verloren hat und er es dem Leben und der Entwicklung nicht wiederzugeben vermag.* Denn das Paradies war Gottes Pflanzung als Typus für des Menschen Weltherrschaft. Es war nicht eine selbständige Schöpfung der Natur. Daher schafft sie auch bis heute kein Paradies, es sei denn, daß der Mensch ein Paradies in sie hineinträgt.

Als der Mensch nach dieser inneren Wandlung seines Zustandes und all den erschütternden Erlebnissen, die sich an seinen Fall knüpften, wieder sein Weib ansah, da nannte er es hinfort „Chawa". *„Denn sie ist die Mutter alles Lebendigen geworden."* Der Name war das erste Ergebnis seines innerlichen Erlebens während der gnädigen Gerichtsoffenbarung, die ihm und seinem Weibe von Gott wurde. Von zwei sehr wesentlichen Dingen hatte Gott in ihr geredet: *vom Kind* und *vom Sterben.* Im Kinde liegt Leben und Zukunft. Im Sterben naht allem Leben der Schatten des Nicht=mehr=so=Seins und der nie wiederkehrenden Vergangenheit. Nun wurde trotz des Falles dem Weibe dennoch gesagt, daß sie gebären würde. Darin lag die Verheißung des Kindes und der Zukunft der Welt. *Hinfort stirbt wohl der einzelne, jedoch die Menschheit lebt.* Dem Manne wird gesagt, daß er vom Staube genommen sei und zum Staube wiederkehre. Und doch sollte auch er im Kinde auf Erden weiterleben, das ihm vom Weibe würde geboren werden.

Der Name „Chawa", *die Lebenspendende,* war daher die Zusammenfassung seiner ersten Freude und Hoffnung, die der Mensch auf dem Boden seines Falles aus der Offenbarung Gottes geschöpft hatte.

Denn Gott hatte nach dem Fall nicht das Leben des Menschen an sich verworfen, sondern nur seinen inneren Zustand. Weder Tod noch sonstige Verluste, die mit dem Fall verbunden waren, sollten das Leben überhaupt vernichten. Sie sollten nur jene Zustände zerstören, die hinfort aus einem reinen Naturleben ohne den Geist der Sohnschaft flossen. Dieses Naturleben sollte in Zukunft die große neue Aktionsbasis der Erlösungsoffenbarung Gottes werden. Auf Grund der neu schaffenden Heilstätigkeit Gottes sollte dann der neue Menschensohn und sein ihm entsprechendes Paradies der Zukunft hervorgehen.

Daher ist auch das rein natürliche Leben des Menschen immer noch so wertvoll in Gottes Augen. Das größte Gericht verhängte Gott später über den Menschen, der dieses Leben zerstörte. Wieviel Unheil in der Menschheitsgeschichte wäre vielfach abgewendet worden, wenn man jedes Leben des Nächsten vom Standpunkt Gottes aus eingeschätzt hätte! *Denn wer das Leben des Nächsten zerstört, vergreift sich an Gottes Bild im Nächsten.* Daher wurde nie dauernd von der Geschichte das gerechtfertigt, was über die Leiche des Nächsten hinweg gewonnen wurde. Wo es der Mensch dennoch tat, verlor er auch den Rest seines Menschenbildes und sank hinab zum Tier. *Daher offenbart sich auch überall in Völkern und Geschichte so viel vom Charakter des Tieres, sobald der Mensch das Bild Gottes im Nächsten verlor.*

Gottes Barmherzigkeit griff aber noch weiter ein in das Leben des gefallenen Menschen. Sie *„machte Adam und seinem Weibe Röcke von Fellen". Mit der Unschuld vor Gott hatte der Mensch auch seine Unschuld vor dem Nächsten verloren.* Denn jede Sünde ist häßlich, sobald sie geboren ist. Und der Mensch schämt sich ihrer, solange sein Gewissen nicht erstorben ist. Der Mensch und sein Weib hatten zwar selbst gesucht, ihre Nacktheit zu decken, aber ihre Scham blieb, und zwar trotz ihrer Feigenblätter. Da schuf Gott selbst dem Menschen eine Deckung durch Felle. Er ließ die Kreatur die Wehen des Todes erdulden, um dem Leben des Menschen in seinem Fall zu dienen.

Man hat in dieser Gotteshandlung die Entstehung der späteren Opfer gesehen. Wir dürfen jedoch gerade hier nicht übersehen, *daß durch diese Gotteshandlung nicht die Unschuld des Sohnesbildes im Menschen wiederhergestellt wurde. Es wird nur der eingetretene und herrschende Zustand unter Gottes Geduld gestellt.* Opfer an sich erlösen den Menschen nicht. Erlösen kann allein Gottes schöpferisches Geisteswirken. Daher liegt auch heute das Leben der Gemeinde nicht im Kreuz Christi, sondern im Leben und in der Auferstehungskraft Christi. Am Gekreuzigten wirkten sich der Tod und das Gericht aus, am Auferstandenen jedoch die Rechtfertigung und das Leben.

„Und Elohim Jahve sprach: Siehe, der Mensch ist geworden wie unsereiner in dem, daß er gut und böse unterscheidet! Und nun könnte er sich vergreifen und auch von dem Baume des Lebens nehmen und essen und ewig leben." So negativ äußerlich auch diese Handlung Gottes für den Menschen zu sein schien, so war sie dennoch positiv in ihrem Wesen und Ziel. Ohne zu sagen, welch eine Bewandtnis es mit diesem Baum des Lebens hatte, so geht doch aus der Handlung Gottes hervor, *daß er durch seine Frucht das Leben verewigte.* Indem jedoch Gott dem Menschen in seinem gefallenen Zustand den Baum nahm, bezeugte er, *daß dieser Zustand nicht verewigt werden soll.* Der Baum des Lebens sollte mit seiner Frucht nur ein Leben erquicken und vollenden, das im Sohnesbilde wirkte und den Geist des Schöpfungssabbats atmete. Er durfte jedoch mit seiner Frucht nicht etwas verewigen, was innerlich keinen Anteil mehr am Paradieseszustand hatte.

Sagt Gott doch selbst, daß sich Adam „wie unsereiner" benommen habe, um unabhängig „von uns" zu wissen, was „gut" und „böse" ist. Adam hatte sich ja entschieden, ohne Gott und dessen Offenbarung festzustellen, was für ihn in seinem Leben gut und böse sein wird. *Das ist aber im Prinzip das Leben ohne Gott.* In Adam kam dieser Zustand zwar noch nicht zur Vollendung. Aber bereits in Kain sehen wir die entsetzliche Frucht solch eines Zustandes, der sich in Lamech zum Tyrannen erhob, in Nimrod die Völker unterjochte und sich in dem ersten Babel einen ewigen Ruhm zu verschaffen suchte. Bereits die allernächsten Entwicklungen der Menschheitsgeschichte zeigen also, wohin die Zukunft führen müsse, wenn es dem Menschen durch den Genuß einer Frucht der Natur möglich wäre, seinen Zustand und sein leibliches Leben zu verewigen. *Daher nahm die Barmherzigkeit durch Gericht dem Menschen, was ohne Gericht ihn ewig der Barmherzigkeit Gottes entzogen hätte.*

Allein diese Barmherzigkeit griff noch weiter in Adams Leben ein. Sie nahm ihm auch Eden, die Zentralbasis seiner Herrschaft über die Erde. *„Darum entsandte ihn Elohim Jahve aus dem Garten Eden, die Adamah zu bearbeiten, welcher er entnommen war."* Den Menschen, der sich in seiner Entscheidung über sein Gut und Böse auf sich selbst eingestellt hat, kann auch Gott durch seine Offenbarung nicht mehr schützen. Adam hatte im Paradiese bewiesen, daß er sich durch das Wort seines Schöpfers nicht bewahren ließ. So hätte auch jetzt Gottes Verbot, vom Baum des Lebens hinfort zu essen, nicht genügt. Daher sandte Gott den Menschen aus seinem Eden. Denn in seinem gefallenen Zustande vermag er niemals *im Paradiese das Paradies zu finden.*

Gingen doch die Menschen in der Geschichte gerade dann am schnellsten zugrunde, wenn sie sich in ihrem Leben ohne Gott äußerlich mit Macht und Glanz, mit uneingeschränkter Sinnenlust und gesichertem Wohlleben umgeben konnten. Und wie erwies es sich später als eine Gnade der göttlichen Weltregierung, wenn Gott solch einem Volke das nahm, was es sittlich und völkisch auflöste! Es wirken sich daher auf dem Boden der Völkerwelt dieselben Prinzipien der Barmherzigkeit aus, die bereits hier im Garten Eden sichtbar wurden.

Im gefallenen Zustande fand daher der Mensch in der Regel sein wahres Heil weit mehr im Leid als in der Lust, im Entsagen als im Genießen, im Dienst als in der Herrschaft, im sittlichen Kampf als in der Pflege des Sinnenlebens, im Opfer als in der Huldigung. „Zum Heile ward mir bitteres Leid", bekennt Jahrtausende später der fromme Hiskia nach seiner Genesung von einer schweren Krankheit[1]. Und Jesus, als der wahre Menschensohn und Kenner des ewigen Lebens, bezeugt: *„Wer sein Leben erhalten will, der wird's verlieren[2]."* Hat doch das Gottesreich im Lauf der Geschichte bewiesen, welche Überwinder, Propheten, Apostel und Träger der Barmherzigkeit gerade auf dem Boden der schwersten Kämpfe und der mannigfaltigsten Leiden zum Wohl der Menschheit heranreifen können. Nicht nur, daß sie selbst in ihrem Leben und Dienen ein Garten Gottes wurden, sondern sie gestalteten auch das Leben anderer zu einer Oase in der Wüste ihrer Zeitverhältnisse. *„Denn der Gerechte wird grünen wie ein Palmbaum, er wird wachsen wie eine Zeder am Libanon. Die gepflanzt sind im Hause des Herrn, werden in den Vorhöfen unseres Gottes grünen; noch im Alter tragen sie Frucht, sind saftig und frisch, zu verkünden, daß Jahve treu ist, mein Fels, und daß nichts Verkehrtes an ihm sei[3]."*

Jedoch die Liebe Gottes griff noch tiefer ein. Sie nahm dem Menschen nicht nur das Paradies, indem sie ihn daraus vertrieb, sondern *„lagerte ostwärts zum Garten Eden die Cherubim und die Flamme des umwälzenden Schwertes, den Weg zum Baume des Lebens zu bewahren"*. Das flammende Schwert als Symbol des menschlichen Leides und die Cherubim als Symbol der Gottesgegenwart stehen vor der Pforte eines verlorenen Paradieses und lassen den Menschen in seinem gefallenen Zustand nimmer den Weg zum Baum des Lebens zurückfinden. Vergeblich rang daher bis heute die Menschheit um das Geheimnis, sich und ihre Zustände zu verewigen. *Der Mensch starb immer wieder auch seinem Paradiese.* Sooft er auch hoffte, es sich schaffen zu können mit den Mitteln seiner Macht und dem Reichtum seines Wissens, er hat es nimmermehr gefunden.

---

[1] Jes. 38, 17a.
[2] Joh. 12, 25.
[3] Ps. 92, 13—16.

Und doch ward jede Offenbarung Gottes eine verborgene Verheißung, *daß der Mensch durch Erlösung wiederfinden solle, was er ohne Erlösung vergeblich sucht.* Obgleich diese Gegenwart Gottes in den Cherubim vor der Pforte des Paradieses lagerte und dem Menschen den Zutritt zum Baum des Lebens verwehrte, so lagert sie doch auch vor der Herzenspforte und über dem Sündenelend des Menschen und wartet auf den Augenblick, wo ihre Lebensoffenbarung dem Menschen wieder köstlicher wird als das Todesevangelium des Tieres. *Kann sie erst wieder zelten im Menschen, dann erschließt sie ihm auch die Paradiesespforte und öffnet ihm den Weg zum Lebensbaume.* Wie mancher trägt den Glanz der Ewigkeit bereits in seinem sterblichen Leben, weil die Gottesgegenwart mit der Offenbarung ihrer Herrlichkeit wieder wohnen kann in seiner Seele!

So haben die großen Prinzipien der ersten drei Kapitel der Genesis die Menschheitsgeschichte eingeleitet. Viel sind sie beachtet und fast noch mehr bespöttelt worden. Man hat ihre Quellen bald in den Mythen dieses, bald jenes Volkes gesucht. *Was sind das jedoch für Mythen gewesen, die im voraus die Menschheitsgeschichte so in ihren Grundprinzipien zeichnen konnten! Nein, hier schweigt der Mensch in seiner Mythologie, hier redet Gott in seiner Theophanie!* Mag manches uns auch dunkel bleiben, manches unerklärlich erscheinen, manches uns zu sehr durch die Vergangenheit entrückt sein, aber wir sehen Gott Welt- und Heilsgeschichte machen nach den großen Offenbarungsgrundlagen der ersten Kapitel der Bibel.

Und wenn dem Schöpfer die erste Schöpfung so gelang, daß er sie durch Offenbarung endlich für seinen Schöpfungssabbat vollenden konnte, sollte der Vater der Barmherzigkeit, der *„die Welt also geliebt hat, daß er seinen eingeborenen Sohn gab, auf daß alle, die an ihn glauben, nicht verlorengehen"*, nicht auch seine zweite Schöpfung so vollenden können, daß sie erlöst einst den großen Erlösungssabbat der Vollendung beginnen kann? *Mag die Welt auch tausendmal zusammenbrechen in ihrer eigenen Selbsterlösung, wir glauben an ein verheißenes und kommendes Reich der Vollendung des Menschensohnes, wo das Tierbild für immer gerichtet sein und das Sohnesbild für immer triumphieren wird.* Dann wird von der

Menschheit Gott und dem Lamme ein neuer Psalm gesungen werden: *„Groß und wunderbar sind deine Werke, Herr Gott, Herrscher des Alls; gerecht und wahrhaftig sind deine Wege, König der Nationen! Wer sollte dich nicht fürchten und deinen Namen verherrlichen, weil du allein heilig bist? Denn alle Völker werden kommen und vor dir anbeten, weil deine Rechtsurteile offenbar geworden sind![1]"*

Das wird der Sabbatzustand der Neuschöpfung Gottes sein. Auf ihn hin ist alles angelegt, was die Gottesoffenbarung in Jesus Christus dem Menschen an Erleuchtung, Rechtfertigung, Heiligung und Erlösung zu geben vermag. Aber auch in ihrem gefallenen Zustand steht die Menschheit immer wieder vor der uralten Entscheidung, *ob das Evangelium des Tieres mit seiner lügnerischen Verheißung und seinem sicheren Tod oder ob die Offenbarung Gottes mit ihrer ewigen Erlösung die schöpferische Kraft, der bleibende Inhalt und die ersehnte Zukunft ihres Lebens sein soll.*

---

[1] Offb. 15, 3. 4.

Noah und das damalige Weltgericht

Einführung

Jesus sagte einmal zu seinen Jüngern: *„Wie es aber zu den Zeiten Noahs war, also wird es auch bei der Zukunft des Menschensohnes sein. Denn wie sie in den Tagen vor der Sintflut aßen und tranken, freiten und sich freien ließen bis zu dem Tage, da Noah in die Arche ging, und merkten nichts, bis die Sintflut kam und raffte sie alle dahin, also wird auch die Zukunft des Menschensohnes sein[1].“*

Mit diesen Worten hat Jesus auf den inneren Charakter und Zusammenhang hingewiesen, in dem letzthin alle Gerichtszeiten Gottes mit den sie begleitenden Weltkatastrophen stehen. Sie waren alle einander wesensverwandt, flossen alle aus denselben Inspirationen, waren alle von denselben verheerenden Wirkungen begleitet und führten alle zu demselben Untergang. Selbst die letzte Gerichtsperiode, die die Weltgeschichte aufweisen wird, hat ihr Urbild bereits in dem ersten Weltgericht, das die Menschheit erlebte. — Dies war das Flutgericht in den Tagen Noahs.

Wenn nun alle Weltkatastrophen in ihren wesentlichen Zügen soviel innere Verwandtschaft miteinander haben, so müssen auch die Fragen, vor die das hinter uns liegende gewaltige Erleben uns stellt, eine gewisse Antwort finden in dem ersten Weltgericht, das man zur Zeit Noahs erlebte. Das Entscheidende ist immer wieder, wie Gott über all die großen Weltgeschehnisse denkt, und nicht, wie der Mensch sie beurteilt. *Allein in Gottes Urteil vermag unsere Seele auch mit ihren schwersten Fragen zur Ruhe zu kommen.*

Wer daher Gottes Licht zu sehen und Gottes Sprache zu verstehen vermag, der wird auch auf so manche Fragen der Gegenwart Licht und Antwort aus jenem biblischen Flutbericht empfangen, in dem uns das erste Weltgericht mitgeteilt wird.

Gibt man durch Begriffe, Bilder, Ereignisse, Anschauungen, die uns vertraut sind, der alten Welt eine uns verständliche Gestalt und ein uns verständliches Leben, dann lernen wir auch längst unter=

[1] Matth. 24, 37—39.

gegangene Zeitalter in ihrem eigentlichen Geiste, in ihrer inneren Entwicklung und in ihren erschütternden Katastrophen verstehen. Wir entdecken plötzlich eine innere Verwandtschaft zwischen dem großen untergegangenen Einst und dem noch weit größeren Jetzt, wie wir sie nie geahnt und gesehen hatten. Eine längst untergegangene Vergangenheit mit ihren Geistesprinzipien und ihren menschlichen Kulturschöpfungen wird nun zu einer wunderbaren Gottesoffenbarung für die Gegenwart. So manches Rätselhafte, Unfaßbare, Unverstandene unseres gegenwärtigen Zeitalters findet vielfach eine so einfache Lösung im Lichte der Vergangenheit.

Die Übertragung der Bilder sollte jedoch eine rein äußerliche sein, damit die Vergangenheit als ein uns verständlicher Geschichtsorganismus vor unserer Seele stehe und wiederum auch uns mit ihrem Lichte zum besseren Verständnis der Gegenwart diene. Es lag daher dem Verfasser völlig fern, etwas in das innere Wesen, den geistigen Charakter jenes Zeitalters hineinzutragen, was seinem eigentlichen Geiste völlig fremd sein würde. Galt es doch, durch solch eine äußerliche Darstellung gerade das Immanente und Bestimmende jener Zeit und ihrer geistigen Träger zu erfassen, um in dieser Beleuchtung alsdann auch die unsere in ihrem tiefsten Wesen verstehen zu lernen.

So mag z. B. mit den Namendeutungen der einzelnen Träger der damaligen Geschichte nicht immer ganz das für die einzelnen Personen verbunden gewesen sein, was wir aus ihren Namen in bezug auf ihr Leben und ihren Charakter zu folgern wagten. Aber die Namen waren an sich, ganz abgesehen von ihren Trägern und deren Gesinnung, ein wunderbarer Dolmetscher der Geistesrichtung ihrer Zeit, und sie geben uns die Möglichkeit, in die Seele der damaligen Welt zu schauen.

Den Ringenden, Müden, Enttäuschten hoffe ich mit dem aus dem Heiligtum geschöpften Lichte einen Dienst zu erweisen. Damit verbinde ich jedoch eine Bitte: Möchte jeder wahre Lichtstrahl, der sich zum Heil in ihrer Seele brechen kann, sie zu der Quelle des Lichtes selbst hinleiten, nämlich zu dem, den Daniel einst mit den Worten rühmte: *„Gepriesen sei der Name Gottes von Ewigkeit in Ewigkeit! Denn Weisheit und Macht, sie sind sein. Er ändert Zeiten* *und Zeitpunkte, setzt Könige ab und Könige ein, er gibt den Weisen Weisheit und Verstand den Verständigen; er offenbart das Tiefe und das Verborgene, er weiß, was in der Finsternis ist, und bei ihm wohnt das Licht*[1]*."*

I. Die kainitische Kulturentwicklung

1. Kain und Abel, die Urtypen menschlicher Herzensgesinnung

1. Mose 4, 1. 2

Je und je ist unsere Welt durch gewaltige Erschütterungen und Gerichte gegangen. Durch solche Katastrophen wurde sie von einer alten Kultur gelöst und für eine neue frei gemacht. Denn bisher vollzogen sich die größten Geschichtskrisen und Umwälzungen immer in den Kulturzentren der Geschichte. *Weltgeschichte ist daher das erschütternde Tagebuch der Weltgerichte.*

Das bezeugen auch die so gewaltigen Ereignisse in dem Zeitalter eines Noah. Es ging damals eine große Vergangenheit mit ihrer innerlichen und äußeren Entwicklung unter, während ein Noah sich mit seiner Familie eines Tages in eine neue, durch Gericht gereinigte Welt versetzt sah. Dieselben Gerichtswellen, die eine alte Welt untergehen ließen, trugen ihn hinüber in jene neue, die auf allen Gebieten seines Dienstes und seiner Herrschaft wartete. *Der erlöste Mensch sollte die erlöste Erde wieder zum Schauplatz des göttlichen Wirkens und zum Tempel der göttlichen Offenbarung und Herrlichkeit machen.* Durch Noah sollte ihr jene zeitliche Ruhe wiedergegeben werden, nach der bereits sein frommer Vater Lamech mit tiefer Sehnsucht ausschaute und daher seinem Erstgeborenen in der Hoffnung auf die herannahende Erfüllung den so verheißungsvollen Namen Noah, d. h. Ruhe, zu geben wagte[2].

---

[1] Dan. 2, 20—22.

[2] 1. Mose 5, 29. Lamech nannte seinen Erstgeborenen Noah. Noah ist die zur Ruhe, zum Ziel gekommene Bewegung. Lamech wollte sagen: „Nicht das ist der Jammer, daß wir uns bewegen müssen, sondern daß wir uns zwecklos bewegen, uns ohne Ziel und Segen abmühen."

Heute nun steht das Zeitalter Noahs mit all seinen erschütternden Ereignissen vor unserm Geschlecht als einer der ältesten und gewaltigsten Zeugen sowohl von der Gerechtigkeit als auch der Barmherzigkeit Gottes in der menschlichen Geschichtsentwicklung. *Gottes Gerechtigkeit erwies sich als rettende Gnade und ließ eine widergöttliche Kultur- und Weltentwicklung im Gericht enden; Gottes Barmherzigkeit wirkte sich aus in voller Gerechtigkeit und rettete den Noah für den Aufbau einer neuen Zukunft auf der durchs Gericht gereinigten Erde.*

Werfen diese gewaltigen Vorgänge jener alten Zeiten nicht ein wunderbares Licht auch auf die so erschütternden Gerichtskatastrophen unserer gegenwärtigen Geschichtsperiode? Liegt nicht in Noahs Errettung ein köstliches prophetisches Evangelium für alle, die sich auch heute wieder nach all dem durchlebten Weh mit Lamech nach einem neuen Zeitalter der göttlichen Tröstung und Ruhe für eine wiederum durch ein Weltgericht gegangene Menschheit sehnen?

Um jedoch das erste Weltgericht zu verstehen, von dem uns die Bibel in der Flutgeschichte Kunde gibt, müssen wir auf seinen Ursprung zurückgehen. Dieser lag aber in der Geistesrichtung eines Kain. Jene alte Welt, in der Noah lebte, und die eines Tages dem Untergang verfiel, trug in ihrer inneren Geistesrichtung und in ihrer äußeren Kulturentwicklung das Zeichen Kains. Nicht Abel, sondern Kain gab dem damaligen Leben den Stempel und Charakter. Aus seinem Geiste flossen die Inspirationen, die dem Leben und der Kultur jener alten Welt ihre Richtung gaben. *Denn zu allen Zeiten waren die Kulturschöpfungen, die im Laufe von Jahrhunderten entstanden, nichts anderes als die Verkörperung jenes Geisteslebens, von dem sich die Träger und Schöpfer der Kultur getragen wußten.* Wer aber dieser Kain, der geistige Vater jener alten Kulturwelt war, das zeigt uns in so ergreifender Schilderung das vierte Kapitel des 1. Buches Mose.

Es gibt wohl wenige Abschnitte der Bibel von solch einer erschütternden Wahrheit und von so „furchtbarer Urgewalt" wie die Erzählung von Kain und Abel. Jeder einzelne Zug zeigt uns die beiden großen Richtlinien und geistigen Lebensformen, die die Weltgeschichte in ihrer Entwicklung je und je angenommen hat. Beide,

Kain und Abel, wurden Vertreter je einer in ihrem Wesen ganz verschiedenen Gesinnung und Geistesrichtung. Sie stellten jene zwei Geistestypen dar, die sich immer wieder auf dem Boden eines gefallenen Menschengeschlechts entwickelt haben. *Kain wurde in der Geschichte der Träger einer fleischlichen, Abel der Typus einer geistlichen Gesinnung.* Über diese beiden Grundrichtungen ist die Menschheit bei all ihrer intellektuellen Entwicklung und all ihrem kulturellen Fortschritt und in all ihren religiösen Bestrebungen im tiefsten Wesen nicht hinausgekommen. Zu allen Zeiten war der Mensch in seiner Herzensgesinnung, in seinem Opfer und in seinen Kulturschöpfungen entweder Kain oder Abel.

Als Adam sein Weib erkannte und Eva schwanger wurde und ihren Erstgeborenen empfing, nannte sie ihn in ihrer ersten Mutterfreude *„Kajin", d. h. der Selbsterrungene,* Selbsterworbene. Denn sie sprach: *„Einen Mann habe ich erworben mit Jahve."* Kain galt ihr als die erste Frucht der in ihr wohnenden mütterlichen Kraft, die sie unter Gottes Beistand und Mitwirkung erworben hatte. Als sie in ihrer ersten Mutterfreude das männliche Wesen sah, das sie mit der Dahingabe ihrer Kraft als ihr eigenstes Eigentum erworben hatte, steigerte sich offenbar ihr mütterliches „Hochgefühl" zu einem falschen „Selbstgefühl". Zwar schrieb sie diese erste Frucht ihres Lebens nicht ihrem eigenen Können allein zu, sondern sah in ihr zugleich auch das Mitwirken Gottes. In der Namengebung sprach sich jedoch, wenn auch ihr selbst unbewußt, bereits jene eingetretene Trübung der Herzensgesinnung aus, die sich später in Kain zu einer bewußten Gottesfeindschaft vollendete. Hätte Eva noch in ungetrübter Herzensgemeinschaft mit Gott gelebt, sie hätte bei der ersten und größten Gabe, die einer Mutter in ihrem Kinde werden kann, zunächst weniger an das Verdienst ihrer eigenen Kraft als an Gott gedacht und an die hohen Aufgaben, die mit dem Gottesgeschenk verbunden waren.

Dieses mütterliche Wonne- und Hochgefühl ist zwar begründet in jeder schöpferischen Mutterliebe. Es gibt nichts Eigeneres in der gegenwärtigen Schöpfung als das, was das Kind der Mutter ist. Alle ihre Liebe und ihre Kräfte haben am Werden ihres Kindes mitgewirkt. Welches Mutterherz hat nicht auf sein Kind je und je zunächst die größten Hoffnungen gesetzt? Es ist daher nicht ausgeschlossen, daß auch Eva in ihrer ersten Mutterfreude mit den Worten „mit Gott" ihrer Hoffnung für die Zukunft ihres Erstgeborenen Ausdruck geben wollte. Warum sollte sie nicht erwarten, daß der Herr mit diesem zunächst so reinen und unschuldigen Kinde sein würde, damit es als der verheißene Same den Weg zum Vaterherzen Gottes zurückfinde und Macht erlange, des Cherubs Schwert vor dem Eingang in das verlorengegangene Paradies zu brechen?

Es war ja den ersten Eltern mit dem Verlust des Paradieses doch nicht auch die Erinnerung und die Sehnsucht danach verlorengegangen. Ihr auf Grund eigener Schuld eingetretener Zustand ließ sie jedoch nicht den Weg zu ihm zurückfinden. In ihrer veränderten Natur suchten sie vergeblich nach der Kraft, die das flammende Schwert der Cherubim, die Herrschaft des Todes, hätte brechen und den Weg frei machen können in den verlorengegangenen Paradieseszustand. Warum sollten sie nicht in dem zunächst so unschuldigen Kinde in der Zukunft in Erfüllung gehen sehen, was sie für sich vergeblich ersehnten: *die Wiedergewinnung des Verlorenen „mit dem Herrn"?*

Aber Eva ist auch die Mutter aller Lebendigen geworden, daß sie die erste war, die eine der schwersten Enttäuschungen an ihrem eigenen Kinde erlebte. Wie oft forschen wir vergeblich nach den Ursachen, wenn aus den kleinen, neuen Wesen eines Tages etwas ganz anderes geworden ist, als Mutterliebe ersehnte und Mutterhoffnung vorauszuschauen wagte! Elternherzen vergessen nur zu leicht, daß der Mensch nicht nur das wird, was er von den Eltern empfangen hat und in seinen Naturanlagen als ein Erbe besitzt, sondern in voller Freiheit seines eigenen Willens sich entweder zu einem Ebed-Adama, d. h. zu einem Knecht der Erde, oder aber zu einem Ebed-Jahve, d. h. zu einem Knecht Gottes, entscheiden kann.

Als Eva dann der zweite Sohn geboren wurde, nannte sie ihn *„Hebel", d. h. Hauch, Vergänglichkeit.* Wir wissen zwar nicht, wieviel Zeit seit der Geburt Kains verflossen war, aber offenbar war ihr Leben seitdem viel reicher an so manchen schweren Erfahrungen geworden. Es war daher nicht mehr das stolze Selbstgefühl, das bei der Geburt des ersten Sohnes ihr mütterliches Herz erfüllte, sondern beim Anblick des Zweitgeborenen bewegte sie bereits das drückende Gefühl der Nichtigkeit all des bestehenden Lebens. Nachdem sie mehr und mehr die nackte Wirklichkeit ihres neuen Zustandes nach dem Fall kennenlernte und sie sich mit Adam von einer Fülle von Nöten und Sorgen umgeben sah, sanken je länger desto mehr ihre hohen Hoffnungen, und ihre mütterliche Seele war erfüllt von der Nichtigkeit alles Bestehenden. Diese gedrückte Stimmung ihrer Seele fand ihren Ausdruck in der Benennung ihres Zweitgeborenen; daher nannte sie ihn „Hauch", Vergänglichkeit.

Allein Eva, die Lebenspendende, sollte als erste Mutter noch viel Tieferes und Schwereres erleben. Sie hatte durch die Geburt ihrer beiden Söhne zwei neuen Welten Leben und Dasein gegeben, die keine Zukunft und kein Tod mehr vernichten konnten. In ihnen würde in Zukunft entweder ein Himmel oder eine Hölle, ein Träger ewigen Lebens oder ewigen Todes[1] sichtbar werden. Sie ahnte nicht, daß ihre Enttäuschungen daher noch viel bitterer, die Todeserscheinungen im gegenwärtigen Zustand des Lebens noch viel greifbarer werden würden, und daß eines Tages der Träger des ewigen Lebens vor der rohen Gewalt Kains, als dem Träger des Todes, zusammenbrechen und den Schauplatz der Diesseitigkeit verlassen würde. Sie ahnte nicht, daß sie bereits die erste Mutter werden sollte, durch deren Seele eines Tages ein Schwert dringen würde.

Denn obgleich beide Knaben die Söhne einer Mutter waren, so nahm ihr Leben doch eine ganz verschiedene Richtung. In dem ersten Brüderpaar wurden jene beiden Geistesrichtungen sichtbar, die sich später in der Geschichte auf allen Gebieten des Lebens in den verschiedensten Formen ausgewirkt haben. Kain entwickelte sich je länger desto offensichtlicher auf der Linie einer fleischlichen, d. h. rein kreatürlichen oder tierischen Gesinnung; Abel dagegen lebte im Geiste der Abhängigkeit von Gott und der Hingabe an Gott. Der eine kam auch bei all seinem Gottesdienst nie über eine in fleischlicher Gesinnung gepflegte Religion hinaus, während der

---

[1] „Tod" ist im biblischen Sprachgebrauch nicht Auflösung, Vernichtung der Persönlichkeit, sondern die Bezeichnung des Zustandes ohne Gott, das Fortexistieren, ob gegenwärtig oder zukünftig, ohne die beseligende Gemeinschaft mit Gott.

andere in seinem Opfer den verborgenen Umgang des Herzens mit Gott zum Ausdruck brachte.

Und doch lebten zunächst beide Brüder in engster Verbindung miteinander, so groß und tief in ihnen auch der Gegensatz im Charakter, in der Sinnesart und in der Geistesrichtung war. Und das Wunderbare ist, daß Gott dieses Zusammenleben von fleischlicher und geistlicher Gesinnung bis in unsere Tage hinein zuläßt. Obgleich die Kluft zwischen beiden Gesinnungen durch nichts in der Welt überbrückt werden kann, so gehen sie doch stets nebeneinander her, bis jede ihre innere Reife erlangt.

Dieses Zusammengehen von Fleisch und Geist in der Geschichte der menschlichen Entwicklung ist für manche zu einem schweren Problem geworden.

Welche Wege und Mittel man auch versuchte, zur Lösung führten sie nicht. Wie oft haben Männer Gottes in ihrer Sehnsucht nach einem geistlichen Leben ausgeschaut, das sich von einer so starken göttlichen Gesinnung getragen und beherrscht sehen sollte, daß es von allem Fleischlichen völlig gelöst wäre! Wie oft hat man einen so reinen, allgemeinen Opferdienst für eine Gesamtgemeinde herzustellen versucht, wie er von einem Abel dargestellt wurde!

Und man versteht dieses Sehnen. Wer je einmal eine Anbetung Gottes im Geist und in der Wahrheit kennengelernt hat, wer einmal aller im Fleisch gepflegten Religionen müde geworden ist, der versteht die Seele, die sich nach einem bereits gegenwärtig eintretenden, möglichst dauerhaften Zustand reiner, geistlicher Herzensgesinnung sehnt, in der die Religionsausübung nur jener ungetrübte und unmittelbare Umgang der Seele mit Gott ist, wie er sich im Verkehr eines Kindes mit dem Vater widerspiegelt.

Aber welch eine Gemeinschaft der Heiligen man auch schuf, eines Tages wurde offenbar, daß neben Abel auch Kain am Opferaltar stand und in seiner Gesinnung dem Herrn seine Opfer darbrachte. Manche glaubten, die Lösung des Problems in der Flucht vor dem Leben, in der rein äußeren Isolierung zu finden. Allein die fleischliche Gesinnung fürchtete die Einöden der Wüsten nicht und fand Eingang auch in die verschlossensten Klöster. *Denn fleischliche und geistliche Gesinnung sind nicht nur zwei verschiedene Welten außer uns, sondern auch in uns.* Sie sind in erster Linie nicht eine Ortsfrage, sondern eine Zustandsfrage, nicht so sehr abhängig von den Verhältnissen um uns als von der Gesinnung in uns. Geistliche Gesinnung ist nichts anderes als jenes Leben, das Gott durch seinen Geist in uns zu wirken vermag. Wer sich aber dem Umgang des Herzens mit Gott entzieht, sich selbst lebt und sich selbst genügt, der bleibt fleischlich in seiner Gesinnung und Lebensrichtung selbst in der heiligsten Umgebung.

2. Die ersten Opfer

1. Mose 4, 3. 4

Weil Kain und Abel zwei ganz verschiedene Welten in sich trugen, daher waren sie auch in ihrem Leben und Handeln so verschieden. Dies wurde in besonderer Weise offenbar, als beide mit ihrem Opfer an den Altar vor den Herrn traten. Die Schrift berichtet von ihnen: *„Es war nach Ablauf einer Zeit, da brachte Kajin von der Frucht der Adama (Ackererde) Jahve ein Geschenk. Und auch Hebel brachte gleichfalls von den Erstgeburten seiner Schafe und von deren Fettstücken. Da wandte sich Jahve zu Hebel und seinem Geschenk, aber zu Kajin und seinem Geschenk wandte er sich nicht*[1]*."*

In der Darbringung dieser beiden Opfer offenbarte sich die grundverschiedene Geistesrichtung der ersten zwei Brüder vor Gott. Nach außen schienen zwar beide in demselben innerlichen Verhältnis zu Gott zu stehen. Denn beide opferten und traten mit ihrem Geschenk am Altar vor Gott. Allein Gott beurteilt die Gabe immer nach dem, der in seiner Gesinnung dahintersteht. Denn das Opfer war von jeher die Sprache der Seele. In ihm drückte der Mensch handelnd das aus, was er je und je in seinem innersten Wesen empfand. Daher ist das Opfer so alt wie die Menschheit. Sie war nie und wird nie ohne das Opfer sein, in dem sie das Tiefste ihres Wesens vor Gott zum Ausdruck zu bringen sucht. Je geistlicher nun der Mensch in seiner Gesinnung ist, desto weniger wird er dieses Opfer außer sich, d. h. in irgendeiner Gabe, zum Ausdruck zu bringen suchen. *Er wird sich selbst bringen.*

[1] 1. Mose 4, 3—5.

Wenn wir nun die Rechte, die später jedem Erstgeborenen verliehen waren, bereits auf Kain übertragen dürfen, so hatte dieser als Erstgeborener nicht nur das Recht, sondern auch die Pflicht, das Huldigungsopfer nicht allein für sich, sondern für das ganze Haus, mithin auch für seinen Bruder Abel darzubringen. Daher wird zunächst von Kain berichtet, daß er hinging und von der Frucht der Erde dem Herrn ein Huldigungsopfer brachte. Das Opfer wird hier mit dem einfachen Ausdruck „Geschenk" bezeichnet, das Kain als Ausdruck der Pietät gegen den Schöpfer zu bringen hatte. Denn obgleich seit dem Fall im Paradiese ein völlig neuer Zustand im Leben des Menschen eingetreten war, so war doch der Verkehr mit Gott nicht sofort völlig verlorengegangen. Auch Kain besaß ihn zunächst noch; er ging ihm erst verloren nach seinem zweiten Fall, und zwar als er sich bewußt von dem Angesicht des Herrn entfernte.

Abgesehen vom späteren Tempelkult bezeichnete dieser Ausdruck daher auch das Geschenk, das ein Untergebener dem Höheren als Zeichen der Huldigung darbrachte.

Diese Opferart wurde von Kain gewählt, als der Segen seiner Äcker und die Vermehrung der Herden Abels ihm die äußere Veranlassung zur Darbringung dieses Huldigungsopfers boten. Aber er brachte von der Frucht des Feldes ein Opfer ohne Wahl. Seiner Seele genügte ein „Etwas", das er Gott darbrachte, und die äußere Form, in der er es brachte. *Kains Opfer fehlte die Sprache der Seele: Zwar opferte er, aber ohne Hingabe; zwar huldigte er, aber ohne Unterordnung; zwar hatte er eine Gabe für Gott, aber nur ein „Etwas".*

Kain war der erste religiöse Mensch, der äußerlich Gott zu dienen suchte, ohne innerlichen Umgang mit Gott zu pflegen. Er brachte es fertig, Gott ein Geschenk von der Frucht der Adama zu bringen und dabei sein eigenes Leben in unveränderter Gesinnung für sich selbst zurückzubehalten. *Er ist daher der Vater jener seelenlosen Religiosität geworden, die bis in unsere Tage hinein die Form des Huldigungsopfers wählt, aber ohne Huldigung lebt; den Weg zum Altar geht, aber des Umgangs mit Gott nicht bedarf; dem Herrn Opfer bringt, aber ohne Hingabe der Seele an Gott steht.*

Alle menschlichen Religionen behandeln den Umgang des Menschen mit Gott als etwas vom Leben Getrenntes, betrachten ihn als etwas zu den gewöhnlichen Angelegenheiten des Lebens gelegentlich Hinzugekommenes. Man befriedigt Gott durch einzelne Leistungen, durch gelegentliche Opfer, durch eine Anzahl von Gebeten, durch heilige Feste und durch vieles andere, ohne zu fragen, ob das Leben mit seinen mannigfaltigen Beziehungen auch wirklich der Ausdruck eines lebendigen Gottesdienstes ist. Es ist das die Huldigung, die nur die Frucht der Erde bringt, ohne sich selbst als ein Kind des Geistes zu bringen.

Als Abel denselben Opferweg ging, nahm er zur Opfergabe das Beste von den Erstlingen seiner Herden. *In der Opfersprache der Seele bedeutete die Darbringung des Ersten immer die stellvertretende Weihe des Ganzen.* Wer das Erste und Beste darbringt, der stellt seine Beziehung zu Gott in den Vordergrund. Ein solcher kennt keine Religion neben dem Leben. Ihm ist das ganze Leben ein Gottesdienst, der sich nicht beschränkt auf heilige Tempel und Altäre, auf heilige Zeiten und Handlungen. „Denn opfern heißt: eingehen in das göttliche, ewige Leben. Nicht das Tier — *sich* opferte der Opfernde im Tier. Man tötet sich, um von Gott Leben zu gewinnen; man gibt sich auf und Gott hin, um von Gott, geheiligt und geweiht, in den Kreis des göttlichen Lebens auf Erden gehoben zu werden."

In diesem Geiste innerlicher Hingabe an Gott wählte Abel seine Opfergabe und ging den Opferweg zum Altar. Obgleich er hätte erwarten dürfen, daß in Kains Opfer auch er bereits eingeschlossen und vertreten war, so sah er sich doch veranlaßt, in einem eigenen Huldigungsopfer das zum Ausdruck zu bringen, was seine Seele in ihrem Verhältnis zu Gott bewegte. Offenbar sah er in dem Opfer seines älteren Bruders nicht den Ausdruck seiner eigenen Gesinnung, daher ging „auch" er hin und wählte eine Opfergabe, die seiner Herzensstellung mehr entsprach. In Abels Opfer lag daher ein stillschweigender Protest gegen Kains Würdigkeit in der Frage der Erstgeburt. Indem Gott sich zu seinem Opfer wandte, zu Kains aber nicht, bestätigte er Abels Würdigkeit und verwarf Kains.

Und haben nicht die Jahrtausende mit ihrer so reichen Geschichte den Herrn in dem immer wieder gerechtfertigt, daß er Kain und seine Opfergabe nicht gnädig, jedoch Abel und sein Opfer gnädig ansah? Wie oft erwies sich gerade der auf intellektuellem und materiellem Gebiet Bevorzugte, der Erstgeborene, der ein doppelt Maß vor allen anderen von dem empfangen hatte, was das Leben als ein Erbe zu vergeben hat, am unfähigsten, priesterlich die Kleineren zu vertreten! Was Wunder, wenn daher Gott in seiner ewigen Souveränität und Barmherzigkeit je und je die Krone den Erstgeborenen nahm und sie zum Andenken zunächst in seinen Tempel hing, bis sich Persönlichkeiten fanden, die beide Kronen als Erstgeborene zu tragen befähigt waren?

Bis auf Christus ist dies auch von den besten Söhnen Israels immer wieder nur im beschränkten Maße geschehen. Erst als er kam, der Sohn, der erwartete Messiaskönig der Psalmen und Propheten, da wurde jener „Erstgeborene" sichtbar, der beide Kronen aus dem Heiligtum nehmen und sein Leben und Dienen für alle Äonen damit schmücken durfte.

Er hat nun auch *„uns Gott erkauft"* für dieselbe Erstgeburtswürde[1] und berufen, daß auch unser Leben und Dienen als die ihm Nachgeborenen dieselben beiden Kronen schmücken sollen. In diesem Geiste schreibt daher auch der große Apostel dieses Priesterkönigs von unserer Berufung und Erwählung: *„Denn die er vorher erkannt hat, die hat er auch vorher bestimmt, daß sie dem Bilde seines Sohnes ähnlich werden; denn er soll sein der Erstgeborene unter vielen Brüdern[2]."*

3. Die untrügliche Gottesantwort

1. Mose 4, 4—7

Entsprechend der Sprache der Seele in den dargebrachten Opfern war die Gottesantwort. Es gibt auch für Gott innerliche Bindungen, die er nie um seines eigenen Wesens und um des Heils der Menschheit willen aufhebt oder umgeht. Er kann nie die Hölle, die der Mensch sich ohne ihn schafft, zum Paradies erheben, nie die Sünde

---

[1] Offb. 1, 6.
[2] Röm. 8, 29.

rechtfertigen, die den Menschen in einen ewigen Todeszustand versetzt und daher je länger desto bewußter wider Gott und alles, was Gottes ist, streitet.

Als beide Brüder opfernd vor Gott standen, *„wandte sich Jahve zu Hebel und seinem Opfer, aber zu Kajin und seinem Opfer wandte er sich nicht*[1]*"*. Es heißt nicht: Gott wandte sich zu Hebels Opfer, und zu Kains Opfer wandte er sich nicht, sondern: Er wandte sich zu *Hebel* und seinem Opfer, aber zu *Kajin* und seinem Opfer wandte er sich nicht. *Die wesentliche Verschiedenheit lag in der Herzensgesinnung der Opfernden und nicht im Opfer.* Kain stand trotz seines Opfers in einer inneren Verfassung vor Gott, die Gott nie anerkennen, nie rechtfertigen konnte. In seinem Opfer sprach weder eine stille, verborgene Sehnsucht nach Gott, noch eine bewußte, innere Hingabe an Gott. Daher blickte Gott auf sein Opfer auch nicht mit Erhörung; denn *in ihm redete nur der Schein und nicht die Tat, nur die Form und nicht die Seele, nur die Pflicht und nicht die Hingabe.* Kain stand sowohl in seiner Gesinnung als auch in seinem Leben ohne Umgang mit Gott; daher konnte Gott auch trotz der ihm dargebrachten Huldigungsgabe nicht mit ihm verkehren. Es fehlte der Seele Kains der geistliche Resonanzboden für einen wahren Umgang mit Gott. *Noch nie hat für Gott die Darbringung eines Opfers an sich etwas bedeutet, wenn in dem Opfer nicht das tiefste Wesen der Persönlichkeit zu Gott sprach*[2]: Gott kann nur dem antworten, bei dem die symbolische Handlung nichts anderes als die Sprache des Glaubens ist.

Diese Sprache redete Abels Huldigungsgabe. Daher antwortete Gott auch auf sein Opfer mit Erhörung, d. h. Gott erschloß sich ihm mit seinem göttlichen Segen. Gott offenbart sich in der Fülle seines göttlichen Lebens nur denen, die auf Grund einer wahren Erkenntnis ihrer selbst eines zerschlagenen Herzens und eines gedemütigten Geistes sind.

Als Kain sich in seiner Opfergabe von Gott nicht gerechtfertigt sah, *„verdroß dies Kajin sehr, und es senkte sich sein Angesicht*[3]*"*.

---

[1] 1. Mose 4, 4. 5.
[2] Hebr. 10, 5—10.
[3] 1. Mose 4, 5.

Wörtlich: *„Es brannte"* dies in Kain sehr; denn Gottes Verhalten zu seinem Opfer rief in ihm das Gefühl der Entrüstung wach. Eine in fleischlicher Gesinnung gepflegte Religiosität fühlt sich immer verletzt, wenn Gott oder Menschen Kritik an ihr zu üben wagen. *Kains Opferdienst und fleischliche Frömmigkeit können eine Unterweisung von oben nicht ertragen.* Kains Geist genügt sich selbst und ist unabhängig von Gott auch in seiner Religiosität.

Mit der innerlichen Empörung verband sich bei Kain die Niedergeschlagenheit. Es senkte sich sein Blick; denn Kain fühlte offenbar, daß er in seinem innersten Wesen von Gott erkannt worden war. Jede Scheinheiligkeit verliert jedoch ihren offenen Blick, wenn sie sich in ihrer inneren Unwahrhaftigkeit erst durchschaut sieht. Sobald der Heuchler weiß, er steht Augen gegenüber, die Schein und Wesen zu unterscheiden vermögen, hat er das Mittel verloren, um seine innere Häßlichkeit weiter zu verhüllen.

Solche Augenblicke des Offenbarwerdens sind jedoch immer von entscheidender Bedeutung für diejenigen, die in innerer Unwahrhaftigkeit Gott ihr Huldigungsopfer bringen. Wenn sie bis dahin vielleicht mehr unbewußt den Weg einer unwahren Frömmigkeit wandelten, so werden sie hinfort genötigt, entweder bewußt ihre Opfer im bisherigen Geiste weiter zu pflegen oder ihre Gesinnung zu ändern und Gott zu dienen im Geist und in der Wahrheit.

So öffneten sich damals auch für Kain zwei Wege: der Weg zum Leben und der zum Tode. Und offenbar fühlte er die innere Nötigung, sich für den einen oder anderen zu entscheiden. Gott brachte das Widerspruchsvolle in seiner Handlung an den Tag, damit seine Unwahrhaftigkeit vom Lichte gestraft würde und er Gelegenheit gewönne, sich bewußt von ihr zu lösen. Denn seine Verwerfung von seiten Gottes war zunächst noch keine endgültige. Natürlich konnte Gott Kains Gesinnung unmöglich rechtfertigen, in der er mit seiner Huldigungsgabe an den Opferaltar getreten war. Auch konnte er in solcher Herzensstellung nie der geistliche Führer und priesterliche Vertreter seiner Brüder werden. Um seinen Brüdern diesen Dienst vor Gott leisten zu können, bedurfte es weit mehr als nur der rein natürlichen Würde eines Erstgeborenen. Nie vermag eine in fleischlicher Gesinnung gepflegte Frömmigkeit den

Nächsten vor Gott zu vertreten, auch wenn sie glaubt, auf Grund von Geburt und Stand dazu berechtigt zu sein. *Vollmachten, priesterlich den Brüdern zu dienen, können nicht von Natur ererbt oder durch äußere Weihe gewonnen werden, sondern sind das geistliche Charisma jener Persönlichkeiten, deren Leben durch den Umgang mit Gott priesterlich geworden ist.*

Dieser Umgang fehlte dem Leben Kains, daher war auch sein Huldigungsopfer für Gott unannehmbar. Hierdurch richtete Gott zwar endgültig das Opfer und damit Kains Gesinnung, nicht aber Kain selbst. *Vielmehr sollte diese Nichtannahme für ihn weit mehr Gnade zum Leben als Gericht zum Tode bedeuten.* Gott deckt in seiner Heiligkeit nur auf, um das zu richten, was uns von seinem Wesen scheiden muß. Darin lag auch das Rettende für Kain, als Gott auf sein Opfer nicht mit Erhörung antwortete, sondern zu ihm sprach: *„Warum entbrannte es in dir, warum ist dein Angesicht gesenkt? Siehe, ob du deinen Vorzug zum Guten verwenden oder nicht zum Guten verwenden wirst, dazu ruht die Sünde vor der Tür; und nach dir geht ihr Verlangen, du jedoch beherrsche sie[1]!"*

Jede äußere und innere Gabe segnet oder verführt uns, hebt oder knechtet uns, wird uns entweder zum Mittel, Gott und unserem Nächsten zu dienen, oder gereicht uns zu einem Fallstrick, über den wir zu einem neuen Fall gelangen.

Kains besondere Gabe war hier seine Erstgeburtswürde. In dieser bevorzugten Stellung lag auch seine sittliche Verpflichtung seinen nachgeborenen Brüdern gegenüber. Sein Huldigungsopfer sollte daher stellvertretende Bedeutung auch für Abel haben. Abel jedoch fühlte sich nicht geistesverwandt mit der Gesinnung Kains. Daher ging auch er hin und brachte jenes Opfer, auf das Gott mit Erhörung antworten konnte. Er sah sich vor Gott gerechtfertigt, jedoch Kain sah sich in seiner Opfergabe verworfen.

Nichts Geringeres als dies wollte der Herr durch seine Worte einem Kain erschließen. Er sollte seine eigentliche Stellung und Gesinnung erkennen und alsdann auf Grund der soeben gemachten Erfahrung sich entschließen, sein Leben völlig neu einzustellen. Dies konnte nur geschehen, wenn er in geistlicher Gesinnung Herr

[1] 1. Mose 4, 6. 7.

von allem bliebe, was das Leben als ein Erbe ihm anvertraut hatte.

Wohl ist hier im Text der Ausdruck „Sünde" gebraucht, aber er hat hier mehr die allgemeine Bedeutung des Begriffs Sinnlichkeit, d. h. des Sinnlich=Wahrnehmbaren. Von diesem sah sich Kain um=geben, und es ruhte mit Verlangen nach ihm vor der Tür seines Lebens.

Diese Sinnlichkeit, dieses Sinnlich=Wahrnehmbare, verdirbt und knechtet den Menschen, sobald sie über ihn herrscht und der Mensch somit eine falsche, von Gott nie gewollte Stellung zu ihr einnimmt. Aus jeglicher falschen Stellung des Menschen zur sinnlichen Welt wird die Sünde geboren. Die Ehe ist z. B. das Heiligste und Höchste, was die Natur als ein Erbe dem Menschen zu geben hat, aber sie wird zur Hölle, sobald der Mensch sich in ihr von einer niederen Sinnlichkeit beherrschen läßt. Das Leben hat eine solche Überfülle von Gütern, die es an den Menschen verschenken will, aber diese Güter versklaven den Menschen und rauben ihm seine Seele, sobald er eine falsche Stellung zu ihnen einnimmt. Jeder Geiz wird aus einem falschen Hang zum Besitz geboren; jede Härte dem Nächsten gegenüber entsteht, indem man das Materielle höher stellt als den Bruder. Und so ist es auf allen Gebieten des Lebens.

Jede Sünde ist daher etwas Geborenes, eine in die Erscheinung tretende Frucht einer Vermählung. Jede falsche Vermählung unseres Geistes mit dem Sinnlich=Wahrnehmbaren des Lebens führt immer zu irgendeiner Sünde. In diesem Sinne glauben wir auch hier die nicht leicht zu übersetzende und zu erklärende Stelle verstehen zu sollen. *Eine in geistlicher Gesinnung beherrschte Welt dient uns in allem, was sie zu bieten vermag. Eine uns beherrschende Welt ver=führt uns, und zwar auch mit dem Höchsten und Reinsten, das sie in sich trägt.* Gottes Schöpfung wird uns mit all ihrem Reichtum zu einer unberechenbaren Quelle des Segens, zu einem Gottesgarten, in dem wir die Herrlichkeit unseres Gottes wandeln sehen, wenn wir sie in göttlicher Gesinnung beherrschen. Verliert jedoch der Mensch seine Krone ihr gegenüber, dann wird sie ihm mit der Fülle ihres Lebens immer wieder zur Gelegenheit, eine falsche Stellung all den Segnungen gegenüber einzunehmen, die sie dem Menschen zu bieten vermag.

Das ist die Sünde, von der der Herr hier zu Kain redet mit den Worten: *„Ja, zu dir geht ihr Sehnen, daß du sie beherrschest."* Gott bezeichnet hier mit dem Ausdruck „Sünde" jene Welt mit ihren Gaben und Reizen, von der Kain sich umgeben sah, und die unbedingt ihm zur Sünde werden mußte, falls er sie nicht in göttlicher Gesinnung beherrschte.

Der Mensch, nach Gottes Bild geschaffen, ist auf Grund seines Wesens berufen, die Welt zu beherrschen und sie zu jenem Gottesreiche zu adeln, wo alles in seinem Dienste etwas von der Herrlichkeit Gottes offenbart.

Das kann jedoch der Mensch nur dann, wenn er selbst in seinem Leben ein Tempel Gottes geworden ist. Daher kann immer wieder nur der eine richtige Stellung zur Welt gewinnen, der zuvor in eine richtige Stellung zu Gott getreten ist. Verliert der Mensch erst sein richtiges Verhältnis zur oberen Welt, so verliert er es auch zur unteren. *Entweder kommt die Schöpfung in ihrem Sehnen nach Gottesherrschaft in dem Menschen zur Ruhe, indem sie unter seiner Beherrschung ihrer göttlichen Bestimmung entgegengeführt wird, oder der Mensch kommt in der Schöpfung zur Ruhe, und sie wird ihm letzthin auch mit dem Höchsten, was sie zu bieten vermag, zur Hölle.*

Denn als Gott bei der Erschaffung des Menschen nach einem Bild und Gleichnis für ihn suchte, fand er dieses nicht in etwas Geschaffenem, sondern allein in sich selbst, dem Schaffenden. Daher ist der Mensch in seinem innersten Sehnen so geschaffen, daß er nie im Geschöpf, sondern allein im Schöpfer seine Ruhe und Seligkeit finden kann. *Jede innere Abweichung des Menschen von dieser seiner Bestimmung zu Gott hin führt ihn zur Sünde durch den Mißbrauch der Schöpfungsgaben und zur Hölle, die er erlebt in der Knechtung durch das Geschöpf.*

4. Kains verhängnisvolle Entscheidung

1. Mose 4, 8—15

Kain befand sich auf dem Wege innerer Abweichung von Gott, und der Herr fand bei der Darbringung der Huldigungsgabe

Gelegenheit, ihn vor die entscheidende Wahl zwischen Leben und Tod zu stellen. Kain wählte den Weg des Todes. Das empfangene göttliche Licht wurde ihm zum Anlaß, sich bewußt dem Licht zu entziehen und in der eigenen Gesinnung zu verharren. Das sehen wir aus dem folgenden Ereignis. Nachdem Gott mit ihm geredet hatte, redete er mit seinem Bruder Abel. Was er mit ihm gesprochen, wird uns zwar nicht gesagt, aber offenbar erzählte er ihm, was Gott zu ihm geredet hatte. Der nächste Satz teilt uns nun das Entsetzliche mit, daß Kain seinen Bruder auf dem Felde erschlug.

„Kajin sagte dies seinem Bruder Hebel. Es war aber, während sie auf dem Felde waren, da überfiel Kajin seinen Bruder Hebel und erschlug ihn."

Trotz der empfangenen Gottesoffenbarung war Kain vom Angesichte Gottes weggegangen, ohne sich ob seiner inneren Stellung vor Gott gebeugt zu haben. Vor Gott hatte er sich mit seinem Opfer nicht zu rechtfertigen vermocht; nun rechtfertigte er sich selbst vor seinem Bruder durch die Faust. Kain ergrimmte über Gott und versündigte sich am Nächsten, dem er durch die Überlegenheit seiner Stärke zu dienen berufen gewesen war.

Das war je und je in der Geschichte der Weg der Selbsterlösung, den eine im Geiste Kains lebende Frömmigkeit wählte. Wenn sich seelenlose Religiosität durch Opfer, die im Geist und in der Wahrheit dargebracht wurden, plötzlich gerichtet sah, dann griff sie immer wieder auf Grund ihrer bevorzugten Stellung zu den ihr zu Gebote stehenden Machtmitteln und erschlug ihren Bruder. So bereitete Kains Frömmigkeit Abels Geschlecht noch immer jenen Leidensweg, den auch der in der Mitte seiner Brüder ging, dessen Opfer weit besser redet als Abels Opfer. *Kainitische Frömmigkeit konnte es nie ertragen, wenn sie sich eines Tages durch Abels Opfer in ihrer Erstgeborenenwürde zurückgesetzt sah.* Sie empörte sich gegen Gott, erschlug aber den an ihrer Seite opfernden schwächeren Bruder. Ob es Synagogen oder Kirchen, Imperatoren oder Priester waren — reichten die geistigen Machtmittel der fleischlichen Frömmigkeit nicht aus, so nahm man den Arm des Staates in Anspruch und schuf den Anbetern im Geist und in der Wahrheit Kerker und Scheiterhaufen.

So glaubte Kain durch die Faust seine Erstgeburtsstellung vor

Abel und seinen Opferdienst vor Gott vertreten zu müssen. *Allein weder Gott noch Abel konnten je durch äußere Machtmittel zum Schweigen gebracht werden.* Sie redeten hinfort lauter denn je zuvor im Gewissen Kains. Denn nach der entsetzlichen Tat fragte Gott Kain: *„Wo ist dein Bruder Abel?"* Und er antwortete: *„Ich weiß es nicht. Bin ich der Hüter meines Bruders?"*

Wo ist dein Bruder Abel? — Das ist die ergreifende Gottesfrage, die seitdem kein Mittel der Welt im Gewissen Kains zum Schweigen bringen konnte. *Auch nicht im Gewissen jener Staaten und Kirchen unserer Tage, die über die Leiche ihres Bruders hinweg ihre bereits von Gott verworfene Erstgeburtsstellung und ihren ohne Erhörung gepflegten Opferdienst allein durch Machtmittel zu behaupten vermochten.* Die Antwort, die Kain auf die unabweisbare Gottesfrage zu geben wagte, zeigt ihn uns bereits in jener tiefen Geistesverfassung und inneren Gesunkenheit, die hinfort sein Leben entscheidend beherrschten. Mochte Kain sich auch vortäuschen, daß es nicht seine Aufgabe gewesen sei, seinen Bruder zu hüten, sein Gewissen konnte durch solche Entschuldigungen nicht zum Schweigen gebracht werden. *Ein jeder sollte wissen, wo sein Nächster ist; aber als Erstgeborener und Bevorzugter hat man vor allen anderen die Aufgabe und Pflicht, zu wissen, wo der schwächere Bruder weilt.* Darum fuhr Gott fort: *„Was hast du getan? Die Stimme des Blutes deines Bruders schreit zu mir von der Erde. Und nun seist du verflucht, hinweg von der Erde, die ihren Mund aufgetan, das Blut deines Bruders von deiner Hand zu nehmen. Wenn du die Erde bestellen wirst, soll sie dir nimmer ihre Kraft schenken; unstet und flüchtig sollst du sein auf Erden[1]."*

Das war der Fluch, der hinfort auf Kains Leben ruhte, und von dem ihn keine Welt mehr zu lösen vermochte. „Wohl kehrt der Mensch zur Erde zurück, aber von der Hand des Bruders erwartet die Erde den Bruder nicht." Das ganze Erdreich fordert Gott auf, Gerechtigkeit an dem zu üben, der in seiner kalten Selbstsucht seine Machtmittel mißbrauchte, um das redende Opfer seines schwächeren Bruders zum Schweigen zu bringen. *In Abels Schrei lag Kains Urteil.*

---

[1] 1. Mose 4, 10—12.

Solange dieser Schrei in der Weltgeschichte vernehmbar sein wird, wird auch jedes Kainsgeschlecht sein göttliches Urteil tragen.

Und Gott sprach zu Kain: *„Sie wird dir ihre Kraft nicht geben."* Sobald der Mensch das Band zwischen sich und Gott zerreißt, zerreißt auch Gott das Band zwischen Mensch und Erde. Sie hört auf, ihm eine Segensquelle und Ruhestätte zu sein. *So gern sie ihre Kräfte dem Friedfertigen erschließt, so bestimmt entzieht sie sie dem, der sich über seinen Nächsten hinweg auf ihr zu behaupten sucht.* Darum hatte sie eines Tages für Kain keine Ruhestätte mehr. Die zwei hebräischen Worte „unstet" und „flüchtig", die in Zukunft dem Leben Kains den inneren Charakter gaben, besagten nichts Geringeres, als daß Kain in seinem Leben gemieden von der Erde und verlassen von Menschen sein würde. *Das ist bis heute das furchtbare Kainsmal, das jedes Verbrechen am Nächsten auf seiner Stirn trägt, ganz einerlei, ob es von einzelnen oder von einem ganzen Staate begangen wurde.* Nie wird die Erde dauernd Kains Geschlecht zu tragen vermögen, so sehr es sich auch auf ihr zu behaupten versucht. Sie wird dafür Sorge tragen, daß das, was durch Blut auferbaut wurde, wiederum im Blut untergeht. In den ihr abgerungenen Gütern und Kräften läßt die Erde Kains Geschlecht sich selbst jene Katastrophen vorbereiten, in denen es seinen Untergang finden muß. *Das ist der Erde Vergeltung für Kains Verbrechen.*

Da sprach Kain zu Gott: *„Zu groß ist meine Sünde, als daß ich sie ertragen könnte. Denn du hast mich heute aus dem Lande vertrieben, und auch vor deinem Angesichte soll ich verborgen sein, soll unstet und flüchtig auf Erden sein; nun wird mich umbringen jeder, der mich findet[1]."*

Es ist überaus bezeichnend für Kains innere Stellung, daß er auch nach diesem schweren Verbrechen *weniger von seiner verbrecherischen Tat als von den Folgen sprach, die für ihn daraus flossen.* Er kam zum Bewußtsein seiner Schuld nicht durch den Gedanken an das, was er seinem Bruder getan, sondern das, was er sich selbst damit angetan hatte. Es kann daher auch nicht heißen: *„Meine Sünde ist zu groß, als daß du sie verzeihen könntest"*; denn

[1] 1. Mose 4, 13. 14.

seine Seele beschäftigte sich nicht mit der Vergebung seines Verbrechens, sondern mit dem Fluch, der sich auf sein Leben gelegt hatte. Ihm ging die Erkenntnis auf, daß er eigentlich in seinem Bruder sich selbst gemordet und so sich selbst zu einem Heimatlosen und Gemiedenen auf Erden gemacht hatte. Was Kain daher als unerträglich empfand, war weniger seine Schuld als der Fluch, von dem sein Verbrechen begleitet war. Er fühlte, daß die Folge seiner Tat nichts Geringeres bedeutete, als daß er hinfort vom Erdboden, von Gott und von Menschen verlassen sein würde und somit fürchten müsse, von jedem Geschöpf getötet zu werden.

Kain kam auch durch seinen tiefen Fall nicht zur Erkenntnis seiner widergöttlichen Herzensgesinnung; daher fand er auch nicht jenen Weg innerlicher Beugung, der zur vergebenden Gnade und zur Erneuerung des Lebens führte. Was er bereute, war nur das, was er durch seine Tat verloren hatte, nicht aber die Tat selbst mit ihrem Verbrechen gegen seinen Bruder. Solche Reue führte aber nie zur Erlösung, weder im Leben des einzelnen noch der Staaten. Göttliche Erlösung liegt allein in der Änderung jener inneren Sinnesart, aus der das Verbrechen mit seinen Folgen fließen konnte. Kain jedoch ging diesen Weg des Heils für sich und die Zukunft nicht. Im Gegenteil, die Schrift berichtet von ihm: *„Er entfernte sich von dem Angesichte Gottes und ließ sich im Lande Nod zur Morgenseite von Eden nieder*[1]*."* Das war ein zweiter Sündenfall, ein abermaliges, noch viel tieferes Hinabsteigen. Adam verlor die Lichtsphäre des Paradieses; ihm blieb jedoch noch das Angesicht Gottes. Kain verlor aber auch dieses. Durch diese entscheidungsvolle Tat verlor er hinfort alles: *die Erde, das Angesicht Gottes, den Nächsten und — sich selbst.*

5. Der kainitische Kulturfortschritt

1. Mose 4, 16—22

Nicht nur räumlich, sondern aus dem inneren Verhältnis zu Gott hatte Kain sich zurückgezogen, als er von dem Angesichte des Herrn fortging und sich im Lande Nod niederließ. Hinfort war all

[1] 1. Mose 4, 16.

sein Sinnen darauf gerichtet, durch eigene Kraft sich auf jener Erde zu behaupten, die ihm ihren Segen verweigerte, und auf der er unstet und flüchtig geworden war. Durch die Faust hatte er sich zunächst von seinem Bruder, durch die Flucht alsdann von Gott gelöst. Nun stand er einsam da — er hatte nur noch sich selbst. Ihm fehlte der fruchtbringende Acker, ihm fehlte der segnende Bruder, ihm fehlte der gegenwärtige Gott. Allein auf sich angewiesen, begann er sein Lebenswerk und wurde Städtebauer. Was ihm geblieben, war nur seine eigene Persönlichkeit mit jenem Maß von geistigen Kräften und natürlichen Fähigkeiten, die an sich jeder gesunde Mensch in sich trägt. Diese wurden hinfort der Boden, auf den er seine Existenz gründete.

Die Gelegenheit dazu fand er nicht auf dem Lande, sondern im Städtebau. Die Stadt ist immer ein Komplex von Menschen, wo der einzelne sich sein Fortkommen aus den Kräften der anderen zu schaffen sucht. „Auf dem Lande wird der Acker, in der Stadt der Mensch kultiviert." Des Städters Acker sind seine Kräfte, sein Geist und seine Fähigkeiten. Es ist nun bezeichnend, daß das erste Städteleben mit Kain beginnt, der sich vom Boden löste und sich durch die Zusammenziehung größerer Menschenmassen eine Existenz verschaffte. Nur auf diesem Boden konnte Kain zur Entfaltung seiner rein natürlichen Kräfte gelangen. Nicht der Acker, den er bebaute, sondern der Mensch, den er kultivierte, lieferte ihm das Brot, das er aß. Und bis heute wird es kainitischen Naturen nirgends so leicht, vom Schweiße anderer zu leben, als in der Stadt.

So begann mit Kain jene Kultur der alten Welt, die dominierend wurde in der damaligen Menschheitsgeschichte. Denn was Kain einst getan, als er fortging von dem Angesichte Gottes, das wurde der geistige Stempel für die Lebensrichtung der kommenden Geschlechter. Die Willensrichtung der damaligen Welt war daher nur auf den Aufbau einer Kultur ohne Gott und auf die Erweiterung der eigenen Macht eingestellt. *Es war der große Versuch, sich auf Erden dauernd eine Existenz zu schaffen ohne Gott, allein auf Grund von Machtentfaltung, Erfindung, Industrie und Städtebau.*

Schon die Namen der Träger des kainitischen Erbes sind ungemein bezeichnend für die innere Geistesrichtung jener von Gott sich lösenden Zeit. Verband man doch in jenen alten Zeiten mit dem Namen des Kindes immer ein Erlebnis der Seele. Ob es ein tief empfundener Schmerz oder eine unerwartete Freude, eine schwere Enttäuschung oder eine freudige Hoffnung war, man wollte die Erinnerung an das Erlebte festhalten und machte das Kind mit seinem Namen zum Träger dieser Erinnerungen, zu jenem lebendigen Buch, in das man seine tiefsten Seelenerlebnisse für die Zukunft schrieb.

Daher nannte Kain auch den Erstgeborenen, der ihm von seinem Weibe geschenkt wurde, *„Chanoch — d. h. „rüsten, üben"*. Seine bisherigen Erfahrungen hatten es ihm offenbar klar zum Bewußtsein gebracht, daß er von Gott verlassen und auf Erden unstet und flüchtig geworden sei und daher nur noch sich selbst habe. Nur in sich fand er die Quelle seiner Segnungen, in der Entfaltung seiner Macht sah er die Garantien seiner Bewahrung; von der Entwicklung und von dem Ausbau des von ihm Begonnenen durch seine Kinder erwartete er seine Zukunft. Dieser Erwartung und Hoffnung seiner Seele gab er Ausdruck in dem Namen seines Sohnes.

In Kains Geistesrichtung und Lebensauffassung tritt uns daher zum erstenmal jene tierische Selbstbehauptung in Sicht, die seitdem immer wieder in der Geschichte vom Menschen ohne Gott zur Grundlage seines Lebens, zum Ausbau der Gegenwart und zur Sicherung der Zukunft gemacht wurde. Auf dieser Stufe ist das Leben und das Verhältnis von Mensch zu Mensch in seinem tiefsten Wesen jedoch nichts anderes als der Kampf aller gegen alle, wo der Stärkere zum Fluche des Schwachen und der Schwache zum Rebellen gegen den Starken wird. *Daher blieben auf einer tierischen Geistesstufe die Völker auch immer wieder ohne Zukunft, trotz der ewigen Sicherung ihrer Zukunft.*

Chanoch trat sein Erbe an seinen Sohn *„Irad"* ab, und in ihm verkörperte sich der weitere Niedergang. *„Irad" — d. h. Flüchtiger, Schnelläufer, oder auch Wildesel* war die Bezeichnung jenes weiteren Niedergangs, der mit Kain begonnen hatte. Man sah nur in der Ungebundenheit das Leben, das man ersehnte und erstrebte. Man empfindet alles als eine unliebsame Knechtung, was der Mensch sich auf den verschiedenen Gebieten des politischen, gesellschaftlichen, kulturellen und sozialen Lebens aus Rücksicht auf das Wohl des Nächsten an Beschränkungen auferlegen muß.

Die hebräische Wortwurzel von *Irad* kann auch „Glut" bedeuten, sowohl Glut der Leidenschaften als auch Glut des häuslichen Herdes. Lebensanschauungen, die in Chanoch und in ihm zunächst noch etwas Wildes, Ungebundenes waren, vielfach ohne bestimmte Ziele, reiften mit der Zeit zu Leidenschaften aus. Da mit dem Weggehen Kains vom Angesichte des Herrn auch die göttliche Führung im kainitischen Geschlecht verlorengegangen war, so mußte ein fester menschlicher Wille an die Stelle des göttlichen treten, eine oberste Gewalt sich ausbilden, die das menschliche Zusammenleben ordnete, wenn nicht die wilden Leidenschaften alles vernichten sollten.

Wie sehr sich jedoch dieser Irad auch in seinen Energien, im Zusammenleben der Menschen Ordnung zu schaffen, damit der häusliche Herd nicht untergehe, allein auf sich selbst einstellte, geht aus dem Namen hervor, den er seinem Erstgeborenen zu geben wagte.

Es ist überaus bezeichnend für seine Herzensgesinnung, daß er diesem den Namen *„Mechujael"* gab, d. h. einer, *„in dem das Göttliche verlöscht war"*. Er übertrug seine innere, von Gott gelöste Geistesrichtung bewußt auf seinen Sohn, damit dieser als der zunächst passiv Empfangende später der bewußt Handelnde werden möchte.

Irads Wunsch wurde Erfüllung. Als Mechujael zum Mannesalter herangewachsen und zur Zeugung eines neuen Geschlechts fähig wurde, nannte er sich bei der Geburt seines Erstgeborenen nicht mehr „Mechujael", sondern *„Mechijael", d. h. „einer, der das Göttliche auslöscht"*. In seiner Jugend war er passiv, das Göttliche war in ihm erloschen; in seinen reiferen Jahren entwickelte sich diese innere Loslösung von Gott zu einer Aktivität, die das Göttliche in anderen auslöschte. Mechijael wurde der öffentliche Vertreter eines bewußten Unglaubens, der Typus jenes Atheismus, der bewußt in der Lüge die Wahrheit, im Menschlich-Dämonischen das Göttliche, im Vergänglichen das Ewige verehrt.

Der Enkel dieses Mechijael war *„Lamech", der Niederstrecker,* der harte Mann, der mit eiserner Faust alle Feinde niederschlug, die sich ihm und dem von ihm erstrebten Kulturprogramm widersetzten. In ihm feierte die kainitische Geschichtsentwicklung den starken Mann, der der damaligen Kulturwelt die höchste Geltung und scheinbar die gesichertste Zukunft verschaffte.

Schon sein Vater *„Methuschael"* war *„ein Gottesheld"* genannt worden. Er trug diesen Ehrennamen jedoch nicht, weil sein Leben im Gegensatz zu der Geistesrichtung seiner Zeit eine innere Einstellung auf Gott gefunden hatte. Im Gegenteil, namens- und geistesverwandt mit dem *„Methuschelach"*, der uns im 5. Kapitel, Vers 25 bis 27 genannt wird, war er *ein Mann der Kriegswaffe, ein Schwertritter,* und seine Heldenhaftigkeit lag auf dem Gebiet des äußerlichen Kampfes und nicht auf dem des innerlichen Segnens. Gott schafft sich auf dem Boden seines Volkes keine Helden, sondern Apostel und Propheten, deren Leben das Bekenntnis des Täufers trägt: *„Er muß wachsen; ich aber muß abnehmen*[1]*."* Ihre Größe lag immer in dem, daß sie ihr Leben verloren, um das ihrer Brüder zu gewinnen.

Ein von Kain bereits in seinem Städtebau begonnenes Gemeinwesen mußte konsequenterweise zur Bildung eines Reiches, zum Staate führen. Diesem Reiche fehlte aber in seinen inneren Beweggründen und in seinen gemeinsamen Zielen die verlorene Gottesherrschaft und Gottesführung. Daher mußte im kainitischen Staatswesen die Theokratie durch den menschlichen Despotismus ersetzt werden. Auch mußte der Charakter solch eines Staates für alle Zukunft eine zwiefache, geteilte Richtung annehmen und sich in Politik und Kultus teilen. Der Politik fehlte aber immer die Liebe und daher auch die entsprechende Freiheit; denn sie war immer kalt und unberechenbar und vermochte allein durch Gewalt den Staat zu erhalten. Dem Kultus jedoch fehlte der Glaube, das persönliche Verhältnis des einzelnen zu Gott, daher mußte Mechijael kommen und diesen durch seinen Aber- und Unglauben ersetzen und ihm Tempel und Altäre erbauen.

In *„Lamech"* reifte nun die Heldenhaftigkeit, das Bewußtsein der Kraft aus zum bewußten und kalten Despotismus und daher

[1] Joh. 3, 30.

zum Mißbrauch der Kraft. Er führte die Waffe nicht, weil etwa die Stunde der Not sie ihm in die Hand drückte, sondern weil er in ihr ein sicheres Mittel gefunden hatte, sich und seinem Leben freie Bahn und neue Einflußgebiete zu verschaffen. In ihm feierte die von Kain mit einer Keule in der Hand begonnene Geistesrichtung einen ihrer größten National- und Volkshelden, durch den die allein auf Macht aufgebaute alte Kulturwelt zu ihrer damaligen höchsten Blüte geführt wurde.

Diesem starken Mann jener Tage wurden drei Söhne geboren, durch die alsdann das ganze Kultur- und Städteleben zu nie dagewesener Entwicklung gelangte. Allen dreien gab Lamech tiefbezeichnende Namen, die jenen geistigen Charakter zum Ausdruck brachten, den sie der weiteren Entwicklung zu geben vermochten: *„Jabal"*, *„Jubal"* und *„Thubal-Kain"*. Folgende kurze Andeutungen werden uns zeigen, wie sie ganz neue Kulturwerte in das Gesellschaftsleben ihrer Zeit hineintrugen und so den Boden erweiterten, auf dem die Menschheit sich in ihrem Zusammenleben in Zukunft entwickelte. Zur Macht, durch die man sich bisher behauptet hatte, kamen der Erwerb, die Kunst, die Industrie und die Pflege der Schönheit.

Lamech nannte seinen Erstgeborenen *„Jabal"*. In der Hoffnung, daß sein Sohn einst zu einer Persönlichkeit heranreife, die dem Leben neue Werte abzuringen verstehe, gab er ihm diesen Namen. Denn in Jabal haben wir *eine* aktive *Personalform*, die ihn als einen Mann bezeichnet, *„der Werte schafft"*, der etwas einbringt. Als Jabal erwachsen war, unterschied er sich gerade darin von den vielen anderen nomadisierenden Schafhirten seiner Zeit, daß er eine rationelle Viehzucht begründete und betrieb. Vielleicht dürfen wir in ihm den ersten Kaufmann erblicken, der den Wert eines produzierten Überflusses erkannte und daher diesen an andere zu verkaufen versuchte. Jedenfalls schuf er *den wertebringenden Stand* und wurde so ein Ahnherr *der verdienenden Klasse*.

Sein Bruder *„Jubal"* wurde der Vater der Kunst; denn er war der erste aller Harfen- und Flötenspieler. *Die passive Personalform* seines Namens drückt bereits aus, daß er nicht produzierte, sondern daß er abhängig war von der Produktion der anderen. Und doch war die Kunst der kainitischen Welt ebenso notwendig wie das Gewerbe und der Verdienst. Je mehr das Erwerbsleben den Menschen knechtet und ihn zum Sklaven erniedrigt, desto mehr sehnt er sich nach Stunden der Ungebundenheit und der Entspannung, in denen seine Seele das Gleichgewicht wiederfinden soll. Es ist eine Erscheinung, die man in jedem Volke beobachten kann: je mehr ein Volk aufgeht in einem das Leben knechtenden Arbeitsbetrieb, desto mehr sehnt es sich in seinen freien Stunden nach Entspannung und sucht diese vielfach in der Pflege der Kunst. Besonders auch die Musik, die nicht Gestalten und Begriffe, sondern nur Stimmungen und Gefühle ausdrückt, soll mit dazu beitragen, das wiederzufinden, was der Mensch im Frondienst seiner Erwerbsarbeit verliert, und wonach er sich trotzdem sehnt: *Freude und Harmonie der Seele.*

Unbewußt wurde so die Kunst zu einer Zeugin jener wunderbaren Wahrheit, daß *der Mensch noch höhere Bedürfnisse hat als die nach materiellem Wertbesitz,* wie er durch Jabal geschaffen wird. Jedoch den Menschen von seiner äußeren Versklavung zu erlösen, die innere Harmonie des Herzens ihm wiederzugeben, hat auch die Kunst trotz all ihrer Gestaltungskraft nie vermocht.

Im dritten Sohn erblickte Lamech den Stolz seiner Familie und des kainitischen Geschlechts. Er hieß *„Thubal=Kain"* und schuf die Mittel, die Werkzeuge für Erwerb und Kunst: *die Industrie.* Gott hatte dem Kain die Erde genommen; sie gab ihm keinen Ertrag. Nun bedurfte er und sein Geschlecht dieser Erde nicht mehr. Der eigene Geist wurde sein Acker. Hinfort produzierte er jene mechanischen Werkzeuge und Mittel, die sich auch zur Hebung der Produktion des Ackers als überaus wertvoll erwiesen. So gewann der vom Boden gelöste Kain den Acker wieder. Das Land war genötigt, den Segen seiner Äcker der Stadt zu bringen, um dagegen des Segens ihrer Industrie teilhaftig zu werden.

Nach Thubal=Kain wurde dem Lamech von seinem Weibe Zilla noch eine Tochter geboren. Diese nannte er *„Naama", d. h. das sinnlich Schöne.* Jene Zeit war mithin bei all ihrer Vielgeschäftigkeit und materialistischen Einstellung nicht ohne Verständnis für Anmut und Schönheit; man verband vielmehr mit dem Nützlichen das Schöne.

So gestaltete und rundete sich das damalige Kulturleben immer mehr zu einem organischen Gemeinwesen ab, das machtvoll in seinem Wirken, selig in seinem Leben und schön in seinem Gesamtbild zu sein schien. *Die Entwicklung hatte im menschlichen Geist eine unerschöpfliche Quelle der Kraft und in der Machtpflege, im Gewerbe, in der Kunst, in der Industrie und in der Pflege der Anmut ein unbegrenztes Betätigungsfeld gefunden.* Man fand seinen Schutz in der eigenen Faust, seinen Reichtum im materiellen Wertbesitz, seine Religion in der Pflege der Kunst und seine Arbeit auf dem Acker des Geistes. *Der Mensch bedurfte Gottes nicht mehr und konstatierte durch die Entwicklung seine Unabhängigkeit von Gott: er genügte sich selbst.* Ihm lag nichts mehr an den Inspirationen von oben, er fand sie in seinem eigenen Geiste. Er entbehrte nicht die Gottesherrschaft auf Erden, er fand sie in seinem Despotismus. Er trauerte nicht mehr um das einstige Paradies, er hatte es in seinem Kulturstaat wiedergefunden. Und wenn in ihm das Erwerbsleben ihn zu zerreiben und seine Seele zu vernichten drohte, so nahm er seine Zuflucht zur Kunst, die das innere Gleichgewicht wiederherstellen sollte. *So verlor die Zeit die Ewigkeit, das Vergängliche die Seele, der Mensch seinen Gott.*

6. Lamechs Machtbekenntnis

1. Mose 4, 23. 24

Jede im Lauf der Jahrhunderte entstandene Kulturschöpfung bildet in ihrer Gesamterscheinung einen lebendigen Organismus und trägt immer den geistigen Charakter derer, die sie schufen. Und wie jedes organische Leben, so erlangt auch ein Kulturorganismus im Laufe der Zeit seine Reife und trägt seinem Geist entsprechende Früchte. Das geschah auch in jener alten Welt, die in den Tagen Noahs ihren Untergang erlebte. Eine Frucht jener Zeit war Lamech und seine Familie. In den Großen eines Volkes verkörperte sich je und je die geistige Kraft, die der Gesamtkörper eines Volkes zu gebären vermag. In der kainitischen Geschichtsentwicklung begann die Periode, da ein Volk anfängt, sich seiner Schöpfungen bewußt zu werden, und wo es beginnt, sich in ihnen zu gefallen und zu verherrlichen.

Dahin mußte es mit innerer Notwendigkeit kommen; denn eine auf sich selbst eingestellte Geistesrichtung führt konsequent zur Selbstverhimmelung. Wem alles Gewaltige, Schöne, Segnende nichts anderes ist als die Frucht des eigenen Geistes, der kniet eines Tages anbetend vor den Schöpfungen des eigenen Geistes. *Auf sich selbst eingestellt, endet der Mensch auch in dem Allergrößten wiederum nur bei sich selbst.*

Solche Erscheinungen sind jedoch in der Geschichte in der Regel die untrüglichen Anzeichen der Ausreifung für ein Gericht. Selbstüberhebung und Selbstbewunderung waren daher sowohl im Einzelleben wie in der Geschichte immer wieder die Vorboten des nahen Zusammenbruchs. Als Nebukadnezar erst bewundernd auf seine großen Schöpfungen schaute und sprach: *„Ist das nicht die große Babel, welche ich mir zum königlichen Wohnsitz erbaut habe durch die Stärke meiner Macht und zu Ehren meiner Herrlichkeit[1]?"* — da schlug die Stunde seines Gerichts. So führt auch jede Selbstberauschung in der Geschichte der Völker zu einer Katastrophe. *Denn die großen Gerichte der Weltgeschichte waren in der Regel nichts anderes als die unabwendbaren Auswirkungen jener Kulturzustände, die ein Volk in seiner falschen Geistesrichtung sich zu seinem Heil großgezogen und zu seinem Verderben mißbraucht hatte.* Daher sahen sich die Kulturvölker im Lauf der Jahrtausende auch immer gerade auf den Gebieten am schwersten gerichtet, wo sie sich am stärksten selbst gefielen und am schwersten versündigten.

Diese charakteristischen Züge wurden in der alten Welt besonders in dem *Machtbekenntnis Lamechs* sichtbar. Während er, offenbar auf seiner geistigen Höhe stehend, die durch ihn und seine Söhne geschaffenen Kulturwerte bewunderte, inspirierte ihn seine Selbstberauschung zu folgendem Schwertgesang:

„Ada und Zilla, höret meine Stimme;
Frauen Lamechs, vernehmet meine Rede!
Denn einen Mann habe ich getötet zu meiner Wunde
und ein Kind zu meiner Beule.
Wenn auf Kajin die Rache siebenfach ruht,
so auf Lamech siebenundsiebenzigfach[2]."

[1] Daniel 4, 30. [2] 1. Mose 4, 23. 24.

Am Ende seiner Tage wurde Lamech nicht von seinem Stolz über eine vollbrachte Lebensarbeit, sondern von bitterer Enttäuschung erfüllt. Bei Prüfung der Werte, die durch sein Leben der Welt geworden waren, fand er, daß sie ihm und seiner Zeit nicht das gebracht, was er von ihnen erwartet hatte. *Das Lied ist daher gleichsam der letzte Aufschrei eines in später Stunde erwachten Gewissens der kainitischen Geschlechtslinie.* Daher spricht Lamech: „Höret auf mich, *Ada und Zilla,* auch wenn ihr nicht Lamechs Frauen wäret; denn was ich zu sagen habe, betrifft alle Menschen. Aber als Frauen Lamechs, als Mütter seiner Söhne, höret mir doppelt zu, geht doch meine Rede gerade euch an. Ihr meint: mit dem, was wir getan, hätten wir Kain aufgerichtet, uns eine glückliche Gegenwart und unsern Kindern eine noch glücklichere Zukunft bereitet? Nicht gesühnt, getötet habe ich den Ahn, gemordet die Jugend und mir selbst mit allem die tiefste Wunde geschlagen[1]."

Sollte diese rabbinische Auslegung mit ihrer Deutung des Liedes Recht haben, dann hätten wir darin *eines der erschütterndsten Bekenntnisse eines von Gott gelösten Lebens. Denn der Fluch lag nicht in erster Linie in den vom Menschen geschaffenen Kulturwerten an sich, sondern in dem Geiste, in dem er sie schuf, und wie er sie verwaltete.* Denn die Schöpfung wartet auf allen Gebieten auf den Dienst und die Herrschaft jenes Menschen, der ein Abbild Gottes sein soll. Und in den Händen dessen, der in der Abhängigkeit von Gott steht, werden auch die Kulturwerte zu Quellen unberechenbarer Segnungen, aus denen der Mensch aufbauende Kräfte und beglückendes Leben für sich und seine Brüder zu schöpfen vermag.

Jedoch die innerliche Entwicklung des kainitischen Geschlechts war nicht göttlich gewesen. Seit Kain hatte sie sowohl Gott als auch den Bruder verloren und in allem nur sich selbst gesucht. Um sich selbst zu dienen, schritt man zu seinem vermeintlichen Glück auch über die Leiche des Nächsten hinweg. *Denn eine Entwicklung, die aus den Untiefen menschlicher Selbstsucht ihre Kräfte zieht, kennt im Leben nichts Heiliges, vor dem sie ehrfurchtsvoll stehenbleibt.* Ihr heiligt der Zweck jedes Mittel.

Jedoch ein Geschlecht, das sich in Kain von Gott entfernte, ein

[1] Nach S. R. Hirsch: Der Pentateuch.

Volk, das im Geiste Mechijaels zum Propheten des Atheismus und zum Träger einer Ewigkeitsverneinung wurde, ein Staat, der mit Methuschael und Lamech allein in der kalten Machtentfaltung die Sicherung seiner Zukunft und allein in der Gewinnung der Erde den höchsten Reichtum seines Gemeinwesens sah — *eine solche Menschheitsentwicklung mußte sich eines Tages in ihren eigenen Schöpfungen jene Gerichte vorbereiten, in denen sie ihren Untergang fand.*

In Lamech haben wir eine Persönlichkeit kennengelernt, die keine Verbindung mit dem göttlichen Leben pflegte. Ihn inspirierte der Geist seiner Selbstberauschung. So schilderte Lamech sich in seinem Liede in der Wildheit seiner Rache, *er erhob das größte Unrecht zum höchsten Heil, pries das gemeinste Verbrechen als sittliche Tat.* Daher ist Lamech der Träger jenes Machtprinzips in der Geschichte geworden, welches „das letzte Heil, das allerletzte allein im Schwerte" sieht. Er ist der Repräsentant jener widergöttlichen Lebensmoral, welche Macht und Größe nicht als Werkzeug der Tugend, sondern Tugend als Werkzeug von Macht und Größe zuläßt. Solche moralischen Grundsätze entschuldigen alles, was zu dieser Würde führt, und sind rücksichtslos gegen alles, was sie zu kürzen wagt. Diesen Prinzipien muß alles geopfert werden: Heiliges und Unheiliges, Göttliches und Menschliches, geistige und materielle Güter, Familienglück und Volkswohl.

Manche nehmen an, daß Lamech tatsächlich in dem „Manne" seinen eigenen Ahn und in dem „Kinde" seinen eigenen Sohn getötet habe. Ob dies tatsächlich so war, kann wohl nicht mehr festgestellt werden. Eine auf Machtprinzip aufgebaute und durch Blut und Tränen geschriebene Weltgeschichte bezeugt jedoch, daß solche Verwilderung des Gewissens, solche Anbetung der rohen Gewalt nichts Ungewöhnliches unter den Völkern gewesen, die ohne Gott über die Bühne der Zeiten gegangen sind. Alle Erben von Kains Gottesferne und Lamechs Geist, alle Träger eines „Nimrodmantels" und eines Amalekschwertes sangen ihren Schwertgesang, verziehen sich alles und dem Nächsten nichts, wenn es sich um ihren falschen Ruhm und um ihre vermeintliche Ehre handelte.

Oder war es in der Geschichte, die in ihrem Werden Gott aus=

schaltete, je anders? Wird es je anders werden? *Hat nicht immer in einer widergöttlichen Geschichtsentwicklung das Unrecht über das Recht, die Gewalt über die Liebe, die Skrupellosigkeit über das Gewissen triumphiert und Geschichte nach dieser Sinnesart geschaffen?* Ist unsere Welt denn je etwas anderes gewesen als eine große Schaubühne, wo zwar die Rollen gewechselt wurden, der Geist aber in den Helden der Geschichte vielfach derselbe blieb, wo das Leben je und je zu einem großen Schlachtfeld wurde, auf dem allein Lamechs Geist und Nimrods List und Amaleks Schwert sich zu behaupten vermochten? Scheint es nicht, als ob letzthin Gott selbst durch Duldung dieses Prinzips es in seinem innersten Wesen gerechtfertigt hätte?

Wer Gott nur aus dem äußeren Gang der Geschichte und aus dem Munde nationaler Überlieferung kennt, wird so immer wieder fragen müssen. Wer jedoch Augen gewonnen hat, welche die großen Weltgeschehnisse in ihrem innersten Wesen und im göttlichen Lichte zu sehen vermögen, wer seine innere Orientierung nicht in den offiziellen Berichten der Regierungen, sondern am Herzen Gottes und in der Gesinnung Jesu findet — der weiß, *daß die von Gott gelenkte Weltgeschichte nie etwas anderes war als ein fortgesetzter Gotteskampf wider Lamech und seine Geisteserben und Fahnenträger.*

7. Der große Gotteskampf

Keine Geschichtsschreibung und keine Überlieferung haben das große Weltgeschehen in seinen inneren Zusammenhängen und äußerlichen Auswirkungen so tief und so klar erfaßt und dargestellt wie die Bibel. Sie hebt uns aus unserer völkischen Enge, aus unseren einseitigen Geschichtsdarstellungen und aus unseren subjektiven Wünschen und Urteilen hinaus und stellt uns auf eine göttliche Warte und läßt uns im Lichte der Ewigkeit das Ganze in seinem tiefsten Wesen überblicken.

Solange es Nacht auf Erden ist, solange man im Geiste Kains den anbetenden Bruder erschlägt, im Machtbekenntnis Lamechs seine Zukunft erblickt, im Nimrodsmantel die Völker beherrscht, wird der

Gotteskampf währen, bis jener Augenblick erscheint, wo auch diese Nacht zum Tage wird.

Denn der endgeschichtliche Ausgang dieses Kampfes kann nicht zweifelhaft sein. Vor mehr als drei Jahrtausenden baute Mose einmal einen Altar, den er *„Gott, mein Panier"* nannte. Er proklamierte bereits damals vor der Geschichte und der Zukunft die wunderbare Botschaft: *„daß Gott die Hand auf seinen Thron gelegt: Gottes Krieg wider Amalek von Geschlecht zu Geschlecht*[1]*!"*

Mit dieser Dokumentierung des Gotteskampfes hat Mose gezeigt, daß er Gott in seinem vielfach so geheimnisvollen Walten in der Weltgeschichte verstanden hatte. Denn Gottes Kampf wider Amalek von Geschlecht zu Geschlecht muß weit mehr bedeutet haben als allein jenen Kampf, der für eine bestimmte Periode Israel wider Amalek übertragen wurde. *Es ist nichts Geringeres als jener geistige Kampf, den Gottes Weltgericht unaufhörlich in der Weltgeschichte gegen jene Völkermächte führt, die sich als die geistigen Amaleksöhne erweisen und Erben seines Prinzips und Träger seiner Fahne sind.*

Ja, wäre die Welt nur das Ergebnis mechanisch-physischer Wechselwirkung, gäbe es keine Schöpfermacht, die dem Größten und dem Kleinsten in der Schöpfung seine Aufgaben, seine Grenzen und sein Ziel setzt, gäbe es keinen Gott, der trotz allem Menschenwahn und allem Völkertoben sich seinen Thron nicht nehmen läßt, sondern alles Weltgeschehen überwacht und einem bestimmten Ziel entgegenführt — dann hätten jene Recht, die im Geiste Lamechs Weltgeschichte zu machen suchen. Dem Gewalttätigsten und Listigsten gehörte dann zuletzt die Erde.

Oder wäre unser Gott nur der Gewaltige, etwa der Gewaltigste unter den Gewaltigen, dessen Wesen nur Kraft und Macht und nicht in erster Linie Gerechtigkeit und Liebe bedeutet, die Zukunft gehörte den Erben Lamechs. Dem Gewaltigsten oben dürften dann vor allen andern die Gewaltigsten auf Erden gefallen. Er dürfte in ihnen sein Ebenbild finden und sie in ihren kalten Machtbestrebungen stützen und fördern. Dann dürfte ein Nimrod sich einbilden: er triebe die

---

[1] 2. Mose 17, 15.

Menschenjagd *„vor dem Angesichte des Herrn[1]"*, und *„der Gewaltigste wäre der Göttlichste auf Erden"*.

Oder wenn der Höchste in den Himmeln nur ein Gott der Gerechtigkeit und Liebe für die einzelnen und die Familie wäre und nicht auch für den Staat und die Völker, wenn er ein heiliges Leben und göttliche Gesinnung nur auf Kirchen und Beter beschränkte und nicht auch auf die Regierungen und Staaten und auf die Beziehungen von Volk zu Volk übertragen hätte, dann verlören für die Staaten und Reiche Gerechtigkeit und Liebe ihren Wert. Dann hätten alle sittlichen Mächte nur Bedeutung für die Heiligtümer und für das Privatleben. Dann dürfte sich die Gewalt, wie sie von Lamech gepriesen wurde, nur aus dem Privatleben zurückziehen und hätte dann eine völkerrechtliche Berechtigung, „ihre lorbeerbekränzten Siege in der Blutbahn der Staaten und Völker" weiterzuführen.

Allein solange es einen Gott im Himmel gibt, der kein doppeltes Sittengesetz kennt, das eine für das Privatleben und das andere für den Staat und das Volk, solange Gott von der Gesamtheit dasselbe Recht, dieselbe Liebe, dieselbe Hingabe des Lebens an eine göttliche Weltordnung verlangt wie von den einzelnen — solange wird der Gotteskampf währen wider Amalek von Geschlecht zu Geschlecht. *Mag man auch tausendmal im Lauf der Zeiten Gottes Geduld für Schwäche, Gottes Langmut als eine Rechtfertigung für das Bestehen widergöttlicher Machtordnungen angesehen haben, eines Tages sah Lamech sich dennoch in seiner Kraft gebrochen, Nimrod sich seines Mantels beraubt und durch den Sturm der Geschichte wie Spreu von der Tenne der Geschichte hinweggefegt.* Denn Gottes Geduld und Langmut bedeuten noch lange nicht eine Rechtfertigung bestehender, widergöttlicher Lebensprinzipien und Weltordnungen. Vielfach lag gerade in der Geduld Gottes ein desto vernichtenderes Gericht. *Je völliger das Widergöttliche in der Geschichte sich auswirken konnte, desto sicherer und völliger erfolgte eines Tages sein Zusammenbruch.*

Die göttliche Zukunft wird sich groß genug erweisen, jedes Andenken, jeden Nachruhm, jede irdische Unsterblichkeit der lorbeerbekränzten Lamechgewalt zu begraben. *„Unterm ganzen Him-*

[1] 1. Mose 10, 9.

mel vernichte ich Amaleks Gedenken[1]", sprach Gott einst bei dem ersten Sieg Moses über Amalek.

Oder sollte Gott nicht Wort halten können? Hat er nicht der Chaldäer Macht samt ihren ewigen Denkmälern so völlig begraben, daß nur unter Aufwand großer Mittel und Gelehrsamkeit kleine Bruchstücke ihrer untergegangenen Geschichte aus den aufgefundenen Keilschriften zu entziffern sind? Hat er nicht der Perser Stolz samt ihren wilden Reiterscharen so völlig gebrochen, daß man in ihrer Heimat vergeblich nach des Staates einstiger Blüte und Größe sucht? Hat er nicht der Griechen Geist und Weisheit so entmündigt, daß ihnen die Führung in der Geistesgeschichte der Menschheit genommen ist? Hat er nicht der Römer Schwert, das doch einst die größte Weltherrschaft auf Erden begründete und Rom zu einer „ewigen" Stadt erhob, derart geschwächt, daß der römische Adler und die Siebenhügelstadt längst schon ihre einstige Vormachtstellung in der Völkergeschichte verloren haben?

Gott kann Wort halten — auch wenn der Mensch der Unsterblichkeit seiner Größe Pyramiden baut, den Stolz seines Geistes in Granit und Marmor meißelt und den Ruhm seines Schwertes mit unverwelklichem Lorbeer bekränzt.

Und derselbe Gott, der Wort halten kann in seinen Gerichten, kann Wort halten auch in seinen Verheißungen. Mag eine ungläubige Art angesichts der sich stets aufs neue vollziehenden Verelendung der Völker und der sich stets aufs neue wiederholenden Gerichtskatastrophen der Geschichte, die herz- und rücksichtslos alles unter ihrem Schutt begraben, was Jahrhunderte aufgebaut haben, auch immer wieder fragen: Wo bleibt der Tag seiner Zukunft? — *es wird doch einst geschehen, daß die Reiche der Welt unseres Herrn und seines Gesalbten sein werden*[2].

Zwar wird man auf Kanzeln und in Parlamenten noch lange darüber streiten, wie die göttliche Erfüllung kommen soll. Aber Gott wird bei allem Streit der Kirchen und bei allem Wirrwarr der Staaten göttliche Geschichte machen und die Völker und die ganze Welt zielbewußt ihrer Erlösung und Bestimmung entgegenführen.

---

[1] 2. Mose 17, 14.

[2] Offb. 11, 15.

Was Propheten zu schauen, Psalmisten zu beten und die Heiligen unter den Menschen je und je unter Tränen zu suchen und zu ahnen wagten — Gottes Königsherrschaft wird so gewiß kommen und der Welt Gerechtigkeit und Friede bringen, wie Gottes Gerichte kamen und Zeiten, Völker und Kulturen begruben. Was nicht Ewigkeitsgehalt in sich trug, wird eines Tages von der Geschichte begraben werden; was sich göttlichen Lebensnormen widersetzte, wird in seinen eigenen Gesetzen zugrunde gehen; was sich nicht in Liebe und Hingabe aus innerem Wesen heraus beugte vor Gott und dem Lamm, wird sich beugen unter der unerbittlichen Gewalt und der Wucht der Gerichte, die man sich selbst vorbereitet hat. Denn die Welt vergeht mit ihren Inspirationen; wer jedoch den Willen Gottes tut, der bleibt in Ewigkeit.

Hätten wir auch sonst keine weitere Kunde über Gottes kommende Königsherrschaft als nur jene zwei Jesusbitten, die der Sohn auf Erden seinem Vater im Himmel ablauschte, und die er seinen Brüdern weitergab: *„Dein Reich komme! Dein Wille geschehe auch auf Erden, wie er geschieht in den Himmeln!"*, wir wüßten genug über den Ausgang der Weltgeschichte. Zwei Jahrtausende haben bereits Zeit gehabt, Jesu Wahrhaftigkeit zu erproben, seine Worte Lügen zu strafen, ein besseres Evangelium der Erlösung einer verzagten Menschheit zu bringen. Bis heute haben sie es nicht vermocht. Weitere Jahrtausende werden es auch nicht zustande bringen, falls Gott sie zur Anbahnung seines kommenden Königreiches noch nötig haben sollte. *Wer je wagte, den Willen dessen zu tun, von dem Jesus sich gesandt wußte, der erlebte die Wahrhaftigkeit der Worte, die Kraft der Erlösung und die Gewißheit der Zukunft jener oberen Welt mit ihrer Gottesherrschaft, der Jesus auch auf Erden angehörte.* Wer wie Paulus durch die Hingabe an diesen Christus selbst zu einer Neuschöpfung geworden, schaut in triumphierender Zuversicht jene nahende Neugeburt, der die Schöpfung in ihren gegenwärtigen Geburtswehen unter Seufzen und Klagen entgegenharrt[1].

Daher sah auch der einsame, dem Paulus so geistesverwandte Seher auf der Insel Patmos jenen Tag nahen, wo das Erste vergangen ist, und wo auf dem Throne der Welt und der Geschichte derjenige

[1] Röm. 8, 22.

sitzen wird, der in Vollmacht seines Geistes und in göttlicher Kraft zu sprechen vermag: *„Siehe, ich mache alles neu[1]!“* Dann wird ein anderer Ruhm die Brust des Menschen füllen, und andere Töne werden die Äonen durchdringen; denn die erlöste Schöpfung wird voll Jubel und voll Lachen sein und in ihrer unendlichen Freude sprechen: *„Halleluja! Denn der Herr, unser Gott, der Allmächtige ist König geworden. Lasset uns fröhlich sein und frohlocken und ihm die Ehre geben[2]!“* Diese Gottesherrschaft auf Erden wird dann *„abwischen alle Tränen von ihren Augen, und der Tod wird nicht mehr sein, noch Leid, noch Geschrei, noch Schmerz wird mehr sein[3]“;* denn das Erste — was an Lamechs Gewalt, an Nimrods Politik, an Amaleks Knechtung irgendwie erinnern könnte — ist vergangen. Hinfort ruht die Hütte Gottes bei den Menschen. *„Und er wird bei ihnen wohnen, und Gott selbst wird bei ihnen wohnen und ihr Gott sein[4].“*

II. Die Sethsche Geschlechtslinie und ihre Bedeutung

1. Seth und seine Nachkommen

1. Mose 4, 25—5, 1

Mit zu dem Geheimnisvollsten der ganzen Weltgeschichte gehört die Tatsache, daß Gott immer wieder verstand, mitten in einer untergehenden Welt jenen heiligen Überrest zu erwählen und auszusondern, der auch die schwersten Gerichte seines Zeitalters überdauerte und fähig wurde, die Grundlage und das Lebensprogramm für die fernere Zukunft zu werden. So sehen wir auch in jener alten Welt neben der kainitischen Geschlechtslinie im Lauf der Zeit eine zweite sich entwickeln: die sethitische.

Als Eva nach jenen erschütternden Ereignissen, die uns im vierten Kapitel des 1. Buches Mose berichtet werden, ein dritter Sohn geboren wurde, nannte sie ihn *„Seth“, d. h. Grund, Stütze;* denn sie sprach: *„Gott hat mir einen anderen ‚Samen‘ gesetzt an Abels Statt[5].“*

---

[1] Offb. 21, 5.
[2] Offb. 19, 6. 7.
[3] Offb. 21, 4.
[4] Offb. 21, 3.
[5] 1. Mose 4, 25.

Evas Erfahrungen waren seit der Geburt Abels noch weit schmerzlicher und tiefer geworden. Sie dachte, als ihr Seth als Ersatz von Gott geschenkt wurde, nicht mehr, wie einst bei der Geburt Kains, in erster Linie an ihre Kraft und den Anteil, den sie am Kinde hatte, sondern an den „Samen", der ihr in ihm geworden war, an den Boden einer neuen Zukunft, den Gott in Seth der Menschheit gegeben hatte. Tritt doch mit jedem Kinde, dem die Eltern das Leben und Dasein gegeben haben, eine neue Welt mit ihren unabsehbaren Entwicklungsmöglichkeiten in die Erscheinung.

So erhielt auch damals in Seth die Hoffnung der Menschheit eine neue Zukunft. Denn Kain hatte durch seinen Brudermord nicht nur sich selbst die Todeswunde gegeben, sondern auch die Zukunft seines Geschlechts vernichtet. *Wer aus dem Blut seines Bruders seine Zukunft baute, wurde noch immer eines Tages unter ihren Trümmern begraben.*

Seit der Geburt Seths sehen wir nun in der alten Welt jene zweite Geschlechtslinie, die für die Zukunft der Menschheit von so entscheidender Bedeutung geworden ist. In den Nachkommen Seths fand Gott jenen „heiligen Überrest", den er durch die Gerichtsflut hindurchretten und auf der durch Gericht gereinigten Erde zum Anbruch einer neuen Menschheit setzen konnte. *Denn Kains Geschlecht hat keine Zukunft in einer Welt, da „der Gotteskampf wider Amalek besteht von Geschlecht zu Geschlecht".* Unter den sethitischen Nachkommen finden wir daher auch jene beiden Männer, die sich für ihre Zeit als ein „Licht der Welt" und ein „Salz der Erde" erwiesen — Henoch und Noah. Der erste lebte mit seinem Zeugnis in der Mitte, Noah am Ende der damaligen Geschichtsentwicklung.

Wenn wir uns mit dem inneren Charakter ihrer Geschlechtslinie vertraut machen, dann werden wir verstehen, daß Gott sich zwar aus dem Geschlechte Seths dann und wann einen Zeugen für die alte Welt berufen und einen Noah für eine wunderbare Errettung durch das Gericht hindurch vorbereiten konnte, *daß aber das Geschlecht Seths als Ganzes so der Gerichtsflut verfallen mußte, wie auch das Geschlecht Kains ihr verfiel.* Denn die seit Seth begonnene Entwicklung war auch keine gradlinig aufwärtssteigende mehr, sondern ebenfalls eine allmählich abwärtsgehende, die sich mehr und mehr der kainitischen Geistesrichtung erschloß und schließlich sich mit dem Geschlecht Kains vermählte[1].

Während aber Kains Nachkommen trotz aller Geistesentwicklung und aller Erweiterung ihrer Machtsphäre unaufhaltbar abwärtssanken, bemerken wir in der Entwicklung der Sethiten *ein mehr oder minder ständiges Schwanken vom Schlechteren zum Besseren und wieder vom Besseren zum Schlechteren,* bis jener zweite Lamech in Sicht trat, der der Welt zwar nicht neue Kulturwerte, wohl aber einen Noah gab, der trotz des Gerichts im Gericht dennoch nicht unterging.

Diese Schwankungen wagen wir ebenfalls aus den Namen zu erschließen, die uns als die Träger der Nachkommen Seths genannt werden. Wenn wir auch unmöglich feststellen können, inwieweit in jenen uralten Zeiten der Vater mit dem Namen seines Kindes jedesmal bewußt eine Prophetie für die Zukunft oder eine Charakterisierung der Zeit aussprach, so spiegelte sich in ihm doch immer eine bestimmte Idee wieder, von der die Zeit schwanger war, oder ein Hoffen, das einzelne in sich trugen.

Als Seth ein Sohn geboren wurde, nannte er ihn *„Enosch"*. Mit Enosch bezeichnete die rabbinische Exegese „eine getrübte Menschheitsstufe" im Gegensatz zum reinen Menschen: „Adam". Dies Wort ist nach den sprachlichen Ausführungen von S. R. Hirsch zwei weiteren Wurzeln verwandt, von denen die eine „zwingende Gewalt" bedeutet, die einem anderen angetan wird, und die zweite einfach „Strafe" bezeichnet. Als Verbum kommt das Wort nur passiv vor und besagt dann das „hoffnungslose Stadium eines Leidens, einer Krankheit, den Zustand völliger Entkräftung". Allerdings läßt es in dieser Form weniger auf die Auswirkungen der Krankheit als vielmehr auf ihre Ursachen schließen. Die aktive Personalform des Wortes würde dann heißen: „Gewalt üben, krank machen, Kräfte entziehen." „Enosch ist nun keine passive, sondern eine aktive Form. Es bezeichnet den Menschen, der sich nicht mehr als ‚Adam', als ein im Dienste Gottes stehender Statthalter begreift und als solcher die Welt einer gesunden Heilsentwicklung entgegenführt,

[1] 1. Mose 6, 2.

sondern den, der seine ihm von Gott eingeräumte Stellung nur zu selbstherrlicher, gewalttätiger, die Welt krank und siech machender Willkür mißbraucht. *Adam* ist das Heil der Welt, *Enosch* ihre Krankheit."

So tritt bereits in dem ersten Enkel Adams in der Sethschen Linie in Sicht, daß es zu einer gradlinig aufsteigenden Entwicklung der Menschheit allein auf Grund von natürlichen Anlagen nicht mehr kommen könne. Was sich im Paradiese mit dem Fall vollzogen hatte, war mehr als nur eine augenblickliche Verfehlung, als eine unschuldige, dem Menschen kaum bewußte Übertretung. Mit dem Fall war für Adam und auch Eva jener neue Zustand verbunden, in dem es keinen inneren Aufstieg auf Grund der im Menschen vorhandenen Kraft mehr geben kann. *Seit Adams Fall erlebte der Mensch das Göttliche immer nur auf Grund der Mitteilung von Göttlichem, schaute er göttliche Erlösung immer nur auf Grund eines göttlichen Erlösers.*

Es war mithin das Heil der Menschheit und ihrer Geschichte nie eine Entwicklungs-, sondern eine Erlösungsfrage. Die Welt äußerlich verbessern kann der Mensch vorübergehend auch ohne Gott, aber erlösen kann er sie nur mit Gott. *Bevor man erlösen kann, muß man jedoch selbst ein Erlöster sein.* Ein solcher kann man aber nie auf Grund der dem natürlichen Menschen innewohnenden Kraft werden. Daher sehen wir auch den Enosch der Sethschen Geschlechtslinie sich demselben Geiste hingeben, in dem die Geschlechter Kains lebten.

Mit der Kunde von der Geburt dieses Enosch verbindet die letzte Vershälfte noch die Mitteilung: *„Damals fing man an, im Namen Jahves zu verkündigen*[1]*."* Diese Worte sind vielfach sehr verschieden gedeutet worden. Manche Ausleger nehmen an, daß der hebräische Ausdruck, den wir mit „anfangen" wiedergegeben haben, sowohl den Begriff: „es wurde entweiht" als auch: „es wurde angefangen" enthalten kann. Mithin könnte mit dem Satz entweder gesagt werden: „Damals fing man an, den Namen Jahves anzurufen", oder: „Damals wurde die Anrufung des Namens Jahve entweiht." Noch andere glauben, daß man damals angefangen habe, in götzen-

[1] 1. Mose 4, 26.

dienerischer Weise Menschen und auch andere Dinge mit dem Namen „Jahve“ zu bezeichnen.

Am richtigsten scheint jene Annahme zu sein, daß die kainitische Geistesrichtung ihre gottentfremdete Lebensanschauung der damaligen allgemeinen Entwicklung der Menschheit bereits so tief aufgedrückt hatte, daß der Gottesbegriff *Jahve* völlig verlorengegangen war. Der Name *„El“* oder *„Elohim“* drückte nur Gottes allgemeines Verhältnis zu jener Gesamtschöpfung aus, die aus seiner Schöpferseele hervorgegangen und auf Grund seines schöpferischen Wortes gebildet worden war.

Gottes spezielles Verhältnis zum Menschen als seinem ihm geistesverwandten Ebenbilde kommt in dem Begriff weniger zum Ausdruck. Diese völlig einzigartige, nur auf Grund der Ebenbildlichkeit beruhende Beziehung des Schöpfers zum Menschen und wiederum des Menschen zu Gott als seinem Herrn und Vater liegt in dem Gottesbegriff *„Jahve“*. Wo immer der Mensch sich seinen göttlichen Geistes- und Seelenadel bewahrte, war das Verhältnis Gottes zum Menschen je und je ein ungleich höheres als das zur Schöpfung und die Berufung der Menschen innerhalb der Gesamtschöpfung eine weit herrlichere, als die irgendeines Geschöpfes es hätte je sein können.

Nachdem jedoch der Mensch aufgehört hatte, ein seiner ursprünglichen Bestimmung entsprechender *„Adam“* zu sein und ein *„Enosch“* wurde, der nicht nur selbst die Todeswunde in seinem Leben trug, sondern auch alles mit in seinen Todeszustand hinabzog, da gerieten Gottes besonderes Verhältnis zu dem ihm ebenbildlichen Menschen und die Beziehungen dieses Menschen zu Gott völlig in Vergessenheit. Das kainitische Geschlecht ging zugrunde, weil eine Mechijael-Gesinnung mehr und mehr alles Göttliche in den Geschlechtern des damaligen Zeitalters auslöschte, und das sethitische entartete, weil es die göttliche Bestimmung des Menschen, wie sie in dem Gottesbegriff *Jahve* ihren Ausdruck findet, ebenfalls aus dem Auge verlor und so „von einem *Adam* zu einem *Enosch* hinabsank“.

Daß man jedoch in jenen Tagen, wo ein *Enosch* geboren wurde, wieder anfing, „im Namen Jahves anzurufen“, zeigt, daß offenbar nicht nur in den einzelnen ein geistliches Erwachen begann, sondern daß zunächst auch der allgemeine Gottesbegriff den Geschlechtern noch nicht völlig verlorengegangen war. Denn das tiefe Bewußtsein, daß es einen Gott gibt, dem die Welt ihr Dasein und ihre Ordnung verdankt, deren Bestehen und Erhaltung nichts anderes als fortgesetzte Schöpferakte des Schöpfers sind, ist auch aus den Gemütern der gesunkensten Völker kaum je völlig entschwunden. Jedoch das Bewußtsein von der Existenz und dem allmächtigen Wirken Gottes in der Schöpfung allein macht den Menschen noch nicht zum Menschen, so wie Gott ihn für die Welt in „Adam" erschuf, und wie er ihn nach seinem Fall für die Welt erlösen will. Denn es handelt sich in der göttlichen Bestimmung des Menschen um weit Höheres als die Erkenntnis, daß alles, was ihn umgibt, von einem Schöpfer in ewiger Ordnung geschaffen worden ist und sein Leben von denselben göttlichen Gesetzen abhängt, die sich in der Schöpfung auswirken. Dann brauchte der Mensch ja diese Gesetze nur zu erforschen und sein Leben dementsprechend zu ordnen, und sein Heil wäre ihm gesichert.

Nein, des Menschen Bestimmung bleibt eine weit höhere. Als Gott ihn nach seinem Gleichnis schuf, adelte er ihn zur inneren Wesensverwandtschaft mit sich selbst. *Es gibt in der Schöpfung kein Geschöpf, das dem Schöpfer so wesensverwandt wäre wie der Mensch.* In keinem Wesen liegen so alle Keime zur Ebenbildlichkeit Gottes entwicklungsbereit wie im Menschen. Sie warten nur auf ihre Belebung und Entfaltung durch die Gemeinschaft mit Gott. *Kein Schöpfungswesen ist daher zu solch einer innigen und unmittelbaren Gottesgemeinschaft fähig wie der Mensch.*

Daher sehnte sich Gott auch je und je nach dem Umgang mit dem Menschen, und zwar nicht allein um des Menschen, sondern auch um seiner selbst willen. Wie es uns in unserem Leben erquickt, wie wir uns freuen, wenn wir geistesverwandten Seelen sowohl unsere höchsten als auch unsere schmerzlichsten Erlebnisse mitteilen können, so auch Gott. Daher heißt es auch in dem Seherwort, das einst der Gottesbote Hanani zu Asa, dem Könige von Juda, sprach: *„Die Augen Jahves durchstreifen die ganze Erde, daß er sich mächtig erweise an denen, die von ganzem Herzen ihm ergeben sind*[1]*."*

[1] 2. Chron. 16, 9.

Diese Gottesgemeinschaft war es, die die alten Väter und Propheten, die Jesusjünger und Anbeter aller Zeiten immer wieder an Gotteserleben so reich machte. Durch ihr Gottschauen wurden sie Gott verwandt, durch ihren Umgang mit Gott so vertraut mit ihm, daß er ihnen zu ihrem und der Welt Heil Dinge anvertrauen konnte, die sonst ewig ein Geheimnis geblieben wären. Wie auch wir uns letzthin nur von denen am besten verstanden sehen, die uns innerlich am meisten geistesverwandt sind, so kann sich auch Gott in seinen Erlösungsplänen und Segensabsichten, in seinen Warnungen und Gerichten allein denen mitteilen, die durch ihre innere Herzenseinstellung empfänglich geworden sind für seine Offenbarungen.

Dieser Gottesgemeinschaft hatte sich Kain bewußt entzogen, als er von dem Angesicht des Herrn wegging. Hinfort hatte er versucht, sein Verhältnis zur Welt auch ohne Gott zu regeln. Dies gelang jedoch weder ihm noch seinen Geisteserben nach ihm. *Denn des Menschen Stellung zur Schöpfung kann nur richtig geregelt werden auf Grund seiner richtigen Stellung zu Gott.* Steht der Mensch richtig zu Gott, so erhöht sie ihn über jedes Geschöpf; ist er innerlich gelöst von Gott, so erniedrigt sie ihn unter das Geschöpf. In seiner Freiheit kann er höher als ein Engel steigen, aber auch tiefer als der Teufel fallen. Denn nie hat ein satanisches Wesen es je gewagt, Gottes Existenz zu leugnen oder seine Allmacht zu bezweifeln[1], wenn es sich in seiner Feindschaft wider Gott auch dem göttlichen Dienste entzog. So trägt der Mensch zwei Möglichkeiten in sich: die der höchsten Gottesverwandtschaft, *ohne je Gott zu werden,* aber auch die der tiefsten Entartung. Eines Tages sieht er sich vor die Wahl gestellt, sich entweder für die Gottesgemeinschaft oder für die Gottesferne zu entscheiden.

Sobald also der Mensch seine Verbindung nach oben löst, verpflichtet er sich nach unten; findet er seinen Gott nicht mehr im Schöpfer, so vergöttert er eines Tages das Geschöpf; liegt seine Seligkeit nicht mehr im Verkehr mit Gott, so berauscht er sich an den Segnungen der Erde.

Diese Gottesferne wirkte sich in den Tagen eines Enosch aus, und zwar darin, daß die ursprüngliche Beziehung zwischen Gott

[1] Sach. 3, 1 ff.; Hiob 1, 6.

und Mensch mehr und mehr vergessen wurde. Auf „Enosch" ist daher immer ein *„Kenan"*[1], ein „den Besitz vergötterndes Geschlecht", gefolgt. Findet der Mensch seine Befriedigung nicht mehr in Gott und in der Erfüllung seines Willens, dann sucht er sie in dem „Haben der Güter" und verfällt dem „Materialismus des Besitzes". In der Anbetung dieser Götter der Erde sind je und je Geschlechter und Völker zugrunde gegangen, indem sie die Selbstsucht bis zur Unersättlichkeit steigerten und den Besitz so hoch erhoben, daß er sie eines Tages erdrückte.

Als dem Kenan, dem Sohne Enoschs, in seinem 70. Lebensjahre ein Sohn geboren wurde, nannte er ihn *„Mahalaleel"*[2], *d. h. Gottespreis.* Ein Geschlecht, das sich seit Enoschs Tagen wieder darauf besann, welch eine Stellung der Mensch Gott und der Schöpfung gegenüber einzunehmen berufen sei, das da wagte, angesichts des eingetretenen allgemeinen Verderbens im Namen *„Jahves"* von dieser göttlichen Bestimmung des Menschen zu zeugen, erlebte immer wieder eine Erweckungszeit. Denn in dem Anrufen oder Verkündigen des Gottesbegriffs *„Jahve"* lag zweifelsohne weit mehr als eine bloße „Predigt"; der Zweck der Verkündigung war nicht bloß „Lehre", sondern „Anerkenntnis", d. h. die Aufforderung, zu Gott zu kommen und ihm zu huldigen.

Wenn in solchen Zeiten der Belebung auch nie das Ganze sich von der herrschenden, materialistisch eingestellten Geistesrichtung der Zeit löste, so waren es immer doch einzelne, die ihr Leben zu einem Heiligtum Gottes werden ließen. Im Gegensatz zu dem allgemeinen „Trachten nach dem, was auf Erden ist", fand sich in diesen Erweckten ein Sehnen nach Gott, wie es von ihrer Zeit nie verstanden wurde, eine Anbetung im Geist und in der Wahrheit, welche die herrschende Weltfrömmigkeit als Unnüchternheit und Separatismus bezeichnete. *Denn nie konnten Kains Opferdienst und Kenans Materialismus es ertragen, daß Abel das „Beste" seines Besitztums als Opfer vor Gott brachte und Mahalaleel sich separierte, um Zeit zum Lobpreis Gottes zu finden.*

---

[1] 1. Mose 5, 9.
[2] 1. Mose 5, 12.

2. Das unbeachtete Henochzeugnis

1. Mose 5, 18—31

Wir haben gesehen, welche Erwartung die erste Mutter aller Lebendigen mit der Geburt ihres Drittgeborenen verband. Seth sollte den erschlagenen Abel in der Geschichte ersetzen. Er hat dies in seinen Nachkommen nur teilweise zu tun vermocht. Nicht die ganze Sethsche Geschlechtslinie erwies sich als ein Erbe und Träger von Abels Hingabe an Gott. So manche auch aus dieser Linie erschlossen sich dem herrschenden Geiste ihrer Zeit und wurden die Kulturträger einer untergehenden Welt. *Schöpferisch wirken konnte Gott in der Geschichte immer wieder nur durch jene Persönlichkeiten, die sich seinem schöpferischen Geiste erschlossen und durch ihn sich inspirieren ließen.*

Einzelne solche treten aber in der Sethschen Linie in Sicht: *Mahalaleel, Henoch* und *Noah.* Wir haben gesehen, wie es in den Tagen eines Mahalaleel offenbar einzelne gab, deren Herz sich mit Dank und Anbetung Gott gegenüber erfüllte. Wo auf Grund bestimmter Gottesoffenbarungen Gottes Herrlichkeiten sichtbar wurden, empfing die gläubige Seele je und je ihre Inspirationen für ihren Psalm und ihr Gebet. Welche Schöpfungen der Seele auch aus der Vergangenheit vorlagen, es war, als ob sie nie genügen wollten, um das auszudrücken, was eine neue Zeit an Sehnsucht und Schmerz, an Angst und Hoffnung, an Freude und Wonne in sich trug.

Allein nach der Erweckung in den Tagen eines Mahalaleel und der damit verbundenen Anbetung trat wieder ein geistlicher Rückschlag ein. Das vorhandene Licht genügte nicht, um das Ganze zu erleuchten. Als dem Mahalaleel ein Sohn geboren wurde, sah er sich genötigt, ihn *„Jered"* zu nennen; denn offenbar vollzog sich auf allen Gebieten des öffentlichen Lebens ein weiterer, unaufhaltsamer *„Niedergang"*. Ein Zeitalter, das die Todeswunde in seiner Seele trägt, vermag sich nie mehr selbst zu heilen und bricht eines Tages unerbittlich in einer Katastrophe zusammen, wenn es sich nicht höheren Kräften zu seiner innerlichen und äußerlichen Genesung erschließt.

Als dann dem Jered auch wieder ein Sohn geboren wurde,

nannte er ihn *„Chanoch"*, d. h. rüsten, üben. Wir wissen nun nicht, aus welcher Gesinnung heraus er ihn so nannte. Wünschte er vielleicht, daß sich in seinem Sohne solch ein Üben und Rüsten wiederholen möchte, wie wir es in dem Erstgeborenen Kains gesehen haben? Oder sehnte er sich vielleicht danach, daß angesichts der geistigen und sittlichen Gesunkenheit seiner Zeit durch seinen Sohn ein bewußter Kampf des Geistes wider das herrschende Fleisch aufgenommen werden möchte? — Jedenfalls entfaltete sich Henochs Leben ganz anders als das seines Ahnen in der kainitischen Geschlechtslinie. *Während jener den Weg von Gott hinweg im Geiste seines Vaters fortsetzte, setzte dieser sich im Gegensatz zu der allgemeinen Geistesrichtung seiner Zeit in bewußte Verbindung mit Gott.*

Allerdings geschah dies wohl erst, nachdem er seinen Erstgeborenen gezeugt und ihm den Namen *„Methuschelach[1]"* gegeben hatte. Offenbar hatte auch er bis zur Geburt seines Sohnes ganz im Geiste seiner Zeit gelebt und sich in seinem Erben einen echten „Schwertritter", einen „Mann der Kriegswaffe", einen Helden gewünscht. Wir haben in der kainitischen Geschichtsentwicklung gesehen, wie sehr dieser Geist die Zeit beherrschte. *Man fragte wenig danach, was der einzelne für das Gemeinwohl des Ganzen bedeute, sondern nur nach dem, wie der einzelne sich das Ganze dienstbar machen könnte, und sei es auch auf dem Wege brutaler Gewalt.*

Aber in Henochs Leben gab es *jene große Wendung,* die seit Adams Fall jeder Mensch erlebte, der den Weg zu Gott zurückfand. Denn nachdem er Methuschelach gezeugt hatte, *„wandelte Henoch mit Elohim dreihundert Jahre lang[2]".*

Das war ein Ereignis, wie es in jener Zeit ungewöhnlich war. In der kainitischen Linie suchen wir es vergeblich. Man hatte doch nicht umsonst in den Tagen Enoschs angefangen, im Namen Jahves von dem Verhältnis Gottes zum Menschen und von der Berufung des Menschen für Gott zu zeugen. *In Seths Geschlechtern brach immer wieder jenes göttliche Licht durch, daß die Bestimmung des Menschen in der Welt eine viel höhere sei, als nur Städte zu gründen.*

---

[1] 1. Mose 5, 21.
[2] 1. Mose 5, 22.

Herden zu besitzen, Waffen zu schmieden, Völker zu beherrschen und sich an seinen Schöpfungen zu berauschen. In diesem göttlichen Lichte sah man, wie in einer vom Geiste Kains beherrschten Geschichtsentwicklung das Glück des einzelnen nur durch die Tränen der vielen erkauft werden konnte. Ja, man sah, wie im Geiste Kains der Mensch durch die Gewinnung der Güter eines Tages unerbittlich zum Sklaven seiner Güter wurde, und wie nach jedem Rausch des Menschen über das Werk seiner Hände der entsetzliche Ekel an sich selbst begann. Man erkannte, daß eine Verwilderung des Gewissens unweigerlich auch die Verwilderung der Sitten und Ordnungen zur Folge hatte.

Wem aber diese Hölle des Menschen mit ihrer äußeren Versklavung und ihrer inneren Qual im Lichte „Jahves" je zum Bewußtsein kam, der sehnte sich zurück nach jenem Paradiese, wo Adam Gottes Stimme hörte und der Herr im Abendwind durch den Garten wandelte. *Es gibt ein Etwas, ein Heiliges in jedem Erweckten, das keine Frevlerhand zu rauben vermag und keine Finsternis verdunkeln kann: dies ist der Schrei der Seele nach Gott.* Mag die Erde ihn auch nicht vernehmen, der Himmel hört ihn. Mag er von Menschen auch bespöttelt werden, die Engel Gottes freuen sich über ihn.

Auch Henoch wurde erhört. *Denn man kann nur mit Gott wandeln, wenn man zuvor zu Gott gekommen ist.* Nie ließ sich Gott die Schlüssel seines Paradieses rauben, weder durch die Gewalt eines Staates, noch durch den Bannspruch eines seiner vermeintlichen Stellvertreter auf Erden. *Das ewige Recht, die Pforten seines Reiches denen zu öffnen, die aus der Fremde nach Hause zu kommen suchten, hat er für immer sich selbst vorbehalten.*

Auch Henoch kam nach Hause, so wenig dies unter der herrschenden Verirrung auch möglich erschien, so einsam sein Leben sich hinfort auch gestaltete. *Denn der Weg der Seele zu Gott bleibt immer ein einsamer, ob ein Henoch im Zeitalter Kains oder ein Gottsucher in unserem christlichen Jahrhundert ihn geht.*

Aber Henochs Weg wurde licht, obwohl er im Dunkel begann. Aus der Einsamkeit führte er ihn zu einem Wandeln mit Gott dreihundert Jahre lang. Wohl sah Henoch hinfort Jabals wertebringende Herden, aber er sah sie neidlos. Denn in seinem Umgang mit Gott erschlossen sich ihm Werte, die durch keine Schätze der Welt aufgewogen werden konnten. Wohl sah er den stets fortschreitenden Einfluß von Jubals Musik und Kunst, wie sie den Geschlechtern seiner Zeit scheinbar mehr und mehr vollwertigen Ersatz für jede Religion boten, aber kein Reich der Töne, keine Schöpfungen der Kunst konnten ihm ferner das Leben mit Gott ersetzen. Wohl sah er Thubal-Kains Werkstätten und Fabriken wachsen, Werkzeug um Werkzeug schaffend, um durch sie der Erde ihre Schätze abzugewinnen, den Verkehr der Menschen zu fördern, das Leben durch die Maschine zu beherrschen, die Kultur zur höchsten Blüte zu führen und die Faust zu stählen, das Gewonnene zu behaupten. *Aber durch seinen Umgang mit Gott hatte Henoch den Glauben verloren an eine Welterlösung auf dem Wege der Weltverbesserung. Er konnte kein Vertrauen mehr zu einem kulturellen Fortschritt gewinnen, von dem er voraussah, daß er eines Tages unter seinen Trümmern alles begraben würde, was Jahrhunderte in ihrer falsch geleiteten Sehnsucht nach Weltbeherrschung aufgebaut hatten.*

Ob zehn oder fünfzig, ob hundert oder zweihundert, ja letzthin dreihundert Jahre vergingen: *Henoch wandelte mit Gott.* Die Jahre schwächten nicht seine Kraft im Schritthalten mit Gott und vermochten ihn nie mehr zu einem Wandel im Geiste der Zeit zu bewegen.

Der Geist, in dem man seine Besitztümer erwarb und die Kulturfortschritte schuf, der Geist, in dem man sich an der Kunst berauschte und in der Macht seine höchsten Ideale und Ziele fand, *„der" Geist hatte auf Henoch in seinem Wandel mit Gott jeglichen Einfluß verloren.* Und hätte er noch dreimal dreihundert Jahre gelebt, seine Begeisterung für die Welt wäre nicht größer geworden, und sein Wandel mit Gott hätte ihn niemals müde gemacht. Man muß die himmlische Welt geschmeckt haben, um zu verstehen, warum ihm der Geschmack an einer im Geiste Kains auferbauten Kulturwelt für immer vergangen war.

So zeugte Henoch durch seinen Wandel mit Gott offen gegen die Gottesferne der damaligen kainitischen Kulturentwicklung. Sein Separatismus war ein Protest gegen die Strömung der Zeit, von der jene alte Welt sich leiten ließ. Seine Nüchternheit redete wider die irreleitende Kulturbegeisterung der herrschenden Geschlechter.

Seine Friedfertigkeit legte Verwahrung ein gegen das Herrschergelüste jener alten Helden, die in Macht und Ehre das Höchste ihres Daseins erblickten. Seine Anbetung kündete von einem Leben seligen Umgangs mit Gott, das sich denen erschließt, die das Wesen der Welt und die Inspirationen des eigenen Geistes zu verleugnen wagen und ihr Leben der Offenbarung Gottes öffnen.

Allein so laut Henochs Wandel auch redete, so klar und bestimmt sein Zeugnis der damaligen Welt gegenüber auch war, man ging an ihm vorüber als an einem, der den Aufgaben der Zeit nicht gerecht wurde, der die große Gegenwart nicht begriff und die noch größere Zukunft nicht zu fassen vermochte. *Daß Gott in ihm der Welt einen Propheten gegeben, der durch seine ganze innere Lebenseinstellung den Geschlechtern jenes untergehenden Zeitalters den Weg der Rettung gezeigt hatte, daran dachten wohl nur wenige. Untergehende Zeitalter hören zuletzt immer nur noch sich selbst reden.*

Weiter berichtet die Schrift noch von Henoch: „*Chanoch wandelte mit Elohim und war nicht mehr da; denn Elohim hatte ihn fortgenommen.*[1]" Während die Mehrheit seines Geschlechts das nahende Gericht als ihren Untergang miterlebte, kam er überhaupt nicht in das Gericht. Durch seine Hinwegnahme versetzte ihn der Herr aus der Welt des Untergangs in die Welt unvergänglichen Lebens. *Er war innerlich der Erde entrückt* und der Welt gestorben, bevor Gott ihn auch äußerlich hinwegnahm und in das Reich seines Lichts erhob. Vergängliches hatte er zu verlieren gewagt, Unvergängliches hatte er gewonnen. Während die Welt durch ihren Gewinn alles verlor, gewann er gerade durch seinen Verlust die Ewigkeit. *So wurde sein Wandel mit Gott zu einem Wege zu Gott.*

Aber auch die Hinwegnahme Henochs wurde von seiner Zeit sowenig beachtet, sowenig sein Wandeln mit Gott beachtet worden war. Die Welt hatte Nötigeres zu tun, als sich mit jenem Sonderling und seiner Entrückung zu beschäftigen, der sich doch in seinem Leben so weltfremd und in seiner Geistesrichtung so rückständig bewiesen hatte. Sie fuhr fort in ihrer Jagd nach vergänglichen Gütern und berauschte sich immer mehr an den großen Schöpfungen

[1] 1. Mose 5, 24.

der Zeit. *Henochs Leben und Hinwegnahme hatten seinen Zeitgenossen nichts zu sagen gehabt, sie waren nicht zu einer Gottesbotschaft geworden, durch die man eine Wendung des Lebens und der Zukunft gewonnen hätte. Man fand sein Genüge weiter in sich selbst und berauschte sich an dem, was man besaß und gewann.*

3. Die verhängnisvolle Weltvermählung

1. Mose 6, 1—4

Weder Mahalaleels Gottesanbetung noch Henochs bewährter Wandel mit Gott hatten vermocht, das Zeitalter vor einer fortschreitenden Ausreifung fürs Gericht zu bewahren. Achtlos war man an der Sprache Gottes durch diese einzelnen Zeugen vorübergegangen und folgte nach wie vor den Inspirationen, die aus dem herrschenden Geist der Zeit flossen. Wurde doch scheinbar mit jedem neuen Tage die Zukunft sicherer, der Besitz reicher und *Gott entbehrlicher.* Man war gewiß, daß man die Zeit richtig erfaßt und sein Leben dementsprechend eingestellt hatte, um ihm soviel als möglich an Genuß, Gewinn, Selbstverherrlichung und Machtentfaltung abgewinnen zu können.

Nur ein Feind herrschte, den man auch bei allem Fortschritt der Kultur nicht zu überwinden vermochte. Das war der Tod. Liest man das fünfte Kapitel der Bibel, so ist es, als ob man den Totenacker der alten Welt betreten habe. Grabmal an Grabmal steht vor unserer Seele und trägt die kalte, eintönige Inschrift: Er wurde geboren, lebte, zeugte Söhne und Töchter — und starb. Von wie wenigen hatten diese Quellen der alten Geschichte zu berichten, daß ihr Leben ein wirklich positiver Beitrag gewesen war zum bleibenden Wohl ihres Zeitalters und der ferneren Zukunft! Man hatte sich selbst gelebt und den Tod in sich getragen, längst bevor man starb. Denn im Lichte der Ewigkeit und deren Sprache wird alles Leben ohne Gott bezeichnet als ein Leben im Todeszustand.

Jedoch ein Geschlecht, dem die Selbstsucht über das Gemeinwohl geht, dem die Befriedigung seiner Sinnenlust höher steht als die Reinheit des Nächsten, für das es nichts Heiliges gibt, das nicht seinem Machtprinzip zum Opfer gebracht werden müßte, dem Religion nichts anderes ist als Selbstberauschung und Selbstanbetung — ein solches Geschlecht gewöhnt sich eines Tages an die eintönige, kalte Todessprache ihres Totenackers: „und er starb." Ihm ist es Zukunft genug, wenn die Annalen der Geschichte den kommenden Zeiten zu berichten wissen: Er wurde geboren, zeugte Söhne und Töchter und — starb. *Man starb, ohne mehr als ein flüchtiges Leben mit seinen vergänglichen Gütern gewonnen und vermehrten Fluch und Untergang zurückgelassen zu haben.*

Jedoch der Herr hatte durch die bisherigen Zeugen noch nicht alles gesagt, was er dem Zeitalter mitteilen wollte; darum schuf er sich aus dem geistlichen Leben, das unter den Nachkommen Seths immer wieder durchbrach, noch zwei Organe, nämlich *Lamech* und *Noah.* Als *Methuschelach*[1], dem Sohne Henochs, ein Sohn geboren wurde, nannte er ihn *„Lamech*[2]*"*. Dieser Lamech am Ende der sethitischen Geschlechtslinie zeigt jedoch in seinem Leben nichts von dem Geiste jenes Lamech, den wir mit seinen drei Söhnen und seinem Schwertgesang als „den Helden des Tages" der kainitischen Entwicklung kennengelernt haben. Im Gegenteil! Als ihm ein Sohn geboren wurde, nannte er ihn *„Noah", d. h. Ruhe, Tröstung,* um damit zu sagen: „Dieser nur kann uns trösten von unserm Schaffen und von der Entsagung unserer Hände, von dem Boden, den Gott mit Fluch belegt hat[3]." Lamech fehlte jede Kulturseligkeit seiner Zeit. Aller Gewinn sättigte seine Seele nicht, aller Fortschritt täuschte ihn nicht über die Versklavung der Massen hinweg, alle Kunst gab ihm den Trost und Frieden nicht, nach dem seine müde Seele ausschaute. Als ihm nun ein Sohn geboren wurde, hoffte er, daß dieser ihm und seinen Mitmenschen die ersehnte Ruhe und Tröstung bringen würde.

Daher nannte er diesen Sohn Noah. *Noah „ist die zur Ruhe, zum Ziel gekommene Bewegung"*. „Nicht das ist unser Jammer", wollte Lamech hiermit sagen, „daß wir uns bewegen müssen, sondern daß wir uns zwecklos bewegen, ohne Ziel abmühen müssen." „Die tröstende Wirksamkeit" dieses Noah sollte daher darin

---

[1] 1. Mose 5, 21.
[2] 1. Mose 5, 25.
[3] 1. Mose 5, 28. 29.

bestehen, „daß er der Vermittler für die Aufhebung des auf der Ackererde lastenden Fluches werden solle".

Lamechs im Lichte Gottes geschärftem Blick war es nicht entgangen, wie alles Kulturleben *trotz seiner Flucht vor dem Fluch doch unter dem Fluche stand.* Als Lamech die große Selbsttäuschung erkannte, in der seine Zeitgenossen sich über den wahren Stand der Dinge hinwegzutäuschen suchten, setzte er alle Hoffnungen auf seinen Erstgeborenen: er würde Ruhe in die ruhelose Zeit und Trost in den Kummer des Lebens tragen.

In diesen so dunklen Tagen Lamechs wurde Gottes Urteil über die damalige Geistesrichtung noch einmal so klar vernehmbar wie nie zuvor. Die äußere Veranlassung hierzu boten ganz bestimmte Ereignisse des täglichen Lebens. Daß man aß und trank, freite und sich freien ließ, war damals, wie auch heute noch, aufs engste mit dem Gang des natürlichen Lebens verbunden und hätte an sich nichts sein dürfen, das zum Untergang führte. Denn der Gott des Lebens hat gewiß Freude an jenem Leben, das aus seiner Schöpferhand hervorgegangen ist. Aber dieses Leben hatte sich von seiner göttlichen Quelle gelöst und sich allein auf sich selbst eingestellt. Hinfort mißachtete es jene göttlichen Normen, an die es, wie auch die übrige Schöpfung, gebunden war, und versündigte sich auf Kosten seiner selbst an jenen Gaben, die Gott in dasselbe zum Aufbau und zur Beseligung hineingelegt hatte.

Aus jenen Tagen berichtet uns nun die Schrift: *„Da sahen die Söhne des göttlichen Geschlechts die Töchter der Menschen, daß sie schön waren, und nahmen sich Frauen, woher es ihnen gefiel. Da sprach Jahve: Mein Geist in dem Menschen wird nicht immer Richter bleiben, da dieser ja auch Fleisch ist; so sollen denn seine Tage 120 Jahre sein[1]."*

Wir haben gesehen, daß seit Enoschs Tagen in einzelnen Vertretern der sethitischen Geschlechtslinie sich ein Leben entwickeln konnte, das von der herrschenden Zeitrichtung vollständig abwich. *Während die gesamte vom Geiste Kains inspirierte Geschichtsentwicklung ihre Seligkeit im Genuß des Gegenwärtigen zu finden suchte, sahen diese Fremdlinge in der alten Welt das Höchste ihres*

[1] 1. Mose 6, 2. 3.

Lebens in einem Wandel mit Gott. Sie ließen sich in ihren Anschauungen und Urteilen, in ihrem Verkehr und Wandel bestimmen durch die Eingebungen, die ihnen aus ihrem Umgang mit Gott wurden

Was uns nun in den genannten Versen berichtet wird, ist daher nichts Geringeres *als der beginnende große Abfall vom göttlichen Leben in der Geschlechtslinie Seths.* Bis dahin war vermutlich vielen der Umgang mit Gott und ein durch den Geist geleitetes und geheiligtes Leben weit wertvoller gewesen als alles, was Kains Geschlechter zu bieten vermocht hatten.

Diese Söhne Gottes hatten es bis dahin nicht über sich bringen können, Göttliches zu opfern, um Menschliches zu gewinnen, Gottes Inspirationen zu verleugnen, um kainitischen Geistesprinzipien zu huldigen. Auch hatten sich diese Söhne Gottes bisher nicht vermählt mit Töchtern der Kainiten, und zwar, weil sie bereits damals erkannt hatten, daß auf keinem Gebiet die Gefahr so nahe liegt, das Göttliche unter dem Einfluß des Menschlichen zu verlieren, wie auf dem Gebiet einer ehelichen Gemeinschaft. Wie diese Gemeinschaft zur Quelle höchster Freude und höchster gegenseitiger Förderung werden kann, wenn sie von zwei innerlich geistesverwandten und auf Gott eingestellten Seelen gepflegt wird, so kann sie andererseits auch zur größten Gefahr werden, wenn diese innere Geistesverwandtschaft fehlt.

In den Tagen Lamechs trat jedoch eine Wendung ein. Gottes Söhne wurden lüstern nach den Töchtern der Welt. *Jede Lüsternheit nach verbotener Frucht macht aber blind für das Wesen der Dinge und die mit dem Genuß des Verbotenen verbundenen Folgen.* Welch eine Welt des Innenlebens, welche Gesinnung und Lebensgewohnheiten, welch eine Gottesgemeinschaft und Weltanschauung diese Töchter in das engste Gemeinschaftsleben auf Erden mitbrachten, danach fragten diese Gottessöhne in ihrer innerlichen Verweltlichung nicht mehr. *Nachdem erst in ihrem Herzen die Welt Raum gefunden hatte, fürchteten sie auch die äußere Vermählung mit ihr nicht mehr.*

Diese Verbindung war in Gottes Augen *„Hurerei"*, eine Vermischung von geistlichen Prinzipien und widergöttlichen Ideen, die nie in der Geschichte durch Gottes Segen gerechtfertigt werden konnte und daher je und je zum Gericht des Ganzen führte. *Es gibt eine Separation des göttlichen Geschlechts, ein Sichzurückziehen der Söhne Gottes, eine Einsamkeit der Träger des Glaubens, die nie ohne Verlust der höchsten Güter verleugnet werden kann.* Denn noch nie ist es irgendeinem Menschen gelungen, mit dem Wesen der Welt Gemeinschaft zu pflegen, ohne dem Gericht der Welt zu verfallen. Daher ist die Scheidung von der Gesinnung der Welt auch immer wieder eine der ersten grundlegenden Heilsforderungen gewesen an die, welche dem Gericht der Welt zu entfliehen und ewiges Leben zu gewinnen suchten. Nie konnte man ein Zeuge der Wahrheit sein, wenn man durch das Eingehen auf die Lüge der Welt die Wahrheit verleugnete. *Ob es daher das Gesetz oder das Evangelium, die alte oder die neue Offenbarung war, kam es in deren Trägern zu einer Vermählung geistlicher und fleischlicher Prinzipien, dann hörten sie auf, Gottes Prophet und das Gewissen der Welt zu sein, und wurden Miterben am Untergang der Welt.*

Dies geschah jedoch nie sofort; denn auch jeder Fall des Menschen braucht Zeit zu seiner Ausreife. Zunächst hatte es den Anschein, als ob der Welt gerade aus dieser Verbindung ganz neue Kräfte werden sollten. Gingen doch hinfort aus dieser Vermählung jene *„Helden“* hervor, *„die in grauer Vorzeit berühmte Männer waren*[1]*“ Immer wieder hat es in der Geschichte den Anschein gehabt, als ob gerade durch die neue Einheit von Fleisch und Geist, von Göttlichem und Menschlichem die Welt ihrer höchsten Blüte und Vollendung entgegengeführt werden könnte.* So wurden denn auch durch jene Vermählung neue, weltumfassende Ideen geboren: neue, ungeahnte Kräfte lösten sich aus und stellten sich in den Dienst der Menschheit. Die endgültige Beherrschung aller Gebiete des Lebens und aller Schätze der Welt durch neue Kulturschöpfungen trat mehr und mehr in die Erscheinung und mußte alle beseligen, die an eine Welterlösung auch ohne Gott glaubten.

Jedoch mit der Vermehrung der Kraft vermehrte sich auch die Ungerechtigkeit, mit jedem Kulturfortschritt boten sich neue Gelegenheiten zu Frevel und Laster. *Schlechtigkeiten, die der einzelne nie zu vollbringen vermochte, wurden nunmehr dem Ganzen mög-*

[1] 1. Mose 6, 4.

lich, weil es in Sinnenlust, Machtbegierde und Weltgewinnung seine höchsten Ideale sah.

In solchen Zeiten wurde die Welt in der Regel nicht durch die göttlichen Inspirationen in den Söhnen Seths, sondern durch die Geistesprinzipien in den Söhnen Kains bestimmt. Und dieser Geist hat sich noch nie verleugnet. Auch in Kains Nachkommen wurde das Leben stets von dem einen Grundsatz beherrscht, *den Fluch der Erde zu heben ohne Gott, und zwar allein durch Verbesserung der Welt, und die verlorene Einheit in der Gemeinschaft mit Gott zu ersetzen durch eine einheitliche Kulturgemeinschaft der Geschlechter auf Erden.*

Dieser Entwicklung setzte Gott nun eine neue Grenze. *„So spricht Jahve: Nicht richte und schlichte mein Geist in Adam ewiglich das Irregehen dieses Fleisches; so sollen denn seine Tage 120 Jahre sein*[1]*.“* In dieser Begrenzung lag bereits ein Gericht der Zeit. Durch sie erlebte die Entwicklung die schwerste Hemmung. In dieser Begrenzung lag aber auch ein unberechenbares Heil für jene Zeit. Denn jede Verzögerung einer zum Untergang führenden Entwicklung bedeutete vermehrte Gnadenzeit.

Zwar mußte Gott feststellen: *„Mein Geist in den Menschen wird nicht immer Richter bleiben, da dieser ja auch Fleisch ist.“* Mit der beginnenden Verweltlichung der Gottessöhne sah er jene Zeit kommen, wo seine Stimme im Menschen überhaupt nicht mehr würde vernommen werden. Bisher war diese „Gotteslampe“, mit der Gott hineingeleuchtet hatte „in des Menschen geheimstes Innere“, wenigstens in der sethitischen Geschlechtslinie nie verloschen. Ja, in einzelnen war sie sogar zu einer helleuchtenden Flamme geworden, die in die Nacht der Zeit hineingeschienen hatte. Als Gott jedoch sah, daß die Söhne des göttlichen Geschlechts sich ohne Wahl mit den Töchtern der Welt vermählten, sprach er: *„Nun wird mein Geist im Menschen nicht ewig sein Richteramt üben.“* Wo im Leben das Fleisch mit all seinen sinnlichen Trieben und Lüsten den Geist beherrschen kann, zieht sich Gottes Geist zurück, und der Mensch verliert das richtige Urteil über Göttliches und Menschliches, über Ewiges und Vergängliches.

[1] 1. Mose 6, 3.

Entzieht Gott aber erst seinen Geist dem Menschen, dann bleibt der Mensch sich selbst überlassen und ist genötigt, eines Tages die letzten Konsequenzen seines Handelns ohne Gott zu ziehen. Diese waren in der Geschichte jedoch noch immer Gericht. Angesichts dieser erschütternden Wahrheit konnte in viel späteren Jahrtausenden ein Gottesprophet in die Weltgeschichte jene großen Worte schreiben: *„Die Welt vergeht mit ihrer Lust; wer aber den Willen Gottes tut, der bleibt in Ewigkeit."*

4. Die Gesamtentwicklung im Lichte der Ewigkeit

1. Mose 6, 5—7

Die neue Einheit in den Geistesrichtungen der alten Welt beschleunigte die innere Ausreifung für das nahende Flutgericht. Die einmal mit Kain prinzipiell begonnene Lebenseinstellung, sich eine Existenz zu schaffen auch ohne Gott, wurde mehr und mehr zu einer allein gültigen Norm für das ganze damalige Zeitalter.

Angesichts dieser Geschichtsentwicklung faßte Gott noch einmal das in einem Urteil über die alte Welt zusammen, was seine göttliche Schöpferseele so tief bewegte. Die folgenden Verse berichten uns:

„Als Jahve sah, daß das Unheil des Menschen groß auf Erden war und jedes Gebilde der Gedanken seines Herzens nur schlecht jeden Tag, da wurde Jahve zur Änderung seines Entschlusses, daß er Menschen auf Erden geschaffen, veranlaßt, und er betrübte sich in seinem Herzen. Da sprach Jahve: Ich will den Menschen von der Fläche des Erdbodens weglöschen vom Menschen bis zum Vieh, bis zum Gewürm und bis zum Vogel des Himmels; denn ich bin veranlaßt, den Entschluß zu ändern, daß ich sie geschaffen habe[1]."

In diesem Gottesurteil spricht sich der ganze göttliche Schmerz aus, den der Schöpfer Himmels und der Erde, der Vater der Menschheit über die Gesamtentwicklung der damaligen Zeit empfand. Eine vom Geiste Kains inspirierte Geschichtsentwicklung schuf siegesbewußt ihre Zukunft, bis diese ihr zum Fallstrick und zur Kata-

[1] 1. Mose 6, 5—7.

strophe wurde. *Und je mehr es ihr gelang, ihre innere Häßlichkeit mit dem Schein der Gottseligkeit zu verdecken, ihre niedrigen Gelüste mit den Begriffen des Gottgewollten zu umkleiden, desto blinder wurde sie dem nahenden Zusammenbruch gegenüber, der sich in der Gesamtentwicklung mit innerer Notwendigkeit vorbereitete.*

Ist doch die Welt noch immer an ihren eigenen Ideen zu Grunde gegangen. Inspirationen von unten endeten in ihren Auswirkungen konsequent wiederum unten. *Erst in göttlichem Lichte werden die Illusionen einer falschen Geistesrichtung und einer von unten inspirierten Kulturentwicklung in ihrer vollen Nacktheit und in ihrem ganzen Umfang offenbar.* In diesem Lichte der Ewigkeit wurden auch damals die Abgründe des Verderbens sichtbar, in die mit unabwendbarer Notwendigkeit die Gesamtentwicklung führen mußte. Gott sah, daß *„das Unheil der Menschen groß auf Erden und jedes Gebilde der Gedanken seines Herzens nur schlecht jeden Tag war"*.

Das Unheil bestand eben gerade in den herrschenden Zuständen, die durch die Gedankengebilde des menschlichen Herzens geschaffen worden waren. Das falsch gerichtete Denken der Zeit brachte falsch gerichtete Ideen und Ideale hervor; denn diese sind nichts anderes als Schöpfungen der Seele.

Sobald nun die von der Menschheit gepflegten widergöttlichen Ideale zu solch einer Macht werden, daß sie eine Gefahr für den Fortbestand des Ganzen bedeuten, richtet sie Gott. Dieselbe Barmherzigkeit Gottes, die den Menschen mit dem Adel einer ihm geistesverwandten Seele geschaffen hatte, sprach nun: *„Ich will den Menschen von der Fläche des Erdbodens weglöschen — denn ich bin genötigt, den Entschluß zu ändern, daß ich sie geschaffen habe."* Ein weiteres Dulden der kainitischen Geistesrichtung hätte die ganze Welt zur Vernichtung geführt. Die eingetretene Entartung war so groß, daß der Untergang des Zeitalters das einzige Mittel war, die Zukunft der Menschheit zu retten. Und wie oft hat Gott seit den Tagen Noahs in der Geschichte Völker samt ihrer blühenden Kultur rettungslos untergehen lassen, weil ihre weltbeherrschenden Ideen zu einer Gefahr für den Fortbestand der ganzen Menschheit geworden waren!

So wirkte sich in den Gerichten über das einzelne je und je Gottes Barmherzigkeit fürs Ganze aus. Das Ganze war damals die mit Noah beginnende neue Zukunft der Menschheit, deren Entwicklung heute noch nicht abgeschlossen vor uns liegt. Nachdem alle Rettungsversuche, den Menschen aus seiner falschen Geistesrichtung in die Abhängigkeit von Gott zurückzubringen, erfolglos geblieben waren, hätte auch der Fortbestand nicht weniger Gericht bedeutet als sein Untergang. *Für den von Gott gelösten Menschen und seine Kulturwelt gibt es kein Entrinnen vor dem Gericht: ob im Untergang oder im Fortbestand, er findet es immer in dem, was er sich selbst zu seinem Heil geschaffen hat.*

Aber selbst im Augenblick seiner Vernichtung zeigt sich die Größe des Menschen, indem er die herrschende Kultur mit ins Gericht hineinzieht. Denn damals sprach Gott: *„Ich will den Menschen von der Fläche des Erdbodens weglöschen vom Menschen bis zum Vieh, bis zum Gewürm und bis zum Vogel des Himmels."*

Große Gerichtszeiten begruben immer nicht nur Völker, sondern auch deren Kulturen und Umwelt. Das beweist, welch enge Beziehungen zwischen dem Menschen und der Schöpfung bestehen, die zu beherrschen er berufen ist. „Wenn der Mensch sinkt, trauert und welkt die Erde." Sie wartet in ihrer Sehnsucht, daß der Geist des Menschen in gottgewollter Beherrschung die in ihr gebundenen Kräfte und Schätze zum Preise des Schöpfers auslöse und zu Segensquellen für die Menschheit werden lasse.

Der Mensch jedoch in seiner widergöttlichen Herzenseinstellung rang ihr ihren Reichtum ab, um seine Schuld zu vermehren und seine Gerichte vorzubereiten. Anstatt aus den ihr abgewonnenen Werten einen Quell des Segens für den Nächsten werden zu lassen, schuf er sich in ihnen eine Waffe wider den Nächsten. Daher wartet die ganze Schöpfung mit Sehnsucht auf den Tag der Offenbarung der Herrlichkeit der Söhne Gottes, weil auch sie dann frei werden wird von dem Fluch der Vergänglichkeit, dem sie ohne ihre Schuld unterworfen wurde[1].

Daß Gott sich zu solch einem gerichtlichen Eingreifen in die damalige Menschheitsentwicklung genötigt sah, betrübte ihn sehr

[1] Röm. 8, 19 ff.

in seinem Herzen. Gott sah sich zu seinem Schmerz genötigt, auf etwas zu verzichten, was er sich zur Freude und seligen Gemeinschaft mit sich selbst geschaffen hatte. Denn nicht für die Vernichtung, sondern für das Leben hatte er den Menschen nach seinem Ebenbilde geschaffen, ihn als seinen Sohn nicht zum Sklaven der Erde, sondern zum Herrn der Schöpfung berufen. In dieser seiner Stellung sollte er der Welt durch die Schöpfungen seines Geistes nicht Versklavung und Untergang, sondern Erlösung und Vollendung bringen.

Daß Gott leidet, wenn er Menschen seines Ebenbildes in ihrer inneren Gottentfremdung im Gericht zugrunde gehen sieht, ist mit das Höchste, was je ein menschliches Ohr der göttlichen Offenbarung abgelauscht hat. Er liebt den Menschen, auch wenn er ihn untergehen lassen muß. Er kann ihn jedoch nicht retten; denn der Mensch in seiner unerneuerten Herzensgesinnung würde aus seiner Erlösung nur eine zweite Hölle schaffen. Daher kann Erlösung auch nur aus der inneren Wandlung des menschlichen Herzens und der Gesinnung der Völker fließen. Eine auf sich selbst eingestellt bleibende Welt geht zugrunde trotz der Barmherzigkeit Gottes, die über ihren Untergang weint.

III. Noah vor der Gerichtsflut

1. Das Geheimnis in Noahs Leben

1. Mose 6, 8

Dinge, die oben gesehen werden, wirken sich unten in ihrem vollendeten Gesamtbild vielfach erst im Lauf von Jahrhunderten oder sogar Jahrtausenden aus. Gott sah ein ganzes Zeitalter zu Grabe gehen, während die ganze Menschheit mit unerschütterlicher Zuversicht noch mehr als ein Jahrhundert an dem Aufbau seiner Kultur und an der Sicherung seiner Zukunft arbeitete. Je mehr die Söhne Gottes sich innerlich mit dem Geiste Kains vermählten und daher unbedenklich die Töchter der Welt ehelichten, desto mehr verstummten auch jene letzten Stimmen, die die Entwicklung der Welt fraglich fanden. Auf Grund der eingetretenen Einheit der Gesinnung und der Verschmelzung entgegengesetzter Prinzipien war eine neue Epoche in der Gesamtentwicklung der alten Welt eingetreten. Wenn je, so glaubte man jetzt an den Fortschritt der Kultur, an die Hebung der Produktion und an die Zukunft der Menschheit und ihrer Geschichte.

Nur ein Mann blieb ein Sonderling. Dies war *Noah*, der Sohn Lamechs. Dieser Noah wagte es, sich für sein ganzes Leben innerlich ganz anders einzustellen, als sein Zeitalter es getan hatte. *Wo lag das Geheimnis seiner weltüberwindenden Kraft? In seinem Wandel mit Gott.*

Das Allernächste, was wir aus dem Leben dieses Mannes erfahren, ist die kurze, aber inhaltschwere Mitteilung: *„Noah aber erreichte Wohlwollen (Gnade) in den Augen Jahves*[1]*."*

Dies wurde die unerschütterliche Grundlage seines Lebens, die Kraft seiner Überzeugung und seines Handelns und das Geheimnis seiner wunderbaren Errettung.

Hätte Noah nicht diese neue Grundlage für sein Leben gefunden, die auch ein nahendes Weltgericht nicht erschüttern konnte, er wäre untergegangen, wie auch seine Zeitgenossen untergingen. Hätten sich ihm auf diesem Boden nicht höhere Quellen der Kraft erschlossen, auch er wäre dem Geist seiner Zeit erlegen, wie so manche andere Söhne Gottes der sethitischen Geschlechtslinie. Wäre ihm hier nicht höheres Licht geworden, in dem er von Fall zu Fall eine göttliche Orientierung fand, so hätte auch er die Inspirationen für seine Handlungen aus den Tiefen seiner eigenen Seele geschöpft. Wenn er auf diesem Gnadenboden nicht einen Herzensumgang mit Gott gefunden hätte, der ungleich höher war als der Verkehr mit der Welt, so hätte auch er den Separatismus der Söhne des Glaubens nicht zu gehen vermocht, sondern sich ebenso an der Kulturseligkeit seiner Zeit berauscht, wie es die übrige Welt damals tat.

Wenn uns nun in dem kurzen Satze: *„Noah fand Gnade = Wohlwollen bei Jahve"* das ganze Geheimnis seines für die damalige Zeit so rätselhaften Lebens mitgeteilt wird, so sollte mit diesem „Gnadefinden" nicht in erster Linie bezeichnet werden, daß er im Gericht verschont bleiben würde. Das war nur die Begleiterscheinung

[1] 1. Mose 6, 8.

von weit Höherem. In dem Ausdruck liegt vielmehr, *daß Noah jene innere Einstellung seines Herzens und Lebens fand, in der Gott mit ihm und er mit Gott verkehren konnte.* Es war eine Gnade, die unendlich weit mehr bot als nur das Verschontbleiben von einer Gerichtsstrafe und der damit verbundenen Weltkatastrophe. Dieses „Gnadefinden" bezeichnete stets das Allerhöchste, was der Mensch Gott gegenüber erreichen konnte: die persönliche Gemeinschaft mit Gott und das Wirken Gottes durch ihn zum Heil der Welt.

Für den hebräischen Ausdruck „Gnade" ist es nun überaus bezeichnend, daß er sehr stark wurzelverwandt mit dem Wort „Wolke" ist. Wie die Wolke die Bedingung für die Fruchtbarkeit und das Gedeihen der Erde ist, so kann auch das Leben eines Menschen nur blühen und Frucht bringen, wenn die Gnade Gottes in der Fülle ihres Lichtes, ihrer Kraft, ihres Trostes und Friedens es beschattet und mit höherem Leben sättigt. Göttliches kann immer wieder nur entstehen durch Mitteilung von Göttlichem.

Das Wort Gnade ist auch noch mit einem anderen Ausdruck verwandt, nämlich mit jener hebräischen Partikel, die die Bedeutung des Darreichens, der Gewährung hat. *Gott ist in seinem Wohlwollen der Darreichende, und der Mensch wird zum Empfangenden; Gott ist der Inspirierende, und der Mensch wird sein Prophet; Gott ist der Auftraggebende, und der Mensch wird sein Gesandter und Apostel.*

Darin lag das Geheimnis derer, die je und je in der Geschichte Gnade fanden vor Gott. Durch die Gnade traten sie in dasselbe geistige Verhältnis zu Gott, in dem die Wolke zur Erde steht. In den Begnadeten fand Gott die Persönlichkeiten, denen er wieder Leben von seinem Leben, Licht von seinem Licht, Kraft von seiner Kraft mitteilen konnte. Darum konnte der Herr Noah rechtzeitig den Auftrag geben: „Baue dir eine Arche!" und zur rechten Stunde zu ihm sagen: „Gehe in die Arche!" Und da Noah auch während des Gerichts sich das feine innere Gemerk für die Sprache von oben bewahrte, so konnte Gott nach Ablauf der furchtbaren Gerichtszeit rechtzeitig wiederum zu ihm sagen: „Gehe aus der Arche!"

In Noah fand Gott wieder die Möglichkeit, mit der Erde zu verkehren und die Zukunft zu retten trotz des Untergangs der Gegenwart.

Durch ihn konnte er wieder Licht in die Finsternis, Leben in die Todesherrschaft jener Zeit führen. Wenn Gott die Möglichkeit findet, sich in seiner schöpferischen Lebensfülle den Menschen mitzuteilen, dann entsteht aus dem Untergehenden immer ein Neues, dann erlebt die alte, zusammenbrechende Welt in Noah und seiner Familie eine Auferstehung für die Zukunft. *Noahs Begnadigung war daher nicht nur ein einmaliger göttlicher Akt zur persönlichen Rettung Noahs, sondern ein dauernder Verkehr Gottes mit Noah zum Heil einer zukünftigen Menschheit.*

Aus diesem Gotteserlebnis Noahs entstand auch sein Wandel mit Gott. Denn auch in seinem Leben war es nicht immer so gewesen. Der Ausdruck, der im Hebräischen für „finden" gebraucht ist, drückt in den meisten Fällen nicht ein zufälliges Finden, sondern „das Gewinnen eines erstrebten Zieles" aus. Es bezeichnet das Erreichen jener geistlichen Güter, die nie rein zufällig, sondern nur nach ernstem Suchen und nach schweren inneren Kämpfen zu erlangen sind. Denn wie immer, so bedeutete auch für Noah die völlige Neueinstellung seines Lebens einen radikalen Bruch mit der widergöttlichen Welt und eine freiwillige Willenshingabe an Gott.

Wer je bewußt solch eine innere Abwendung von einer alten, durch geschichtlichen Fortschritt legitimierten Vergangenheit vollzogen hat, der weiß, in welch innere Seelenkämpfe ein Mensch kommt, wenn das Göttlich-Neue in ihm mit dem Überlieferten zu ringen beginnt. Allein, wo immer der göttlichen Sonne in einem Leben Raum gewährt wurde, da brach sie die Nacht einer von Gott gerichteten Weltanschauung und führte die Seele in einen völlig neuen Tag des Lebens ein. Dann überblickt der Mensch das ganze Leben und die Geschehnisse der Geschichte in ihren inneren Vorgängen in einem weit höheren Licht, sieht Zusammenhänge in der Entwicklung und zieht Konsequenzen für die Zukunft, was er ohne eine Erleuchtung von oben nie vermocht hätte. *Göttlich zu schauen und zu urteilen vermag man immer wieder nur im göttlichen Lichte.* Eine Beleuchtung der inneren Zusammenhänge der Weltgeschichte im göttlichen Lichte kann daher nur der verstehen, der selbst in Gottes Licht getreten ist.

Durch diesen inneren Bruch mit der Vergangenheit und die

völlige Neueinstellung seines Lebens richtete Noah hinfort alle Bestrebungen und Richtungen der fleischlichen Gesinnung seiner Zeit. Nie hätte er Höheres gesucht, wenn er geglaubt hätte, sein Zeitalter biete ihm das Allerhöchste. In solch einem Rausch lebten ja die meisten seiner Zeitgenossen. In der so gepriesenen Kulturentwicklung seiner Zeit sah er jedoch nicht einen Fortschritt zum Leben, sondern eine Vorbereitung des nahenden Zusammenbruchs.

So wurde Noah für seine Mitmenschen ein Prediger der Gerechtigkeit, der durch seine Herzensüberzeugung und seinen Lebenswandel Zeugnis ablegte gegen die Kulturseligkeit und Geschichtsentwicklung der alten Welt. Er wurde ein vom Herrn Gelehrter, der da wußte, was seine Zeitgenossen nicht wußten, und der da in göttlicher Beleuchtung die Geschehnisse seiner Tage beurteilte, wie es andere nicht vermochten. Noah wurde der erste jener Gerichtspropheten, die Gott je und je in den entscheidenden Augenblicken einer Weltwende Völkern senden konnte, um die Untergehenden zum letzten Male zu warnen und den nach Rettung Suchenden neue Lebenswege für die Zukunft zu zeigen. Im Umgang mit Gott wurden ihm die Augen geöffnet, so daß er beides gewahr wurde: sowohl seine Errettung durch die Arche als auch das Ende des Menschengeschlechts durch die nahende Gerichtsflut.

2. Noahs Wandel mit Gott

1. Mose 6, 9

Das Geheimnis in Noahs Leben war, daß er Gnade fand vor Gott. Wir haben gesehen, daß es sich in diesem Gnadefinden nicht nur darum handelte, daß Noah samt seiner Familie aus dem nahenden Gericht errettet würde. Die rein äußere Errettung Noahs bot an sich noch keine Gewähr für eine neue, völlig auf Gott eingestellte Zukunft. Diese Zukunft konnte nur von neu eingestellten Menschen kommen.

Solch einen Menschen fand Gott jedoch in Noah. Während sich alles Fleisch von seinem Geiste nicht mehr beeinflussen lassen wollte, erschloß sich Noah den Inspirationen von oben und ließ sich in seinen Handlungen von Gott leiten. Konnte durch ihn auch nicht mehr die Gegenwart gerettet werden, so wurde er doch eine Persönlichkeit, der Gott Aufträge zur Rettung einer weit größeren Zukunft anvertrauen konnte. Durch den Umgang mit Gott wurde er hineingezogen in Gottes Art und Gesinnung, und daher konnte von seinem Gesamtleben gesagt werden: *„Noah war ein gerechter Mann, tadellos zu seinen Zeiten. Mit Elohim wandelte Noah*[1]*."*

Hier werden uns im Leben Noahs die Segenswirkungen jener Gemeinschaft mit Gott genannt, die sich ihm erschloß, seitdem er Gnade fand in Gottes Augen. Im Umgang mit Gott gewinnt der Mensch Gottes Gesinnung und Art. Was sein Zeitalter innerlich zersetzte und einer Gerichtskatastrophe unaufhaltsam entgegenführte, waren sittliche Fäulnis und staatliche Unredlichkeiten. Das ausgesprochene Gepräge der kainitischen Geistesrichtung und Kulturentwicklung waren daher sittliches Massenelend und soziales Verderben.

Mitten in einer untergehenden Welt hatte Noah durch Gottes Gnade jene Herzens- und Lebenseinstellung gewonnen, bei der es dem Herrn möglich wurde, in ihm und seinen Söhnen die ganze Zukunft der Menschheit zu retten. Sein völliges Eingehen auf Gottes Urteil über die damalige Gesamtentwicklung machte ihn „gerecht" in seinen Gerichtserwartungen und in seiner Stellung dem Leben und der Gesinnung seiner Zeitgenossen gegenüber. Dem ganzen sittlichen und sozialen Verderben gab er den ihrem Wesen entsprechenden Platz und richtete es durch sein Leben, längst bevor das Gericht über es hereinbrach. *Denn dem Gericht enthoben konnten je und je in den einzelnen Zeitaltern der Geschichte nur die werden, die sich selbst in dem zuvor richteten, was zum Gericht führte.* Hätte Noah nicht im Lichte Gottes eine gerechte Beurteilung der ganzen Lebensentwicklung der alten Welt gefunden und sein Leben zu Gott und dem Nächsten neu geordnet, er wäre im Gericht mit untergegangen.

Aus Noahs schrankenloser Hingabe an Gott flossen daher auch sein sittliches Leben und sein gerechtes Verhalten den Zeitgenossen gegenüber. Ein heiliges Innenleben führte noch immer auch zu einem

[1] 1. Mose 6, 9.

sittlichen Wandel, trotz aller zersetzenden Fäulnis der Zeit, und zu einer sozialen Gerechtigkeit, trotz des herrschenden Wuchers und der sozialen Knechtung, womit die Menschheit sich so oft selbst ihr Grab grub. Denn jeder Mensch ist zwei Welten gegenüber verpflichtet: der Welt seines Innenlebens und der Welt seiner Umgebung. *Jede falsche Einstellung des Menschen zu sich selbst führt auch konsequent zu einer falschen Einstellung seinem Nächsten gegenüber.* Wer durch Sünden sich selbst verdirbt, zieht durch Verführung den Nächsten in dasselbe Verderben. Wer das Heiligste des eigenen Lebens zerstört, dem graut nicht mehr vor der Zerstörung des Heiligsten auch im Nächsten. Noahs Zeit hatte aber sich selbst und den Bruder verloren, und zwar, weil das ganze öffentliche Leben vom Geiste Kains beherrscht wurde und daher ein fortschreitendes Weggehen vom Angesichte des Herrn war.

Noah jedoch hatte das Angesicht des Herrn wiedergefunden, damit aber auch sich selbst und seinen Nächsten. Denn wer erst wieder eine richtige Stellung zu Gott einnimmt, der gibt auch wieder sich und dem Nächsten mehr und mehr jenen gebührenden Platz im Leben, wo einer dem andern zu dienen sucht.

Von Noah wird weiter noch gesagt, daß er *„tamim"*, tadellos, vollkommen, bewährt in seinen Zeiten war.

Von welchen Seiten sich ihm auch die Versuchungen nahten, er behauptete sein hingebungsvolles Vertrauen Gott und seinen ausgesprochenen Separatismus der damaligen Welt gegenüber. Er blieb treu den empfangenen Inspirationen von oben und verschloß sich bewußt der Beeinflussung durch die Geistesströmungen seines Zeitalters. Von ihm war beides wahr: „In seiner Zeit war er ein Gerechter" und auch: „Selbst seiner Zeit gegenüber blieb er gerecht."

Die Kraft zu solch einer Bewährung gewann er allein aus seinem Wandel mit Gott. Er war in Gott und in dessen Urteil über die bestehende Weltordnung zur Ruhe gekommen. Daher suchte er kein anderes Licht zur Lösung der auftauchenden Fragen, keine andere Zuflucht zur Sicherung seiner Zukunft, keine andere Unterordnung als die der empfangenen Offenbarung Gottes gegenüber. Er blieb der einsame Prophet seines Zeitalters, der unverstandene Gerechte seiner Umgebung, dem die Weltgeschichte später das unauslöschbare

Zeugnis für ewige Zeiten geben mußte: *„Mit Gott wandelte Noah."*

In diesen Worten wird uns auch die prinzipielle Frage gelöst, *wie es möglich war, daß ein und derselbe Geschichtsvorgang für eine ganze alte Welt Gericht, für Noah aber und seine Familie Leben bedeuten konnte.* Denn hier liegt in der Tat ein Problem. Einerseits raffte die Gerichtsflut ein ganzes Zeitalter mit seiner Gesinnung und Kulturentwicklung einfach hinweg, so daß auf diesem Boden hinfort keine Geschichte mehr gemacht werden konnte. Andererseits trug dieselbe Gerichtsflut eine Familie in jene neue Welt, in der die Menschheit weiter ihrem Heil entgegengeführt wurde. Ist doch auch heute wieder in so vielen durch all die Unmenschlichkeiten in den durchlebten Kriegsjahren die Frage brennend geworden: Wie kann Gott ein Gott der Liebe sein, wenn er die zerstörenden Gewalten so gewähren ließ, daß sie eine blühende Kulturvergangenheit unter ihren Trümmern begraben, unzählige Existenzen vernichten und Millionen in Jammer und Elend stürzen konnten?

Soweit wir Gottes Gerichte in ihrem innersten und tiefsten Wesen zu beurteilen vermögen, bedeuteten sie in ihren Auswirkungen jedoch nie eine Aktivität Gottes, sondern die Aktivität des Menschen ohne Gott. Wo Gott in der Welt und Geschichte wirksam sein konnte, da offenbarte sich überall etwas von seiner schöpferischen Kraft, seiner erlösenden Liebe und seinem segnenden Leben. Denn Gottes Lebensäußerungen sind immer positiv und wirken nie Untergang, sondern stets Leben und Auferstehung für die Menschheit.

Wir haben jedoch gesehen, daß die ganze alte Welt sich im Geiste Kains entwickelt hatte und sich prinzipiell auf jenen Boden stellte, sich eine Zukunft zu schaffen *auch ohne Gott.* Ihr genügte der eigene Geist, und der Inspirationen von oben bedurfte sie nicht. Sie hatte sich die Schätze der Erde erschlossen und glaubte sich hinfort unabhängig vom Segen des Himmels. Das war die bewußte Herzens- und Lebenseinstellung jener alten Welt, die ihrem Gericht entgegenging. *Sie trug diesen Untergang in sich, daher mußte sie ihn eines Tages so oder anders erleben. Denn alle großen Weltkatastrophen waren in ihrem tiefsten Wesen schließlich nichts ande-*

res als die letzten Konsequenzen von dem Handeln des Menschen ohne Gott. Im Gericht sprach der Mensch und schwieg Gott. Wo jedoch Gottes schöpferisches und segnendes Handeln schweigen muß, da redet das zersetzende und zerstörende Gericht des Menschen.

Daher sind die Gerichtszeiten immer Zeiten göttlicher Passivität und göttlichen Schweigens. In ihnen gibt der Mensch sich aus in seiner eigenen Kraft und gestaltet das Leben ohne Gott. Wir tragen daher etwas ganz Falsches in das eigentliche Bild Gottes hinein, wenn wir in den göttlichen Gerichten einen ähnlichen Vergeltungsgedanken Gottes sehen, etwa wie der Mensch in seiner fleischlichen Herzensgesinnung Vergeltung übt. Denn auch die göttlichen Gerichte, die die Welt als Vergeltung und Strafe erlebt, werden von der rettenden Gerechtigkeit und der gerechten Liebe Gottes getragen, die nie den Tod des Sünders will, sondern daß er seinen widergöttlichen Sinn ändere und lebe.

Der Mensch schafft sich immer wieder selbst das Gericht. Indem er sich von Gott löst, unterliegt er eines Tages dem Gericht der Sünde und verliert das Ewige in sich und für sich. *Denn wer sich von Gott löst, der löst sich von jener Gerechtigkeit, durch die allein die Gesamtschöpfung Gottes getragen wird.* Die Schöpfung würde in ihren Gliedern sich selbst vernichten, wenn sie diese göttliche Grundlage ihres Bestehens und ihrer Entwicklung verlassen sollte.

Dieser Gerechtigkeit Gottes, die sich in der ganzen Schöpfung zu deren Leben und Heil auswirkt, vermag auch der Mensch sich nicht ohne Gericht zu entziehen. Tut er es dennoch, so wird er eines Tages von eben der Schöpfung gerichtet, die zu beherrschen er berufen ist. Dieselben Erfindungen, die ihn bereicherten und mächtig machten, vernichten ihn. Dieselbe politische Staatsmacht, die ihm eine Garantie für alle Zukunft werden sollte, schuf eines Tages jene weltpolitischen Verwicklungen, die zu einer vernichtenden Katastrophe führten. Schenkte Gott der Menschheit auch wiederum ein Paradies, würde sie dieses jedoch aufs neue ohne Gottes Gerechtigkeit zu beherrschen suchen, sie würde sich eine neue Hölle daraus schaffen.

Daher wird auch die Vollendung der neuen Schöpfung nichts Geringeres sein als vollendete Gerechtigkeit des einzelnen Gliedes wie auch des Ganzen. Denn nur völliges Gerechtsein kann die Grundlage einer vollendeten Harmonie zwischen Glied und Glied, sowie zwischen der Fülle der Glieder und der Gesamtschöpfung bilden.

Allein aus dieser Harmonie wird jener Friede fließen, von dem jeder einzelne Dienst der Glieder einer vollendeten Schöpfung getragen sein wird. Denn jedes erlöste Glied wird seinen ihm gebührenden und gerechten Platz im Rahmen des Ganzen erhalten. Von da aus wird es, wie kein anderes Glied, fähig sein, die anderen Glieder zu ergänzen und somit dem Ganzen zu dienen. *Vollendung wird daher vollendete Einseitigkeit aller erlösten Glieder einer versöhnten und zu ewiger Harmonie gelangten neuen Gottesschöpfung sein.*

Gerade in dieser Einseitigkeit wird der stärkste und gerechteste Dienst des einzelnen für das Ganze liegen. Kein Glied wird fähig sein, in sich das Ganze vollendet darzustellen. Nie wird aber auch das Ganze des Dienstes der einzelnen Glieder entbehren können. Daher hat auch die neue Schöpfung das tiefste Interesse an der Vollendung der einzelnen Glieder. Ihre Vollendung ruht in der Vollendung der Glieder. Dasselbe Interesse hat aber auch jedes einzelne Glied an der Vollendung des Ganzen.

In diesem Sinne war und ist Gott seiner Gesamtschöpfung gegenüber gerecht. Zwar ist er nie in ihr aufgegangen, sondern ewig der Andere geblieben, und doch hat er in seiner Gerechtigkeit dem einzelnen Gliede nicht weniger als dem Ganzen so zu dienen gesucht, daß jedes zu seiner Gerechtigkeit gelangt. Von Gott gebraucht, bezeichnet das Wort „gerecht" daher nichts Geringeres als die Fülle von erlösender Kraft und suchender Liebe, die sein Leben je und je zum Heile der Schöpfung offenbaren konnte, um sie ihrer Vollendung entgegenzuführen. Wo er nun ein menschliches Leben nach irgendeiner Seite hin so mit seinem Geiste durchdringen konnte, daß es anfing, durch seine ganze Einstellung einen Beitrag zu liefern, damit Gottes Heilsgedanken zur Vollendung des einzelnen und letzthin des Ganzen der Verwirklichung näher geführt werden konnten — da war solch ein Leben in Gottes Augen ein „gerechtes". Wenn auch zunächst unvollendet, begann es doch in bewußter Willenshingabe an Gott auch zu den einzelnen Gliedern der Gesamtschöpfung jene Stellung einzunehmen, die allein zur Vollendung des Ganzen führen kann.

3. Ein heiliger Überrest — das Rätsel der Weltgeschichte

Das große Geschichtsereignis der Tage Noahs stellt uns jedoch vor ein scheinbar unlösbares Rätsel der Weltgeschichte. Wir haben zwar zu erfassen gesucht, warum ein kainitisches Zeitalter in seiner ganzen inneren Geistesrichtung und seiner äußeren Kulturentwicklung zu einer unaufhaltsamen Katastrophe führen mußte, und wie allein auf Grund seiner inneren Einstellung und seiner Gesinnungsverwandtschaft mit Gott ein Noah durch die Gerichtsflut hindurchgerettet werden konnte. *Aber war es denn nicht etwas Ungeheuerliches, ja etwas Unfaßliches, daß Gott eines Tages den ferneren Fortbestand und die Zukunft der ganzen Menschheit an einen Noah und seine Familie band?*

Doch wiederholte sich im Prinzip in der ferneren Weltgeschichte immer wieder dieselbe Erscheinung. *Gott sah sich je und je gezwungen, eine große, von ihm gelöste Gegenwart dem Gericht preiszugeben, um durch eine kleine Zahl Gottbegnadeter die weit größere Zukunft retten zu können.*

Es gehört mit zu den schwersten Problemen der Menschheitsentwicklung und ist eine der erschütterndsten Tragödien der Weltgeschichte, *daß eines Tages immer wieder das als Ganzes im Fleisch endete, was einst mit Gott im Geiste begonnen worden war.* Denn sobald eine im Geist begonnene Entwicklung im Lauf der Zeit sich den Inspirationen des eigenen Geistes erschloß und die Gesinnung der Welt teilte, übergab Gott sie jedesmal dem Gericht der Welt. Gott richtete immer wieder Fleisch nur durch Fleisch, die Welt nur durch die Welt. *Ist Jerusalem in seinem inneren Wesen erst Babel geworden, dann sieht die Geschichte die einstige Gottesstadt auch eines Tages in Babel ihr Gericht erleben.*

Lassen wir in diesem Lichte einmal die entscheidenden Ereignisse der biblischen Weltgeschichte an unserem Geiste vorüberziehen! Gott schuf den ersten Menschen nach seinem eigenen Bilde und Gleichnis und adelte ihn zum König und Herrn der Schöpfung. In Eden bereitete er für ihn jenen paradiesischen Gottestempel, der dem Menschen Muster für seine Weltbeherrschung werden sollte. Die in sich gebundene Schöpfung sollte durch die Herrschaft des Menschen in allen ihren Kräften, in der Schönheit ihrer Erscheinungen zu einem Gottesgarten werden, wo man die Stimme Gottes hören und Gott in seinem Tempel wandeln sehen könnte. Jedoch die im Paradies begonnene Entwicklung fand ihre Fortsetzung außerhalb des Paradieses, und nach etwa 1500 Jahren sehen wir diese Menschheitsperiode enden im ersten Weltgericht.

In Noah und seiner Familie fand Gott jedoch jenen „heiligen Überrest", in dem er die fernere Zukunft der Menschheit auch durch die Gerichtsflut hindurchretten konnte. Als dieser Noah die durchs Gericht gereinigte Erde betrat, war seine erste Tat, dem Herrn auf ihr einen Brandopferaltar zu bauen und durch diesen zu bekunden, *daß die gerettete Zukunft mit all ihrem Leben nichts anderes als ein Opfer der ungeteilten Hingabe an Gott werden möchte.* In diesem Geiste begann Noah sein Lebenswerk und die Kulturschöpfungen in dem vor ihm liegenden neuen Zeitalter der Geschichte. Aber schon in den Tagen Nimrods lebte man wieder so im Geiste der kainitischen Geschichtsentwicklung, daß Gott sich genötigt sah, die Welt sich selbst zu überlassen, damit sie zu ihrem eigenen Gericht in sich selbst zusammenbreche.

Die Zukunft der Menschheit vermochte Gott nur zu retten, indem er einen Abraham fand, den er aus der untergehenden Weltzeit herausführen und durch den er ein ganz neues, göttliches Lebensprinzip in die Geschichte einführen konnte. *Dies war das Prinzip des ungeteilten Vertrauens zu Gott und der freiwilligen Abhängigkeit von Gott.* Hinfort wurde die Zukunft nicht durch Nimrods Städtepolitik bestimmt, sondern durch den Geist jener Abrahamsfamilie, die eines Tages Vaterland und Freundschaft verließ, um hinfort mit Gott allein zu wandeln und ihm Altäre der Anbetung zu bauen. *So wurde Abrahams Fremde zum Mittelpunkt der Weltgeschichte und Kanaan die Geburtsstätte für die Propheten der Völker.*

Allein bereits Jakob sah seine Söhne wieder nach Ägypten ziehen, wo sie bald nach Josephs Tode den Pharaonen Ziegel streichen mußten. Es schien, als ob Abrahams Geschlecht für immer bei den Pyramidenbauten begraben werden sollte und die Weltgeschichte in Israels Frondienst und der Pharaonen Selbstvergötterung ihre höchste Vollendung finden würde.

Gott hatte es jedoch anders vor: Ägypten ließ er im Lauf der Zeit unter seinen Pyramiden sich selbst begraben, und das im Gericht gereinigte Hirtenvolk der Hebräer führte er in das Land seiner Väter zurück. *Nicht Ägypten, sondern Israel setzte er hinfort zum Propheten der Welt.* Für die in die Abhängigkeit von Gott gestellten Söhne Jakobs begann eine Glaubensgeschichte, wonach es den Anschein hatte, als ob das Leben dieses Volkes mit der ganzen Fülle seiner Beziehungen und Tätigkeiten ein ununterbrochener Gottesdienst des Menschen auf Erden werden sollte. Wunder über Wunder erlebte Israel in seinem Verhältnis zu Gott, Überraschung auf Überraschung dagegen die Völker an diesen Söhnen Jakobs. *Nie wurde Gott bisher so klar geschaut wie von Israels Propheten; nie wurde ihm bisher so hingebend gedient wie von Israels Volk.*

Jedoch auch dieses Gottesvolk wurde als Ganzes wiederum lüstern nach den Schätzen der Welt. Es verlangte Könige, wie auch die Nationen sie hatten; es verlangte Festungen und Bündnisse, um die Zukunft seines theokratischen Staates zu sichern; es verlangte der Sinnlichkeit dienende Opferkulte, wie man sie den Götzendiensten der Heiden abgelauscht hatte. So ging Israel an seinen Königen und an seinem Staat, an seinen Priestern und an seinen Heiligtümern zugrunde: *Jerusalem endete in Babel.*

Jedoch auch in Babel fand Gott jenen kleinen „Überrest", den er wie einen Noah durch die babylonische Gerichtszeit hindurchretten und zum Anbruch einer neuen Weltgeschichte für die Zukunft machen konnte. *Als Jerusalem fiel, wurde Zion geboren; da, wo Israels Staat begraben wurde, entstand Israels Gemeinde.* Letztere wurde in den kommenden großen Weltstürmen das einzig mögliche Gefäß, das die heiligsten Güter des Offenbarungsvolkes durch die entsetzlichen Völkergerichte hindurchzuretten vermochte. So tränen=

reich der Leidensweg dieser Diasporagemeinden auch war, *Gottes Gesetz und der Propheten Botschaft standen hinfort unauslöschbar nicht nur auf steinernen Tafeln und vergänglichen Pergamentrollen, sondern im Herzen der jüdischen Gemeinde geschrieben.*

Aber auch die im Geiste Esras und Nehemias gegründeten Gemeinden endeten in den Tagen Jesu und der Apostel als Ganzes wieder im Fleisch. Denn als *der* erschien, der die Sehnsucht der Propheten gewesen war, und nach dem die jüdische Gemeinde auf ihrem so tränenreichen Leidenswege jahrhundertelang ausgeschaut hatte, *da gab gerade die Frömmigkeit der Gemeinde in ihrer Mitte dem Schönsten unter den Menschenkindern den Platz am Kreuz.* Sie hatte Raum für Gesetz und Schriftgelehrtentum, für Pharisäer und Sadduzäer, aber nicht für den, der als das fleischgewordene Gotteswort dem Volke mehr sein wollte als ein Prophet. Die Gottesherrlichkeit war aus dem Tempel der jüdischen Gemeinde wieder so völlig verschwunden, daß Jesus ausrufen mußte: *„Meines Vaters Haus ist ein Bethaus; ihr aber habt eine Mördergrube daraus gemacht*[1]*."* In seinem priesterlichen Schmerz rief er eines Tages über die Zionsstadt die Worte aus: *„Jerusalem, Jerusalem, wie oft habe ich deine Kinder sammeln wollen, wie eine Henne ihre Küchlein unter ihre Flügel sammelt; aber ihr habt nicht gewollt!*[2]*"* Im prophetischen Geiste sah er daher auch die jüdische Gemeinde enden in dem nahenden Gericht der Nationen.

Schon nach 70 Jahren vollzog sich jenes von ihm vorausgeschaute erschütternde Ereignis, und von dem einst so stolzen Heiligtum blieb auch nicht ein Stein auf dem andern. Obgleich ein Titus, der Feldherr der römischen Heere, ausdrücklich vor der Erstürmung Jerusalems befohlen hatte, den Tempel zu schonen, wurde er doch von der Fackel seiner wütenden Soldaten in Brand gesteckt. *Es gibt keine Macht in der Welt, die das vor dem Gericht bewahren könnte, was innerlich in der Geschichte für das Gericht reif geworden ist.*

Seit Jerusalems Zerstörung hat Gott sich zum Träger seiner großen Gottesgedanken für die Zukunft jene kleine Nazarenersekte aus Juden und Nationen erwählt, deren Glieder sich zu dem Gekreu-

[1] Matth. 21, 13.
[2] Matth. 23, 37.

zigten und Auferstandenen bekannten. Zu Pfingsten wurde in Jerusalem jene christliche Gemeinde und Bruderschaft geboren, die mit ihrem neuen Evangelium und ihrem Geistesfeuer die ganze alte Welt überwinden sollte. Wohl sträubten sich die römischen Imperatoren, ihre Waffen vor der unscheinbaren Macht des Christentums zu strecken, wohl bemühte sich das Heidentum, seine Götter und Tempel vor der Kirche Christi zu retten, wohl suchte griechische Philosophie und Staatsweisheit die erlösende Kraft des schlichten Jesus=Evangeliums zu entkräften — eines Tages geschah jedoch das große Wunder: die alte Welt streckte ihre Waffen und beugte sich anbetend vor dem Gekreuzigten und Auferstandenen.

Jedoch auch diese Apostelkirche, die in ihren Gliedern mit dem Geiste getauft war, die als ein Apostel Jesu Christi ein welterneuerndes Evangelium in ihrem Herzen trug, die mit ihrer Kreuzesbotschaft im Laufe der Jahrhunderte die alte Welt überwand — auch sie endete wiederum im Fleisch. *Die Pfingstgemeinde endete in Rom, in jener Weltkirche, die hinfort dem Geiste der überwundenen Welt Altäre baute, aber dem Geiste des Gekreuzigten Scheiterhaufen errichtete.*

Es würde zu weit führen, wenn wir nun auch noch das ganze Gebiet einer fast zweitausendjährigen Kirchengeschichte in diesem Lichte betrachten wollten. Niemand wird glauben, daß es seit Roms Verweltlichung mit den nachfolgenden großen Lebensbewegungen anders gewesen wäre. Mit der Reformation, mit dem Pietismus, mit den verschiedenen Freikirchen fing Gott immer wieder ein Neues an und rettete göttliches Leben durch die Gerichte für die Zukunft hindurch. *Und mag es auch hundertmal in der Geschichte der menschlichen Entwicklung den Anschein gehabt haben, als ob mit dem Gericht der Gegenwart die ganze Zukunft verloren sei, Gott erhielt sich seine Propheten und Apostel, seinen Luther und Menno, seinen Calvin und Zwingli, und wie die Gottbegnadeten des großen Zeitalters der Reformation auch alle heißen mögen, und schuf durch sie ein Neues, das herrlicher war als das, was unterging.*

So war der heilige Überrest zu allen Zeiten ein Rätsel der Weltgeschichte. Zunächst überall entbehrlich, scheinbar ein völlig unwesentlicher Faktor im Weltgeschehen, gemieden wie ein Fremd=

ling, behandelt als Gotteslästerer und Verbrecher — und doch das Gefäß der göttlichen Barmherzigkeit, der große Mitarbeiter Gottes, durch den die Welt in ihrem Fortbestand bestimmt wurde. Sie wäre längst an ihren Schöpfungen untergegangen, wenn ihr diese nie schweigende Gottesstimme, dieses wandelnde Evangelium nicht von Gott immer wieder erhalten geblieben wäre: *Menschen, die Ewiges empfangen hatten und daher Ewiges zu künden und zu bringen vermochten.*

Es ist daher nicht auszusprechen und in Worte zu fassen, was es doch für die Entwicklung der Gesamtmenschheit und die kommenden Äonen bedeutet, wenn Gott je und je Menschen findet, die wie Noah Gnade finden vor ihm und ihr Leben zum Träger seiner großen Gottesgedanken für die Zukunft werden lassen. *Ihr Wandel mit Gott rettet die Zukunft der Welt.*

4. Das erschütternde Gottesurteil

1. Mose 6, 11—13

Noahs Wandel mit Gott führte ihn zu einem Leben im Lichte der göttlichen Offenbarung. *Nicht der einmalige göttliche Akt seiner Errettung war das Entscheidende in seinem Leben, sondern die fortschreitende Gottesoffenbarung, die ihm für sein jeweiliges Handeln zur rechten Zeit werden konnte.* Während die ganze Welt in ihrem eigenen Lichte wandelte und mit stolzer Freude auf ihre Führer und Helden blickte, lebte in ihrer Mitte ein Mann, der ein Fremdling inmitten der herrschenden Begeisterung blieb. So sehr er das Kulturleben seiner Zeit auch fortschreiten sah, Noahs Seele lebte in einer Welt, die ihm weit Höheres bot. Dies war die Welt Gottes, die ihm als Offenbarung für sein Leben wurde.

Durch das Licht, das er auf Grund dieser Gottesoffenbarung in den großen entscheidenden Augenblicken seines Lebens von Fall zu Fall empfing, wurde Noah in den einzelnen Entscheidungen und Handlungen bestimmt. Er orientierte sich nicht an dem Geiste seiner Zeit, sondern empfing sein tiefstes Wissen auf jener Prophetenwarte, die sich allen Gottesknechten immer wieder in ihrem vertrauten Umgang mit Gott erschloß.

Als ihm die Gottesgerechtigkeit enthüllt worden war, hatte er sie durch seine schrankenlose Hingabe an Gott zum Programm seines Lebens gemacht. Daher konnte sein Leben nie dem seiner Zeit ähnlich sein und mußte auch zu einer anderen Zukunft führen. Denn wie sehr die damalige Welt trotz ihrer entwickelten Kultur in ihrer Zersetzung fortgeschritten war, beschreibt uns der 11. Vers dieses Abschnitts, wo uns mitgeteilt wird: *„Und verderbt war die Erde vor dem Angesichte Elohims, und voll war die Erde von Gewalttat. Und Elohim sah die Erde, und siehe, sie war verderbt; denn verderbt hatte alles Fleisch seinen Wandel auf der Erde."*

Mit diesen wenigen Strichen wird uns die Kulturgeschichte jener alten Welt gezeichnet, in deren Geistessphäre ein Noah lebte. Gott braucht keine dickleibigen Bände zu schreiben, um ein ganzes Zeitalter in seinem Untergang zu zeichnen. Sein Geistesgriffel war je und je ungemein scharf, wenn er sein „Mene, Mene, Tekel" in die Weltgeschichte schrieb. Einige Sätze — und die ganze innere Hohlheit und äußere Nacktheit mit dem nachfolgenden geschichtlichen Zusammenbruch eines Volkes stehen in ihrer erschütternden Wahrhaftigkeit und Folgerichtigkeit lebendig vor unserer Seele. Mit welch einer äußerlichen Kulturschminke ein Zeitalter sich auch schmückte, wie bewußt man auch sein Laster zu einer Volksmoral erhob, wie sehr ein Staat auch seine politische Raubtierseele vor seinen eigenen Untertanen in das Antlitz eines Menschensohnes kleidete — Gott sah je und je jene „Erde, die sehr verderbt war" und ihrem Gericht entgegenreifte. Was jedoch Gott sah, wurde eines Tages zu einer Offenbarung für Noah.

Zur Bezeichnung der Kulturgeschichte jenes kainitischen Zeitalters werden zwei verschiedene Ausdrücke gewählt: „verderbt" und „gewalttätig". Sie beherrschten die Gesinnung und die Zustände jener Zeit, waren die verborgenen Träger des öffentlichen Lebens. Die Verderbnis lag auf sittlichem, die Gewalttätigkeit auf sozialem Gebiet; bei jener handelte es sich um die Aufhebung der Keimzelle eines gesunden Volkslebens, um den Untergang der Familie, bei dieser um die soziale Knechtung der Schwächeren durch die Stärkeren, um die skrupellose Verletzung des Gemeinwohls auf Grund einer durchs Recht geschützten Selbstsucht.

Schon im ersten Zeitalter der Weltgeschichte erwiesen sich daher „Sittenlosigkeit“ und „Gewalttätigkeit“ als die Totengräber eines Kulturvolkes. Sie waren seitdem noch immer die Ursache jeglichen Untergangs und die Vorboten der nahenden Weltgerichte. Die Unsittlichkeit ertötet die Gewissenhaftigkeit und raubt den Respekt vor dem Recht des Nächsten. Daher ging Unsittlichkeit auch in der Regel mit mit Schlauheit gepaarter, durchs Recht sich schützender Gewalttätigkeit Hand in Hand. Was für den einen gemeines Verbrechen an seinem Nächsten sein würde, wurde für den andern dank seiner Stellung, seines Besitzes und seiner gesetzlichen Rechte zu seinem bürgerlichen Heil.

Es ist nun bezeichnend, daß es von den Tagen Noahs heißt: *„Die Erde war vor dem Angesichte Elohims verderbt, und da ward die Erde des Unrechts voll.“ Der sittliche Niedergang ging dem gesellschaftlichen und sozialen Verfall immer voran.* Ersterer war so allgemein, daß das ganze Gesellschaftsleben davon erfaßt wurde. Und doch glaubte man, daß das moralische Verderben ohne Einfluß auf Gesellschaft und Kultur, auf Entwicklung und Zukunft sein würde. Auf Grund ihrer im Naturtrieb liegenden Rechte gab die Jugend sich allen Ausschweifungen hin. Das Eheleben war derart faul geworden, daß kaum jemand sein Weib vor der Lüsternheit und Verführung durch den Nächsten zu schützen vermochte. Kinder lernten so wenig Zucht und sittenreine Familienverhältnisse kennen, daß manche bereits mit allen Sünden vertraut wurden, bevor sie überhaupt einen Begriff von Sünde haben konnten — und doch schien das alles auf den blühenden Handel, den gesellschaftlichen Verkehr, den Ausbau der Staatsmacht und den Fortschritt der Kultur keinen Einfluß zu haben. Doch gegen offenbaren Diebstahl und Raub, gegen öffentliche Schändung und Belästigung vermag die Gesellschaft sich zwar durch Strafgewalt und Kerker zu schützen, aber unter der vom Gesetz geschützten Selbstsucht und der von öffentlichem Recht geduldeten Niederträchtigkeit geht sie in sich selbst zugrunde. *„Die durch Sittenlosigkeit erzeugte Gewissenlosigkeit wird zuletzt ihre eigene Rute“*, bezeugt ein späterer Prophet im Blick auf die gärende Fäulnis seiner Zeit[1].

[1] Hes. 7, 11.

Vielleicht können wir auch aus der herrschenden sittlichen Verwilderung der Zeit heraus, wo eine keusch verlebte Jugend verhöhnt wurde und die Heiligkeit eines glücklichen Familienlebens aus der Begriffswelt der Zeitgenossen verschwunden war, es verstehen, warum Noah verhältnismäßig spät zur Gründung eines Familienlebens geschritten war. Nicht als ob er darin etwas besonders „Gerechtes" gesehen hätte. Offenbar fürchtete er sich angesichts des allgemeinen moralischen Zusammenbruchs vor den Töchtern der Welt. Vielleicht ist es ihm auch schwer geworden, unter den sethitischen Geschlechtern diejenige zu finden, die bereit war, mit ihm die Hingabe an Gott zu teilen. Denn der Umstand, daß Noah sein Weib und seine Familie mit durch die Gerichtsflut hindurchretten konnte, zeigt, wie diese sich mit ihm auf jene Gottesgedanken einstellten, die für ihn die Grundlage seines Handelns wurden. Wie sein Gnadefinden vor den Augen Gottes die Grundlage seiner Rettung wurde, so mußte es auch die Grundlage seiner Familie werden.

Angesichts dieser allgemein herrschenden Zustände war Noah mit seinem Wandel vor Gott einer der größten religiösen Sonderlinge, die die Welt je gesehen. Und doch erlebte er eines Tages seine göttliche Rechtfertigung. Er war mit seinem sittenreinen Leben ein so radikaler Separatist, daß er kaum je von irgendeinem übertroffen worden ist; aber mit seinem Separatismus konnte Gott die Rettung einer ganzen Zukunft verbinden. Demselben Noah, der seine Zeitverhältnisse derartig pessimistisch beurteilte, daß man ihn nirgends für den Aufbau des Kulturlebens verwenden konnte, vermochte Gott eines Tages auf der durchs Gericht gereinigten Erde sein göttliches Kulturprogramm zu enthüllen. *So wurde Noah von seiner Zeit zwar geduldet, aber nicht gebraucht; er wurde gehört, aber nicht verstanden. Sein Leben war einsam, längst bevor er in die Arche ging.*

Und doch blieb er nicht ohne Offenbarung. Je weniger ihm die Menschen etwas zu sagen wußten, desto mehr sprach Gott zu ihm. Und je länger Gott mit ihm verkehrte, desto zarter wurde sein inneres Ohr für die Sprache Gottes. So wurde Noah eine Persönlichkeit, die mitten im Geräusch einer widergöttlichen Entwicklung

Gott verstehen lernte, und die sich in ihrem Gottverstehen nicht täuschte. Das sollte von entscheidender Bedeutung werden, sowohl für ihn persönlich als auch für die Zukunft der Welt. Denn sein Gottverstehen führte jedesmal zu einem bestimmten Handeln. *Wohl wurde die Arche das Mittel seiner Rettung, aber ihre Grundlage lag in dem lebendigen Worte Gottes, das einem Noah von Fall zu Fall zur rechten Stunde zum Heil der Welt werden konnte.* Weil ein Noah seinen Gott verstand, so konnte der Herr ihm eines Tages auch mitteilen, wie er das Gesamtbild seines Zeitalters beurteilte. Gott sprach zu ihm: *„Das Ende alles Fleisches ist vor mich gekommen; denn die Erde ist voller Gewalttätigkeit vor ihnen geworden, und so bin ich im Begriff, sie (die Menschen) mit der Erde zu verderben*[1]*."*

Dieses erschütternde Gottesurteil war für ihn der Zeiger an der Uhr der Weltgeschichte. Er ging auf Mitternacht. Nachdem der Mensch sich durch seinen Lebenswandel unfähig gemacht hatte, eine Familie zu gründen, so mußte der Herr erklären, daß das Fleisch seinen Weg verderbt hatte auf Erden. Dem Herrn als Schöpfer ist es darum zu tun, daß auch die Schöpfung in ihren einzelnen Gliedern durch die in sie hineingelegten Naturgesetze erhalten bleibt. Wenn jedoch der Mensch als das höchste Glied dieser Schöpfung durch widernatürliche Sinnlichkeit und Ausschweifung seinen Leib so vergiftet, daß der Zerfall einfach unvermeidlich geworden ist, so muß Elohim erklären: *„Das Ende dieses Fleisches ist vor mich gekommen."* Solche Gewalttat zu üben an sich selbst und an seinem Nächsten, vermag kein Tier, dazu ist sein geistiger Horizont viel zu eng. Nur der Mensch kann so tief hinabsteigen und sich so an sich selbst, am Nächsten und selbst am Tierreich versündigen, daß er bei der Unmöglichkeit seiner ferneren Existenz ankommt. Und das ist vor Gott das Ende alles Fleisches.

Mochte die alte Welt zunächst auch in dem Wahn leben, daß sie im Anbruch einer neuen, herrlichen Epoche stehe, Noah jedoch wußte, daß das untergehende Zeitalter seinem Ende entgegengehe. Denn nichts Geringeres als die so schwere Kunde hatte Gott ihm mitteilen wollen: „Wenn ich nicht einschreite, geht alles Fleisch von selbst völlig zugrunde; denn sein Ende ist bereits vor mich gekom-

[1] 1. Mose 6, 13.

men." Die Welt Noahs trug das Gericht längst in sich, bevor es sich in der Flut auswirken konnte.

Die späteren Jahrtausende haben gezeigt, daß die Weltzeitalter, die das Gericht in ihrem Herzen trugen, auch ohne Flut nicht weniger völlig untergegangen sind als die kainitische Weltperiode durch die Flut. Gibt ein Zeitalter der Geschichte in seiner Gesamtheit sich erst bewußt selbst preis, nährt es erst einen Egoismus, wo der materielle Gewinn auf allen Gebieten weit höher steht als das geistige Wohl des Nächsten, dann kann Gott wohl noch einzelne Sonderlinge retten, jedoch nie mehr den Zusammenbruch des Ganzen aufhalten. *Es gibt in der Entwicklung der Menschheit immer wieder eine Grenze; wenn diese einmal überschritten ist, dann ist eine Rettung nicht mehr möglich.*

Das ist die Tragik der Weltgeschichte, deren wuchtige Sprache bisher kein Spötter und Gottesleugner je hinwegstreiten konnte. Der Offenbarung des göttlichen Wortes vermag das menschliche Herz sich zu entziehen, aber vor der Offenbarung der göttlichen Gerichtssprache in der Geschichte muß auch die feindlichste Seele sich beugen. Die Propheten Gottes vermag man wie einen Jeremia in die Schlammgrube zu werfen, wie einen Johannes zu enthaupten oder wie einen Hus auf den Scheiterhaufen zu führen, so daß das redende Gewissen der Weltgeschichte verstummen muß.

Schweigen jedoch erst die wahren Gottespropheten, dann reden alsbald jene Gerichte, die nicht haltmachen vor den Prinzipien einer Lamechsgewalt, vor der Staatspolitik einer Nimrodsseele und vor der Schärfe eines Amaleksschwertes. Weltgerichte kennen kein Ansehen der Person, verbeugen sich nicht vor Ehre und Reichtum und erweisen sich immer weit stärker als das Gewaltigste auf Erden.

Und sie überfielen bisher die kulturselige Menschheit in der Regel mit solch einer unvorhergesehenen Plötzlichkeit und traten mit solch einer unerwarteten Gewalt auf, daß kein Entfliehen vor ihnen möglich war und man daher innerlich verschmachtete vor Erwartung der Dinge, die man kommen sah. *Wer daher Weltgerichten entrinnen will, muß innerlich zuvor dem entronnen sein, was mit unerbittlicher Notwendigkeit eines Tages im Laufe der Weltgeschichte zu diesen führen muß.*

5. Der erste Gottesauftrag

1. Mose 6, 14—17

Es gibt ein Gesetz der Verwandtschaft auf dem Gebiet der Töne. Angenommen, es hängt eine Gitarre an der Wand, deren Saiten auf eine bestimmte Tonhöhe eingestellt sind, und man nimmt eine Violine und streicht mit dem Bogen über ihre Saiten, dann geschieht es, daß die Saiten des Instrumentes an der Wand anfangen widerzuklingen, sobald sie durch die entsprechenden Töne der Violine geweckt werden. Verwandte Töne bringen einander in Schwingung.

Am zartesten besaitet ist in unserer diesseitigen Schöpfung jedoch das menschliche Geistesleben. Es reagiert am schnellsten auf alle äußeren und inneren Einwirkungen, von denen es auf allen Seiten umgeben ist. Ist es nun auf die Sprache der Ewigkeit abgestimmt, dann spricht oben der Herr: *„Das Ende alles Fleisches ist vor mich gekommen"*, und hier unten hat ein Noah jegliches Vertrauen auf den Fortbestand seiner ihn umgebenden und zukunftsfrohen Kulturwelt verloren. Er träumt von Gericht und zimmert eine Rettungsarche. Gott spricht in den Glanzzeiten Ur-Chaldäas zu einer einzigen Familie: *„Gehe aus deinem Vaterlande und aus deiner Freundschaft und aus deinem Vaterhause in ein Land, das ich dir zeigen werde![1]"*, und wir sehen eines Tages eine Familie die heiligen Gräber ihrer Ahnen, die Gefilde ihres Heimatlandes und das Erbe ihrer Väter verlassen, um auf Gottes Geheiß hin ins Land Kanaan zu gehen.

Pharao war taub geblieben gegen das Seufzen von Jakobs Söhnen und gegen die Tränen von Israels Müttern und schuf sich skrupellos neue Staatswerte aus dem Blut eines geknechteten Hirtenvolkes. Aber Gott hörte es. Und eines Tages steht nicht nur vor Pharaos Palästen, sondern vor Pharaos Seele ein Gottesprophet und spricht zum Gewissen Ägyptens: *„Laß mein Volk ziehen, daß es mir diene![2]"* Die Ewigkeit redet, und hier unten antworten einzelne Herzen und dolmetschen durch ihr Wort ihrem Zeitalter die empfangene Gottesbotschaft, damit sie als göttliches Licht allen Irrenden zum Heil gereiche.

---

[1] 1. Mose 12, 1.
[2] 2. Mose 8, 1.

So klang auch in jenen alten Tagen Gottes Plan zur Rettung der Zukunft in der Seele eines Noah wider. Der Herr sprach zu Noah: *„Das Ende alles Fleisches ist vor mich gekommen; denn voll ist die Erde von Gewalttat durch sie, und so verderbe ich sie mit der Erde. Mache dir eine Arche aus Gopherholz; mit Abteilungen für Tiere sollst du die Arche machen und sie von innen und außen mit Pech verpichen[1].“*

Ferner bezeichnete der Herr genau die Größe, die Form und auch die Einrichtung jener Arche, die für Noah, seine Familie und all die Geschöpfe zur Rettung dienen sollte, die Gott mit ihm durch die Gerichtszeit hindurchretten wollte. Durch diesen bestimmten Auftrag gab der Herr dem Noah die Möglichkeit, sich auf das Gericht vorzubereiten, ehe es jene geschichtliche Wirklichkeit wurde, wo eine blühende Kulturwelt in seinen Fluten unterging. Und wir lesen am Schluß dieses Abschnitts: *„Noah tat alles, wie Elohim ihm geboten hatte, also tat er[2].“* So erwies sich schon damals, daß das entscheidende Moment der Rettung in Noahs Abhängigkeit von Gott lag, in seinem Gottverstehen und Gottgehorchen.

Das war je und je das Große an jedem lebendigen Glauben, der sich in zuversichtlichem Vertrauen Gott hingab, daß er im Lichte Gottes jene Orientierung gewann, in der er fähig wurde, seine Rettung vorzubereiten.

Denn so verschieden in der Weltgeschichte die Gerichte waren, so verschieden war auch die Rettung aus ihnen. Für Noah war es die Arche, für Abraham der Auszug, für Israel in den Tagen des Propheten Jeremia der Anschluß an Babel, für die erste Jüngergemeinde die Flucht ins Städtchen Pella, und so in Tausenden von anderen Fällen, die in der Geschichte bekannt geworden oder aber unbekannt geblieben sind.

Aber welch verschiedene Mittel Gott auch erwählte, um sie zu einer Arche der Rettung werden zu lassen, ihr Finden war immer verbunden mit jenem Gottverstehen und Gottgehorchen, das für Noahs Leben so bezeichnend wurde. Denn Gott allein überblickt so das kommende Gerichtsganze, daß er allein auch die Mittel zu sehen

---

[1] 1. Mose 6, 13. 14.
[2] 1. Mose 6, 20.

vermag, die durch diese Gerichte hindurchführen können. *Errettung aus Weltgerichten war niemals nur ein Rechenexempel oder die Frucht logischer Schlußfolgerungen und politischer Fernsicht.* Wer da glaubte, diese Frage mit etwas Scharfsinn lösen zu können, hat seine Rettung nie zu schaffen vermocht. Denn mit Weltgerichten ist immer etwas so Gewaltiges verbunden, sie sind begleitet von einem so völligen Zusammenbruch auch der stabilsten Verhältnisse, daß niemand solch ein Gerichtsgeschehen in seinen Auswirkungen vorher berechnen kann, um sich dementsprechend einzustellen.

Solch eine klug berechnende Einstellung auf das Kommende hätte auch Noah in seinen Tagen nicht zu retten vermocht. *Die Garantien seiner Rettung lagen in erster Linie nicht in der Arche an sich, sondern in dem lebendigen Gotteswort, das ihm werden konnte, und dem er zu gehorchen wagte.* Hätte Noah lange gefragt, ob es angesichts der fortschreitenden Kulturentwicklung an der Zeit sei, eine Arche zu bauen, er hätte nie jene Glaubensschritte unternommen, die zu seiner Rettung führten. Das war bis heute noch immer das Geheimnis jener Menschen, die zu ihrer Rettung Gott erlebten, daß sie im Vertrauen auf seine Offenbarung hin es wagten, Schritte zu tun, die zwar nicht immer zeitgemäß waren, aber in wunderbarer Weise zu ihrem Heil gereichten. So kritisch sie von ihren Zeitgenossen auch beurteilt wurden, sie suchten jene Fährte zu finden, wo Gott an ihnen vorübergegangen war, um ihre Tritte in seine göttlichen Fußstapfen setzen zu können[1]. Gott war in seiner Offenbarung auch an Noah vorübergegangen, und hinfort sahen die Zeitgenossen diesen Fremdling in seinem Glaubensgehorsam ihm „nachgehen"[2].

Und Noah irrte nicht in dem Wege, den er ging. Durch seinen Umgang mit Gott war er oben zu Hause geworden und hatte die Sprache verstehen gelernt, die dort geführt wird. Das war immer das Eigenartige jener Seelen, die mit Gott wandelten, daß sie mit der Zeit durch ihren Umgang mit Gott ein wunderbar feines Verständnis für die Sprache Gottes gewannen. Und weil sie Gott verstanden, konnte er ihnen auch von Fall zu Fall den Weg zu ihrem

---

[1] Ps. 17, 5.
[2] 2. Mose 33, 21. 22.

Heil enthüllen. Wohl konnten sie zunächst nicht immer das Ganze ihrer Rettung überblicken, aber sie sahen die nächsten Schritte, die sie zu ihrem Heil tun durften. Wer wie Noah einen vertrauten Umgang mit Gott führt, für den kommt es gar nicht so sehr darauf an, ob er weit im voraus alles weiß, was geschehen wird. Gott wird zur rechten Stunde ihm auch die Weisung geben: *„Gehe in die Arche!"*

Wir sehen daher, von welch entscheidender Bedeutung es für einen Noah war, daß er in seinem Leben einen verborgenen Umgang mit Gott führte. Weil er Gott verstand, baute er rechtzeitig eine Arche; weil er ihn wiederum verstand, ging er rechtzeitig in die Arche; und weil er ihn zum drittenmal verstand, verließ er auch zur rechten Stunde die Arche. *Denn ein Noah dauernd in der Arche wäre genauso umgekommen wie seine Zeitgenossen ohne Arche.* Sobald sie für ihn und seine Familie ihren Rettungsdienst getan hatte, hatte sie ihre Bedeutung für ihn verloren; denn nicht die Mittel, die Gott wählte, waren letzthin das Entscheidende, sondern er, der die Mittel wählte. In dem innerlichen Gebundensein an Gott lag daher das eigentliche Geheimnis der ganzen Rettung Noahs.

Mit dem erteilten Auftrag verband der Herr zum Trost Noahs noch eine wunderbare *Bundesverheißung. „Mit dir aber werde ich meinen Bund aufrechterhalten; du wirst in die Arche gehen, du und deine Söhne und deine Frau und die Frauen deiner Söhne mit dir*[1]*."*

Auch Noah war ein Mensch und fühlte wie ein Mensch, als Gott ihm gezeigt hatte, daß die Uhr des bestehenden Zeitalters auf Mitternacht gehe. Ganz unberechenbar lag das Kommende vor ihm. Wohl hatte er den Auftrag empfangen, sich eine Arche zu bereiten, aber wie mag seine Seele gebangt haben, wenn er sich im Geiste die nackte Wirklichkeit des Untergangs seines Zeitalters vergegenwärtigte!

Da kam Gott seinem Vertrauen zu Hilfe und garantierte ihm in dieser Bundesverheißung seine Rettung. Unser Wort „Bund" drückt das gar nicht aus, was dem eigentlichen Begriff zugrunde liegt; denn Bund in unserem Sinne setzt immer etwas Gegenseitiges

[1] 1. Mose 6, 18.

voraus. Gottes Bund aber zur Erhaltung Noahs war ein völlig einseitiger. Er entsprach daher buchstäblich dem „Absoluten", dem „Unbedingten".

Solch eine Bundesgarantie vermochte nur Gott von sich aus zu geben. Wohl hatte Noah, seinem Auftrag entsprechend, einen Kasten zu bauen, aber „die Erhaltung und Rettung selbst bedurften gewiß des besonderen Schutzes des göttlichen Willens". *In Noahs Rettung griff eine göttliche Macht ein, die auch die tosenden Gewässer einer Gerichtsflut zu meistern vermochte.*

Auch in dem Zusammenwirken der furchtbarsten Gewalten der Weltgerichte verliert Gott seine Kontrolle über das Weltgeschehen nicht. Trotz ihrer unberechenbaren Kraft kommen sie nicht eine Minute zu früh und währen nicht eine Minute länger, als Gott ihnen ihre Zeit gesetzt hat. Sie zerstören und dienen zugleich, begraben ein ganzes Zeitalter für immer und tragen auf denselben Wellen einen Noah und seine Familie in eine neue Weltenära hinein. *Solch eine absolute, alles beherrschende Bundesverheißung dem zagenden Menschen zu geben und zu halten, das vermag nur Gott allein.*

Hinfort sahen seine Zeitgenossen Noah Jahr um Jahr, Jahrzehnt um Jahrzehnt an der Rettungsarche bauen, während sie nach wie vor die Welt verbesserten und die Zukunft sicherten. Wohl zeugte jeder Hammerschlag gewaltig von dem nahenden Ende, das Ohr der Zeit aber deutete ihn in seiner Art und verstand die Sprache Gottes nicht, die zu ihrem Gewissen redete. *Denn eine sich mehr und mehr verstockende Weltzeit hört zuletzt nur noch sich selbst reden.*

6. Am Vorabend des Weltgerichts

1. Mose 7, 1—5

Auch die 120 Jahre des Zeugnisses eines „Gerechten" hatten die alte Welt nicht „gerecht" gemacht. Sie hatte jedes Verständnis für eine Lebenseinstellung verloren, wie Noah sie mit seiner Familie bekundete. So ging endlich auch die göttliche Wartezeit für jenes Zeitalter vorüber, ohne daß man in ihr die Gelegenheit zur Buße gefunden hatte. Ein dauerndes Sich-Verschließen gegen die göttliche

Wahrheit führt aber zum Schweigen der Wahrheit. *Schweigt jedoch erst Gott, dann reden hinfort die Gerichte.* Wer die inneren Zusammenhänge der Welt- und Heilsgeschichte zu schauen vermag, wie sie uns in biblischer Beleuchtung gezeichnet werden, der wird finden, daß das immer die dunkelsten Zeiten im Weltgeschehen waren, wo der Prophet Gottes schwieg und die Gerichte redeten.

Volle 120 Jahre hatte Gott durch das gerechte Leben eines Noah noch geredet und der damaligen Welt Gelegenheit zur inneren Umkehr gegeben. Hinfort hatte er der Welt als solcher nichts mehr zu sagen, da sie sich bewußt jeglicher Beeinflussung von oben für immer verschlossen hatte. Nur Noah bewahrte sich ein zartes Ohr für die Sprache Gottes. Daher konnte ihm in jenen kritischen Tagen ein neuer Auftrag Gottes werden. *„Und Jahve sprach zu Noah: Gehe du und dein ganzes Haus in die Arche; denn dich habe ich gerecht ersehen vor mir in dieser Zeit*[1]*."*

Wir haben erkannt, daß Noahs Gerechtigkeit in seiner zuversichtlichen Hingabe an Gott bestand. Auch nach der ersten Gottesoffenbarung hatte er durch den Bau der Arche bezeugt, daß er dem ihm von Gott gewordenen Lichte entsprechend zu leben wagte. Diese Gerechtigkeit bewährte er auch in dem Augenblick, der vielleicht der entscheidende seines Lebens war. Im allgemeinen an den Untergang eines Zeitalters zu glauben, war noch nicht so schwer, als eines Tages auf das Geheiß Gottes hin in die Arche zu gehen, während äußerlich von dem Eintritt eines Weltgerichts nichts zu sehen war. Die Sonne war so verheißungsvoll aufgegangen wie je zuvor, die allgemeine Stimmung war so froh und zuversichtlich wie immer: man aß, man trank, man freite und ließ sich freien, während Noah mit seiner Familie in die Arche gehen sollte.

Vielleicht war das der schwerste Glaubensschritt, der mit seiner Rettung verbunden war. Aber Noah tat ihn. Denn es heißt diesmal wieder von ihm: *„Da tat Noah alles, wie ihm Jahve befohlen hatte*[2]*."* Hätte Noah nicht geglaubt, daß Gott größer sei als das bevorstehende Gericht, auch er wäre innerlich verschmachtet vor Erwartung der Dinge, die da kommen sollten. Aber er wußte, daß Gott das kom-

[1] 1. Mose 7, 1.
[2] 1. Mose 7, 5.

mende Gerichtsgeschehen in seine Hand genommen, daß er die Flut kommen ließ und ihr Ende bestimmen würde. Durch eine Bundesverheißung hatte Gott ihm seine Rettung zugesichert, und er wußte, *daß in dem göttlichen Wort zugleich auch die göttliche Tat liegt.*

Es war für einen Noah gewiß nicht leicht gewesen, in einer völlig widergöttlichen und pflichtvergessenen Lebenssphäre pflichtgetreu und geistlich gesinnt vor Gott und Menschen zu sein. Aber der Herr konnte von Noah sagen: *„Ich habe dich gerecht vor mir gesehen in diesem Zeitalter."*

„Vor mir" hat hier keine andere Bedeutung als: „nach der Art meiner Gerechtigkeit". Gott erklärt nie etwas für gerecht, was in seinem innersten Wesen nicht gerecht ist, nennt nie die Finsternis Licht, bevor sie nicht zum Tag geworden ist. Was Gott je und je durch all seine Heilsoffenbarungen zu bewirken suchte, war jene Erlösung und Gerechtmachung, die den Menschen wieder in einen solchen göttlichen Wesenszustand versetzen, wo Gott aufs neue als ein Vater mit seinen Kindern verkehren und sie an der Fülle seines göttlichen Lebens teilnehmen lassen kann.

Noahs Eingehen auf die ihm gewordene Gottesoffenbarung und sein gerechtes Verhalten dem Geiste seiner Zeit gegenüber gaben Gott auch die Möglichkeit, selbst während des Gerichts mit ihm zu verkehren und durch ihn die Zukunft der Menschheit zu retten. Dieses „gerechte" Leben wurde auch mitten im Gericht dem Gericht nicht unterworfen. Gerichte können sich nur auf dem Boden von Ungerechtigkeiten auswirken. Wird ein gerechtes Leben mit durch das Gericht der Welt und ihrer Ungerechtigkeiten geführt, so erlebt es in ihm nicht seinen Untergang, sondern schaut die wunderbarste und größte Allmacht Gottes zum Heil derer, die Gott zu vertrauen wagen. Für ein gerechtes Leben werden auch die Gerichtszeiten zu Offenbarungstagen der Größe Gottes.

Dem Auftrag, in die Arche zu gehen, fügte Gott noch hinzu: *„Denn der Tage sind noch sieben, dann lasse ich auf die Erde vierzig Tage und vierzig Nächte niederregnen und lösche alles Bestehende, das ich gestaltet habe, weg von der Fläche des Erdbodens[1]."* Wie ohnmächtig Noah auch all dem kommenden Geschehen gegenüber=

[1] 1. Mose 7, 4.

stehen würde, er sollte dennoch wissen, daß auch das große Gericht der nächsten Tage in Abhängigkeit von dem freien Walten Gottes sich vollziehen würde. Mit diesen Worten hob Gott die nahende Katastrophe von vornherein aus dem Bereich blind waltender Naturkräfte heraus und bezeichnete das ganze Geschehen als ein Werk der göttlichen Vorsehung. *Auch Gerichtszeiten bleiben „gerecht" in ihrem Verhältnis zu Gott, indem sie sich in ihrem Kommen und Wirken von dem bestimmen lassen, dem sie zu dienen berufen sind.* Während viele in der Flut nur ein blind waltendes Naturereignis erblickten, steht hier „das Protokoll und Journal Noahs" und zeigt uns die drei Potenzen in der damaligen Gerichtszeit, die in hingebendem Gehorsam gegen den göttlichen Willen in Wirksamkeit traten. Dies waren: der im Verkehr mit Gott lebende Noah, die dem göttlichen Befehl gehorchende Kreatur und die erst auf den Wink Gottes hin hereinbrechende Flut.

Denn so wahr es einerseits ist, daß alle Weltkatastrophen nichts anderes sind *als die letzten Konsequenzen aus dem Handeln des Menschen ohne Gott, und daß sie sich immer wieder als Zeiten göttlichen Schweigens und göttlicher Passivität erwiesen, so verlor Gott doch nie seine Autorität über die einzelnen Gerichte.* Wohl vermag der Mensch sich in der Freiheit seiner Selbstbestimmung bewußt dem Willen Gottes zu entziehen. Die vernunftlose Natur in der Auswirkung ihrer Kräfte jedoch tut das nie. In völliger Abhängigkeit und hingebendem Gehorsam bleibt sie ihrem Schöpfer gegenüber „gerecht". Ihr Naturgehorsam ist ihr Leben, und Gottes ewige Naturgesetze sind die Atemzüge ihrer Seele. Daher vollzog sich auch der Tag des Gerichts, mit dem die alte Welt abschloß, in jenen göttlichen Grenzen, die Gott ihm zog.

Wenn es hier heißt: *„Dann lasse ich auf die Erde vierzig Tage und vierzig Nächte niederregnen und lösche alles Bestehende, das ich gestaltet habe, weg von der Fläche des Erdbodens"*, so macht die rabbinische Exegese gerade an dieser Stelle darauf aufmerksam, daß hier von Gott zur Bezeichnung seiner selbst jene Pronomform gewählt worden ist, wo der göttliche Ichbegriff nicht dem anderen Wesen schroff gegenübersteht, sondern „wo es vielmehr ein Walten bezeichnet, in dem sich Liebe und Gnade offenbaren". Auch das gewaltigste und erschütterndste Gerichtswirken bedeutete nie, daß Gottes Gerechtigkeit im Gegensatz zu Gottes Barmherzigkeit stehe und mithin ein Dualismus in Gott wäre. Noch immer war Gottes Gerechtigkeit eine sich ewig auswirkende Liebe und Gottes Liebe eine sich ewig auswirkende Gerechtigkeit. Gott wollte daher durch diesen bestimmten und klaren Hinweis auf sich selbst dem Noah nochmals die Versicherung geben: „Wenn du mich jetzt auch Tod und Vernichtung über die Menschheit bringen siehst, so handle ich doch auf Grund meiner Barmherzigkeit und Liebe." Denn um eine weit größere Zukunft retten zu können, mußte Gott eine Gegenwart, die in ihrer Loslösung von ihm ihre gerechte Einstellung zum Nächsten und zur Schöpfung verloren hatte und daher keine Zukunft mehr in sich trug, untergehen lassen. Aus ihrem Gericht konnte alsdann die Auferstehung der Zukunft geboren werden.

Wir sehen daher in diesem ersten Gerichtsgeschehen bereits die großen Prinzipien aller Erlösung aus einem eingetretenen Fall. Sobald eine alte Schöpfung auf Grund ihrer Abwendung von Gott völlig verderbt ist, wird ihre Erlösung nur möglich durch Tod und Gericht. Was in ihr zum Tode führte, muß durch das Gericht für immer verurteilt werden, damit wieder Raum gemacht werde für den Geist des ewigen Lebens. So wird der Mensch durch Sünde und Gericht fähig, auf Grund der Erlösung zu einem höheren Leben zu gelangen, als er vor dem Fall besaß. Noah kam nicht eher aus der Welt Adams in die Welt des Regenbogens, als bis der Beweis erbracht war, daß Adams Geschlechter so verderbt waren, daß sie mitsamt ihrer Welt verdammt werden mußten. Das Böse im Menschen mußte erst zur vollen Entfaltung gelangen, ehe er durch die Wasserfluten zur Welt des Lichts emporgehoben werden konnte. So mußte auch die gänzliche Verderbtheit des Herzens des alten Menschen in der Verwerfung des Sohnes Gottes offenbar werden, ehe die Lehre von der Wiedergeburt auf Erden gepredigt werden konnte. Es erlebt daher der Mensch in Wahrheit keine Wiedergeburt, bevor er nicht die Verdorbenheit alles dessen erfahren hat, was von Adam stammt. Denn Wiedergeburt ist nicht Vervollkommnung des alten Menschen, sondern die Folge von dessen Tod, eine neue Geburt auf Grund einer erneuernden Gottestat.

Diesem wunderbaren Gesetz, *daß aus dem Fall oder dem Versagen eines Dinges die Gnade etwas weit Besseres hervorzubringen vermag*, begegnen wir daher immer wieder in der großen, heilsgeschichtlichen Entwicklung der Menschheit. Paulus konnte die tiefe Wahrheit schreiben: „*Wo die Sünde mächtig ist, da ist die Gnade noch viel mächtiger*[1].“ Wir haben hier eins der tiefsten göttlichen Geheimnisse, *daß nämlich jede neue Lebensform, die Gott entstehen läßt, aus dem Fall derjenigen entspringt, die ihr vorangegangen ist.* So gab auch einst die vorsintflutliche Geistesrichtung in ihrem Untergang Gott die Gelegenheit, in Noah das Menschengeschlecht zu höherem Lichte zu führen. Der Untergang des kainitischen Zeitalters ermöglichte die Auferstehung des noachitischen.

Nachdem Gott mit diesen Worten den Blick Noahs von allem Gerichtsgeschehen hinweg allein auf sich selbst gerichtet hatte, sehen wir Noah an dem bestimmten Tage in die Arche gehen mit seiner Familie und allen Geschöpfen, die mit ihm durch die Flut hindurchgerettet werden sollten. Mit diesem Schritt legte er sich und alles Leben, das ihn umgab, in Gottes Hand und überließ hinfort die Verantwortung dem, *der größer war auch als das Gericht.* Und die Antwort Gottes war, daß er hinter ihm die Arche zuschloß. Dieselbe Hand, die nach einigen Tagen die Fenster des Himmels öffnete und die Quellen der Tiefe hervorbrechen ließ, schloß auch die Tür der Arche. *Nunmehr war Gott allein der Handelnde in der Rettung Noahs;* denn er hatte die Schlüssel zu Noahs Leben in seine Hand genommen und damit auch die Garantien für die ganze Dauer der Gerichtszeit. Hinfort pochten auch die Mächte des Weltgerichts vergeblich an der Tür jener Arche, die Noahs Leben hütete. Und ob die Gerichtswellen in ihrer zerstörenden Macht auch keine Grenzen kannten und die alte Weltkultur erbarmungslos begruben, der Arche Noahs dienten sie und trugen sie einer durchs Gericht gereinigten Erde entgegen.

---

[1] Röm. 5, 20.

IV. Noah während der Gerichtsflut

1. Noah in der Rettungsarche

1. Mose 8, 1—5

Noahs Zukunft lag nicht in der Arche, sondern auf jenem neuen Auferstehungsboden, der aus dem Gericht hervorgehen sollte. Seine große Zukunftsmission lag auf der neuen Erde, die auf allen Gebieten seine Dienste erwartete. Während der Dauer der Katastrophe hatte Noah keine andere Aufgabe, als völlig dem zu vertrauen, der den Schlüssel der Arche in seine Hand genommen und ihn damit von jenem Leben trennte, von dem er sich bisher auf dem Boden der kainitischen Geschichtsentwicklung umgeben sah. Hatte er auch durch seine Herzensgesinnung und durch seine Glaubensschritte immer wieder als ein Prediger der Gerechtigkeit Zeugnis abgelegt wider die ganze Geistesrichtung seiner Zeit, hinfort lagen auf dieser Linie für ihn keine Dienste mehr.

Es gibt Gerichtszeiten, wo selbst Gottes Propheten vorübergehend zu schweigen haben. Sie haben ihren letzten Dienst getan, um ein auf sich selbst eingestelltes Zeitalter vor dem drohenden Untergang zu bewahren. Aber da ihre Stimme nicht gehört wurde, mußten sie eines Tages die Welt sich selbst überlassen. Wie ein Elia einst am Bache Krith, saßen sie während der Monate und Jahre der großen Gerichtsereignisse irgendwo im Weltwinkel, der ihnen wie eine Rettungsarche diente, ohne jeden inneren Auftrag von Gott. *Der Inspirierende schwieg, daher blieben auch die Propheten ohne Auftrag.* Sie wünschten mit einem Jeremia, daß ihre Augen Tränenquellen wären, um all das Weh und Elend ihres Volkes beweinen zu können. Jedoch sie standen all dem Geschehen ohnmächtig gegenüber.

Solche Zeiten des Schweigens der Prophetenstimmen waren daher noch immer die allerdunkelsten in der Geschichte der Menschheit. In ihnen fehlte völlig der Blick für die Ausgänge aus einer zusammenbrechenden Gegenwart. Diese können nur geschaut werden von Persönlichkeiten, die im Lichte Gottes selbst einen Ausgang gefunden haben.

So brach mit dem Eintritt der Flut der Sabbat für jenen Noah an. Denn im Gericht als solchem hatte auch er nichts zu tun, der unter der herrschenden Ungerechtigkeit seines Zeitalters so unsäglich gelitten hatte. *Um eine für den Untergang reif gewordene Welt zu richten, brauchte Gott niemals den Dienst seiner Auserwählten und Propheten.* Ihre Kraft und Hingabe hielt er für weit höhere Aufgaben bereit. Denn in ihnen besaß er immer wieder jene ihm innerlich wesens- und gesinnungsverwandten Organe, durch die er rettend wirken konnte. Um in der Welt das zu richten, was sich seiner göttlichen Gerechtigkeit völlig entzogen hat, genügt ihm die Welt selbst. *Was in der Sünde großgezogen wurde, sah sich auch eines Tages durch die Sünde gerichtet.* Überall in der Geschichte strafte das bisher Böse sich selbst.

Aber um durch seine Gnade aus dem Fall der Vergangenheit einen neuen Segen für die Zukunft hervorzubringen, dazu bedurfte er immer wieder Männer wie Noah, Abraham, Mose, Jeremia, Paulus und all die bekannten und unbekannt gebliebenen Zeugen Jesu Christi, die bis in unsere Tage hinein die Wegbereiter des gegenwärtigen und kommenden Gottesreiches waren. *Revolutionen konnte die Menschheit zu ihrem Selbstgericht immer wieder aus ihrem eigenen Geiste gebären, aber Reformationen, die zu ihrer Wiedergeburt führten, konnten ihr nur durch die Inspirationen der Propheten Gottes gegeben werden.*

Die Rettungsarche bedeutete aber für Noah noch mehr: sie schied ihn nicht allein von jener alten Welt, die ihn bisher umgeben hatte, sondern auch vom Gericht selbst. Mitten im Gericht lebend, sah er sich ihm doch enthoben. Die Wellen, vor deren Wucht und Gewalt alles Bestehende zusammenbrach, hoben seine Arche höher und höher und rückten sie mit jedem weiteren Gerichtstage immer wieder in jene Sphäre, *die außer dem Gerichte lag. So widerspruchsvoll es* auch klingen mag, aber man kann ein Weltgericht mit durchleben *und doch außerhalb des Gerichtes stehen.*

So sah auch Noah das Gericht kommen und die Fluten steigen, ohne in ihnen unterzugehen. Derselbe Geschichtsvorgang, der durch seine Gerichtswellen eine alte Welt begrub, trug ihn bis zu dem Tage, wo Gott seinen Wind über die Wasser wehen ließ. Denn es heißt am Anfang des betreffenden Abschnitts: *„Da gedachte Elohim Noahs und aller Tiere und alles Viehs, welche mit ihm in der Arche waren, und es führte Elohim hinfort einen Wind über die Erde, da stillten sich die Wasser*[1]."

Durch die Arche wurde Noah auch der Blick genommen für all die entsetzlichen Vorgänge, die mit dieser Katastrophe aufs engste verbunden waren. Seine Augen sollten gerichtet bleiben auf den, der ihm durch eine Bundesverheißung die Rettung zugesichert hatte. Hätte Noah es gewagt, diesen inneren Felsen, auf dem seine Seele angesichts der nahenden Flut zur Ruhe gekommen war, zu verlassen, er wäre seelisch zusammengebrochen unter all dem Furchtbaren, was die Welt in ihrem Gericht erlebte.

Denn es bedarf nicht nur einer äußeren Bewahrung, um Weltgerichte überstehen zu können, sondern auch ungebrochener Geistes- und Seelenkräfte. Diese konnten einem Noah allein aus derselben Quelle werden, aus der er vor dem Gericht seine Orientierung geschöpft hatte. Wenn sich auch alles um ihn her veränderte, der Gott, der sich ihm zu seinem Heil so wunderbar geoffenbart hatte, war auch mitten in den Gerichtstagen derselbe, der er vordem war. *Es gibt eine Gemeinschaft Gottes mit den Menschen, die auch durch Weltgerichte nicht unterbrochen werden kann.*

Der Herr aller Gerichte hat Mittel und Wege, mit seinen Auserwählten auch mitten im Gericht zu verkehren. Selbst wenn die sichtbaren Tempel und Altäre vernichtet werden, so bedeutet das für diejenigen, die Gott anbeten im Geist und in der Wahrheit, keine Unterbrechung in ihrem Verkehr mit Gott. Was Gerichte ihnen nehmen können, sind höchstens die äußerlichen Formen ihrer Anbetung, jedoch nie ihr Wesen. *Anschluß an Gott macht den Menschen für immer einseitig.* Ob in normalen oder in unnormalen Zeiten, er bleibt abhängig von Gott und darum unabhängig von der Welt.

So groß nun auch je und je die Katastrophen der Weltgeschichte waren, nie wuchsen sie über die Majestät Gottes hinaus. Sowohl in ihrem Kommen als auch in ihrem Gehen blieben sie abhängig von Gott und bewegten sich in den Grenzen, die er ihnen zog. Sobald sie das in der Welt hinweggeräumt hatten, was sich dauernd als

[1] 1. Mose 8, 1.

ein Hindernis für das Kommen der Königsherrschaft Gottes auf Erden erwies, erloschen sie in sich selbst und gaben dem Leben, das durch sie gerettet war, weiten Raum zum Dienst.

Gerichtszeiten als solche konnten nie ein Neues schaffen; denn sie trugen nie aufbauende Kräfte in sich. Wohl erwiesen sie sich stark genug, auch das Gewaltigste, das durch menschliche Inspirationen geschaffen worden, bis auf seine Fundamente zu zerstören, aber eine neue Welt aufzubauen vermochten sie nicht. *Brandopfer bringen, Hütten bauen, Weinberge pflanzen, Herden ziehen, Gärten pflegen, Saaten säen, Ernten schneiden und Geschlechter für die Zukunft erziehen — das lag nie im Können der Gerichtszeiten. Dies war immer die große Mission jenes Noah, der sich eines Tages durch eine wunderbare Gottestat aus einer untergehenden Weltzeit auf eine durchs Gericht gereinigte Erde versetzt sah.*

Daher erhofften die Freunde Gottes auch nie ein Neues von Gerichten, die wohl Verderben in die Welt zu tragen vermochten, aber nie Träger eines neuen Lebens waren. Sie wissen, daß nach einem inneren Gesetz im ganzen Weltgeschehen Leben nur entstehen kann durch Mitteilung von Leben, göttliche Kräfte nur fließen können aus den Inspirationen der Ewigkeit.

Als Organe seines Geistes waren sie daher nie Träger blutiger Revolutionen oder Vertreter knechtender Reaktionen, sondern erwiesen sich als Dolmetscher einer dienenden Liebe und als die Organe schöpferischer Lebenskräfte in der Weltgeschichte.

2. Noahs Warten auf das Ende des Gerichts

1. Mose 8, 6—14

Als das erste Weltgericht seinen erschütternden Dienst erfüllt hatte, wurden die Quellen der Tiefen und die Schleusen des Himmels wieder von der Hand dessen geschlossen, der sie geöffnet hatte. Als Noah dann merkte, daß die Fluten zu sinken anfingen und die Spitzen der Berge sichtbar wurden, wartete er mit Sehnsucht auf das Ende des durchlebten Gerichts. So wird uns von ihm berich-

[1] 1. Mose 8, 6.

tet: *„Nach Verlauf von vierzig Tagen öffnete Noah das Fenster der Arche, welches er gemacht hatte[1].“*

Auch Noah empfand das völlig Unnormale der Flutkatastrophe. Gerichtszeiten waren nie das dauernd Bleibende. Sie erwiesen sich immer wieder nur als eine schmerzliche Notwendigkeit, die Herrschaft einer kainitischen Geschichtsentwicklung aufzuheben, um in Noah die Herrschaft Gottes für die Zukunft auf Erden zu retten.

Noah war nicht für die Arche gerettet worden, sondern die Arche mit ihren Beschränkungen sollte ihn für die Freiheit eines neuen Lebens retten, wo er Gelegenheit haben würde, alle Gaben ungebunden zum Aufbau der neuen Zukunft zu entfalten. Nicht in der Arche, sondern außerhalb der Arche lag sein zukünftiges Betätigungsfeld.

Es war daher selbstverständlich, daß Noah nach dem Anbruch jenes Neuen ausschaute, das aus der hinter ihm liegenden Nacht hervorbrechen sollte. Aus diesem Grunde sandte er auch Boten von jenem Leben aus, das seine Arche in sich trug. Durch sie wollte er erfahren, ob die Gerichtsfluten von der Fläche des Erdbodens abgenommen hatten. Der erste Bote war ein Rabe. *„Dieser flog hin und her, bis daß die Wasser vertrocknet waren[1].“*

In der Sprache der Bibel gehört dieser Vogel zu den unreinen Tieren und konnte daher auch nie als Opfer in der Hand eines Opfernden verwendet werden. Er flog hin und her, ruhte offenbar auf den schwimmenden Kadavern und kehrte nicht mehr zur Arche zurück.

Wer je Gerichtszeiten bewußt mit durchlebt hat, der weiß, wie die Seele sich in solchen Zeiten nach ihrem Ende sehnt. Tastend sendet sie ihre Fühler in die große Welt hinaus, um zu erfahren, ob nicht das Morgenrot eines neuen Tages sich zeige, wo das Zersetzende schwächer und schwächer wird und wieder Formen und Verhältnisse zutage treten, die dem Leben aufs neue Existenzmöglichkeiten und Schaffensraum zu geben vermögen, auch außerhalb der Arche. Denn so sehr diese auch dazu diente, einer gerechten Familie über die Tage des Untergangs hinwegzuhelfen, so war sie doch nie das große Betätigungsfeld, auf dem die Zukunft der geretteten Familie lag.

---

[1] 1. Mose 8, 7.

Auch unsere Seele verfügt über Kräfte, die ihr genaue Kunde über alles Weltgeschehen zu bringen vermögen. Schickt sie jedoch eine ungeheiligte Gesinnung als Kundschafter hinaus, so wird diese nicht mehr zu ihr zurückkehren, auch wenn die Gerichtszeit noch nicht zu Ende gegangen ist. Sie findet genug Nahrung für ihr Leben im Untergehenden. Sie unterscheidet nicht zwischen Verurteiltem und Gottgewolltem, sondern sucht in diesem und jenem zu Hause zu sein, wenn sie nur erst ihre ungebundene Freiheit wiedergefunden hat. Ihre Sehnsucht geht nicht so sehr auf das kommende Neue als vielmehr auf ihre zu gewinnende Freiheit, in der sie sich während der Gerichtszeit so sehr durch die Arche beschränkt sah.

Und was einzelne unreine Gefühle unserer Seele sein können, das kann letzthin auch die ganze Gesinnung eines Menschen sein, der durch ein Weltgericht hindurchgerettet worden ist. Wie ist es nur möglich, daß man alle Schrecken eines Weltkrieges nur insoweit verurteilen kann, als man ihn selbst verloren hat? Daß man die Rettung immer wieder in der Rückkehr zu jenen gottwidrigen Machtmitteln sieht, durch die der Mensch sich und seine Geschlechter je und je selbst begrub? Daß man seine Hand skrupellos in das Blut seines eigenen Bruders taucht, um sein Volk und Land angeblich retten zu wollen?

Man entfesselt Revolutionen, um Revolutionen zu bekämpfen, heiligt das Verbrechen gegen den Nächsten zum Recht für sich selbst, um auf diesem Boden eine neue Zukunft zu begründen, bekämpft den Besitz der Güter durch den Raub der Güter, sucht den Nächsten von seiner Versklavung zu befreien, indem man ihn versklavt. *Man hat immer noch nicht begriffen, daß auch in der Weltgeschichte Beelzebub nicht durch Beelzebub auszutreiben ist.* Man schwärmt wieder für Dinge, die zum Gericht führten, sucht zu retten, was für immer dem Tod geweiht ist. *Denn wer in seiner Gesinnung in den Dingen zu Hause geblieben ist, die zu einer Weltkatastrophe führten, wird zu ihnen zurückkehren, wenn er in ihnen nur jene Freiheit wiederfinden kann, in der er sich während der Gerichtszeit durch die Arche so sehr beschränkt sah.*

Um welch ein Seelenvermögen es sich bei diesem Tasten bei uns handelt, beleuchtet uns vielleicht eine Mitteilung der Evangelien.

Als Jesus einst seine Jünger in das weiße Erntefeld seiner Tage sandte, gab er ihnen den Auftrag, daß sie jedes Haus, in das sie einkehren würden, mit dem Gruß „Friede diesem Hause!" grüßen sollten. Diesem Auftrag fügte er alsdann die Erklärung hinzu: *„Und wenn daselbst ein Kind des Friedens ist, so wird auf ihm euer Friede ruhen*[1]*."* In diesen Worten drückt sich dieselbe Wahrheit aus, die durch die obigen Ausführungen beleuchtet werden sollte. Wer aus seinem Innenleben Reines, Geheiligtes in die Welt hinaussendet, der wird finden, daß er nur in jenen Personen und Verhältnissen der Welt zur Ruhe kommen kann, die etwas von diesem Reinen und Geheiligten in sich tragen. Wer jedoch in seinem Herzen niemals das verurteilte, was Gott durch die furchtbarsten Weltgerichte im Leben der Völker richtete, der wird sich auch nach einer durchlebten Weltkatastrophe in den ausgesandten Boten seiner Seele in dem zu Hause fühlen, was soeben durchs Gericht hindurchgegangen ist. Der Rabe konnte daher dem Noah keine Kunde bringen, ob da neues Leben begonnen habe, wo bisher der Tod geherrscht hatte.

Daher sandte Noah nach dem Raben eine Taube aus, um zu sehen, ob nicht doch endlich die Gewässer auf dem Erdboden am Verschwinden wären. Die Taube fand aber zunächst keinen Ruheplatz für ihren Fuß und kehrte wieder in die Arche zurück; denn noch bedeckten die Gewässer die Erde. So streckte Noah seine Hand aus und nahm sie wieder zu sich. Sieben Tage wartete er noch, dann sandte er sie wieder hinaus. Da kam die Taube zur Abendzeit zurück, und siehe, sie hatte ein Olivenblatt, ein Zeichen neu erwachenden Lebens, in ihrem Schnabel. Da wußte Noah, daß die Wasser von der Erde gewichen waren[2].

Die Taube als zweiter Bote fand weder Nahrung noch Ruhe auf der Erde, solange diese noch unter dem Zeichen des Gerichts stand. Daher kehrte sie auch nach ihrer ersten Aussendung wieder zur Arche zurück. Als sie jedoch nach weiteren sieben Tagen zum zweitenmal von Noah in die Welt hinausgesandt wurde, brachte sie ein Ölblatt in ihrem Schnabel. Das war die erste Kunde von neuem Leben auf jenem Boden, auf dem bisher der Tod unumschränkt geherrscht hatte.

Seit dem Tage, da Gottes Winde über die Gerichtswogen zu

[1] Luk. 10, 5. 6. [2] 1. Mose 8. 9—11.

wehen begannen, hatte Noahs Seele Morgenluft geahnt. Wer einmal des Nachts im Süden gereist ist, der weiß, wie den Reisenden während der nächtlichen Stille eine schwüle Atmosphäre umgibt. Sobald sich aber der Morgen nähert, erhebt sich ein frischer Luftzug und weht erquickend über die ruhende Erde. Hinfort späht das Auge nach dem Osten und wartet, ob nicht das Morgenrot des neuen Tages beginnt. So hatte auch Noahs Seele von Woche zu Woche ausgeschaut. Als ihn dann die Taube mit dem Ölblatt, dem ersten Zeichen erwachenden Lebens auf der verjüngten Erde, grüßte, wußte er, daß da, wo während der Gerichtszeit Tod und Vernichtung geherrscht hatten, das Leben wieder sichtbar wurde. Dieses Ölblatt war für ihn daher der so ersehnte Morgenstern, der ihm den nahen Aufgang der Sonne eines neuen Weltentags verkündete, *der erste Ostergruß von jener Auferstehungserde, die aus Gericht und Tod heraus zu neuem Leben erstanden war.*

Dieses Ölblatt ist auch uns, die wir wie einst Noah warten auf das Ende durchlebter Gerichte, ein wunderbar prophetisches Evangelium. *Denn es verkündet uns, daß Weltgerichte die Erde nicht vernichten, sondern nur reinigen sollen.* So hatte auch die Fluttaufe nur die Aufgabe, zu begraben, was sich der Gerechtigkeit Gottes entzogen hatte und damit eine Gefahr für die Zukunft geworden war. Als das geschehen war, triumphierte aufs neue das Leben über den Tod, und die durchs Gericht gereinigte Welt wartete wieder auf den Dienst Noahs und seiner Söhne. Der ganze Reichtum der Erde sehnte sich danach, von einer gerechten Seele wieder gerecht beherrscht und verwaltet zu werden. Jede Blume wollte wieder blühen, jede Wiese grünen, jede Traube reifen, jedes Feld Saaten tragen. Die Schätze der Erde sollten von neuem durch Noahs Hand gehoben werden, um als Bausteine für den Aufbau des Lebens zu dienen. Und der erste Gruß von diesem erwachenden und wartenden Leben war für Noah das grünende Olivenblatt.

Mit diesem Ölblattgruß endeten bisher alle Weltgerichte. Wäre es anders gewesen, die Welt hätte sich längst endgültig in ihren Katastrophen aufgelöst. Wäre nicht nach jedem Gericht ein höheres Leben, eine neue Offenbarung des wunderbaren Reichtums der Gnade Gottes gefolgt, die Menschheit besäße heute nicht mehr die Fülle von Licht und Lebensgütern, die hinfort kein Weltgericht mehr zu vernichten vermag. Denn was immer aus der Ewigkeit geboren wurde, was aus den Inspirationen von oben im Lauf der Jahrtausende entstand, das sind unzerstörbare Bausteine für das kommende Gottesreich auf Erden.

Geht doch keine Welle im Meer, kein Ton und Seufzer in der Schöpfung verloren, wieviel weniger alle jene geistigen Werte, die je und je in der Menschheitsgeschichte aus dem Umgang mit Gott gewonnen wurden! Sie dienten nicht nur vorübergehend ihrer Zeit zum sittlichen Aufbau der gegenwärtigen Menschheitsgeschichte, sondern wirken fort und fort, bis sie ihren Sabbat in einer neuen Schöpfung Gottes finden werden. Denn die Zukunft der Königsherrschaft Jesu Christi liegt nicht nur im Himmel, sondern auch auf Erden. Die Erde soll nicht in den Himmel, wohl aber der Himmel auf die Erde kommen, damit sie wieder voll werde der Herrlichkeit Gottes und seines Gesalbten.

Welch ein Osterevangelium enthält daher auch für uns jenes Ölblatt nach dem ersten Weltgericht! Was von unseren Gütern Ewigkeitswert in sich trug, ist auch uns durch die letzte Weltkatastrophe für die Zukunft nicht verlorengegangen. Ein neues Zeitalter liegt vor uns und sehnt sich auf allen Gebieten wieder nach dem Dienst geretteter Seelen. Wenn heute die Jüngergemeinde angesichts all der erschütternden Gerichtserscheinungen vielfach wieder die Frage nach oben richtet: *„Herr, gibst du in dieser Zeit Israel die Königsherrschaft wieder?"*, so erhält sie von ihrem erhöhten Haupt wiederum nur die alte Antwort: *„Es ist nicht euere Sache, Zeiten oder Stunden zu wissen, welche der Vater in seiner eigenen Macht festgesetzt hat; sondern ihr werdet Kraft empfangen, wenn der Heilige Geist über euch kommt, und werdet meine Zeugen sein in Jerusalem und in ganz Judäa und Samaria und bis an das Ende der Erde[1]."*

Nie hat Gott die Welt preisgegeben, um eine Schar Auserwählter zu retten, sondern er berief sich seine Auserwählten, um die Welt durch sie zu ihrer Erlösung zu führen. Denn das Reich Gottes liegt nicht nur in der Zukunft, sondern auch in der Gegenwart. *Atmen*

[1] Apg. 1, 6—8.

Jesusjünger Christi Geist, sind sie getauft mit seinem Leben, seufzen sie in seinem Schmerz, dann ist ihr gegenwärtiger Zeugendienst in der Welt nicht weniger Reich Gottes, als es ihr zukünftiger einst sein wird. Nur daß einst ihr Dienst in vollendeter Kraft getan werden wird, während er gegenwärtig vielfach in großer Schwachheit geschieht. Tragen wir doch gegenwärtig diesen Schatz in tönernen Gefäßen, auf daß die Kraft in unserem Leben sich erweise als Gotteskraft und nicht als von uns[1].

Ob unser Dienst sich auf die Gebiete des geistlichen oder geistigen, des sozialen oder kulturellen, des wirtschaftlichen oder politischen Lebens bezieht, im Geiste Jesu getan, ist er ein unverlierbarer Beitrag für das Kommen der Gottesherrschaft auf Erden. Daniel war in seinem Gebetskämmerlein mit den offenen Fenstern gen Jerusalem nicht ein in höherem Maße geweihter Gottesknecht, als er es auf dem ersten Ministersessel der babylonischen Weltmacht war. Wo immer eine durchs Gericht hindurchgegangene Welt Raum für den Dienst Gott hingegebener Zeugen hat, da sind diese bereit, ihr mit ihren heiligsten Gütern zu ihrem Heil zu dienen, ohne sich je mit ihrem Geist zu vermählen. Denn obgleich sie *in* der Welt sind, sind sie doch nicht *von* der Welt.

Wenn diese Wartenden, die im Geiste ihres Meisters beten: „Dein Reich komme!", nun auch in unseren Tagen ein Ölblatt sehen, Zeichen von höherem Leben, gerechteren Prinzipien und berechtigteren Hoffnungen wahrnehmen, *dann wissen sie, daß auch die Gewässer der gegenwärtigen Gerichtszeit am Verlaufen sind, und daß da und dort der neue Boden einer ferneren Zukunft sich zeigt, wo wieder der Ölbaum grünen wird.*

V. Noah nach der Gerichtsflut

1. Noahs erste Glaubensschritte

1. Mose 8, 14—20

Nicht dem Tode, dem Leben gehört die Zukunft. Nicht dem Gericht, der Gerechtigkeit gehört die Erde. Nicht dem Geschöpf, seinem Schöpfer gehört der Mensch. Vernichtung war niemals der

[1] 2. Kor. 4, 7.

Sinn der göttlichen Weltgerichte; vielmehr gingen in ihnen nur diejenigen Prinzipien und Schöpfungen der Menschen zugrunde, die Gottes Gerechtigkeitscharakter und damit ihre Zukunft verloren hatten. Alles jedoch, was an Werten je und je aus dem Umgang des Menschen mit Gott entstanden war, blieb auch durch die schwersten Weltgerichte hindurch ein Beitrag für das kommende Gottesreich auf Erden.

Noah hatte sich nicht getäuscht. Mußte er auch noch Monate warten, endlich grüßte ihn doch die neu erstandene Erde mit einem frischen Ölblatt. Ihr Auferstehungsgruß zeugte von dem ihr innewohnenden Leben, welches das Gericht wohl vorübergehend hatte zurückhalten, aber nicht für immer binden können.

Als Noah diese Osterkunde von der Erde empfangen hatte, wartete er noch sieben Tage. Dann ließ er zum drittenmal eine Taube ausfliegen. Diese kehrte jedoch nicht mehr zu ihm in die Arche zurück. Da deckte Noah das Dach von seiner Arche ab, und überall grüßte ihn neu erwachendes Leben auf jenem Boden, auf dem der Tod vorübergehend geherrscht hatte. Hinfort atmete er die Morgenluft eines neuen Zeitalters, ohne jedoch dessen Freiheit zu genießen; denn diese konnte allein Gott ihm erschließen. So wie die Schlüssel, die hinter ihm die Arche schlossen, in der Hand Gottes lagen, so lag auch der Weg zur Freiheit allein in Gottes Hand.

Während Noah zunächst noch in der Arche wartete, erlebte er eine neue große Gottesoffenbarung, und die lautete: *„Gehe aus der Arche, du und deine Frau und deine Söhne und die Frauen deiner Söhne mit dir! Alles Lebendige lasse mit dir hinausgehen, daß sie sich frei bewegen auf der Erde und sich fortpflanzen und vermehren auf Erden[1]!"*

Noahseelen haben in ihrem Leben gelernt, Schritt zu halten mit Gott. Sie verlassen nicht vorzeitig einen gerichteten Boden, um sich mit ihrem Gott in die Arche zurückzuziehen; sie sind der kainitischen Welt gestorben auch ohne den Bergungsort in der Arche. Sie fliehen nicht vor der Welt, um sich vor ihr retten zu können; denn die Welt ist ihnen gerichtet, längst bevor sie ihr Gericht erlebt. Aber Noahseelen verlassen auch nicht vorzeitig die Arche, um das Land der

[1] 1. Mose 8, 16. 17.

Freiheit, dem zu dienen sie berufen sind, zu grüßen. So schwer ihnen das Warten gelegentlich auch sein mag, sie lassen den Schlüssel in Gottes Hand. Sie gehen erst, wenn Gott ihnen eine „offene Tür" hat geben können. Wissen sie doch, daß Gott viel richtiger zu beurteilen versteht, wann der Augenblick gekommen ist, um eine durchs Gericht hindurchgegangene Erde neu zu bebauen.

Wir haben gesehen, was für eine Bedeutung diese Abhängigkeit von Gott für Noah vor der Flut bedeutete. Ein Leben, das sich auf Gott eingestellt hat, findet seine Zukunft allein in der dauernden Abhängigkeit von Gott. Erst als Gott die Tür der Arche aufschloß, lesen wir von Noah: *„Da ging Noah hinaus, und seine Söhne, seine Frau und die Frauen seiner Söhne mit ihm."*

Die Zukunft der Menschheit lag nicht in der Arche, sondern auf dem Boden der neuen Erde. Nachdem die Arche während der Gerichtszeit ihre Dienste getan, hatte sie hinfort für Noah und seine Familie ihre Bedeutung verloren. Ein Noah in der Arche hätte der ferneren Zukunft so wenig zur Verwirklichung der göttlichen Heilspläne dienen können wie die untergegangenen Geschlechter des alten Zeitalters ohne Arche. Bei seiner Rettung durch die Arche handelte es sich um weit Höheres als nur um seine persönliche Bewahrung vor dem Weltgericht. Er sollte gerettet werden, um einer gerichteten Welt zu ihrem neuen Heil dienen zu können. *Nicht in dem Rettungsmittel sollte Noah den Boden finden, auf dem Gott ihn dauernd segnen wollte, sondern auf der neuen Erde.*

Es war daher ein weltgeschichtlicher Augenblick, als Noah die durchs Gericht gereinigte Erde betrat. Was wird dieser Mann Gottes aus der Welt machen, die hinfort offen vor ihm lag und auf seinen Dienst wartete?

Eine Antwort darauf gibt uns die folgende Mitteilung: *„Da baute Noah Jahve einen Altar und nahm von allem reinen Vieh und von allen reinen Vögeln und brachte ein Emporopfer auf dem Altar*[1]*."* Mit diesem Opfer wollte Noah ausdrücken, was ihn angesichts all der hinter ihm liegenden Erlebnisse und der vor ihm liegenden Aufgaben bewegte. All die entsetzlichen Erscheinungen eines Weltuntergangs lagen nun hinter ihm. Die schwere Wartezeit mit den damit

[1] 1. Mose 8, 20.

verbundenen Seelenkämpfen in der Arche war auch zu Ende gegangen. Eine neue Zukunft mit unübersehbaren Dienst- und Segensmöglichkeiten lag hinfort vor ihm. Ihm, dem Herrn der Rettung, galt daher sein erster Dienst auf der neuen Erde.

Wie richtig daher, daß Noah nicht der Arche einen Altar baute, sondern dem Herrn, der die Arche gegeben, daß er nicht bei dem Mittel der Rettung stehenblieb, sondern bei dem Herrn der Rettung! Dies scheint auf den ersten Blick selbstverständlich zu sein. Wer jedoch die Geschichte der Menschheit kennt, weiß, wie oft man den von Gott gewählten Mitteln einen Altar baute anstatt dem, der sie wählte. Wie häufig wurde später, nach erlebter Gotteshilfe, der Sache weit mehr Bewunderung, Anbetung, Hingabe und Dienst geweiht als dem Herrn, der die Sache zum Heil gegeben hatte! *Man verehrte das Heilige und nicht den Heiligen, man pflegte Kult mit der Sache anstatt Anbetung der Person.*

Wie es einst den Geschlechtern Israels erging, so ist es der Menschheit immer wieder ergangen. Als man erst die eherne Schlange, durch die man gerettet worden war, anbetete, wurde sie auf Gottes Geheiß mit Feuer verbrannt. *Auch all das Heilige, das Gott vorübergehend in der Geschichte zum Heil und zum Segen der Menschheit benutzte, verfällt eines Tages unbedingt dem Gericht, sobald es, anstatt zu Gott zu führen, den Menschen von Gott löst.*

Hätte man das tiefer erfaßt, es gäbe nicht so viel jene tote Orthodoxie, die zwar Jahrhunderte hindurch Kult mit der heiligen Sache treibt, aber die wahre Anbetung und die Hingabe an den Herrn selbst nicht kennt und ohne Umgang mit Gott lebt. Man ist zwar groß in der Pflege des Tempels, aber unendlich arm in der Gemeinschaft mit dem Herrn des Tempels. Man hält zwar fest am Bekenntnis zu Gott, aber ist ohne jegliches Erleben mit Gott. Man verteidigt die heilige Tradition, aber lebt ohne göttliche Offenbarung, man schützt das heilige Buch und verleugnet das lebendige Wort.

Als Noah seinen Fuß auf die aus dem Gericht erstandene Erde setzte, weihte er sie durch sein Opfer dem, durch dessen Gnade sie gerettet war. In den Altarsteinen drückte die Welt, im Opfer die Kreatur und im Opfernden der Mensch seine Hingabe an Gott aus. Die in wahrer Herzenshingabe vollzogenen Opferhandlungen waren kein toter Formalismus, sondern die Sprache der Seele, die je und je ihr Tiefstes und Heiligstes nicht nur in Worten, sondern auch in sichtbaren Handlungen vor Gott zum Ausdruck zu bringen suchte.

Es ist daher überaus bezeichnend, daß man später in Israel nie eine von der Natur geschaffene Erhöhung als Altar benutzen durfte, sondern daß der Opfernde aus gesammelten Steinen einen solchen zur Darbringung seines Opfers zu errichten hatte. Dadurch sollte zum Ausdruck gebracht werden, daß die Natur an sich keiner Erhebung zu Gott fähig ist. Zur wahren Anbetung gelangt sie erst durch eines Menschen Seele, die sie mit zu ihrer Anbetung und Hingabe hinaufzieht. *Der Mittler der Natur vor Gott ist daher der Gott dienende Mensch.* Indem er sie im Opfer in den heiligsten Dienst seiner Seele hineinzieht, wird sie aus ihrer natürlichen Daseinsstufe herausgehoben und wird Teilnehmerin an der Anbetung Gottes im Geist und in der Wahrheit.

Wer nach den alttestamentlichen Opferordnungen für sein Opfer eine natürliche Erhöhung wählte, blieb damit auf dem Standpunkt der Natur stehen. So opferten jene Völker, die keinen innerlichen Herzensverkehr mit Gott kannten. Sie wußten von Gott nur so viel, daß man ihm opfern müsse. Sooft Israels Gottesdienst zu solch einem heidnischen Opferkultus herabsank, brachte das Volk ebenfalls auf allen Höhen seine Gaben dar. *Einem innerlich Erstorbenen und ohne Gemeinschaft mit Gott Lebenden genügt immer die rein äußerliche Form des Opfers.*

Indem also Noah auf der neu erstandenen Erde dem Herrn einen Altar baute, weihte er sie als Stammvater der Zukunft mit diesem Akt zu einer Stätte, auf der die kommenden, sich Gott weihenden Geschlechter der Menschheit Stein an Stein fügen sollten, bis sie in all ihren Teilen zu einer Stätte wahrer Anbetung werden würde.

So drückt auch die hebräische Wortwurzel für „Altar" nie „ein Töten des Opfers mit der Absicht der Vernichtung aus", vielmehr soll es als ein „Mahl" dem Herrn dienen. Wurde doch das Opfer überhaupt als „Mahl" gefaßt; denn es war „die Nahrung des göttlichen Feuers auf Erden". Opfern hieß daher immer ein Eingehen in das göttliche, ewige Leben. „Nicht das Tier — *sich* opferte der Opfernde im Tier." Wenn er das Opfer zum Altar führte, seine

Hände darauf legte, es tötete, sein Blut auffing, den Altar damit besprengte und alles alsdann dem Feuer des Altars übergab, so wollte er durch diese Handlungen bekunden, daß sein ganzes Sein und Leben an Gott und an die überwältigende Kraft seines göttlichen Willens hingegeben sei.

Noah brachte daher auch nicht nur, wie einst Kain und Abel, ein Huldigungsopfer dar, sondern Dank- und Brandopfer; denn es handelte sich ihm in der Opfersprache seiner Seele um weit mehr als nur um eine Huldigung und Anerkennung Gottes. *Er wünschte, daß er selbst und die ihn umgebende Kreatur Gott für immer geheiligt und geweiht sein möchte.*

Mit dieser Weihe begann Noah das vor ihm liegende große Lebenswerk. *Seine erste Tat war Hingabe an den Schöpfer.* Sein Lebensweg führte erst zum Altar und dann zu seiner Hütte und dem Weinberg, den er pflanzte, nicht umgekehrt. Was immer er auch in seinem Leben zum Aufbau seiner Familie unternehmen würde, alles sollte seinen Ausgang von jenem Altar nehmen, auf dem er sich und die ganze Schöpfung Gott dargebracht hatte. Seine Herzensgesinnung bekundete daher schon in jenen uralten Zeiten die große Wahrheit, die Jahrtausende später Jesus in die Worte faßte: *„Trachtet am ersten nach dem Reiche Gottes und seiner Gerechtigkeit, so wird euch solches alles zufallen."*

Eine wunderbare Beleuchtung lag für diese Wahrheit später in den Verordnungen der israelitischen Festgesetze. Israels Katechismus war sein Kalender; denn die Monate des Jahres waren aufs engste mit den großen Erlebnissen seiner Geschichte und den Heilstaten Gottes verbunden. In einer Bestimmung lesen wir nun: *„Wenn die Sichel angefangen am Getreide, fängst du an zu zählen sieben Wochen*[1]*."* Wenn Israel in „seinem Lande" das Fest seiner politischen Auferstehung im Ährenmonat feierte, hatte in der Regel das Frühkorn bereits seine Reife erlangt und wartete auf die Sichel des Schnitters. Bevor jedoch die Sichel beginnen durfte, das neue Korn zu schneiden, mußte die Passahfeier vorüber sein und das Mazzafest begonnen haben. So lange war Sabbat für den Schnitter; denn bevor Israel jährlich die neue Frucht seines Landes genoß, sollte es an

[1] 5. Mose 16, 9.

seine ursprüngliche Armut und Heimatlosigkeit erinnert werden, wo es auf fremder Erde unter schmachvoller Knechtung sein Tränenbrot gegessen hatte.

Jedoch auch dann noch, wenn der Israelit bereits erntefroh sein reifes Korn schnitt und sich der Früchte seines Bodens erfreute, mußte er noch sechs Tage lang das Brot der Armut essen, um zu bekunden, daß sein Volk diese Fülle an Segen und Gedeihen, an Selbständigkeit und Freiheit allein dem verdanke, der es zur Gemeinschaft mit sich selbst und zum Gehorsam gegen sein Gesetz berufen hatte. Dies alles war Israel gegeben, damit es die Möglichkeit habe, ein Volk göttlichen Eigentums, ein Königreich von gottgeweihten Priesterseelen unter den Völkern zu sein[1]. Nicht das Land der Freiheit, das es besaß, nicht die reichen Äcker, die ihm blühten, waren Israels Götter und Güter, sondern das alles sollte dem Volk nur ein Mittel sein, seine Hingabe an das den Willen Gottes enthaltende Gesetz und damit an Gott selbst auszuleben.

Sooft Israel jedoch seinen Reichtum im Boden, seine Freiheit in der politischen Machterweiterung und seine Zukunft im Ländererwerb erblickte, verlor es wieder Boden und Heimat und rettete für sein Leben nichts anderes als das Gesetz allein.

Daß sein Leben und seine Zukunft nicht der Sichel, sondern dem Herrn selbst und seinem geoffenbarten Willen geweiht sein solle, das und nichts anderes wollte Noah mit seiner Weihe bekunden, als er auf der durchs Gericht gereinigten Erde den Altar für sein Brandopfer baute. Was wäre aus der Menschheit geworden, wenn sie in demselben Geiste ihres Ahnen ihre Felder gepflügt, ihre Weinberge gegraben, ihre Städte gebaut, ihre Kultur geschaffen und ihre Entwicklung gesegnet hätte!

2. Die große Gottesoffenbarung

1. Mose 8, 21—9, 6

Nachdem Noah durch sein Opfer zu Gott geredet hatte, redete Gott zu Noah. Im wirklichen Verkehr mit Gott wechseln Gebet und Offenbarung immer wieder miteinander ab. Es ist jenes Geben und

[1] 2. Mose 19, 5. 6.

Nehmen, in dem das Geheimnis unserer Gemeinschaft mit Gott besteht. Daher sagte auch Jesus einst zu seinen Jüngern, denen er im Bild des Weinstocks sein organisches Lebensverhältnis zu ihnen klargelegt hatte: *„Bleibet in mir, und ich bleibe in euch; denn ohne mich könnt ihr nichts tun*[1]*.“* Die Lebensgemeinschaft des Menschen mit der oberen Welt ist niemals nur eine kultische Leistung vor Gott, sondern jener innerliche Umgang, da die Seele gibt, was sie besitzt, und empfängt, was Gott ihr darreicht.

Wenn die Schrift bei diesem Verkehr des Menschen mit Gott so viel von Offenbarung spricht, so bezeichnet sie damit jenes göttliche Licht und Leben, die der Mensch von Gott empfängt. *Offenbarung ist nichts anderes als Selbstmitteilung Gottes.* Was Gott in seiner Fülle an Leben und Licht, an Frieden und erlösender Kraft besitzt, sucht er auf dem Wege der Selbstenthüllung denen mitzuteilen, die ihr Leben in ihm gefunden haben. Als solch eine Persönlichkeit haben wir bisher auch einen Noah kennengelernt. Das Geheimnis, das ihn von dem untergegangenen Zeitalter so wesentlich unterschieden hatte, war sein Umgang und Wandel mit Gott gewesen.

Eine Gemeinschaft nun, die durch solch gegenseitige Selbstmitteilung aufgebaut wird, ist in ihrem Reichtum ohne Grenzen. Denn Gott hat sich in all seinen Schöpfungen nie erschöpft und in all seinen Offenbarungen nie ausgegeben, so reich sie je und je in der Heilsgeschichte der Menschheit auch waren. *Auch in seiner Offenbarungsfülle ist Gott Unendlichkeit.* Großes hatte der Herr daher auch dem Noah mitzuteilen, als dieser ihm durch sein Opfer kundgetan hatte, daß er und die neue Schöpfung nichts anderes als eine Offenbarungsstätte Gottes für die Zukunft sein möchten. Er enthüllte ihm vier große Dinge: einen göttlichen Herzensbeschluß, einen göttlichen Segen, ein göttliches Zukunftsprogramm und ein göttliches Bundeszeichen.

Das erste Geheimnis, das Gottes Offenbarung einem Noah zu enthüllen hatte, war ein göttlicher Herzensbeschluß: *„Da nahm Jahve den Ausdruck der Willfahrung wahr, und es sprach da Jahve zu seinem Herzen: Ich will nicht der Adama (Erdoberfläche) um des*

[1] Joh. 15, 4. 5.

Menschen willen, wenn das Herzensgebilde des Menschen von seiner Jugend an schlecht ist, wieder Unsegen geben und will nicht wieder alles Lebendige schlagen, wie ich getan[1]*."*

Dies war eine Offenbarung, von der es nicht heißt: *„Und Gott sprach zu Noah."* Der große Beschluß Gottes, hinfort nicht mehr die Menschheit durch eine Gerichtsflut zu vertilgen, erfolgte zunächst allein bei Gott selbst. Und doch erfuhr ihn Noah, so daß er durch ihn der Menschheit mitgeteilt werden konnte. *Ein Wandel mit Gott, wie Noah ihn führte, machte den Menschen je und je wunderbar vertraut mit Gott.* Als einst Mirjam und Aaron mit Mose zankten um des kuschitischen Weibes willen, das er sich in der Tochter des midianitischen Priesters Reguel genommen hatte, rief Gott diese in seine Gegenwart und sprach zu ihnen: *„Ist jemand unter euch ein Prophet, dem will ich, der Herr, mich in einem Gesicht offenbaren, oder ich will in einem Traum zu ihm reden. Aber nicht also mein Knecht Mose; er ist mit meinem ganzen Hause vertraut; mündlich rede ich mit ihm und von Angesicht und nicht rätselhaft, und er schaut die Gestalt des Herrn*[2]*."*

Freunde Gottes werden von Gott auch in jene Dinge mit hineingezogen, die zunächst sein Herz allein bewegen. Sie haben im Umgang mit Gott mit der Zeit einen klaren Blick für die innere Wesensgestalt des Herrn gewonnen und wurden fähig, den Pulsschlägen seiner Seele zu lauschen. Sie hörten Dinge, die andere nicht hörten, gewannen ein Vertrauen für die Zukunft, wie andere es nicht finden konnten. Es heißt daher auch nach der Darbringung von Noahs Opfer: *„Da nahm Jahve den Ausdruck der Willfahrung (Hingabe) wahr, und es sprach Jahve zu seinem Herzen: Ich will nicht der Oberfläche um des Menschen willen wieder Unsegen geben, wenn das Herzensgebilde des Menschen von seiner Jugend an schlecht ist, und will nicht wieder alles Lebendige schlagen, wie ich getan habe; die Erdentage sollen immer währen: Saat und Ernte, Kälte und Hitze, Sommer und Winter, Tag und Nacht sollen nie feiern*[3]*."*

Zum Verständnis dieser wunderbaren Gottesoffenbarung an

---

[1] 1. Mose 8, 21.
[2] 4. Mose 12, 6—9.
[3] 1. Mose 8, 21. 22.

Noah müssen wir jedoch auf einige sprachliche Ausdrücke aufmerksam machen. Wir haben schon in einem der vorigen Kapitel gesehen, daß der Ausdruck „Noah" die „zur Ruhe gekommene Bewegung" ist. Diese Wortwurzel wird hier für jenen Begriff gebraucht, den man vielfach mit „angenehm" übersetzt hat, um so das Opfer Noahs als einen „angenehmen Geruch" vor dem Herrn zu bezeichnen. Nun wird der hebräische Ausdruck tatsächlich in der Bedeutung von der „Gewährung eines Wunsches" oder der „Befriedigung" gebraucht. „Nie aber kommt das Wort in dieser Bedeutung für die Gewährung eines sinnlichen Genusses vor, wie es doch sein müßte, wenn das Wort ein angenehmer Geruch bedeuten sollte." Die Form, in der das Wort im hebräischen Text hier gebraucht wird, drückt nun aus, daß es ein Geruch der „Befriedigung" war; damit sollte jedoch nicht gesagt sein, daß der Geruch an sich Gott angenehm gewesen sei.

Für den Ausdruck „Geruch" wird im Grundtext das Wort „Geist" gebraucht. Geruch ist derjenige menschliche Sinn, mit dem feinste ätherische Teilchen ferner Gegenstände unmittelbar wahrgenommen werden können. Daher wird das Wort „Geist" oder „Geruch" auch von den „leisesten Wahrnehmungen" der Seele gebraucht. Bedeutet somit das Wort ganz allgemein nur eine „Wahrnehmung leisester Äußerung", so war das Opfer Noahs für Gott nichts anderes als „ein leiser, ein andeutender Ausdruck der Willfahrung", Gottes geoffenbarten Willen erfüllen zu wollen[1]. *Denn das Opfer an sich war keine Hingabe an Gottes Willen, sondern nur eine Andeutung jener Willenshingabe, die Gott im Leben eines Noah finden sollte.*

Die vollkommenste und vollendetste Erfüllung hat dieses Vorbild der völligen Willenshingabe an Gott erst in dem Einen gefunden, der noch weit größer war auch als Noah. Christus trat mit seinem eigenen Leben als Opfer vor den Vater und sprach: *„Opfer und Gaben hast du nicht gewollt, einen Leib aber hast du mir zubereitet; Brandopfer und Sündopfer gefallen dir nicht. Da sprach ich: Siehe, ich komme . . ., daß ich tue, o Gott, deinen Willen[2]."*

Eins geworden mit diesem zweiten Adam, dem Haupt einer

---

[1] Nach S. R. Hirsch.

[2] Hebr. 10, 5—7.

neuen Menschheit, bringen auch wir nun nicht mehr stellvertretende Opfertiere als Ausdruck unserer Lebenshingabe an Gott, sondern uns selbst. Eingegangen in die zweite, höhere Gottesstiftung, verstehen wir wohl die tiefe symbolische Sprache dieser alttestamentlichen Heilshaushaltung, die auf Christus hinwies und zu ihm führte, *aber unsere Kindesgemeinschaft mit dem Vater ist nicht mehr abhängig von dieser Mittelbarkeit symbolischer Handlungen.* Wer mit Christus versetzt ist in das Himmlische, ist in dem großen Haushalt des Heils der Unmittelbarkeit heimisch und in seinem Verkehr mit Gott an keine heiligen Altäre und Opfer, an keine heiligen Zeiten und Handlungen mehr gebunden, *sondern findet überall in seinem Leben jenen Tempel, von wo aus er im Geist der Sohnschaft rufen kann: „Abba, Vater[1]!"*

Weiter sprach Gott: *„Alle Erdentage sollen hinfort nimmer aufhören: Saat und Ernte, Kälte und Hitze, Sommer und Winter, Tag und Nacht sollen nie feiern[2]."* Die Ergebnisse der geologischen und physikalisch-geographischen Forschungen bestätigen, daß unsere Erde vor der Flut von anderer Beschaffenheit und Gestaltung gewesen ist.

Es darf angenommen werden, daß die Erde vor der Flut in dauernder Blüte und Fruchtbarkeit dastand. Die Tradition berichtet sogar, daß in vierzig Jahren nur einmal gesät wurde. Das können wir zwar nicht mehr feststellen. Wir wissen aber, daß jene vorsintflutliche Erde mit ihren Gütern und Lebensbedingungen dem Menschen die Möglichkeit gab, alt und reich zu werden und in Üppigkeit und Wollust zu leben. Waren doch die Menschen vor der Flut imstande gewesen, derart sich selbst, ihren Sünden und Leidenschaften zu leben, daß Gott zu ihrer Gesamtvernichtung schreiten mußte, um die große Zukunft der Menschheit überhaupt retten zu können; und doch erreichten sie ein für uns völlig unverständlich hohes Alter.

„Das soll ferner nicht mehr sein. Alle die verschiedenen Zeiten der Gestaltungen der Erde, die Gott bis dahin immer plötzlich hatte eintreten lassen, der Wechsel des Blühens und Welkens, des Lebens und Absterbens, des Aufblühens zum Dasein und der Vergegenwär-

[1] Röm. 8, 15.
[2] 1. Mose 8, 22.

tigung des Todes, der paradiesisch wehenden Frühlingsluft und der eisig umarmenden Erstarrung, alle diese sollten fortan *immer* da sein. Saat und Ernte, Kälte und Hitze, Sommer und Winter, Tag und Nacht sollten fortan nicht *nacheinander*, sondern stets *gleichzeitig* auf Erden sein, sollten nie aufhören zu wirken. Es soll die Erde eine solche Gestaltung haben, daß alle Tages- und Jahreszeiten, Temperaturen und Klimate unaufhörlich gleichzeitig auf Erden seien, hier Tag, dort Nacht, hier Frühling, dort Herbst, hier Sommer, dort Winter, wie die räumliche Verschiedenheit und dieser zeitliche Wechsel uns seitdem die Mannigfaltigkeit der Erde nach Zonen und Ländern und Gegenden vor Augen führt[1]."

Von diesem beständigen Wechsel der Erde ist der Mensch seitdem abhängig. In seiner Existenz ist er hinfort Störungen ausgesetzt, die eine solche ungehemmte Entwicklung unmöglich machen, wie sie offenbar vor der Flut möglich war. Es genügt nicht mehr, einmal zu säen, um für vierzig Jahre genug zu haben, sondern der Mensch ist seitdem auf das angewiesen, was er für jeden Tag und für jedes Jahr sät und erntet.

Schon allein die verkürzte Lebensdauer und die Trennung der Völker machen es unmöglich, daß die menschliche Bosheit auf die Dauer über das Ganze die frühere Übermacht wiedergewinnen kann. Eine Versklavung, unter der die einen seufzen, bricht ihre Wellen an der Freiheit, in der andere leben. Eine Verrohung der Sitten, die dem einen Volke Gewohnheit und Gesetz geworden, sieht sich verurteilt durch die sittliche Gesundheit, in der andere wachsen und gedeihen. Eine zur Religion gewordene Gottlosigkeit, die ihre Seele sowohl Gott als dem Nächsten gegenüber verloren hat, bricht in ihrer zersetzenden und auflösenden Kraft zusammen vor denen, die durch ihr Leben Bannerträger des Evangeliums Jesu geworden sind.

So wurde es Gott möglich, die Bosheit auf Erden hinfort so lange bestehen zu lassen, bis sie von Fall zu Fall ihr Gericht in sich selbst erlebte, ohne daß dadurch das Kommen seines Reiches verhindert werden konnte.

---

[1] Nach S. R. Hirsch.

3. Noahs Schöpfungssegen

1. Mose 9, 1—7

Nach dem im vorigen Kapitel beleuchteten Herzensbeschluß teilte der Herr nun dem Noah jenen göttlichen Segen mit, in dem er und seine Söhne hinfort die Erde bebauen und die Zukunft beherrschen sollten. *„Da segnete Elohim Noah und seine Söhne und sprach zu ihnen: Pflanzet euch fort und vermehret euch und füllet die Erde! Und eure Furcht und euer Schrecken sei über alles Tier der Erde . . .“*

Vor Noah lagen große Missionen, aber die innere Kraft dazu lag für ihn in dem Segen, den Gott ihm mitteilte. *Gottes Segnungen waren nie nur Segenssprüche, sondern immer segnende Taten.* Denn jeder Segen ist in sich eine Kraftmitteilung Gottes. Daher besitzen gesegnete Menschen auch immer Vollmachten, die andere vergeblich in sich suchen. Unter diesem göttlichen Segen stehend und dienend, sollte auch Noahs Verhältnis zu der ihn umgebenden Welt geregelt werden.

Mit diesem Segensakt stellte der Herr einen Noah und seine Familie wieder unter jenen allgemeinen Schöpfungssegen, unter dem der Mensch nach seiner Erschaffung gestanden und die Adama bebaut hatte, d. h. insoweit dies nach dem Fall Adams noch möglich war. Gott ist in der Unerschöpflichkeit seiner Liebe groß genug, die Neuordnung seines Verhältnisses zum Menschen so völlig von dem Fluch der Vergangenheit zu lösen, daß dieser kein Hemmnis für den Segen bedeutet, der dem Menschen in seinem Verkehr mit Gott hinfort werden soll.

Denn es sind fast Wort für Wort dieselben Ausdrücke, die einst der Schöpfungssegen für den ersten Menschen enthielt, die auch hier vom Herrn für den Segen erwählt werden, mit dem er einen Noah in seine große vor ihm liegende Weltaufgabe und Weltmission sendet. Dieser Gottessegen ist die Kraftquelle jeglicher gesunden Existenz, jedes wahren Aufbaus. Er umfaßt das ganze Gebiet des menschlichen Lebens mit seiner freien sittlichen Entwicklung: die Ehe, die Familie, die Gesellschaft und das Eigentum.

„Und Elohim segnete sie, und es sprach Elohim zu ihnen: Seid fruchtbar und vervielfältigt euch und füllet die Erde und bezwinget

sie, und übet Herrschaft an dem Fisch des Meeres, an dem Vogel des Himmels und an allem Tier, das dahinschreitet auf Erden[1]!" So lautete der erste Schöpfungssegen, der einst dem Menschen wurde und von Gott aufs neue auf einen Noah und seine Familie für die Zukunft gelegt wurde. In dem Begriff „Seid fruchtbar!" liegt das Geheimnis der Ehe, in „Vervielfältigt euch!" das Geheimnis der Familie, in „Füllet die Erde!" das Geheimnis der Gesellschaft, in „Bezwinget sie!" das Geheimnis des Eigentums und in „Übet Herrschaft!" das Geheimnis des Dienstes.

„Seid fruchtbar!" — das Geheimnis der Ehe. Sie ist das Allerheiligste auf dem ganzen Gebiet des menschlichen Zusammenlebens und berufen, jenes göttliche Naturgesetz der Fruchterzeugung zu verwirklichen, das Gott in seine ganze organische Schöpfung hineingelegt hat. Es handelt sich hier um nichts Geringeres als um die Vollmacht jenes göttlichen Wirkens, auf Grund dessen der Mensch fähig ist, durch Zeugung und Empfängnis jenes Kind zu schaffen, das die einzige Frucht ist nach seinem Bilde, das Höchste, was der Mensch von seiner ganzen Wesensbeschaffenheit als geistes- und wesensverwandtes Leben in die Welt „hinausstrahlen" kann.

Dieses höchste Können des menschlichen Lebens hat Gott durch den Begriff Ehe umschrieben und begrenzt. *Sie ist das Fundament der Weltgeschichte.* Das Wohl eines ganzen Volkes und die Zukunft der Geschichte sind von ihr abhängig. Mit dem Verschwinden der Ehe, wie Gott sie gegeben, schwinden auch alle Segnungen, die mit ihr für ein Volk und die Zukunft verbunden sind. Es handelt sich hier nicht um ein willkürliches Fruchtbringen zweier Geschlechter, sondern um die lebenslängliche, freiwillige Vereinigung von Mann und Weib, die in der Gründung der Familie und des Hauses ihren reinen Ausdruck findet.

Die von Gott gesegnete Ehe findet ihre natürliche Fortsetzung in der Familie, in dem göttlichen: *„Vervielfältigt euch!"* Die Familie ist die unerläßliche Pflegestätte jeglichen neu erwachenden Lebens. Wo die Elternpflege dem neugeborenen Leben fehlt, geht das Kind, sich selbst überlassen, unbedingt zugrunde. Jedoch nicht nur die körperliche Erhaltung und Entwicklung des Kindes ist abhängig von

---

[1] 1. Mose 1, 28.

der Liebe der Elternpflege, sondern in weit höherem Umfange dessen innerliches Wesen. In dem hebräischen Ausdruck „vervielfältigen" liegt nicht nur der Begriff, daß sich die Eltern in ihren Kindern wiederholen sollen, sondern die Kinder sollen „geistige und sittliche Ebenbilder" ihrer Eltern werden.

Die Reinheit der Ehe und Heiligkeit der Familie bildeten daher von jeher die einzigen Fundamente für den gesunden Aufbau eines Geschlechts und für die weltgeschichtliche Mission eines Volkes. „Nicht in den Kabinetten der Fürsten, nicht auf den Feldern der Schlachten, nicht in den Werkstätten der Industriellen, nicht in den Hallen der Geschäfte, nicht einmal in den Hörsälen und Bildungsstätten der Wissenschaften und Künste, auch nicht in den Tempeln der Gottesverehrungen — in den Häusern, in den Häusern wird über Glück und Unglück, über Blüte und Elend der Völker und Menschen entschieden."

Jede große Zukunft war abhängig von der Reinheit der Vergangenheit. Wo reine Menschen gezeugt und das Kind von warmer Mutter- und Vaterliebe empfangen wurde, wo in Palästen und Hütten der reine Familienherd der höchste Schatz des Lebens war, wo durch sittliches Vorbild und heilige Geisteserziehung ein reiner Seelenadel im heranreifenden Kinde gebildet wurde, da reiften in der Familie in aller Stille jene aufbauenden Kräfte heran, die sich später in ihrer vollen Männlichkeit und Weiblichkeit fähig erwiesen, eine Zukunft zu schaffen, die größer war als die vorangegangene Vergangenheit.

Es gibt daher kein Surrogat für Ehe und Familie. Wo Unsittlichkeit die Reinheit der Ehe zur Lüge macht, wo die Heiligkeit der Familie und die keusche Häuslichkeit in der Lebensauffassung eines Volkes zu einem Gelächter werden, wo Kinder nicht mehr der wahren Liebe eines Elternhauses geboren werden, da können dann keine nationale Politik und kluge Diplomatie, keine Entwicklung der Industrie und keine Hebung des Gewerbes, keine Pflege der Kunst und keine Förderung der Wissenschaft, keine Kirchen und keine humanitären Bestrebungen ein Volk vor seinem sicheren Untergang retten. Entweder sind Ehe und Familie der von Gott gegebene Jungborn, aus dem Glück und Segen für die Zukunft eines Volkes fließen, oder ihre Surrogate schreiben Fluch und Untergang in die Geschichte jenes Volkes, das sich ihrer bedient, um auf diesem sumpfigen Untergrunde seine Zukunft aufzuerbauen.

„Und füllet die Erde!" — das Geheimnis der Gesellschaft, des Volkes, des Staates. Aus Familien werden Geschlechter, aus Geschlechtern Völker, aus Völkern Staaten. Jede Ehe beginnt mit der Selbstbeschränkung der beiden Glieder in der Ehe. In ihr gibt es hinfort für den einzelnen nur noch geteilte Rechte, geteilten Raum, geteilte Entwicklungen und Dienste. In noch weiterem Umfang kommt diese Selbstbeschränkung zur Geltung bereits in der Familie. Das Nebeneinandersein vieler Familienglieder bedingt eine entsprechende Selbstbeschränkung jedes einzelnen.

Und doch liegt darin wiederum die Stärkung des einzelnen und der Aufbau des Ganzen. Eines Tages vermag das Ganze einer Familie das zu vollbringen, was das einzelne Glied nie zu tun vermöchte.

In weit höherem Umfang gilt das noch von den Staaten, wenn sie sich nicht als reißende Tiere gegenseitig zerfleischen, sondern einander als eine gottgewollte Völkerfamilie dienen wollen. Wo dieses göttliche Selbstbeschränkungsgesetz der Ehe und Familie im Völker- und Staatsleben mißachtet wurde, da geschah es immer auf Kosten des einzelnen und des Ganzen. Ein nach göttlichem Plan und unter dem Schöpfungssegen stehendes „Die-Erde-Erfüllen" ist nur denkbar und heilbringend auf jener göttlichen Grundlage, wo auch ein Volk seinen höchsten Gewinn in der Stärkung des nächsten Volkes zu finden vermag. *Selbstbeschränkung zugunsten des Nächsten führt auch in der Völkerfamilie eines Tages zu ungeahnter Hebung des Ganzen.*

„Und bezwinget sie!" Was der Mensch durch seinen Fleiß und seiner Hände Werk der Erde von ihren Gütern abzuringen vermag, ist sein Eigentum. Sie ist von Gott dazu gesetzt, daß sie durch die Fülle ihres Reichtums dem Menschen als ihrem Herrn und König diene und ihm die Möglichkeit gebe, seine Aufgaben, die er in der Ehe, in der Familie und im Völkerleben von Gott empfangen hat, zu erfüllen. Und für die Erde ist diese Aneignung ihrer Güter nicht eine erlittene Vergewaltigung, sondern ein Freiwerden ihrer Kräfte

zum Zweck einer höheren Daseinsbestimmung. Wie gern läßt z. B. ein Baum seine im Herbst reifende Frucht in jene Hand fallen, die sich nach ihr ausstreckt! Ehrt der Mensch die der Natur innewohnenden Gottesgesetze, dann tritt sie mit Freuden ihren Reichtum ab und antwortet ihrem Herrn, der sie bebaut, mit der Fülle des Segens, den sie in sich trägt.

Erwerb eines Eigentums nach göttlicher Bestimmung und Begrenzung ist daher eine sittliche Pflicht des Menschen. Und insoweit der Mensch diese Pflicht im göttlichen Rahmen zu lösen sucht, ruht ein unberechenbarer Segen darauf. Jesus konnte in seinen Bergreden sagen: *„Selig sind die Friedfertigen; denn die Erde wird ihr Erbe sein*[1]." Wer nicht vom Raub des Eigentums seines Nächsten leben will, kann nur leben von dem, was er der Erde von ihrem Reichtum als sein Eigentum abzuringen vermag. Nicht als ob Erwerb Selbstzweck wäre und der Mensch nur die Aufgabe hätte, der Erde soviel wie möglich abzugewinnen. Das Eigentum ist nicht um seiner selbst willen da, sondern damit es dem Menschen diene und ihm die Möglichkeit gebe, Familien zu gründen, die Gesellschaft zu fördern und das Leben des Volkes zu stärken. Sobald dieser göttliche Zweck des Eigentums durch die Begierde nach Reichtum und durch den Egoismus des Menschen entweiht wird, trägt er nicht mehr einen Segen, sondern einen Fluch in sich für den, der sich seiner bemächtigt. Wie erschütternd ist die Sprache der Bibel und der Geschichte gegen alle die, die sich gerade auf dem Gebiet des Eigentums gegen sich selbst, gegen ihre Familie, gegen die Gesellschaft und ihr Volk versündigten! Ihr Erwerb wurde ihre Knechtschaft, ihr Gewinn ihr Fluch und ihr Grab. Wer da glaubte, die göttlichen Gesetze ignorieren zu können, die auch auf dem Erwerb des Eigentums ruhen, über dessen Leben stand eines Tages das erschütternde Pauluswort: „Irret euch nicht, Gott läßt seiner nicht spotten[2]."

Durch diesen wunderbaren Schöpfungssegen sollte dem Familienleben eines Noah und seiner Söhne und dem daraus erwachsenden späteren gesellschaftlichen Leben aufs neue der göttliche Weihestempel aufgedrückt sein. Nicht nur sollte diese Segensweihe ruhen

---

[1] Matth. 5, 5.
[2] Gal. 6, 7.

auf Noahs Opferdarbringung, sondern auch auf seiner Ackerfurche, auf seiner Gartenfrucht, auf seinem Weinstock, auf seinen Zelten und Herden und auf allem, was ihm diente, die Erde wieder zu einem Hause für die Familie, zu einer Heimat für die Völker und zu einem Schauplatz der Offenbarung der Herrlichkeit Gottes zu machen. Vom kainitischen Fluch durchs Gericht gelöst, sollte die ganze Erde wieder jener Tempel Gottes werden, in dem der gerechte Mensch als Gottes Ebenbild seine große Weltmission zu erfüllen habe.

Unter diesem Schöpfungssegen stehend, sollte auch Noah sein Verhältnis zur Kreatur regeln. Auch sie soll ihm helfen, seine sittlichen Aufgaben in Gottes Schöpfung zu lösen. Insoweit er sich wirklich als Herr auf Erden bewähren wird, soll er auch Autorität haben, die Furcht im Tier zu zähmen und es in seine Mitarbeit hineinzuziehen.

Selbst zu seiner Nahrung soll hinfort die Kreatur ihm zur Verfügung stehen. Hier aber setzte der Herr eine Einschränkung hinzu, indem er sprach: *„Jedoch Fleisch, dessen Blut noch in seiner Seele ist, sollt ihr nicht essen*[1]." Somit wurde dem Menschen eine Bestimmung auch für seine Ernährung gegeben, die niemand seitdem verletzen konnte, ohne daß es ihm zum Fluch geworden wäre. Der Begriff „Seele" bezeichnet hier die eigentliche Individualität, die geistige Persönlichkeit eines jeden Geschöpfes. Durch diese wird mittels des Blutes der Körper zusammengehalten. Denn der Leib ist der „Bote" der Seele. Nur solange die Seele den Körper durch das Blut mit sich verbinden kann, ist der ganze Organismus ein lebendiges Individuum. Die Seele ist daher nicht im Blut, sondern das Blut in der Seele und wird von dieser beherrscht. Sobald ihr dieses Mittel entzogen wird, verliert sie die geistige Herrschaft über ihren Organismus, und dieser ist hinfort nur fleischliche Stofflichkeit ohne den Geist des eigentlichen Individuums.

Alle Triebe und Reize eines Geschöpfes liegen nun in seiner Seele, in seiner geistigen Individualität. Der Organismus in seiner mannigfaltigen Beschaffenheit dient der Seele nur als Organ, um alles, was sie in sich trägt, nach Möglichkeit auszuleben. Es sollte daher durch diese göttliche Bestimmung nichts anderes besagt werden,

---

[1] 1. Mose 9, 4.

als daß der Mensch kein „lebendes" Fleisch, in dem noch der Geist des Tieres lebt, essen solle. Solch ein Fleischgenuß mit dem lebenden Blut würde dem Menschen alle Regungen des tierischen Geistes und Lebens vermitteln. Damit der Mensch nicht vertiere, sollte er vom Tier nur das zur Nahrung nehmen, was nicht mehr den Geist des Tieres in sich trägt: das Fleisch ohne den herrschenden Geist im Blut.

Nachdem Gott so das Verhältnis des Menschen zur Kreatur geordnet hatte, ordnete er auch *das Verhältnis von Mensch zu Mensch. „Jedoch euer Blut, das euren Seelen gehört, fordere ich; von der Hand jeden Tieres werde ich es fordern. Von der Hand des Menschen aber, von der Hand eines Wesens, das sein Bruder ist, fordere ich die Seele des Menschen. Wer das Blut eines Menschen vergießt, des Blut soll durch den Menschen vergossen werden; denn in einer Gottesgestalt hat er den Menschen gebildet*[1]*."*

Hier tritt der ungeheure Wert, den jeder Mensch in Gottes Augen hat, ans Licht. Vor Noah lag eine Welt mit den größten Entwicklungsmöglichkeiten, mit einer Überfülle von Leben und fruchtbarem Gedeihen, und alles gehörte ihm. Alles durfte er sich nutzbar machen und genießen. Selbst die Kreatur stand zu seiner Verfügung. *Allein über den Menschen, über jenes Geschöpf, das Gottes Bild trägt und sein Bruder ist, hat er kein Verfügungsrecht.* Ja, er hat es nicht einmal über sich selbst; *denn der Mensch ist Gottes.* Er trägt Gottes Bild in sich und steht in seinem Seelenadel weit über jedem Geschöpf. Im Menschen sieht Gott einen Teil seines Wesens. Er ist als Geschöpf zum höchsten Verkehr mit dem Schöpfer und der Schöpfung fähig. Während die Kreatur nur als begeisteter Leib mit Leibern verkehrt, verkehrt der Mensch als Geist mit Geistern.

Wer daher dem Nächsten oder sich selbst bewußt das Leben nimmt, der ist in vollem Umfang Gott verantwortlich. Wer seine Hand in des Bruders Blut taucht, tötet in ihm sich selbst. Denn jede Minute eines Menschenlebens ist Gott heilig und wert. Wer sich oder andern diese Minuten verkürzt, den zieht Gott zur Rechenschaft, früher oder später. Es gibt da kein Entfliehen. Entweder kommt das Gericht und beugt unfreiwillig den Mörder seines Näch-

[1] 1. Mose 9, 5. 6.

sten, oder der Frevler beugt sich in völliger Sinnesänderung freiwillig unter seine Schuld und findet Vergebung vor Gott.

Unter dieses Gottesurteil fällt auch jeder Mord, den die Menschheit je und je adelte und dekorierte. *Wenn Gott einmal die Bücher seiner Weltgeschichte aufschlagen wird, wird die Geschichte der Staaten und der Helden, der Revolutionen und der Schlachtfelder in anderer Beleuchtung dastehen.* Glaube niemand, daß Gott sich auf diesem Gebiet durch Umgehung seines heiligsten Anrechts auf jedes Menschenleben spotten lasse!

Ich weiß wohl, welch ein schweres Problem diese Wahrheit ist. Es sind genug Versuche in der Geschichte und im Völkerleben gemacht worden, um zu irgendeiner anderen Lösung zu kommen. Allein kein Versuch führte zu wahrer Ruhe und zum Frieden. Diese findet nur, wer sich einfach unter die volle Wucht dieser fundamentalen Gotteswahrheit beugt. Auf dem Wege der Verletzung jener Flammenschrift, die Gott über den Verkehr von Mensch zu Mensch und von Volk zu Volk gesetzt hat: *„Du sollst nicht töten!"*, ist nie ein beständiges Glück und eine dauernde Zukunft, weder im Einzelleben noch in der Völkerwelt, geschaffen worden. Diese können für den einzelnen und die Völker nur auf göttlicher Basis ruhen. *Und es mehren sich unter allen Völkern die Gewissen, die vor dieser Flammenschrift stillstehen und sie zu lesen wagen, um dann gebeugt an ihre Brust zu schlagen und zu sagen: „Gott sei mir Sünder gnädig!" Ihnen gehört die Zukunft.* Denn *„die Friedfertigen und Sanftmütigen werden das Erdreich besitzen[1]".*

4. Der Gottesbund in den Wolken

1. Mose 9, 7—17

Wir haben gesehen, wie Gott durch zwei große Prinzipien, die er dem Noah zum Heil der Menschheit gab, für alle Zukunft das Verhältnis des Menschen zur Kreatur und das Verhältnis von Mensch zu Mensch zu bestimmen suchte. Nie sollte der Mensch durch den Genuß des Blutes eines Tieres zum Tier herabsinken, daher das

[1] Matth. 5, 5. 9.

Verbot des lebenden Blutgenusses. Und nie sollte der Mensch das Bild Gottes im Nächsten verlieren, daher das Verbot, seine Hand an das Leben des Bruders zu legen. *Dies sind Prinzipien von so fundamentaler Natur, daß Menschen und Völker im Lauf der Jahrtausende sie nie durchbrechen konnten, ohne jenem Gericht zu verfallen, mit dem ihre Übertretung für alle Zeiten verbunden ist.*

Nach dieser Zeichnung der göttlichen Linien überläßt Gott das weitere Kulturprogramm für die Zukunft dem Noah, der durch sein Opfer bekundet hatte, in welchem Geiste er die Schätze heben, die Äcker pflügen, die Herden weiden, die Ernten schneiden und den Segen der Erde genießen wolle. Alle Fragen sollten sich aus dem Umgang Noahs und seiner Geschlechter mit Gott von selbst ergeben.

Denn wir haben gesehen, daß eine Gemeinschaft mit Gott, wie Noah sie pflegte, bei aller Vielseitigkeit des menschlichen Lebens sich in ihrem göttlichen Licht nicht erschöpft. *Je reicher das Leben an Fragen und an Diensten wird, desto reicher wird auch die göttliche Offenbarung im Menschen durch seinen Umgang mit Gott.* Denn vielfach wurden die größten Gottesoffenbarungen dem menschlichen Auge erst sichtbar, wenn sie auf dem Boden einer dunklen Lebenserfahrung des Menschen ihre göttlichen Farben leuchten lassen konnten. Auch der nach der Flut sichtbar werdende Regenbogen in seiner Farbenpracht und in seiner wunderbaren Bundesbotschaft konnte allein in jenen Wolken sichtbar werden, die zuvor Tod und Untergang über die Erde getragen hatten. Denn das Höchste hatte der Herr dem Noah bisher noch nicht mitgeteilt. Dies war sein Gnadenbund in den Wolken.

Zwar war Noah der Bundesbegriff nicht mehr unbekannt. Er kannte ihn seit jener Stunde, wo er ihm von Gott als absolute Gottesverheißung zu seiner persönlichen Rettung gegeben wurde. Der gegenwärtige Gnadenbund in den Wolken trug jedoch nicht mehr einen persönlichen Charakter, sondern galt der Gesamtschöpfung. *Es gehört das überhaupt zum Charakter jeglicher Gottesoffenbarung, daß sie wohl individuell beginnt, aber doch nach der Erfassung des Ganzen strebt.* Gott ist alles in seinem Wirken ganz, daher geht Gott auch in all seinem Wirken immer aufs Ganze. Verheißungen eines Abraham werden zu Verheißungen für eine ganze Nation, und die Verheißungen einer Nation werden zur Prophetie für die Welt. Die Jüngergemeinde beginnt mit den wenigen berufenen Fischern und endet mit einer Schar vor dem Thron Gottes und des Lammes, die niemand zählen kann. Gottes Offenbarung vermehrt sich mit jeder Offenbarung. Sie ist klein genug für den einzelnen und groß genug für das Ganze.

Da sprach Gott zu Noah und zu seinen Söhnen mit ihm: *„Und ich, siehe, ich errichte meinen Bund mit euch und mit euren Nachkommen nach euch und mit jeder lebendigen Seele, die bei euch ist ... bis zu allem Lebendigen auf Erden: Ich werde meinen Bund mit euch aufrechterhalten, daß nicht mehr alles Fleisch durch die Wasser der Entseelung vernichtet werde und nicht mehr Entseelung komme, die Erde zu verderben[1].“*

Wie der Mensch das Tiefste seiner Seele nur in einer symbolischen Handlung vor Gott zum Ausdruck bringen kann, so vermag er Gottes höchste Offenbarungen erst dann in ihrem vollen Umfang zu verstehen, wenn diese von Gott in ein sinnlich-wahrnehmbares Bild gekleidet werden. Erst durch das Offenbarungszelt in der Wüste und durch den Gottestempel in Jerusalem lernte Israel die große Gotteskunde fassen, daß die Herrlichkeit Gottes und seine Gnadengegenwart nicht nur auf dem Sinai zelte, sondern mit denen durch die Wüste wandle und unter denen in Jerusalem wohne, die in Wüste und Heimat nichts anderes sein wollten als Gottes Priestervolk auf Erden.

So kleidete Gott auch hier die ganze Größe seiner tragenden Geduld und rettenden Liebe in das Bild des Regenbogens in den Wolken. *Nicht das Bild an sich ist die göttliche Wahrheit, sondern es strahlt sie nur wider und macht sie dem Menschen verständlich und faßbar.* Daher erlebte die göttliche Offenbarung auch je und je eine Verkörperung in ein vergängliches Bild — *„das Wort ward Fleisch“*, um unter uns wohnen zu können und verstanden zu werden.

Jede Vermenschlichung der göttlichen Offenbarung ist aber zu gleicher Zeit auch eine Verhüllung der Offenbarung. Denn kein vergängliches Bild ist groß genug, um die Größe Gottes zu künden.

[1] 1. Mose 9, 9—11.

Derselbe Tempel, der durch seine Existenz den Söhnen Israels das Wohnen der Herrlichkeit Gottes in ihrer Mitte versinnbildlichte, verhüllte gleichzeitig durch sein Allerheiligstes die Gegenwart dieser Herrlichkeit vor den Blicken des im Vorhof anbetenden Volkes.

Leider hat die Menschheit dies immer wieder vergessen, und *daher kniete sie eines Tages anbetend vor dem Tempel anstatt vor dem Herrn des Tempels, ehrte das Kreuz und verlor den Gekreuzigten, pflegte das Heilige und vergaß den Heiligenden, suchte die Zungen von Pfingsten und atmete nicht den Geist von Pfingsten, verewigte den Buchstaben und kreuzigte das lebendige Wort.*

Es heißt daher auch nach dieser Bundesoffenbarung: „*Dies ist ‚das Zeichen' des Bundes, den ich zwischen mir und euch und jeder lebenden Seele, die bei euch ist, für die Geschlechter aller Zeiten hingebe: meinen Bogen. Ich habe ihn in die Wolke gegeben; und er sei nun zum Bundeszeichen zwischen mir und der Erde, so daß, wenn ich mit Gewölk die Erde überwölke und der Bogen in der Wolke geschaut wird, ich meines Bundes gedenke ...*[1]"

Gott bedurfte nie des Zeichens, um an den Beschluß, den er in seiner erbarmenden Liebe gefaßt hatte, erinnert zu werden. Aber der Mensch bedurfte dieses Bundeszeichens, um in dem Wechsel des Lebens an die große Bundesbotschaft von Gottes tragender Barmherzigkeit gemahnt zu werden.

Um diese Bundesbotschaft deuten zu können, fehlen uns die Worte; denn so manche Gotteswahrheit vermag man innerlich viel tiefer zu erleben als in Worte zu kleiden. Und wo immer es zu solch einem innerlichen Erleben kam, da besaß die Seele alsdann weit mehr, als eine Beschreibung ihr bieten konnte. Vergegenwärtigen wir uns daher nur folgende Züge dieses Gnadenbundes!

Erstens war Gott der Gebende. *Der Bund war kein Vertrag, den Gott mit der Menschheit schloß, sondern ein Akt gebender Gnade.* „Ich will" meinen Bund aufrichten mit euch, und „ich will" ansehen meinen Bogen in den Wolken, daß hinfort keine Gerichtsflut über alles Fleisch auf Erden kommen soll.

Wie wert muß doch das menschliche Leben in Gottes Augen sein, daß er es von vornherein, trotz seiner inneren Gottesferne,

[1] 1. Mose 9, 12—15.

für alle Zukunft so unter den Schutz seiner Gnade stellt! Sobald der Mensch dann eines Tages erkennt, daß alles Gnade ist, wenn die Sonne ihn grüßt, wenn die Wiesen ihm grünen, wenn die Wälder ihm rauschen, wenn die Kinder ihm danken und die Geschlechter ihn ehren, dann begreift er, daß sein Leben und Wirken nicht die Schöpfung seines eigenen Geistes ist, sondern alles auf dem Willen Gottes beruht. Hinfort sieht er sein Leben unter eine Gnade gestellt, die auch in den dunkelsten Zeiten sich über ihm wölbt. Denn wo der Bogen auch immer erschien, er war nach oben ein vollendeter Kreis, der nach unten die Erde zu umspannen suchte, um auf ihr seine unvollendete Vollendung zu finden. Wenn erst einmal die Gnade, die sich gegenwärtig in dem Farbenspiel des Bogens in ihrer ganzen Fülle widerspiegelt, eine zunächst noch verlorene Schöpfung in die volle Lebensgemeinschaft mit Gott wird zurückgeführt haben, dann wird der Bogen als ein geschlossener und vollendeter Kreis um den Thron Gottes und des Lammes erscheinen[1].

Wo es daher je zu einem Bunde Gottes mit dem Menschen und des Menschen mit Gott kam, da war die Basis immer ein Gnadenakt Gottes zum Heil des Menschen. Er ruhte nie auf dem, was der Mensch für Gott leistete, sondern auf dem, was Gott im Menschen wirken konnte. *Im Bundesverhältnis des Menschen zu Gott ist Gott der Mitteilende und der Mensch der Empfangende, Gott der Liebende und der Mensch der Geliebte.* Ob es sich später in der Geschichte um den Bund Abrahams: um Gottes unmittelbares Walten in Israels Geschichte, oder um den Bund mit Mose: um Gottes Wohnen in der Mitte seines Volkes, oder um den neuen Jesusbund: um Gottes Neuschöpfung im Herzen des Menschen handelte, *Gott war immer der Gebende und Vergebende, und der Mensch blieb der Empfangende und Begnadete.*

Wohl fand Gott in seiner Gnade je und je den Weg zum Menschen, nie fand jedoch der Mensch den Weg zu Gott. Was ihn zu Gott führte, war Gottes Kommen zu ihm; was ihn rettete, war die sich ihm mitteilende Gnade; was ihn heiligte, waren Gottes schöpferische Lebenskräfte in ihm. *Aus sich selbst kam der Mensch auch bei all seiner Frömmigkeit nie bis zu Gott, bei aller Heiligung seines*

[1] Offb. 4, 3.

Fleisches nie zu einem heiligen Wandel vor Gott. Erlösung konnte daher immer nur von Gott ausgehen und vom Menschen empfangen werden.

Zweitens erschien der Bogen in jenen Wolken, die vorher Gericht und Verderben über die Erde getragen hatten. *Gottes letztes Wort in all seinen großen Gerichtsaktionen wird immer Gnade sein: der Bogen in den Wolken.* Das will sagen: mitten in dem Leben und Tod spendenden Gewölk betätigt sich immer wieder die Gegenwart des Lichts. Damit soll dem Menschen die ewige Wahrheit vergegenwärtigt werden, daß selbst in den Gerichtszeiten der Geschichte die erhaltende Gnade dennoch gegenwärtig ist.

Verband Gott nicht schließlich mit dem allergrößten Gericht, das die Geschichte je gesehen, mit Christi Tod auf Golgatha, die größte Erlösung, deren der Mensch überhaupt fähig ist? Konnte nicht Paulus das ganze Golgatha-Geheimnis unter die wunderbare göttliche Beleuchtung stellen: *„In den Tod ist er gegeben worden um unserer Fehltritte willen und auferweckt worden um unserer Rechtfertigung willen[1]"?* Leuchtet nicht in der Karfreitagswolke des Todes am Ostermorgen der Auferstehungsbogen der Gnade? Verdankt nicht die Welt ihre Erlösung jenem Gekreuzigten, den Israel verwarf und als einen Übeltäter ans Kreuz schlug?

Wahrlich, es fehlen Worte und Farben, um den Bundesbogen in den Wolken malen zu können! *Erlöste aber schauen ihn und beugen anbetend ihre Knie, nicht vor dem Bundesbogen, sondern vor dem Bundesgott.*

Der Sünde oder der sittlichen Entartung wurde damit allerdings niemals ein Freibrief gegeben. Wer angesichts des Bogens in den Wolken zu sprechen wagt: „Nun, dann laßt uns sündigen, damit auf diesem Hintergrund die Gnade sich noch viel mächtiger erweise!", der wird die Wolke mit ihrem Gericht und ihrem Verderben im vollen Umfang erleben, ohne den Bogen in ihr zu sehen. Denn obgleich seit Noahs Tagen der Bogen in den Wolken steht, sind seither im Lauf der Jahrtausende Völker und Nationen über die Bühne der Weltgeschichte gegangen und — verschwunden, weil sie unter der Wolke des Gerichts untergingen. Ihr „Maß war voll",

[1] Röm. 4, 25.

und „das Land konnte sie nicht mehr tragen"; es spie sie aus, um kommenden Geschlechtern und Völkern Raum zu machen. *Der Bogen hat nie die Wolke aufgehoben, sondern erscheint nur in der Wolke denen, die aus dem Gericht für eine neue Zukunft gerettet werden konnten.*

VI. Der neue Fall und die fernere Geschichtsentwicklung

1. Noahs Söhne und ihre Bedeutung

1. Mose 9, 18—21

Was wird unter der Herrschaft eines gerechten Noah aus der Erde werden, die, durchs Gericht gereinigt, auf allen Gebieten auf seine Dienste wartete?

Was uns in göttlicher Beleuchtung darüber berichtet wird, gibt uns eine sehr niederdrückende Antwort. Es blieb nicht licht in der menschlichen Geschichte, wie Noahs Leben bis dahin licht gewesen war. Es wurde wieder immer dunkler in der Welt, bis die ganze Entwicklung aufs neue in jener urchaldäischen Nacht endete, aus der es für die große Zukunft nur die eine Rettung gab, daß Abraham auf Gottes Berufung hin wieder ein „Fremdling" wurde auf Erden. Denn nichts Geringeres als *der neue Fall* ist die Antwort der Geschichte auf unsere Frage. *Noah fiel, Ham fiel, Nimrod fiel, Babel fiel,* und sie verloren mit ihrem Fall die ihnen vorbehaltene Weltmission und Zukunft.

Bevor uns jedoch diese dunklen Kapitel beschäftigen sollen, richten wir unseren Blick zunächst noch etwas auf *Noahs Söhne.* Ihre Namen sind sehr oft erwähnt worden; sie werden uns auch jetzt wieder vor dem Fall ihres Vaters genannt. Es heißt daselbst: *„Es waren die Söhne Noahs, welche aus der Arche gingen, Sem, Ham und Japhet; und Ham ist der Vater Kenaans. Diese drei waren Söhne Noahs, und von diesen ging die ganze Erde auseinander*[1]*."*

Die Namen der drei Stammväter der neuen Menschheit verraten Charakterzüge ihrer Träger, die von ihren Nachkommen später nie

[1] 1. Mose 9, 19.

verleugnet werden konnten. Wir wurden bereits in einem der früheren Kapitel darauf geführt, daß Noah verhältnismäßig spät zur Gründung eines Familienlebens geschritten war. Wir glaubten den Grund in seiner Furcht vor der sittlichen Verwilderung seiner Zeit zu sehen. *In einer Zeit allgemeinen sittlichen Verfalls mit einer ganzen Familie moralisch gesund zu bleiben, ist weit schwerer, als allein in einer unredlichen Zeit redlich zu sein.* Man kann daher einen Noah, der in seiner ganzen inneren Lebensrichtung auf Gott hin eingestellt war, verstehen, daß er erst dann zur Gründung eines Familienlebens schritt, als er eine ihm innerlich geistesverwandte Seele unter den Töchtern des sethitischen Geschlechts fand. Als ihm dann von seinem Weibe drei Söhne geboren wurden, nannte er sie *Sem, Ham und Japhet.* Bereits die drei Namen deuten an, daß die menschliche Entwicklung durch ihre Stammväter in drei verschiedene Richtungen geführt werden würde. Von Noahs Söhnen wird uns zunächst *Sem* genannt. Dieser Ausdruck bedeutet einfach *„Name", Begriff eines Objekts.* Immer wieder bestand darin die eigentliche Weisheit des Menschen, daß er es lernte, das innerste Wesen der einzelnen Dinge in der Welt zu erkennen und ihnen den ihrem Charakter entsprechenden Namen zu geben. Er unterscheidet Übergeordnetes von Untergeordnetem, Geistiges von Sinnlichem, Himmlisches von Irdischem. Der Name „Sem" weist daher jedenfalls auf eine scharfe Beobachtungsgabe seines Trägers hin.

Und der späteren Geschichtsforschung ist es nie schwer geworden, festzustellen, daß der scharfe Blick für die Wirklichkeit der irdischen und himmlischen Dinge, daß die großen göttlichen Inspirationen für Israel und die Welt, daß die schwersten Opfer an Gut und Leben für Gottes Gesetze und Ordnungen, und daß die lichtesten Perspektiven für Erlösung und Gottesreich auf Erden von jenem Geschlecht der Menschheit geworden sind, das „Sem" als seinen Stammvater hat. *Die Wiege aller großen Gottespropheten hat in den Hütten Sems gestanden.*

Die ganze Menschheitsentwicklung verdankt ihre höchsten Güter und Lebensanschauungen den göttlichen Inspirationen, die Israels Söhne zum Heil ihres Volkes und der ganzen Welt empfingen. Man erwäge einmal in aller Ruhe den Gedanken, was unsere Zeit wäre ohne jenen Reichtum an göttlichem Licht, das uns in den Schriften des Alten und Neuen Testaments aufbewahrt geblieben ist! Wer würde diese Fülle von Trost für unsere Seele, diese Fülle von Licht für unsere Orientierung, diese Fülle von größten Perspektiven für unsere Zukunft je entbehren wollen? *Auch der feindlichste Antisemitismus vermag die Blätter der Weltgeschichte nicht zu vernichten, die der Menschheit immer wieder verkünden: Das Licht* der Welt *kam aus den Hütten Sems.*

Der zweitgenannte Sohn Noahs ist *„Ham"*. Sein Name bedeutet *„das Heiße"*, *„die aufgeregte sinnliche Bewegung"*. Die verwandten Wortwurzeln bezeichnen Keime, welche die Bedingungen für etwas anderes in sich tragen. Gelangen diese im Wesen liegenden Keime zur Entwicklung, so entsteht eine unruhige Bewegung, eine Gärung. Daher liegt in dem Worte auch der Begriff „schwarz" oder „verbrannt". Wenn die Gärung glühend wird, dann verbrennt sie und bringt nichts Neues hervor. Die im Innern entstandene Bewegung kann aber auch zu einer „Geburt" führen, und dann entsteht ein Neues, ein Anderes. Daher auch die Verwandtschaft des Wortes im Hebräischen mit dem Begriff „Geburt". Der Grundcharakter ist aber „die aufgeregte sinnliche Bewegung".

Der Verlauf der alten Weltgeschichte zeigt uns nun, daß Hams Geschlechter nie in der geistlichen Lebenssphäre eines Sem gelebt haben. Wohl kamen sie dann und wann einmal in Berührung mit dem Lichte aus Sems Hütten, jedoch nie haben sie sich diesem göttlichen Lichte erschlossen. Das Höchste, was sie der Welt gegeben haben, sind Ägypten, Babel und Kanaan mit jenen Völkerschaften, die *„das Land nicht mehr ertragen"* konnte, und die daher eines Tages zu ihrem Gericht von ihrem eigenen Lande ausgespien wurden[1].

Wohl war Ham der Fruchtbarste unter seinen Brüdern. Unter den 72 Namen jenes „vernachlässigten" Geschlechtsregisters im 10. Kapitel der Genesis, das uns einen wertvollen Aufschluß über die Entwicklung des Zeitalters nach Noah gibt, gehören 31 der Linie Hams an. Verfolgt man aber diese Namen, so wird alsbald *Nimrod,*

---

[1] 3. Mose 18, 25.

„der Empörer", sichtbar, der in Babel eine Gewaltherrschaft über seine Brüder schuf.

So sind z. B. auch alle Namen der Söhne Chus', des Erstgeborenen Hams, in ihrer Bedeutung aufs engste mit Belagerungen und Schlachten, mit Kampf und Elend verbunden. Ein anderer Zweig aus Hams Lenden waren die Mizraim, die Söhne Ägyptens, die zwar die Sterne zu studieren und Pyramiden mit dem Blut unterjochter Völker zu bauen verstanden, aber weder den Gott über den Sternen, noch die Ewigkeit hinter den scheinbar unvergänglichen Pyramiden zu finden vermochten. *Weder Babel noch Ägypten hat daher der großen Zukunft jene bleibenden Werte überliefert, die sich als ein „Salz der Erde" für die Entwicklung der Menschheit hätten erweisen können.*

Seinen dritten Sohn nannte Noah „Japhet". Die Grundbedeutung der Wurzel ist: *„offenstehen"*. Verwandt ist das Wort mit dem Begriff des „Schönen". Wir werden später in dem Segen Noahs sehen, wie er dem Japhet die Verheißung mitgibt, daß Gott ihm die Gemüter öffnen und ihm Einfluß auf die Herzen der anderen gewähren wird. Der Charakter seines Wesens ist also Offenheit, damit verbunden aber auch der leicht zu „Beredende", zu „Täuschende". Die Offenheit und Empfänglichkeit führte Japhets Geschlechter immer zu einem aktiven Leben.

Heute steht Japhet in seinen Nachkommen und Nationen als der mächtigste Träger der Geschichte da, der auch Sems höchste Güter, zum Teil allerdings nur formell, in sich aufgenommen hat. *Denn die großen europäischen Kulturvölker aus den Lenden Japhets bekennen sich alle zu dem Gott Sems und haben ihm unzählige Tempel und Altäre gebaut.*

Anders die Nachkommen Hams. Es waren immer die Geschlechter Hams, die den größten Lärm in der alten Weltgeschichte machten. Sie waren es, die sich immer wieder ganz auf das Sinnliche einstellten und daher vielfach mit roher Gewalt und sinnlicher Genußsucht über die Bühne der Geschichte hinwegzogen.

Japhet dagegen pflegte bei aller Roheit seiner Sitten doch höhere Ideale und stand offen für das Licht in den Hütten Sems. Und während Hams Geschlechter an ihren eigenen Sünden so völlig zugrunde gegangen sind, daß sie keinen wesentlichen Faktor in der gegenwärtigen Weltgeschichte bilden, sind die beiden anderen Stämme, der japhetitische im Griechentum und der semitische im Judentum, die eigentlichen Bildner und Lehrmeister aller europäischen Nationen geworden.

Und doch, was Noahs Söhne als natürliches Erbe an die Zukunft abgegeben haben, vermochte zwar unter Gottes tragender Geduld eine neue Menschheitsgeschichte zu schaffen, aber den Geist der Erlösung, in dem Noah lebte, haben sie den kommenden Geschlechtern nicht vererben können. Daher erlebte auch die neue Welt in ihrer vom eigenen Geist getragenen Entwicklung wieder Gericht um Gericht und fand Erlösung nur insoweit, als man wie Noah Gnade fand vor Gott. *Denn Heilsgeschichte wird nicht auf natürlichem Wege fortgepflanzt, sondern muß von Geschlecht zu Geschlecht aufs neue als eine Gottestat erlebt werden.*

Schon Noahs Söhne waren nicht mehr das, was ihr Vater in seiner Hingabe an Gott gewesen war. Daher wurde in den nächsten Geschlechtern bereits jene Welt wieder sichtbar, deren Geistesrichtung aufs neue zum Gericht führte. Wohl vermochten die Gerichtskatastrophen die satanischen Entwicklungen in der Geschichte je und je zeitlich zu hemmen — die widergöttliche Geistesrichtung selbst zu vernichten, waren sie jedoch außerstande. Diese brach immer wieder auch in einem Geschlecht durch, das in seinen Vätern aufs wunderbarste durch eine Gerichtszeit hindurchgerettet worden war. Das ist die erschütternde Tatsache, die uns die Entwicklungsgeschichte der Geschlechter Noahs verkündet.

2. Noahs Fall und seine Schmach

1. Mose 9, 20—23

Jeder Fall wird aus einer Versuchung geboren. Nun gibt es in der Schöpfung Gottes aber keinen Boden, auf dem der Mensch nicht versucht werden könnte. *Auch eine durchs Gericht gereinigte Erde kann zu einem Versuchungsboden für den erlösten Menschen werden.* Der Fürst der Finsternis fiel in der oberen Welt des Lichts. Adam verlor seine Unschuld im Paradiese. Kain erschlug seinen Bruder am Altar. Saul verlor Krone und Königsmantel beim Opfer. Jesus wurde vom Teufel versucht auf der Zinne des Tempels in Jerusalem. Ananias und Saphira erlebten ihren Fall auf jenem Wege, auf dem andere ihre Hingabe an Gott ausgelebt hatten[1].

Jede Gabe in der Schöpfung Gottes kann dem Menschen zur Versuchung werden, auch die allerhöchste. Entweder dient sie ihm, oder sie verführt ihn. Israel ist an seinen Heiligtümern zugrunde gegangen. Als es in ihnen erst suchte, was allein in Gott zu finden war, wurden sie dem Volk zum Anstoß des Verderbens. *So fiel auch Noah einst durch Berauschung an der Frucht seiner Hände. Sein Sohn Ham fiel, indem er sich ergötzte an der Niederlage seines Nächsten. Hams Nachkomme Nimrod fiel, als er seine geistige Überlegenheit mißbrauchte zu einem Machtmittel, seine Brüder zu knechten. Und Babel fiel, indem es durch den Versuch der Verewigung seines Namens die Garantien seiner Zukunft suchte.*

Bewahrung vor dem Fall kann daher nie in Gaben gefunden werden. Sie liegt allein in dem inneren Verhältnis des Menschen zu Gott. Wohl wird Gott bald dies, bald jenes als Mittel zur Bewahrung des Menschen benutzen, aber die eigentlichen Garantien jeder Bewahrung liegen in der dauernden Abhängigkeit des Menschen von Gott.

In dem Fall Noahs, Hams, Nimrods und Babels liegen nun die vier großen Hauptformen, in denen sich bisher der Fall der Menschheit je und je auswirkte. Noah mißbrauchte eine außer ihm liegende Gabe, indem er sich durch sie berauschte. Ham gereichte der Fall des Nächsten zum eigenen, weit schwereren Fall. Nimrod fiel, indem er seine Überlegenheit, seine Gaben und Fähigkeiten mißbrauchen lernte zur Knechtung seiner Brüder. Babel fiel, als es sich wieder stark in sich selbst fühlte und seine Erlösung und Zukunft vollständig in die eigene Hand nahm.

Welch eine ungeheure Tragik liegt aber für uns Menschen in der Tatsache, daß auch der erlöste Mensch wieder fallen kann! Darin offenbart sich, daß jede von Menschen erlebte Erlösung zwar zur Vollendung führen kann, aber noch keine Vollendung ist.

[1] Apg. 5, 1—5.

Wohl ist Noah nie wieder in die alte Geistesrichtung des Zeitalters zurückgefallen, aus dem er sich so wunderbar gerettet sah. Es handelte sich in seinem Fall nicht um eine prinzipielle Sinnesänderung. Hätte Noah geahnt, was geschehen würde, er hätte sich nie an dem Saft seines Weinstocks so weit erfreut, daß er trunken geworden wäre.

Und doch, welch ein trauriger Gegensatz liegt in dem Noah, der auf Gottes Geheiß mit seinen Söhnen in die Rettungsarche ging, und dem, der sich an der Frucht seines Weinstocks berauschte und nun vor seinen Söhnen seine Nacktheit zeigte! Aber so war es je und je im Leben der Menschheit, daß auf jeder gewonnenen Lebensstufe auch neue Gefahren für sie lagen. Auch der erlöste Mensch erkannte sie erst, nachdem er aufs neue gefallen war.

Einst war Noah stark gewesen einem ganzen Zeitalter gegenüber, das sich berauschte an den großen Kulturschöpfungen seines eigenen Geistes. Aber derselbe Noah fiel, als er auf der aus dem Gericht neu erstandenen Erde seinen Weinstock ziehen durfte. In seinem Leben hatte er zwar die Dinge gerichtet, die seinen Zeitgenossen zum Gericht gereichten. Aber sein Fall machte offenbar, daß er als erlöster Mensch, wenn auch in feinerer Form, zu denselben Sünden fähig war. Ja, vielleicht darf man allgemein die große Wahrheit feststellen, *daß bisher in der Heilsgeschichte der erlöste Mensch am ersten fiel durch Berauschung an den Segnungen jenes neuen Bodens, auf den er sich durch eine Gottestat verpflanzt sah.*

Noah flüchtete ins Zelt, als er wahrnahm, daß der Genuß von dem Segen des Weinstocks ungewollte Wirkungen bei ihm auslöste. Wäre nicht Ham in seiner Pietätlosigkeit dem Vater in sein Zelt nachgegangen, dann hätte vielleicht niemand Noahs Fall gesehen. Jedoch was Noah seinerzeit tat, indem er, um seinen Rausch zu verbergen, ins Zelt flüchtete, ist später in der Geschichte lange nicht immer von dem erlösten Menschen getan worden. Wie oft führte der Rausch auf irgendeinem Gebiet des religiösen und geistlichen Lebens ebenfalls zu all den schmerzlichen Erscheinungen, mit denen ein solcher im natürlichen Leben verbunden sein kann!

Jeder Rausch bewirkt in der Regel zunächst ein *unnatürliches Glücksgefühl, führt vielfach zu einer unnatürlichen Vertrauensselig-*

keit, weckt meistens ein unnatürliches Kraftbewußtsein und offenbart eine völlig unnatürliche Unternehmungslust. Dieselben Erscheinungen sind aber auch charakteristisch für den Rausch eines erlösten Menschen.

Sobald Erlöste sich zu berauschen beginnen an den Gaben, die sie besitzen, an dem Weinstock, den sie ziehen, an den Opfern, die sie darbringen, an der Stellung, die sie einnehmen, so äußert sich auch ihre Berauschung in der Regel in einem *unnatürlichen Glücksgefühl.*

Es war selbstverständlich, daß ein Mann wie Noah sich freute, als er seine Traube reifen sah. War doch jede Frucht ihm ein Zeugnis von dem Segen, der auf der neuen Erde für ihn lag. Gott hatte ihm ja alles gegeben, damit es ihm und seinen Söhnen diene. Es gibt ein berechtigtes und heiliges Glücksgefühl, wenn Erlöste sich vom Herrn begnadigt oder auch gebraucht sehen. Solange sie nüchtern bleiben, wird ihre Freude nie die Grenze überschreiten, in der sich jede Freude im Herrn bewegt. Denn jedes Erleben Gottes auf irgendeinem Gebiet führt zu einer wunderbar tiefen Freude im Heiligen Geist, wie keine Welt ihn zu geben vermag.

Aber so tief die Freude des Herzens im Heiligen Geist auch geht, sie macht den Menschen in seinem ganzen Wesen nie unnatürlich. Wer Gelegenheit hatte, das Leben geheiligter Gottesknechte kennenzulernen, wird gefunden haben, wie gerade diese in ihrem ganzen Leben geheiligter, aber nie unnatürlicher wurden.

Und soweit wir aus den Evangelien das Bild Jesu zu fassen vermögen, war er der natürlichste Mensch auf Erden. Mit reiner Freude freute er sich über den Sperling auf dem Dach und die Lilie auf dem Felde; denn sie alle hatten ihm etwas zu sagen von seinem Vater. Und doch lebte er in einem Verhältnis zum himmlischen Vater wie niemand vor ihm und niemand nach ihm. *Freude im Heiligen Geist lag daher nie auf dem Gebiet der Unnatürlichkeit.*

Es kann aber auch im Leben der Erlösten ein *unnatürliches* Glücksgefühl geben. Dieses beginnt immer mit einem Rausch. Als Israel sich an seiner Freude über die erlebte Errettung aus schmachvollster Knechtung berauschte, schuf es sich einen Festtag des Herrn und tanzte um das Goldene Kalb[1]. Als sich David an dem Erfolg

[1] 2. Mose 32, 1—7.

seines Regierens berauschte, ließ er Israel zählen und schuf jenes Machtgelüst, das seinem Volk später zum Untergang gereichte.

Ja, so manche dunkle Seite der Geschichte der christlichen Kirche von ihren ersten Anfängen bis in unsere Gegenwart hinein bekundet, daß Übergeistlichkeit eines Tages in Sinnlichkeit endete. Denn Übergeistlichkeit ist unnatürliches Glücksgefühl berauschter Seelen. Sie währt immer nur so lange, bis der Rausch vorüber ist, und hat vielfach eine sehr qualvolle Ernüchterung im Gefolge.

An das unnatürliche Glücksgefühl schließt sich vielfach eine *unnatürliche Vertrauensseligkeit.* Anfänglich behandeln sich Trunkene mit einer Offenheit und Liebenswürdigkeit, die jedes Maß des Natürlichen übersteigt. Aber selten endet dies ohne einen Skandal. Niemand jedoch glaube, daß dies nur Erscheinungen auf dem Gebiet des natürlichen Lebens seien. Sie sind nicht weniger sichtbar auch auf dem Boden des geistlichen Lebens. *Wie oft ist die Gemeinschaft der Heiligen zu Fall gekommen durch den Rausch über die Gemeinschaft der Heiligen!* Die Offenheit, die Liebenswürdigkeit wuchsen über jedes dem Heiligen Geist eigene Maß hinaus und verloren sich in Unnatürlichkeit und gegenseitiger Bewunderung. Aber die im Rausch bekundete Offenheit brachte es mit sich, daß ein jeder auch jene Seiten seines Wesens zur Schau trug, die der andere nicht lange ertragen konnte. Wie oft ging eine gesegnete Gemeinschaft daran zugrunde, daß man sich nicht mehr gegenseitig verstehen konnte, nachdem man sich am Segen berauscht hatte!

Mit diesen Erscheinungen ist aufs engste auch ein *unnatürliches Hochgefühl von Kraft* verbunden. Beobachtet man Trunkene, so wird man finden, daß sie jedes Maß der nackten Wirklichkeit in ihrem Urteil verloren haben. Ihr Enthusiasmus kennt keine Grenzen. Ihre Zuversicht kann Berge versetzen. Sie kennen keine Gefahr, der sie nicht Herr zu werden glauben. *So lebt man in Illusionen und verleugnet die Wirklichkeit.*

Und dies gilt wieder nicht nur für das natürliche Gebiet des Lebens. *Wie oft war im Lager Israels der Enthusiasmus des Volkes weit größer als seine Kraft!* Als einst in den Tagen des Priesters Eli Israel bei Eben-Ezer den Philistern gegenüberstand, die sich zu Aphek gelagert hatten, entstand unter dem Volk bei der Ankunft der Bundeslade solch ein Jauchzen, daß selbst die Philister darüber erschraken. Der Kampf endete jedoch mit einer so schweren Niederlage, daß die Bundeslade von den Feinden erbeutet wurde und Israels Allerheiligstes den Tempel Dagons schmücken mußte[1].

Es gibt eine Kraft des Glaubens, die der Illusion zwar sehr ähnlich sein kann, in ihrem innersten Wesen aber von ihr ganz verschieden ist. Es ist dies jene Kraft, die nur auf der Basis eines erlebten Gottesauftrags zu handeln wagt und daher die Welt überwindet. Als Petrus dem Wort des Herrn vertraute, mit dem dieser ihn zu sich kommen hieß, konnte er auch auf den Wogen gehen. Daher wurden auch alle entscheidenden Schritte, die dem Kommen des Reiches Gottes neue Wege ebneten, in einem Glauben getan, der mit dem rechnete, das nicht ist, als sei es. Leiden, unter denen andere zusammenbrachen, wurden ertragen und überwunden, weil man mit dem rechnete, der seine göttliche Kraft auf dem Boden unserer Ohnmacht zur Vollendung bringen kann. Der ganze Aufbau des Reiches Gottes ruht allein auf dieser Glaubensbasis. Durch Glauben erlebt der einzelne eine Erlösung, wie keine Welt sie ihm zu bieten vermag, gelangt er zu einem Frieden, der seiner Seele Ruhe gibt auch mitten im Kampf und Leid des Lebens.

Dieser weltüberwindende Glaube hat aber nichts zu tun mit unnatürlicher Begeisterung. *Vielfach ist der Enthusiasmus vielmehr jenes sichere Barometer, der den unmittelbaren Umschwung der inneren Seelenstimmung ankündet.* Jenes Volk, das einst den Herrn der Welt mit Palmenzweigen begrüßte, rief einige Tage später: *„Kreuzige, kreuzige ihn!“* Daher erwartet der Herr von seinen Nachfolgern nie Begeisterung, sondern eine nüchterne Willenshingabe an sein Leben und seine Wahrheit. Wo ihm jemand in Unüberlegtheit seines Herzens folgen wollte, antwortete er: *„Die Füchse haben Gruben und die Vögel des Himmels haben ihre Nester, aber des Menschen Sohn hat nicht, da er sein Haupt hinlege[2].“ Nicht Begeisterung, sondern Hingabe verlangte je und je sein Lebensweg von jedem Jesusjünger.*

Aufs engste verwandt mit dem unnatürlichen Kraftgefühl ist

---

[1] 1. Sam. 4, 5 ff.

[2] Luk. 9, 58.

auch die ganz *unnatürliche Unternehmungslust.* Wer seine Kraft überschätzt und das richtige Maß für die Wirklichkeit verloren hat, schreitet zu Unternehmungen, die er nie zu meistern vermag. Wie oft sind Knechte Gottes gerade an dieser Klippe in ihrem Dienst gestrandet! *Es gibt Grenzen auch in der Arbeit, die kein Knecht Gottes überschreiten darf, wenn bleibende Frucht aus seinem Dienen hervorgehen soll.*

Gott ließ Noahs Fall zu. Wir stehen hier wieder vor einem der größten Geheimnisse der Erlösung. *Der Mensch gelangt zur Erlösung von seinem unerlösten Wesen vielfach erst auf Grund seines Falls.* Im Fall wird sichtbar, inwieweit noch eigene Kräfte, die er nicht bewußt gerichtet hat, in ihm wirksam sind.

Petrus konnte von seinem Selbstbewußtsein erst gelöst werden, nachdem er den Herrn dreimal verleugnet hatte. Aber der Herr selbst überwacht solche Sichtungsstunden für seine Jünger, damit ihr Glaube nicht aufhöre. Was er erreichen will, ist die Sonderung des Weizens von der Spreu. *Erlöste sollen erlöster werden von dem, was sie unbewußt aus der alten Welt in die neue mit hinübergerettet haben.* Denn sie sind für die Freiheit des Geistes berufen und nicht für die Knechtschaft des Fleisches. Diese würde sie zum Tode führen, während ihnen jene Leben und Zukunft bringt.

Daß eine solche Berauschung auf dem Boden der Welt zu Hause ist, wußten wir. Lebte doch die ganze kainitische Geistesrichtung in dieser Selbstberauschung. Aber daß auch ein Noah sich eines Tages an der Frucht seines eigenen Weinstocks und an dem Segen der neuen Erde berauschen würde, das hatten wir von ihm nicht erwartet. Ja, die Entdeckung, *daß alles Neue in der großen Weltgeschichte wiederum mit einem Fall beginnt, ist für uns daher das Niederdrückendste, was uns der Überblick über die ganze Heilsgeschichte der Menschheit bietet.*

Und doch vermag niemand diese Wahrheit aus den Blättern der Geschichte zu löschen. Wüßten wir nicht, daß Gott auf dem Boden eines jeden Falls ein höheres Leben zu erwecken vermag, als jenes war, das den Fall erlebte, wir müßten an dem endlichen Sieg der Gottesherrschaft auf Erden zweifeln. Die Bitte *„Dein Reich komme!"* würde uns auf den Lippen ersterben. *Aber das Reich Gottes kam* *und siegte trotz unseres Falls.* Und wie ihm der Sieg der Vergangenheit gehörte, wird ihm auch der Sieg der Zukunft gehören, bis alle Reiche unseres Gottes und seines Christus geworden sind.

3. Hams Fall und sein Fluch

1. Mose 9, 22—27

Noch keiner Lebensbewegung, weder auf geistlichem noch auf rein natürlichem Gebiet, ist es bei all ihrem Höhenflug und Idealismus gelungen, den Fall zu umgehen. Nur der Eine, der sich der Sohn des Menschen nannte, Jesus, konnte sagen: *„Wer unter euch kann mich einer Sünde zeihen?"* Er war die vollendete Gottesoffenbarung im Fleisch und konnte daher auch das Vorbild für eine zur Vollendung berufene Menschheit werden. Was aber vor ihm war und nach ihm wurde, offenbarte eines Tages wieder einen neuen Fall.

Ja, man muß noch mehr sagen. *Alles Neue trug immer wieder auch jene Keime in sich, welche die menschliche Entwicklung aufs neue einer Gerichtskatastrophe entgegenführten, falls man im Lauf der Geschichte ihnen Raum gab und sie die herrschenden Prinzipien des Lebens wurden.*

Angesichts dieser erschütternden Wahrnehmungen müßte man an der Menschheit und an ihrem endgültigen Heil verzweifeln, wenn man nicht andererseits wüßte, daß Gott dennoch aus jedem Fall sich ein neues, höheres Leben zu erwecken vermag. *Das Nächste, was Gott aus Tod und Gericht herausführte, trug jedesmal weit mehr Licht und Leben in sich als das Vorangehende.*

So ist es denn auch selbstverständlich, daß einst aus dem größten Fall der Menschheitsgeschichte, der sich im antichristlichen Reich vollenden wird, die Königsherrschaft Jesu auferstehen und ein Reich des Friedens und der Gerechtigkeit zum Heil der ganzen Erde beginnen wird.

Von Ham wird uns nun eine zweite Form des Falls erzählt: *„Da sah Ham, der Vater Kenaans, die Blöße seines Vaters und ging und erzählte es seinen Brüdern draußen. Da nahm Sem und Japhet das Gewand, legten es auf ihrer beider Schulter, gingen rückwärts* *und bedeckten die Blöße ihres Vaters; ihr Blick blieb zurückgewandt, und die Blöße ihres Vaters sahen sie nicht*[1]*."*

Noahs Fall zog den Fall seines Sohnes nach sich. Zugleich gab er aber auch den beiden anderen Söhnen Gelegenheit zur Entfaltung ihrer höchsten Tugenden. Jede Sünde kann nach diesen beiden Seiten hin Anregung geben. Ham verführte sie zu weit größerer Sünde, Sem und Japhet gab sie den Anlaß zu einer der edelsten Taten. Als Noah merkte, daß der Genuß des Segens ihm zum Rausch wurde, flüchtete er ins Zelt.

Ham jedoch ging ins Zelt und erblickte seinen Vater. Dann eilte er hinaus und erzählte den ganzen Vorgang seinen Brüdern. Das Wort, das hier im hebräischen Text für „erzählen" gebraucht wird, drückt ein Vergegenwärtigen, ein Anschaulichmachen durch Worte aus, ein Erzählen, aus dem eine ganze Geschichte wurde. Damit sollte offenbar nichts Geringeres gesagt werden, als daß Ham sich nicht nur persönlich an dem Geschauten ergötzte, sondern auch glaubte, daß in der Mitteilung auch für seine Brüder etwas Ergötzliches liegen würde. *So fiel Ham, indem er sich ergötzte an der Sünde des Nächsten.*

Es ist vielleicht nicht unwesentlich, wenn bereits hier erwähnt wird, daß Ham der Vater Kenaans war, d. h. jenes Mannes, der in der Geschichte als der Stammvater der kanaanitischen Völker dasteht. Israel sah sich später nämlich in seiner geschichtlichen Entwicklung zwischen zwei hamitische Völkerstämme gesetzt: Ägypten und Kanaan. In Ägypten hatte es die „soziale" und in Kanaan die „sittliche" Entartung vor Augen. Am Grabe beider Länder sollte Israel in seiner Geschichte immer wieder daran erinnert werden, wo die ersten Anfänge einer Geschichtsentwicklung lagen, die zu solch einer Entartung und der damit verbundenen Verwerfung führen mußten. In Hams Geschlechtern pflanzte sich immer mehr und vollendeter nur das fort, was in der Seele Hams genährt worden war.

Kein Volk des Altertums kannte ein so reines Verhältnis zwischen Eltern und Kindern wie die Söhne Jakobs, denen Gott es ins Herz schreiben konnte: *„Ehre Vater und Mutter, auf daß dir's wohlgehe!"* Denn auf dem Verhältnis der Kinder zu den Eltern

[1] 1. Mose 9, 22. 23.

baut sich die ganze Menschheit auf. Die Eltern sind durch Gesinnung, Charakter, Ziele und Bestrebungen die Gebenden und ihre Kinder die Empfangenden. Wenn aber dem Kinde diese Empfänglichkeit verlorengeht und Ham an einem ungewollten Fall seines Vaters sich erfreuen kann, dann beginnt mit dem Kinde jener Abstieg, der in der späteren Entwicklung mit völliger Entartung endigt.

In Sem und Japhet begegnen wir einer völlig anderen Kindesstellung. Sie fanden die Mittel, den Fall ihres Vaters, der Ham so ergötzt hatte, zuzudecken. Damit offenbarten sie jenes wunderbare Gesetz des Lebens, *daß man der Sünde im Nächsten begegnen kann, ohne durch die Sünde seines Nächsten verunreinigt zu werden.* Wo das Auge des Bösen sich über das Böse im Nächsten ergötzt, da findet das Auge des Gerechten jene Hand, die des Nächsten Fehl zuzudecken vermag und ihm zu dienen bereit ist. *Menschen, die überall im Leben und in der Geschichte nur das Böse sehen und es zum Stoff ihrer Überlieferung machen, werden nie eine positive Mission für den Aufbau der Zukunft haben.* Niemand sieht so klar alles Böse wie der Teufel. Aber sein Schauen macht ihn zum Verkläger von uns und zum Widersacher in der ganzen Schöpfung Gottes[1].

Als Noah von seinem Wein erwachte und erfuhr, was ihm sein jüngster Sohn angetan, sprach er: *„Fluchgetroffen wird Kenaan, Knecht von Knechten wird er seinen Brüdern sein."* Und wiederum sprach er: *„Gesegnet wird Gott, der Gott Sems; möge Kenaan ihnen Knecht werden! Gemüter öffnet Gott dem Japhet, wohnt jedoch in den Hütten Sems; und es wird Kenaan ihnen Knecht[2]."*

So wurde Noah, nachdem er von seinem Fall erwacht war, zum Propheten. Es gibt einen Fall, der dem Menschen zum Leben gereichen kann und nicht zum Tode führt. Wer in einer Herzensgesinnung fällt, wie Noah sie in seinem bewährten Wandel mit Gott bekundete, behandelt seinen Fall ganz anders als Ham, der Geschmack an der Niederlage des Nächsten gefunden hatte. *Es bleibt ein gewaltiger Unterschied, ob man fällt, weil man Geschmack an der Sünde gefunden, oder ob man fällt, weil man sich durch die*

---

[1] Sach. 3, 1—3.

[2] 1. Mose 9, 26. 27.

Sünde betrogen sah. Die augenblickliche Wirkung mag dieselbe, die Folgen werden jedoch immer wesentlich verschieden sein.

Als Noah den ganzen Vorgang in seiner wiedergewonnenen Herzensstellung überblickte, eröffneten sich ihm Perspektiven für die kommende Entwicklung, wie er sie bisher nie gehabt hatte. Vor seiner Seele wurde jenes großartige Bild der kommenden Weltgeschichte sichtbar, das sich in den späteren Jahrtausenden wunderbar verwirklicht hat.

Es mag zunächst auffallen, daß Noah hier Ham als seinen jüngsten Sohn bezeichnet, während er gewöhnlich als der Zweitälteste genannt wird. Es erklärt sich dies vielleicht aus der Annahme, daß alle diese geschichtlichen Offenbarungen zunächst für Israel bestimmt waren. Für Israel war Sem als der eigene Urstammvater der Wichtigste. Hams Geschlechter dagegen in Ägypten und Kanaan bildeten später für Israel die größten Gegensätze, mit denen es in seiner geschichtlichen Entwicklung fort und fort zu ringen hatte. Mit den Völkern Japhets trat Israel erst in späteren Zeiten seiner Geschichte in Fühlung.

Was Noah in seinen Söhnen schaute, gehört zu dem „Allertiefsten und Weitestreichenden, was je das von Gott geöffnete Auge eines Sterblichen geschaut hat". Wir haben schon in dem Kapitel über Noahs Söhne gesehen, wie bei Sem das „Geistige", bei Ham das „Sinnliche" und bei Japhet das „Gemütvolle" und „Empfängliche" vorherrschend waren. In der Handlungsweise seines jüngsten Sohnes erkannte Noah ein Prinzip, von dem er sich sagte: das kann, darf und wird nie in der Geschichte bestimmend werden. *Eine Sinnlichkeit, die sich angesichts der Schwäche des Nächsten nicht zu beherrschen vermag, die keine Pietät vor der Person besitzt, der sie Dasein und Existenz verdankt, wird nie zur Freiheit und Herrschaft fähig sein. Kenaan wird ewig Knecht der Knechte seiner Brüder sein.* So dunkel die Weltgeschichte in ihrer Entwicklung auch vor uns liegt, sie bestätigt es aber auf allen Gebieten, daß ein Leben, das seiner selbst nicht Herr zu sein vermag, nie dauernd die Freiheit und die Herrschaft gewinnen kann. *Leidenschaften führten noch immer zur Knechtschaft, sowohl bei einzelnen Menschen als auch bei Völkern.*

Nun mag es aber befremden, daß Noah Kenaan, den Sohn

Hams, und nicht diesen selbst als „fluchgetroffen" bezeichnet und von ihm aussagt, daß *„er ein Knecht der Knechte seiner Brüder"* sein wird. Wir sehen hier, daß sich vielfach Segen und Fluch erst in den Kindern sichtbar auswirken. Noah flucht nicht Ham und segnet nicht Sem, sondern spricht von beiden gegensätzlichen Entwicklungen der Geschichte, die erst in ihren Kindern in Erscheinung treten werden. *„Wer nicht in seinem Kinde bestraft sein will, der ehre die Eltern"* — nichts Geringeres als diese inhaltsschwere Warnung lag in den Worten Noahs.

Was hier als ein Gesetz für die Familie gilt, das gilt auch für die Entwicklung der Völker. Wenn jüngere Geschlechter gleich einem Ham erst jegliche Pietät vor der Vergangenheit verloren haben, wenn sie in dem geschichtlich Gewordenen keine bleibenden und unvergänglichen Werte für die Zukunft mehr finden können, dann mögen sie wohl vorübergehend ihre Augenweide an der Blöße der Vergangenheit haben, aber die Zukunft wird sie als Knechte in den Hütten Sems und Japhets erblicken. *Ham vermochte immer nur einen Kenaan zu zeugen.*

Von Ham wandte Noah sein Prophetenauge zu seinem Zweitgeborenen und sprach: *„Gesegnet wird Gott, der Gott Sems; möge Kenaan ihnen (den Geschlechtern Sems) Knecht werden!"* Es mag auffallen, daß Noah im Blick auf die Nachkommen Sems spricht: *„Gesegnet wird Gott, der Gott Sems!"* Man hält es für unmöglich, daß Gott durch Menschen gesegnet werden könne, während es doch ganz selbstverständlich ist, daß Gott den Menschen segnet. Und doch ist es möglich, und es ist geschehen durch die Geschlechter Sems. Es hat in der alten Geschichte kein Volk der Erde gegeben, das Gottes Bild so rein in seiner Seele getragen, das so bewußt das empfangene göttliche Licht zur Norm für Volk und Staat machte und so klare Blicke für die endliche Gottesherrschaft über alles Fleisch auf Erden besaß wie die Geschlechter Sems.

Wir haben bereits hervorgehoben, daß die höchsten göttlichen Lebensgüter der Welt durch Israel vermittelt worden sind. Indem sich Abraham, Mose, Jeremia, Daniel und all die anderen Propheten so auf Gott einstellten, daß er ihnen unvergängliche Heilswerte für die Welt anvertrauen konnte, segneten sie Gott, wurden sie Gottes

Mitarbeiter am Heil der Menschheit und an der Vorbereitung seiner kommenden Königsherrschaft auf Erden.

Daß Sem, wie sein Vater Noah, im persönlichen Herzensverkehr mit Gott stand, müssen wir aus den Worten schließen, mit denen Noah hier von Gott redet. Er nennt in seinem Segen Gott den *„Gott Sems"*. Sem muß in seinem Umgang mit Gott offenbar so viel Köstliches erlebt haben, daß er, wie später ein Abraham, als ein Gesegneter des Herrn dastand. Nannte man doch später in Israels Geschichte Gott immer wieder den Gott Abrahams, Isaaks und Jakobs, weil jeder einzelne dieser Stammväter so Großes mit Gott erlebt hatte.

Von Sem ging Noah zu Japhet über und sprach: *„Gemüter öffnet Gott dem Japhet, wohnt jedoch in den Hütten Sems; es wird Kenaan ihnen Knecht."* Gewöhnlich wird übersetzt: Gott wird Japhet ausbreiten. Die hebräische Wortwurzel bezeichnet dagegen mehr „das Offenstehen des Gemüts für alle äußeren Eindrücke".

Im Grundtext steht das Wort nun in einer Verbalform, in der es „die Gemüter öffnen" bedeutet. Noah wollte dem Japhet kundtun, daß Gott ihm und seinen Geschlechtern Einfluß über andere gewähren würde. Und in der Tat, Empfänglichkeit einerseits und Einfluß andererseits waren zu allen Zeiten ein sehr wesentlicher Zug bei den Geschlechtern Japhets. In Japhets Hütten war viel Raum für die Pflege des Geistes, der Schönheit, der Musik und der bildenden Künste.

Diese Aufgeschlossenheit führte auch dazu, daß Japhets Geschlechter sich den höchsten Gütern aus den Hütten Sems öffneten und daher heute in der Welt tatsächlich dastehen als die eigentlichen Träger und Hüter all jener Werte, die Gott der Menschheit im Lauf der Entwicklung anvertrauen konnte. *Denn wo je und je unter den Völkern der Gott Sems in seinem Licht sichtbar wurde, da mußte der Glanz der Götter schwinden und die heidnischen Heiligtümer und Tempel zu Trümmerstätten werden.*

In diesen gewaltigen Umrissen sah Noahs Prophetenauge die Zukunft vor sich liegen. Im göttlichen Licht schaute er, wie der Charakter seiner Söhne der Entwicklung die bestimmende Richtung geben würde. Aus Hams Geschlechtern erwartete Noah keine große

Zukunftsblüte der Menschheit. *Herrschaft und Freiheit können nie aus der Leidenschaft Hams geboren werden.* Seine Willkürherrschaft, seine Menschenjägerei führten nur zur eigenen Versklavung. *Wer herrschte, indem er knechtete, erzog sich noch immer seine Knechte zu seinen Herrschern.*

Aber es hat große Zeiten in der alten und auch neueren Geschichte gegeben, wo die Geschlechter der Söhne Noahs alle nichts anderes als Knechte waren und unter dem Joch seufzten, das sie sich gegenseitig aufgeladen hatten. In den alten Zeiten wurde dadurch jene große Sendung Gottes vorbereitet, die der Welt in Christo, ihrem Retter, geworden ist. Denn *„als die Zeitfülle kam, sandte Gott seinen Sohn, geboren von einem Weibe, gekommen unter das Gesetz, damit er die unter dem Gesetz loskaufte, auf daß wir die Sohnschaft empfingen. Weil ihr denn Söhne seid, hat Gott den Geist seines Sohnes in eure Herzen gesandt, der schreit: Abba, Vater! Daher bist du nicht mehr Knecht, sondern Sohn; wenn du aber Sohn bist, bist du auch Erbe Gottes durch Christum*[1].*"*

Eine Sehnsucht nach einem kommenden Retter lebte sowohl in Israel als auch in den Nationen. Dieses Harren und Warten, dieser Bankrott im Leben der einzelnen, der Völker und Staaten bereitete jenen Boden vor, auf dem Jesus mit seinem Evangelium ein völlig Neues zur Erlösung einer seufzenden Menschheit bringen konnte. So klein und gering, so verachtet und verworfen es auch in seinen Anfängen war, das Reich Gottes überwand Judentum und Heidentum in der alten Welt und schuf eine völlig neue Zukunft.

In diesem Gottesreich allein liegen auch alle Kräfte für eine Erlösung der Gegenwart. Es hat von seiner neu schaffenden Kraft, von seinen lichten Perspektiven für die Zukunft noch nichts verloren. *Wohl haben seine Träger sein Wesen oft verleugnet, aber Gottes Reich stand immer wieder in der Welt da als jene ungebrochene Gottesschöpfung, der allein die Zukunft gehört.*

---

[1] Gal. 4, 4—7.

4. Nimrods Fall und seine Prinzipien

1. Mose 10, 6—12

In Nimrod lernen wir nun eine dritte Form des Falls kennen, die von den Nachkommen eines geretteten Geschlechts kommen kann. *Nimrod fiel, indem er seine Gabe mißbrauchte zur Knechtung seiner Brüder.* Bisher waren Noahs Söhne nichts anderes als die Stammväter von Völkern gewesen, die sich über die Erde verbreiteten, um ihre Felder zu bebauen und der Erde Schätze zu heben. In Nimrod, dem Enkel Hams, wurde eine ganz „neue Potenz in die Entwicklung" dieser Völker hineingetragen. Er fing an, ein *„Held zu sein auf Erden"*. Er atmete den Geist Kains und Lamechs und erhob das Heldentum zu einem besonderen Beruf und fand in ihm den eigentlichen Zweck seines Lebens.

Es ist nun überaus bezeichnend, daß er der Enkel Hams war, der sich an dem Fall seines Vaters ergötzen konnte. Ham kannte nichts von dem Geist jenes Priestertums, das die Schuld des Nächsten in zudeckender Liebe trägt und dem Gefallenen zu helfen sucht. Sein Enkel Nimrod ging nun dazu über, durch Klugheit und Kraft seine Umgebung zu überwältigen. Denn das hebräische Wort, das hier für „Held" gebraucht wird, drückt eine Überwältigung des anderen durch körperliche Kraft aus, so daß der Nächste hinfort nicht mehr aufkommen kann.

Wir haben bereits bei einer andern Gelegenheit gesehen, *wie jede Gabe uns entweder segnet oder verführt.* Sie segnet uns, wenn wir durch sie andere segnen. Sie verführt uns, sobald uns ihre Stärke zu irgendeiner Beraubung des Schwächeren führt.

An und für sich kann jede Gabe heilig und wert sein. So lag auch nichts Böses darin, daß Nimrod mehr Intelligenz und Kraft besaß als die anderen. Klares Urteil kann jenen zu einer richtigen Orientierung dienen, die sich selbst im Wechsel des Lebens nicht zurechtzufinden vermögen. Es kann aber auch eine selbstsüchtige Klugheit werden, die alles nur zum eigenen Vorteil berechnet. Stärke kann unter Menschen und Völkern helfen, Recht und Gerechtigkeit zu vertreten und zu pflegen, Schwache zu stützen und zu heben. Aber sie kann auch hart und seelenlos werden und in skrupelloser

Ungerechtigkeit das knechten und berauben, was sich ihr gegenüber als schwächer erweist. Reichtum kann zum Schöpfer unendlicher Wohltaten, zum Tröster vieler Leidenden und zum Baumaterial eines gesunden Kultur- und Wirtschaftslebens werden. Er kann aber auch die Herzen verhärten, die Armen versklaven, die Selbstsucht adeln und die Wollust pflegen. *Das Entscheidende bei jeder Gabe ist daher die Gesinnung, in deren Dienst sie steht.* Unter der Herrschaft einer göttlichen Gesinnung hebt und trägt, segnet und tröstet, adelt und bereichert sie. Jedoch im Dienst der menschlichen Selbstsucht schwächt und beraubt, erniedrigt und knechtet sie alles, über das sie Einfluß zu gewinnen vermag.

Welch eine Herzensgesinnung von Nimrods Vätern gepflegt wurde, haben wir bereits bei Ham angedeutet. *Es war daher nur die natürliche Folge, daß da, wo vorher das sittliche Gewissen verlorengegangen war, mit der Zeit auch die soziale Freiheit schwand.*

Daß in dem Leben eines Nimrod aber nicht das Sittliche, sondern die rücksichtslose Selbstsucht bestimmend wirkte, geht aus dem klar hervor, was uns weiter von ihm berichtet wird. Es heißt von ihm: *„Er war ein verschlagener (hinterlistiger) Held vor Jahve."* Darum sagt man: *„ein Nimrod gleich verschlagener Held vor Jahve*[1]*."*

Das hebräische Wort, das hier mit dem Begriff „verschlagen", „hinterlistig" übersetzt ist, ist dasselbe, das für Jagen gebraucht wird. Sehr oft wird es aber in einem übertragenen Sinn zur Bezeichnung einer „Menschenjagd" verwendet.

Diese ausgesprochenen Charakterzüge werden sichtbar bei einem Nimrod. Bei ihm verband sich Gewalt mit List, und so wurde er ein verschlagener, hinterlistiger Held, der seine Umgebung durch seine verhüllten Pläne und Ideen zu fangen verstand. Seine Gabe, die Überlegenheit und sein Heldentum wurden entweiht durch seine Hinterlist. In ihm erschien daher wieder jene unheilvolle Gewaltherrschaft, die sich seitdem je und je in der Entwicklungsgeschichte der Völker zu behaupten verstand. Sie führte zu jener Tyrannenherrschaft, unter deren Joch die Zeitgenossen verelendeten und verbluteten. Kein Menschenleben war zu teuer, kein Opfer eines Volkes

---

[1] 1. Mose 10, 9.

zu groß, wenn es galt, die Ehr= und Herrschsucht, den Luxus und die Brutalität einer gekrönten Nimrodseele zu befriedigen.

Im Text steht jedoch in Verbindung mit dem Heldentum Nimrods zweimal: *„vor dem Herrn"*. Nimrod wird als ein verschlagener Held vor dem Angesicht Gottes bezeichnet. Es scheint ganz unverständlich, wie man bei der Geistesrichtung und Herzenseinstellung eines Nimrod dazu gekommen ist, seine Handlungen als *„vor dem Angesicht des Herrn"* geschehen zu bezeichnen. — Denn diese Worte werden in den alttestamentlichen Schriften immer nur da verwendet, wo es sich beim Menschen um bewußte Erfüllung des ihm geoffenbarten göttlichen Willens handelt. Nie drücken sie eine Gesinnung oder Handlung aus, die gegen Gottes Willen und Pläne wären. Es dürfte daher auch hier das *„vor dem Angesicht des Herrn"* nichts anderes als *„im Namen Gottes"*, in scheinbar ganz frommer, Gott wohlgefälliger Weise bedeuten.

Aber gerade darin, daß Nimrod nach außen hin seinen Handlungen den Schein der Gottseligkeit zu geben verstand, gipfelte das Verführerische dieser Erscheinung. Denn jener Gottesbegriff, der sich in dem Namen „Jahve" verkörperte, war noch lange nicht aus dem Gedächtnis der sich damals entwickelnden Völker gewichen. Das Flutereignis war zu groß, seine Gerichtssprache zu gewaltig und die Rettung der Väter zu wunderbar gewesen, als daß man das alles in einigen Generationen ganz vergessen hätte. Wer jedoch Entwicklungen auch rein geistlicher Bewegungen kennt, der weiß, wie leicht zwar die Sprache und die Anschauungswelt jener großen Zeiten, die den Vätern zum Heil gereichten, in den späteren Generationen äußerlich fortgepflegt werden können, ohne daß diese auch den Geist ihrer Väter atmen.

Daher haben wir hier die Entstehung von jenem Mißbrauch des Namens Gottes, der seitdem von Helden im Nimrodsgeist je und je betrieben wurde. Um die Häßlichkeit ihrer Gesinnung vor den Schwachen zu verbergen, verstanden sie es, ihre Handlungen in den Schein des Gottgewollten zu kleiden. Nimrod war der erste, der da anfing, seine Mitmenschen „im Namen Gottes" zu unterdrücken. Er verstand es offenbar, die selbstsüchtige Gewalt durch den Schein des göttlichen Wohlgefallens zu verhüllen und so ihre Anerkennung im Namen Gottes zu fordern. Er schmückte seine Pläne mit heiligen Phrasen, um die vor Gott Wandelnden zu fangen.

Ist dieser Mißbrauch mit dem Göttlichen in späteren Zeiten doch so weit getrieben worden, daß Pharaonen und Cäsaren sich anmaßten, sogar Gottes Stellvertreter und Götter auf Erden zu sein, und von ihrem Volk nicht nur die schwersten Opfer an Gut und Blut, sondern auch göttliche Huldigung und Anbetung verlangten.

Wir stehen hier daher an der Wiege jenes menschlichen Königtums, dessen Träger sich mit dem Schein des Göttlichen umhüllten, den Geist des Göttlichen aber niemals atmeten. Wohl gab es auch in Sems Hütten und in den christlichen Zeitaltern unter Japhets Völkern Fürsten und Könige, die trotz Zepter und Krone weder „Nimrods" Mantel noch „Amaleks" Schwert trugen, sondern nichts anderes als Diener ihres Volkes im Auftrag Gottes sein wollten. Wie jede andere Gabe können auch Staat und Königtum zu einem unberechenbaren Segen für das eigene Volk werden. Aber sie können sich auch zu einem Fluch gestalten, unter dem die ganze Menschheit seufzt. *Aus Nimrods Gesinnung konnte immer nur ein Babel entstehen.* In seinem Königtum liegen daher die ersten Anfänge zu jener geschichtlichen Weltstadt Babel, die durch die Jahrtausende menschlicher Entwicklung hindurch der Typus widergöttlicher Prinzipien geworden ist. *In Nimrods selbstsüchtiger Seele wurden die Inspirationen zu jener antigöttlichen Weltherrschaft geboren, die im Antichristen und in seiner Weltmacht ihre letzte Vollendung und ihr Gericht finden wird.*

Welch ein blutiges Drama ist doch immer wieder aus diesen Inspirationen geflossen! Wie haben sie die Menschheit in namenloses Elend und unerträgliche Knechtung geführt, das Heiligste des Lebens entweiht und Menschen wie Güter zum Gegenstand ihres Raubes gemacht! Wenn auch manche ihrer Untertanen und einzelne ihrer Herrscher sich unter den Gesalbten Gottes beugten, *die Staaten als solche schmückten sich zwar mit dem Schein des Christentums, in ihrer Seele lebte aber immer noch das Tier.*

Jedoch Gottes Walten im großen Weltgeschehen fügte es, daß immer wieder das Tier durch das Tier die Todeswunde erhielt. So schützte Gott die Welt vor dem Entstehen einer alles unterjochenden

Weltmonarchie. Es ist eine wunderbare Wahrnehmung in der Geschichte, daß jede Macht, wenn sie zur höchsten Potenz ihrer Gewalt erwuchs, blind wurde und daher im Bewußtsein ihrer Stärke jegliche höhere Klugheit verschmähte. So erlag sie eines Tages einer mit Klugheit vermählten schwächeren Macht.

Denn bisher hat noch kein Welteroberer eine dauernde Weltmonarchie zu schaffen vermocht. Jeder scheinbar gelungene Versuch überlebte kaum seinen Gründer. *Ihr Evangelium verhieß zwar den Frieden, aber ihr Kommen brachte immer das Schwert. Dann verwaisten die Kinder, dann weinten die Mütter, dann brachen die Herzen der Alten, und Hütten und Fluren rauchten eines Tages wieder wie „Kalköfen".*

Es hat einmal ein biblischer Seher den inneren Wesenscharakter der Nimrodschen Weltmonarchien gesehen und sie mit erschütternden Worten gezeichnet. Dies war jener große Jesaja, der in den Tagen des Königs Hiskia in Juda lebte. Er kündete seinem Volk, was er unter den Nationen gesehen und gehört hatte. Hören auch wir einiges von dem, was er seinem Volk zu sagen hatte! Er spricht:

„Siehe, ihr ‚Ich möchte Gott schauen!'
haben sie hinausgeschrien
und weinen nun bitter, die Engel des Friedens!
Wege liegen verödet;
es feiert, der sonst die Straße zog.
Zerstört hat den Bund, Städte verworfen,
hat nicht nachgedacht der sittlich gesunkene Mensch.

Jetzt stehe ich auf, spricht Gott,
jetzt zeige ich mich auf der Höhe,
jetzt habe ich mich erhoben!
Empfanget ihr Stoppeln, gebärt ihr Stroh.
Euer eigener Geist verzehrt euch als Feuer,
und es werden Völker Kalkbrandstätten,
gefällte Dornen, im Feuer verbrannt[1]."

Das war das erschütternde Bild, das der Prophet in seinen Tagen

---

[1] Jes. 33, 7. 8. 10—12.

im Völkerleben sah. Die Engel des Friedens weinten; denn vergeblich suchten sie Gott zu schauen im Leben der Völker. Denn wo Gott wohnt, da wohnt die Freude; aber unter den Völkern herrschte Jammer und Elend. Wo Gott wohnt, da wohnt der Friede; aber die Völker zerfleischten sich im Streit. Wo Gott wohnt, da wohnt das Leben und der Segen; aber unter den Völkern gestaltete sich das Leben zu einer Stätte des Fluches, und der Tod wurde vielfach zum Retter von unerträglichem Herzeleid und Elend.

Was war es aber, das die damalige Welt, die ein Jesaja sah, so altern ließ? Die Völker glaubten ihr Glück sichern zu können, indem sie die Welt eroberten, und verloren dabei sich selbst und ihr Glück. Sie vergaßen, *daß jedes Heil für Gegenwart und Zukunft nur von innen heraus begründet werden kann, und daß daher Gerechtigkeit und Friede im Aufbau das Erste, Grundsätzliche und Unersetzliche sein müsse. Denn mit der Sittenlosigkeit wuchs auch immer die Kulturlosigkeit.* Des Propheten Auge sah, wie die Menschen entarteten und selbst der Libanon ihre Gesunkenheit fühlte und seine Fruchtbarkeit verlor; Saron wurde zur Wüste, Basan und Karmel warfen ihren Blätterschmuck ab.

Was jedoch damals die Engel nicht sahen, das sah der sie sendende Gott. Wo die Erde ihre Hoffnung verliert, beginnt das Morgengrauen des göttlichen Heils. *Der Rausch des Menschen muß vergehen, sein Traum von der absoluten Menschenherrlichkeit ausgeträumt werden, bevor er der göttlichen Wahrheit und Kraft Raum gewährt.*

Aber wenn der Mensch vor den Trümmern seiner eigenen Schöpfungen steht, wenn der vermeintliche Aufbau des Glücks zur schmachvollen Verelendung führte und der innerlich bankrotte Mensch vor dem Zusammenbruch seines Lebens und Werkes stand — dann konnte sich Gott erheben. Dann ließ er durch seine Propheten ein Neues enthüllen, und die Träger seiner Gerechtigkeit und Liebe schufen in der Weltgeschichte unvergängliche Beiträge für seine kommende Königsherrschaft auf Erden.

Denn der Prophet hört, wie Gott den Völkern die erschütternde Wahrheit verkündet: *„Empfanget, ihr Stoppeln, gebärt ihr Stroh; euer eigener Geist ist's, der euch als Feuer verzehrt."* Denn das schmerzlich große Ergebnis der Weltgeschichte, von Kains Städtebau und Nimrods Völkerjagd an bis in unsere Gegenwart hinein, ist die erschütternde Dokumentierung jener Gotteswahrheit, *daß der Mensch in seiner falschen Einstellung von Stoppeln Empfängnis und von Stroh Geburten erwartete, und daß sein eigener Geist das Feuer war, das ihn verzehrte.* Solange dem Menschen nicht Gott und der Nächste das Höchste auf Erden sind und er in seiner Anbetung vor sich selbst und vor den Reichtümern der Vergänglichkeit kniet, wird er sein Heil da suchen, wo es begraben wird. Sind doch ganze Völker mit klingendem Spiel, ihren Idealen folgend, über die große Bühne der Weltgeschichte gezogen, bis diese ihnen zum Fallstrick gereichten und ihre Schöpfungen zu Kalkbrandstätten und ihre Kulturen zu Dornen wurden, die das Feuer verzehrte.

So denkt Gott über eine im Geist Nimrods aufgebaute Weltgeschichte. Und selig jene, die Gott in ihrem Herzen und Leben recht zu geben wagten! Sie werden sich lösen vom Geist Nimrods und Ruhe finden im Geist dessen, der uns zum Vater beten lehrte: *„Geheiligt werde dein Name! Dein Reich komme! Dein Wille geschehe auf Erden, wie er geschieht in den Himmeln!"*

Gottes Propheten schauten nie Gericht ohne Gnade, nie Untergang ohne Auferstehung, nie ein Erdenreich ohne den kommenden Gottesstaat, nie eine antichristliche Weltmonarchie ohne das darauffolgende Friedensreich Jesu Christi.

So auch unser Prophet, der Worte fand, die Dinge Gottes in ihrer wahren Größe zu künden. Er rief seinem angesichts der großen Geschichtsereignisse in seiner Seele bebenden Volke zu: *„Den König in seiner Schöne möchten deine Augen schauen, möchten sehen das in Fernen liegende Land; da sinnt denn ängstlich dein Herz: Wo ist der Zähler, wo der Wäger, wo der Zähler der Festungstürme? Auf ein machtstolzes Volk sieh nicht aus, nicht auf ein Volk zu tiefer Lippe für Verständnis! Zion schau, die Burg unserer Bestimmung, da sehen deine Augen Jerusalem, eine sicher ruhende Stätte. Ein Zelt, das sie nicht gesteckt hat, nicht immer selbst ausreißt seine Pflöcke, und von dessen Seilen keins reißt. Denn wenn dort Gott Majestät uns ist, ein Flußgebiet weitgeuferter Ströme, wird doch kein Streitschiff es befahren, kein stolz Gefährt es durchkreuzen;*

denn Gott unser Richter, Gott unser Gesetzgeber, Gott unser König, der wird uns helfen[1]."

Das sind Prophetenblicke für das Kommende, wie sie nur von Persönlichkeiten geschaut werden können, die mit dem Wesen Gottes vertraut geworden sind. Wer diesen Geist der prophetischen Hoffnung in sich trägt, erwartet das Heil der Völker und der Zukunft nicht mehr von einer im Geist Kains aufgebauten Städtekultur und einem im Geist Nimrods gepflegten Königtum. *Seine ganze Sehnsucht geht auf eine Theokratie auf Erden, auf die Herrschaft des Geistes über den Stoff, auf die Herrschaft des Gesalbten über den Menschen.*

Diese wird mehr und mehr sichtbar für die Sehenden, bleibt aber verhüllt den Träumenden. Und wie mit unwiderstehlicher Notwendigkeit aus dem Innern des Völkerlebens Gericht um Gericht, Katastrophe um Katastrophe kam, so kommt mit derselben unwiderstehlichen, inneren Notwendigkeit die Herrlichkeit jenes Gottesstaates, in dem die Völker bezeugen werden:

„Denn Gott ist unser Richter,
Gott ist unser Gesetzgeber,
Gott ist unser König,
der wird uns helfen."

5. Babels Fall und seine Verwirrung

1. Mose 11, 1—9

In Hams Charakter und Nimrods Gewaltpolitik sahen wir bereits jene neuen Prinzipien der ferneren Geschichte, die verhängnisvoll für den Aufbau der Menschheit werden mußten. *Ham fehlte die priesterliche, Nimrod die politische Seele.* Ham verstand nicht die Sünden seines Nächsten zuzudecken, sondern schuf aus dem ungewollten Fall des andern nur eine ergötzliche Erzählung für seine Brüder und die Zukunft. *Das war immer widergöttlich.* Nimrod entdeckte seine Vorzüge, und sie wurden ihm die Mittel, durch

[1] Jes. 33, 17—22 (nach Hirschs Übersetzung).

Versklavung des Nächsten sein eigenes Glück und seinen eigenen Ruhm zu begründen. *Das war ebenso widergöttlich.*

So kam es zur Gründung jenes Königtums im Lande Sinear, das für die große kommende Geschichtsentwicklung eine typische Bedeutung gewinnen sollte. *Steht doch Babel seitdem in der ganzen Heilsgeschichte als Typus und Träger jener Weltmacht da, die alle widergöttlichen Prinzipien in sich verkörperte und sie unter dem Schein des Gottgewollten und des Heilvollen zur Norm seiner Herrschaft und seiner Zukunft gemacht hat.* Das geistige Babel blieb daher in der großen Entwicklungsgeschichte der Menschheit der Mittelpunkt aller Machtentfaltungen, um jene Weltherrschaft zu begründen, *die die Selbsterlösung und Selbstverherrlichung zu den höchsten sittlichen Prinzipien der Geschichte machte.* Mit den wesentlichen Charakterzügen dieses Babels werden wir nun durch jene Mitteilungen bekanntgemacht, die uns in der Verbindung mit dem Turmbau zu Babel überliefert sind.

Mit der Gründung Babels trat *eine neue Einheit* in Sicht. Nimrod hatte nicht alle Geschlechter der Söhne Noahs unter seiner Herrschaft zu vereinigen vermocht. Als er im Lande Sinear die Fundamente für sein Königtum legte, hatte sich Assur, der Sohn Sems, aus dem Lande entfernt und war nordwärts gezogen und gründete dort Ninive und andere Städte[1]. Fand Nimrod seinen Ruhm und sein Glück in seinen Eroberungen, so suchte Assur beides in seinem Städtebau und in seiner Kultur. Aber trotz dieses Auseinanderstrebens der Geschlechter gab es doch noch ein einheitliches Band, das alle miteinander zu einer Völkerfamilie zusammenschloß. *Das war die Sprache und die Erinnerung.*

Das göttliche Moment, das einst die Väter der gegenwärtigen Geschlechter zu einer Gottesfamilie auf Erden verbunden hatte, war in vielen wieder erloschen. Jedoch die Erinnerung an die großen Erlebnisse der Väter war nicht erstorben, so wenig man auch im Geist der Väter lebte. Dieses Sichverstehen auf Grund einer Sprache und die Erinnerung an die große Gerichtskatastrophe der Vergangenheit wurden die Mittel, durch die man zu einer neuen Einheit im Lande Sinear gelangte. *Hier sollte durch das Zusammenwirken aller*

[1] 1. Mose 10, 11.

eine unzerstörbare Basis für Einheit und Zukunft der ganzen Menschheit geschaffen werden. Denn die Prinzipien für diese große Schöpfung verkörperten sich im Städtegründen, im Turmbau und im „Namenmachen".

Beim Bau Babels ist es nun überaus bezeichnend, daß es von niemand unter all den Geschlechtern und Trägern der damaligen Geschichte heißt wie einst von Henoch und Noah: *„Und er wandelte mit Gott."* Das große Zukunftsprogramm, das von Nimrod zur Beglückung aller ausgegeben war, hatte offenbar alle Geschlechter berauscht und wohl auch jenen heiligen Überrest, den Gott auch in der damaligen Zeit gehabt haben wird.

Nie hätte Nimrod alle Menschen zur Preisgabe ihrer persönlichen Freiheit und zur Aufopferung ihrer Kraft für ein gemeinsames Ziel bewegen können, wenn nicht Anregungen von ihm ausgegangen wären, die alle packten und in allen die Hingabe an das neue, große Kulturwerk der Zukunft bewirkt hätten. *So wurde durch die Inspirationen seines Geistes jene neue Einheit geschaffen, die hinfort alle zu einer einzigen Weltmonarchie verbinden sollte.*

Diesen Charakterzug hat Babel seitdem in der Weltgeschichte nie mehr verleugnen können. *Auch Babels Ziel ist Einheit, auch Babels Seele strebt aufs Ganze, auch Babel will alle beglücken, indem es sich selbst beglückt. Babels Einheit entrechtet das einzelne Geschlecht, Babels Ziele führen zu einer Katastrophe der Geschichte.*

In höchster Machtentfaltung werden diese Züge sichtbar werden in dem endgeschichtlichen Babel, das sich in seinem innersten Wesen als das antichristliche Reich auf Erden offenbaren wird. Dies wird die größte Schöpfung sein, welche die Menschheit je auf Grund ihrer eigenen Kraft geschaffen hat. Und vielleicht wird das Geschaffene zunächst so blendend und dem Gottgewollten so ähnlich sein, daß selbst diejenigen, die auf die Gottesherrschaft auf Erden warteten, zunächst den wahren Charakter der großen Menschenschöpfung nicht erkennen werden.

Die neue Einheit wurde geschaffen zum Zweck *der Selbsterlösung;* denn was einer dem andern als Erlösung und Sicherung für die Zukunft zu künden hatte, lautete: *„Gib her, wir wollen uns eine Stadt bauen und einen Turm, und dessen Spitze soll bis in den*

Himmel reichen, so wollen wir uns einen Namen machen! Wir könnten sonst über die Fläche der ganzen Erde zerstreut werden[1].“ So glaubte man jenes Mittel gefunden zu haben, durch das alle zu einem ewigen Völkerstaat verbunden werden könnten. *Denn gerade darin, daß man den Universalstaat zum Selbstzweck erhob, sah man die bewahrende Kraft, die fortschreitende Gesundung, das erlösende Ziel für alle Zukunft.*

Wir wissen zwar nicht, welche Pläne man mit dem Bau des Turmes, der bis zum Himmel reichen sollte, verband. Vielleicht glaubte man auch, durch einen Bau auf festen Fundamenten, aus gebrannten Ziegeln und von himmelstürmender Höhe sich für jenen Fall eine Zufluchtsstätte zu schaffen, wenn die Menschheit aufs neue durch eine Gerichtsflut heimgesucht werden sollte. Falls dieser Gedanke mitgewirkt hat, um die damalige Welt zu einem einheitlichen Handeln zu verbinden, so tritt darin etwas in die Erscheinung, was seitdem immer in der Geschichte eine wesentliche Basis für den Zusammenschluß und das einheitliche Handeln der Menschheit werden mußte. Man suchte offenbar die Wiederholung solch eines Untergangs aller durch ein neues Flutgericht dadurch zu umgehen, daß man glaubte, einen Bau schaffen zu können, der den Gerichtswellen trotzen könnte.

Das ist aber Selbsterlösung. Man zitterte vor dem Gericht und suchte einer Wiederholung vorzubeugen, indem man sich selbst half. Anstatt sich zu fragen, was einst die kainitische Welt in die Katastrophe geführt hatte, um sich alsdann innerlich von den falschen Prinzipien und der widergöttlichen Geistesrichtung solch eines Zeitalters zu lösen, suchte man nur das Gericht zu umgehen. *Nicht innerliche Reue über die widergöttlichen Prinzipien war es, durch welche die Welt sich bei ihrem Aufbau und ihren neuen Kulturschöpfungen leiten ließ, sondern allein der Gedanke, eine Wiederholung des Gerichts für die Zukunft unmöglich zu machen.*

Dabei ahnte die Welt nicht, daß sie gerade durch ihre neuen Schöpfungen die Grundlage für ein neues Gericht schuf. *Denn die Gerichte der Weltgeschichte werden in der Seele des Menschen geboren und nicht in seinen Kulturschöpfungen.* Es gibt nur ein Mittel,

[1] 1. Mose 11, 4.

dem Gericht vorzubeugen, und dies liegt in der Seele und im Geist des Menschen. Wer innerlich richtet, was die Welt ins Gericht führt, und jene Stellung zu Gott, dem Nächsten und der Schöpfung wiedergewinnt, zu der der Mensch berufen ist, der hat jene Basis gefunden, die durch kein Gericht mehr erschüttert werden kann. Mag dann die Welt auch aufs neue einer Katastrophe entgegengehen, so kann man, wie Noah einst, mitten im Gericht stehen und doch nicht gerichtet werden.

Ferner verband die alte Welt mit der Selbsterlösung vor allem andern die *Selbstverherrlichung*. Sie sprach: *„Lasset uns einen Namen machen!"* Auch hierin offenbarte sich das völlig Widergöttliche ihrer Gesinnung und Geistesrichtung. Zwar will auch Gottes Heilsplan die Menschheit zu einer Einheit führen, aber zu einer Einheit im Geist und in der Wahrheit. Auch Gottes Absicht ist, dem Menschen Vollmachten zu geben über seine Schöpfung, aber allein auf der Basis, wo der Mensch erlöst wird von sich selbst und sich freiwillig hingibt an Gott. *Erst ein völliges An-Gott-Gebundensein führt zu einem Herrsein über die Schöpfung.* Den vor Gott Gebeugten lernt auch die Schöpfung gehorchen.

Die Inspirationen, die einst vom Lande Sinear ausgingen, öffneten den Geschlechtern den Blick für das eigene Können und brachten ihnen zum Bewußtsein, welch eine ungeheure Macht in der Zusammenfassung aller Kräfte der Menschheit liegt. Wird diese Macht auf ein einheitliches Ziel gerichtet, so vermag sie scheinbar die Welt zu überwinden und sich eine ewige Zukunft zu schaffen. In dieser Erkenntnis sprach man damals: *„Gib her, wir wollen eine Stadt bauen und einen Turm, und dessen Spitze soll in den Himmel reichen, so wollen wir uns einen Namen machen!"*

Hinfort stellte man sich auf die eigene Kraft ein, um sich durch die Schöpfung einer Weltstadt und eines himmelhohen Turmes einen Namen zu machen. Aber wem gegenüber? Die damalige Welt hatte doch nur sich und Gott. Ihr Ruhm galt daher sich selbst, und zwar sowohl im Blick auf Gott als auch im Blick auf den einzelnen in ihrer eigenen Mitte. Mithin sollte die große Kulturschöpfung nicht ein Mittel sein, um durch die Gesamtheit dem einzelnen zu dienen, sondern sie wurde Selbstzweck, dem der einzelne sich zu opfern hatte. *Der Ruhm der Gesamtheit wurde zum Götzen der Zukunft, dem alles geopfert werden mußte.*

So wurde Noahs Gott der Gnade ersetzt durch den Götzen des menschlichen Selbstruhms. Was man im Leben des einzelnen aufs schärfste verurteilte, wurde in Babel zur höchsten Sittlichkeit für die Gesamtheit. Was der einzelne an Kraft und Blut, an Intelligenz und Vermögen, an Glück und Freude besaß, mußte ein Opfer werden zur Verherrlichung des Ganzen. Wird doch von den Alten aus jenen Tagen überliefert: „Wenn ein Mensch beim Bau verunglückte, nahmen sie sich's nicht zu Herzen; wenn aber ein Ziegelstein zu Boden fiel, setzten sie sich hin und klagten: Wann werden wir erst einen Ersatz dafür hinaufheben?"

In dieser Überlieferung charakterisiert sich die ganze innere Verwirrung der ersten Weltmonarchie ohne Gott. Und wo seitdem in der Weltgeschichte Babels Schöpfungen je und je sichtbar wurden, da baute man an diesem Ruhmestempel der Gesamtheit, schritt über Millionen von Leichen hinweg und rühmte sich dabei in dem Wahn, es diene alles dem Ganzen.

Offenbar sollte auch im Lande Sinear durch die große Kulturschöpfung ein Werk begonnen werden, an dem alle Generationen ihre Arbeit fortsetzen sollten. Stehen doch heute noch in jenem Ägypten, das Nimrods Ideen und Pläne erbte, Pyramiden als Zeugen, wie sie jeder Pharao beim Antritt seiner Regierung zu bauen begann. Dieser Bau an dem Grabmal des königlichen Ruhmes wurde ununterbrochen bis zum Eintritt des Todes eines Pharao fortgesetzt, ohne daß man darnach fragte, wieviel Leben und Glück durch die Opfer vernichtet wurde, die solch ein Ruhmesbau erforderte. *Zwar galten solche Schöpfungen immer als ein Ruhm der Gesamtheit, sie waren jedoch in Wirklichkeit nichts anderes als die Verherrlichung jener Nimrode, die da verstanden, sich auf Grund ihrer Inspirationen aus dem Blut und den Kräften ihrer beherrschten Völker den Lorbeerkranz für ihre eigene Stirn zu winden.*

„Da stieg Gott hernieder", heißt es in dem alten Bericht, *„die Stadt und den Turm zu sehen, welche die Menschensöhne bauten*[1]*."* In diesem Niedersteigen Gottes lag das Heil für die Zukunft; denn

[1] 1. Mose 11, 5.

Gott sprach: *„Siehe, da sind sie nun* e i n *Volk; und* e i n e *Sprache haben sie alle, und da ist es dies, was sie zuerst zu unternehmen beginnen — und nun wird ihnen nicht unerreichbar bleiben alles, was sie bereits maßlos auszuführen sich vorgesetzt haben. Wohlan, steigen wir hinab, so wird dort ihre Sprache welk werden, so daß einer nicht mehr die Sprache des andern versteht*[1]*."*

Das war Gericht für Babel, aber Gnade für die Zukunft. Man wage einmal den Gedanken zu Ende zu denken, was aus der Weltgeschichte geworden wäre, wenn Nimrods Ruhmesbauten keine Unterbrechung durch das Gericht der Verwirrung erlebt hätten. Die Welt wäre längst zu einer unerträglichen Hölle geworden, die nicht nur die einzelnen, sondern auch die Gesamtheit verzehrt hätte. Sagt Gott doch selbst, daß dies das erste sei, das sie auszuführen unternommen haben; und wird ihnen das gelingen, so werden sie zu weit Größerem schreiten. *Es lag wieder die Rettung der Zukunft allein im Gericht der Gegenwart.*

Babels Turmbau und Gottes Niedersteigen sind seitdem die beiden großen Faktoren der Weltgeschichte. Babel baute immer wieder aufs neue an seinem Ruhm, indem es durch sein Evangelium die Völker gefangennahm und zu seiner Selbstverherrlichung versklavte. Aber jeder Versuch wurde mit einem Niedersteigen Gottes in die Geschichte beantwortet. Das bedeutete dann immer Gericht für Babel, aber Erlösung für die Völker.

Wir wollen noch einmal an das große endgeschichtliche Drama erinnern, das uns in dem wunderbaren Panorama der Johanneischen Apokalypse vor die Seele geführt wird. *Da sehen wir den Ausgang des großen Kampfes zwischen Babels Turmbau und Gottes Niedersteigen.* Es ist derselbe Ausgang, den wir bereits in dem Gotteskampf wider Amalek von Geschlecht zu Geschlecht gefunden haben.

Denn das Ziel aller Kämpfe des Lichts mit den Mächten der Finsternis ist kein geringeres als die Alleinherrschaft Gottes über die Völkerwelt. Was Gott je und je durch sein Niedersteigen schuf, war nichts anderes als das Gegenbild von Babels Wesen und Charakter. In der Apokalypse tritt Babel zwar noch einmal in nie dagewesener Machtentfaltung und in blendendem Glanz auf den Schau=

[1] 1. Mose 11, 6. 7.

platz der Geschichte. Aber es fällt, indem Gott in einem andern Bau, und zwar in dem neuen Jerusalem, herniedersteigt und dieses hinfort der Mittelpunkt, die Hütte Gottes unter den Menschen wird. *Denn wo Gott erst thront, brechen Babels Türme zusammen und erlöschen die Inspirationen einer Menschheit, die nur auf sich selbst eingestellt ist. So endet die Weltgeschichte trotz ihrer unzähligen Katastrophen und Gerichte doch endlich mit der Welterlösung, die der Schöpfung Gottes jenen neuen Stempel und Charakter geben wird: „Siehe, es ist alles neu geworden!"*

Literaturnachweis

D. Otto Procksch: Die Genesis.

Samson Raphael Hirsch: Die Genesis.

Arnold B. Ehrlich: Randglossen zur hebräischen Bibel, Band I und II.

D. Eduard König: Die Genesis.

Dr. Franz Delitzsch: Genesis.

Dr. Franz Delitzsch: System der biblischen Psychologie.

D. Hermann Gunkel: Die Genesis. 4. Aufl.

Dr. Isaak Breuer: Messiasspuren.

F. Bettex: Das Lied der Schöpfung. 10. Aufl.

Franz Rosenzweig: Der Stern der Erlösung.

v. Rudloff: Die Lehre vom Menschen.

Ph. Fr. Keerl: Die Urgeschichte des Menschen. 2. Aufl.

Ph. Th. Culmann: Die christliche Ethik.

Dr. A. N. Böhner: Kosmos. Bibel der Natur. 2. Aufl.

Jakob Levy: Wörterbuch über die Talmudim und Midraschim. 4 Bände. 2. Aufl. von Lazarus Goldschmidt.

Wilhelm Gesenius: Hebräisches und Aramäisches Wörterbuch über das Alte Testament. 16. Aufl.

Dr. Julius Fürst: Hebräisches und Chaldäisches Handwörterbuch über das Alte Testament. 3. Aufl.

D. Eduard König: Hebräisches und Aramäisches Wörterbuch zum Alten Testament.